숙의민주주의

WHEN THE PEOPLE SPEAK
© When the People Speak: Deliberative Democracy and Public Consultation

WHEN THE PEOPLE SPEAK was originally published in English in 2009.
This translation is published by arrangement with Oxford University Press.
Hankook Publishing House is solely responsible for this translation from the original work and Oxford University Press shall have no liability for any errors, omissions or inaccuracies or ambiguities in such translation or for any losses caused by reliance thereon.

Korean translation copyright © 2020 by Hankook Publishing House
Korean translation right arranged with Oxford University Press
through EYA (Eric Yang Agency).

이 책의 한국어판 저작권은 EYA(에릭양 에이전시)를 통해
Oxford University Press 사와 독점계약한
도서출판 한국문화사에 있습니다.
저작권법에 의하여 한국 내에서 보호를 받는 저작물이므로
무단전재 및 복제를 금합니다.

*When the People Speak:*
*Deliberative Democracy and Public Consultation*

# 숙의민주주의

James S. Fishkin 지음
박정원 옮김

한국문화사

# 역자 서문

## I

한때 자유민주주의가 시대정신으로 찬양받던 시기가 있었다. 1989년 베를린장벽이 붕괴되고 소련형 사회주의체제가 몰락하던 시기에 프랜시스 후쿠야마(Francis Fukuyama)는 '역사의 종언'을 선언한 바 있다. 헤겔적 의미에서 자유민주주의가 다른 이념들에 대해 최종적 승리를 거두었다는 찬가에 다름 아니었다. 사무엘 헌팅턴(Samuel Huntington)도 비슷한 시기에 '제3의 민주주의 물결(Third Wave)'을 논하면서, 세계적 차원의 민주화 물결을 인정하였었다.

그러나 그로부터 30여 년이 흐른 오늘날, 민주주의는 전 세계적으로 위협받고 있다. 우선 2010년대 이후 포퓰리즘(populism)의 영향력이 지속적으로 증대하고 있다. 과거 포퓰리즘이 발견되었던 지역에서 재현되고 있을 뿐 아니라 포퓰리즘과 거리가 멀었던 지역에서조차 그 부정적 측면이 표출되고 있는 중이다. 또한 헌팅턴이 생존했더라면 '제4의 민주주의 물결'로 간주했을지도 모르는 '아랍의 봄(Arab Spring)'은, 오늘날 그의 용어로 하자면 도도한 '역물결(reverse wave)'에 직면하고 있다. 민주주의와 관련하여 짧은 기간 우리의 기대를 부풀게 했던 아랍의 봄은 흔적도 없이 사라지는 일장춘몽이 되고 있고, 중동지역에서 여전히 위세를 떨치고 있는 독재체제는 이 지역에서의 민주화를 요원한 꿈으로 만들고 있다.

이 가운데 특히 포퓰리즘의 민주주의에 대한 위협은 심각한 것으로 보이는 바, 중·동유럽에서는 새로운 권위주의 또는 독재의 양상이 전개되고 있는 중이다. 러시아의 푸틴(Vladimir Putin)은 20년 이상 장기집권하면서, 자신의 정권에 비판적인 언론인을 암살하거나 반대세력을 탄압하는 등 과거의 권위주의에 못지않은 억압정치로 복귀하여 러시아의 경우 형식적인 민주주의 외양에도 불구하고, 민주주의정체로 간주하기 어려운 것이 현실이다. 중유럽의 구 공산 국가 가운데 민주주의와 자본주의 시장경제로의 체제전환(system transformation)에서 모범국가로 간주되어 온 헝가리에서는 오르반(Viktor Orbán) 수상이 2010년 이후 언론탄압을 노골화하면서 반대세력을 억압하고, 난민 유입을 차단하기 위해 국경선에 장벽을 설치하는 등 포퓰리즘 정치를 대변하고 있다. 언론자유나 시민권 침해와 관련하여 헝가리는 유럽연합 본부와 여러 차례에 걸쳐 충돌한 바 있다. 터키의 에르도간(Recep Erdogan) 대통령도 반대세력의 제거와 폭압정치에 있어서 푸틴에 버금가는 것으로 평가되고 있다. 이들 가운데 오르반은 스스로를 '비자유적 민주주의(illiberal democracy)'의 대변자로 자처하고 있다. 그가 말하는 비자유적 민주주의는 선거를 통한 다수결 결정이라는 민주주의 요소는 충족시키지만, 언론의 자유나 시민의 기본권과 같은 자유주의적 가치는 무시되는 정치체제이다.

구 소비에트블럭(Soviet bloc)의 국가들이나 터키의 경우와 비교할 경우 비교적 비민주적 정도가 덜하기는 하지만, 민주주의의 선진지역으로 간주되는 서유럽과 북미 지역에서도 포퓰리즘 현상이 발견되고 있다. 영국에서의 브렉시트(Brexit) 통과나 프랑스 정치에서 민족전선의 활약, 이탈리아에서의 북부동맹과 오스트리아에서 자유당의 영향력 증대 등은 서유럽에서의 네오포퓰리즘을 대표하고 있으며, 서유럽 다른 국가들에서도 극우적 포퓰리즘 세력의 영향력이 확대되고 있는 중이다. 미국에서도 포퓰리즘의 영향은 예외가 아니어서, 2016년 대통령선거에서 러스트벨트의 불만을 포퓰리즘적 공약으로 대변한 것으로 알려진 트럼프는 대통령 당선 이후 미국우선주의를 내세우며 협력적 국제관계보다 대립적 외교행태를 보이고 있고, 멕시코와의 국경에 장벽을 건설하는 등 반이민 정책을 전개하고 있다. 또한 비판적 언론에 대해 비우호적 자세를 견지하고 있다.

이처럼 21세기에 들어 포퓰리즘의 영향이 확대되고 있다는 사실은 동시에 민주주의의 후퇴 내지 퇴행을 의미한다. 정치에 대한 이분법적 접근과 우적(友敵)의 구분, 언론자유의 억압과 반대세력에 대한 탄압, 국수주의와 증오의 정치 조장, 소수자나 소수민족의 배제 및 제노포비아 등은 민주주의에 대한 포퓰리즘의 위협을 잘 보여주는 측면이라고 하겠다. 네덜란드 출신의 정치학자 카스 무데(Cas Mudde)가 자신의 논문에서 지적한 것처럼, 우리가 사는 세계는 "포퓰리즘의 시대정신(Populist Zeitgeist)이 지배하고 있다."고 해도 과언이 아니다. 후쿠야마의 야심적 선언 이후 겨우 한 세대도 지나기 전에 자유민주주의는 흔들리고 있고 다양한 도전들에 직면해 있는 것이다.

민주주의와 관련한 상황을 더욱 악화시키고 있는 것으로 2020년에 본격적으로 확산된 코로나바이러스(Covid-19) 사태를 들 수 있다. 전염병의 예방과 확산방지를 위해 개인정보를 수집하거나 개인의 사생활 및 동선이 정부에 노출되는 등 시민의 권리에 대한 침해가 발생할 수 있다. 행정부의 권한이 과도하게 커지고 국민의 대표자인 의원들의 역할은 축소되는 '행정부 일방주의'가 논해지기도 한다. 정부의 시민에 대한 획일적 통제와 감시는 오웰(George Orwell)의 '1984'에서와 같은 이른바 '빅브라더'를 출현케 하여 민주주의를 근본적으로 훼손할 위험을 내포한다. 또한 코로나로 인한 신뢰 하락과 갈등의 확산이 사회적 자본을 위축시킴으로써 민주주의를 약화시킬 위험을 내포하고 있다는 지적도 제기되고 있다. 이에 더하여, 코로나로 인해 민족주의가 강화되고 배타석인 자국중심주의가 득세하면서 국제사회에서의 협력과 다자주의적 흐름은 배척되고 있는 중이다. 이러한 국제정세는 각국에 자민족중심주의나 일국주의를 강화함으로써 대내적으로도 비판적 목소리를 억압하거나 시민의 기본권을 무시하는 등 민주주의에 대한 위협이 되고 있다. 인류역사를 코로나 이전시대(before corona: BC)와 코로나 이후시대(after disease: AD)로 구분하는 것이 가능하다는 주장은 과장된 면이 없진 않으나, 그만큼 코로나가 앞으로 정치, 경제, 사회, 문화 등 우리 삶의 모든 측면에서 큰 영향을 미치게 되리라는 지적으로 볼 수 있을 것이다.

이처럼 우리는 오늘날 민주주의 퇴행과 후퇴의 시기를 맞아 새롭게 민주주의를 부활시키고 재활성화시켜야 할 과제를 안고 있다. 참여민주주의, 숙의민주주의, 공화주의에 대한 관심과 논의가 새롭게 부각될 필요가 있는 것은 바로 이러한 민주주의의 세계적 위기 때문이다.

## II

이 책은 제임스 S. 피시킨(James S. Fishkin)이 저술한 *When the People Speak: Deliberative Democracy and Public Consultation* (Oxford University Press, 2009)을 번역한 것으로서, 원저의 제목을 그대로 옮기자면 '인민이 말할 때: 숙의민주주의와 공적 협의'가 되어야 하겠지만, 역자는 원저의 부제를 중시하여 숙의민주주의를 제목으로 달았다.

우리나라에서 'deliberative democracy'는 심의민주주의로 사용되기도 하고 숙의민주주의로 사용되기도 하며, 통일되어 있지 않은 상태이다. 이 책의 저자 피시킨은 숙의민주주의의 핵심 아이디어를 '이성에 기초한 공적의지 형성(reason-based public will formation)'으로 보고 있다. 이 관점에는 루소의 일반의지(general will) 요소가 녹아들어 있는 것으로 보이며, 무엇보다도 민주주의에 있어 이성의 중요성을 강조하는 관점에 해당된다. 피시킨의 견해에 역자도 공감하는 바이며, 심의나 숙의라는 용어 모두 이성의 요소를 잘 드러낼 것으로 보이므로 심의민주주의나 숙의민주주의 어느 것을 사용해도 무방할 것으로 보인다. 다만 이 책에서는 일상언어적 성격이 강한 것으로 보이는 심의라는 용어보다 숙의라는 용어를 선호하여, 숙의민주주의를 사용하고자 한다.

출판된 지 10여 년이 지났음에도 이 책을 번역한 이유로는 다음과 같은 점들을 들 수 있다. 첫째, 우선 시기적으로 숙의민주주의에 대한 논의가 보다 활성화될 필요가 있다는 역자의 판단 때문이었다. 국내외적인 상황이 숙의민주주의를 필요로 하고 있고, 이 책이 숙의민주주의에 대한 좋은 안내서가 될 수 있다고 생각한다. 이 책은 숙의민주주의에 관한 많은 저술들 가운데 이론적으로 명료하고, 실천적인 점에서도 기여하는 바가 큰 책으로 평가할 수 있다. 역자의 판단으로는, 숙의민주주의를 다룬 피시킨의 다양한 저술 가운데서도 숙의민주주의에 대한 논의를 체계적으로 가장 잘 정리한 것으로 보인다.

둘째, 한국에서의 숙의민주주의 논의 확산에 조금이라도 도움이 될 수 있으리라는 기대를 하였기 때문이다. 시민의식의 부재 또는 정치적 무관심의 극단적 사례로 이 책에서 간단하게 언급하고 있는 보이지 않는 정치인 소위 '스텔스민주주의(stealth democracy)'는 미국시민의 경우에만 국한되지 않고, 한국의 유권자들에게도 적용되는 현상일지 모른다. 물론 한국인의 시민의식이 그 정도로 우려할 만한 수준은 아닐 것이다. 한국에서는 2016년에 발생한 촛불혁명이 참여하는 시민의 위대성을 증명하였고, 참여민주주의의 의의와 가치를 잘 보여준 바 있다. 일부에서는 촛불집회에 대해 중우정치로 매도하는 경우도 없지 않지만, 역자로서는 한국민주주의 역사에 있어서 혁명적인 사변이었고, 참여민주주의의 본모습을 세계에 과시한 업적이었다고 평가한다. 그러나 참여민주주의의 활성화에 비해 과연 한국민주주의에서 숙의가 충분히 실현되고 있는가 하는 질문에는 긍정적 대답을 하기 어렵다고 본다. 참여민주주의에 더하여 숙의민주주의의 실천이 한국에서 중요하다고 생각하는 이유이다.

셋째, 공화시민의 교육에 기여할 수 있으리라는 기대를 하였기 때문이다. 공적 문제에 적극적으로 참여하고 공적 이성(public reason)과 덕성(civic virtue)을 발휘하는 시민을 공화시민으로 부를 수 있다면, 이는 기존에 사용해 오던 민주시민이라는 용어와 별다른 차이가 없을 수 있다. 하지만 역자는 개인적으로 민주시민이라는 용어보다 공화시민이라는 용어를 우선적으로 사용하고 싶다. 그 이유는 우리사회를 포함하여 가장 흔하게 사용되는 용어인 민주시민은 슘페터적인(Schumpeterian) 최소민주주의에도 적용될 위험을 내포하고 있기 때문이다.

넷째, 학부와 대학원에서 교재로 사용하기 위해서이다. 특히 현대민주주의에 대해 공부하는 학생들에게 이 책이 이론적으로나 실천적으로 도움이 될 것으로 판단되었다.

이 책의 저자 제임스 S. 피시킨(James S. Fishkin)은 1948년에 미국에서 출생하여, 예일대에서 정치학 학사와 박사학위를 받았고, 영국 캠브리지

대에서도 정치학 박사학위를 수여하였다. 현재는 미국 스탠포드대 석좌교수이자 동 대학교 숙의민주주의연구소(Center for Deliberative Democracy) 소장으로 재직중이다. 그의 학문적 관심은 숙의민주주의에 있으며, 숙의민주주의를 주창하는 학자들 가운데 가장 활발하게 활동중인 학자라고 볼 수 있다.

저자는 숙의민주주의의 실현을 위해 숙의조사(deliberative polling: DP)를 창안하여 보급하고 있다. 피시킨이 이 책에서도 줄곧 언급하고 있는 것처럼, 숙의(deliberation)와 평등(equality)이라는 두 마리 토끼를 잡기가 어려운 것이 현실이다. 숙의의 수준이 높아지면 평등과 거리가 멀어지는 엘리트정치가 될 위험이 있고, 반대로 평등이 잘 구현되자면 보통 사람의 참여는 확대되지만 숙의의 수준이 낮아질 위험을 안고 있기 때문이다. 숙의와 평등 두 가지 목표 모두를 충족시킬 방안으로서 피시킨이 제안하고 있는 것이 바로 숙의적 여론조사 또는 숙의조사인 것이다. 이 책의 은유적 표현을 사용하자면, 숙의조사는 '거울'과 '필터'를 결합시키고자 시도한다. 엘리티즘적인 '필터'의 요소와 대중민주주의 요소인 '거울'을 결합시키는 것이 피시킨의 의도이다.

피시킨 제안의 핵심은 '소우주 숙의(microcosmic deliberation)'를 통한 숙의민주주의의 실험이다. 피시킨은 숙의민주주의의 또 다른 종류로서 '숙의의 날(Deliberative Day)'도 제안하고 있지만, 아직까지 '숙의의 날'보다 실현가능성이 더 크다고 볼 수 있는 점에서 숙의조사에 우선점을 두고 있다.

그가 제안한 숙의조사는 전 세계적으로 도입되거나 실험되고 있는 중이다. 이러한 전 세계적 노력들을 기반으로 저자는 2018년에 *Democracy When the People Are Thinking*이라는 책을 저술한 바 있다. 2018년의 책에는 미국, 영국, 그리고 유럽 국가들만 아니라, 아시아의 일본과 몽고, 아프리카의 우간다, 오세아니아의 호주 등 세계 각지의 숙의조사 사례를 포함하고 있다.

한국에서도 숙의조사가 진행된 바 있다. 2011년 KBS 주도로 진행된 숙의조사는 서울대 통일평화연구원과 서울대 언론정보연구소 및 미국의 스탠포드대 숙의민주주의연구소가 공동으로 'One Korea로 가는 길'이라는 주제로 통일정책, 북핵문제, 개성공단 및 금강산관광 등과 남북교류협력에 대해 조사한 바 있다. 2017년에는 신고리 원전 5, 6호기 공론화위원회가 공론조사라는 이름으로 숙의조사 실험을 수행한 바 있다. 2017년의 조사는 공론화위원회가 피시킨 방식의 숙의조사를 원용하여 한국에서 자체적으로 개발하여 진행하였다.

그러나 피시킨이 강조해 온 소우주 숙의를 통한 숙의민주주의는 아직 갈 길이 먼 것으로 보인다. 소우주 숙의는 여전히 권고적(advisory) 역할에 그치는 것이 현실이다. 피시킨도 지적하고 있듯이, 소우주에 의사결정권까지 부여하기까지는 아직 넘어야 할 장애가 많은 것이다. 다만 이성적 사고, 평등한 토의, 생각의 변화가능성을 추구한다는 점에서 소우주 숙의의 가치와 의미는 계속 발전시킬 필요가 있다고 하겠다.

미국의 철학자 리처드 J. 번스타인(Richard J. Bernstein)은 정치에 대한 두 가지 접근으로서 한나 아렌트(Hannah Arendt)적 정치와 칼 슈미트(Carl Schmitt)적 정치를 논하고 있다. 아렌트적 정치가 대화와 소통의 정치를 상징한다면, 슈미트적 정치는 경쟁 및 대결, 그리고 적대의 정치를 상징한다는 것이다. 역자가 이 책을 번역하기로 결심하면서 가졌던 희망은, 이 책이 정치에 대하여 새로운 비전을 제시할 수 있으리라는 것이었다. 오늘날 현실주의의 압도적 우위 가운데 슈미트적 우적 구분의 정치가 판치는 현실로부터 다른 정치의 모색은 과연 불가능한 것인지, 정치에서 이성의 역할을 기대하는 것은 과연 난망한 일인지, 정치가 단순한 권력투쟁에 머물지 않고 공동체의 미래에 대한 비전을 제시할 수는 없는 것인지 질문을 던지고 싶었고, 이 책이 그러한 질문과 새로운 정치의 모색에 상당한 정도의 답변을 제시해 줄 수 있겠다는 기대를 품었다. 또한 이 책이 공화시민의 양성을 목표로 하는 공화시민교육에 기여할 수 있는 점이 많다는 판단을 내렸다. 역자의 기대처럼 이 책이 한국민주주의 발전에 대해 고민하는 사람들에게 조금이라도 유익한 것이 될 수 있기를 희망한다.

## III

이 책을 번역하고 출판하는 과정에서 많은 사람들의 도움을 입었다고 할 수 있다.

먼저 한국교원대학교 윤리교육과 동료교수분들께 고마움을 전하고 싶다. 다들 훌륭한 학자이면서, 연구에도 열심이시고 제자 교육에도 정성을 바치는 분들로서, 이런 분들과 지적 공동체를 공유하고 있다는 사실만으로도 역자는 많은 배움을 얻고 있다고 생각하며, 늘 행복해 하고 있다.

한국교원대학교 윤리교육과의 학부생들과 대학원생들에게도 고마움을 전하고 싶다. 특히 대학원생들은 대부분 현직 초중고등학교 교사이면서 대학원생 신분으로 연구에 종사하고 있다. 윤리교육과 대학원생들과 함께 했던 시간, 특히 역자의 민주주의론, 통일교육론, 평화교육론, 국제윤리론 강의 시간에 나누었던 토론은 공부하는 기쁨을 공유하는 시간으로서 의미가 컸다. 이들과의 토론에서 역자 또한 많은 것을 배울 수 있었음을 밝히고 싶다.

번역초고의 교정 작업에 도움을 준 제자들은 일일이 호명할 필요가 있다. 박사과정의 남현 선생, 대학원에서 석사학위를 취득하고 다시 현직에 복귀하여 후세대를 가르치고 있는 남궁혜영 선생, 그리고 현재 대학원에서 석사논문을 작성 중인 이현숙 선생과 이여진 선생이 그들이다. 이들의 노고에 고마움을 전하며, 앞날의 발전과 행운을 빈다.

사회과학 서적의 출판이 쉽지 않은 오늘날의 현실에서 이 책의 출판에 동의해 주신 한국문화사에 대해서도 고마움을 전한다. 특히 김진수 사장님과 조정흠 차장님, 김주리 선생께 감사의 말씀을 드리고 싶다.

마지막으로, 올해 30여 년의 수학교사 생활을 마무리한 아내 최수경과 멀리 미국 땅 스탠포드에서 과학자가 되기 위한 박사과정을 밟고 있는 아들 유빈에게, 이 책의 번역을 가능하게 해 준 고마움을 전하고 싶다.

2020년 11월
한국교원대학교 연구실에서

박정원

# 감사의 말

이 책은 짧은 책이지만 그 역사는 길다. 많은 규범적, 경험적, 실천적 숙의들의 결과물이다.

규범적 측면에서, 나는 몇몇 스승들과 동료들에게 고마움을 전하고 싶다. 로버트 달(Robert Dahl)은 처음으로 내게 민주주의이론에 대해 생각해 보도록 고무하였다. 브루스 애커만(Bruce Ackerman)과 나는 30여 년 이상 대화를 유지해 오고 있으며, 그 대화를 기반으로 『숙의의 날(Deliberation Day)』을 공저하였다. 『철학, 정치학, 그리고 사회』 시리즈의 몇 권을 나와 공동으로 편집한 바 있는 고 피터 래슬릿(Peter Laslett)은 정치이론을 어떻게 실천적인 것으로 만들 것인지 영감을 예시해 주었다. 그는 동시에 내가 영국 캠브리지대 트리니티칼리지 방문연구자로서 최초의 숙의조사(Deliberative Poll)를 현실화할 때 나의 주 지도교수였다. 여타 다양한 단계에서 내게 큰 도움을 주었던 윤리학자, 정치학자, 사회학자들은 고 버나드 윌리암스, 더그 레이, 윌리암 갤스턴, 찰스 E. 린드블롬, 로버트 구딘, 카스 썬스타인, 브라이언 배리, 캐롤 페이트만, 샌디 레빈슨, 필립 반 파리스, 필립 슈미터, 클라우스 오페, 알베나 아즈마노바, 제인 맨스브리지, T. K. 승, 댄 위클러, 댄 브록, 데이비드 밀러, 베스 노벡, 그리고 고 아이리스 영 등을 포함한다. 래리 레식은 신기술과 숙의민주주의를 생각하는 데 있어서 매우 큰 도움을 주었다. 나는 또한 스탠포드대에서 '민주주의 모델들' 강좌를 같이 강의하는 조시아 오버에게도 고마움을 전한다. 이 강의 시간의 대화는 나로 하여금 이 책의 여러 아이디어들을 테스트할 수 있게 해 주었고, 이 경험으로부터 아테네 민주주의의 제도들에 대해 많은 것을 배울 수 있었다.

경험적 측면에서, 나의 오랜 동료 로버트 러스킨에게 나는 많은 빚을 지고 있다. 그와 나는 숙의민주주의와 관련된 체계적이고 경험적인 저술을 준비 중에 있다. 또한 그와 나는 다른 학자들과 함께 여러 학술지에 발표된 논문의 공동저자이다. 이 논문들은 모두 웹 링크와 함께 이 책에서 다루어지고 있다. 따라서 저술과 논문에 포함된 모든 분석들은 공동연구의 산물이다. 러스킨에게 지고 있는 지적인 빚은 너무나 많아서 일일이 언급하기 어렵다. 다만 내가 우리의 경험적 작업을 직접 언급하는 경우 뿐 아니라 언급하지 않더라도 규범적 이론 측면에서 이 책의 작업 전체에서 자명하게 드러난다.

여기에 더하여, 나는 초기 영국과 미국에서의 숙의조사에서 귀중한 협력을 제공해 준 노만 브래드번과 로저 죠웰에게 감사를 전하고 싶다. 이들은 함께 일하는 데서 큰 지적 자극을 주는 연구자였다. 나는 또한 함께 일했던 돈 그린, 신시아 파라, 크리스찬 리스트, 캐스퍼 핸슨, 팸 라이언, 테사 텐-토레스, 비로 탕차론사틴, 비이 카셈섭, 스티븐 바우처, 헨리 몽소, 피란젤로 이서니아, 존 파나레토스, 엡도키아 세칼라키, 바오강 헤, 가보르 토카, 더그 리버스, 샨토 이엔가에게 고마움을 표하고 싶다. 그들의 작업은 고무적이고 창조적이었다.

최초의 전국이슈컨벤션(NIC)에서 기술검토위원회 사회를 맡아준 필 콘버스에게는 특별한 고마움을 전한다. 노만 브래드번에게도 제2회 컨벤션에서 같은 역할을 수행해 준 점에 대해 고마움을 전한다. 그 결과는 이 책 안에서 다루어지고 있다. 헨리 브레이디와 버클리 서베이연구소는 두 번째 NIC의 훌륭한 파트너였는데, 첫 회의에서는 NORC가 그 역할을 수행하였다.

숙의조사는 1987년 내가 스탠포드대 행동과학고등연구소 펠로우일 때 태어났다. 나는 당시 따뜻한 분위기를 만들어준 동 연구소와 스텝들에게 감사를 전한다. 동 연구소는 또한 내가 수년 후 2001/2 숙의여론조사 프로젝트를 수행함에 있어서 핵심역할을 맡아주었다. 그 시점에서 나와 러스킨은 제인 맨스브리지, 브루스 애커만, 헨리 브레이디, 데이비드 브레이디, 샨토 이엔가, 폴 스나이더만 등과 협업을 수행하였다.

숙의조사라는 아이디어의 기원은 1987년 내가 스탠포드의 또 다른 펠로우이던 래리 바텔스가 대통령선거 프라이머리에 관하여 발표할 때 그를 소개하는 과정에서 나왔다. 나 자신이 정치학도로서 프라이머리시스템을 어떻게 훌륭한 제도로 바꿀 수 있을까 하는 질문을 스스로에게 제기하였다. 래리 바텔스가 설명하고 묘사하는 프라이머리의 동학과 부조리를 생각하면서, 내 머릿속에 숙의조사의 아이디어가 떠올랐다. 그의 훌륭한 책 뿐 아니라 그 책이 제기한 문제로 인해, 나는 내게 그런 기회를 준 래리에게 영원히 빚을 지고 있다.

그 아이디어가 떠오르자마자 나는 조언을 듣기 위해 로버트 러스킨과 낸 코헤인에게 상담을 하였다. 그들은 흥미롭고 어려운 문제를 제기하였고 나는 그것을 풀기 위해 노력하였다. 나는 그 결과를 곧 1988년 8월호 『어틀랜틱』에 게재하였다. 그러나 그 아이디어를 현장에 투입할 수 있도록 만든 것은 내가 워싱턴에서 맥스 캄펠만과 제프 캄펠만을 만나고 나서였다. 우리는 그것을 PBS 텔레비전방송에서 시험적으로 활용할 수 있다고 생각하였다. 그렇게 하여 '전국이슈컨벤션'으로 실현되는 아이디어가 탄생했던 것이다.

전국이슈컨벤션과 이후 미국에서 시도된 많은 숙의조사는 두 명의 특출한 인물이 없었다면 실현되지 못했을 것이다. 그들은 맥닐/레러 프러닥션의 프로듀서인 댄 워너와 내게 다른 누구보다도 아이디어를 현실로 바꾸는 방법을 가르쳐 주었던 찰스 워커였다. 나는 또한 영국에서의 숙의조사를 가능케 하고 주의깊게 감독한 채널4의 데이비드 로이드에게도 고마움을 전하고 싶다. 인디펜던트의 설립자이자 편집자인 안드레아스 스미스 또한 영국 숙의조사의 핵심 파트너였다. 채널4의 5회에 걸친 숙의조사는 또한 그라나다텔레비전의 시나 맥도날드, 찰스 트레메인, 도로시 번 그리고 고인이 된 사라 메인웨어링-화이트와 같은 뛰어난 능력자들 때문에 성공적이었다.

텍사스에서 수행된 여러 차례의 '에너지' 숙의조사는 전임 텍사스 PUC 총재인 데니스 토마스의 통찰력 덕분이었다. 윌 길드, 론 레러, 로버트 러스킨과 함께 우리는 이 책에서 다루는 여러 가지 에너지 선택 관련 프로젝트를 함께 수행하였다. 이태리 프로젝트는 『리셋』의 발행자인 지안카를로 보세티의 주도로 시작되었다. 중국 프로젝트는 우리의 협력자인 바오강 헤 교수의 통찰과 이니셔티브 덕에 가능했다. 불가리아에 숙의조사를 도입한 것은 이반 크라스테프가 이끄는 자유전략연구소에 의해서였으며, 열린사회인스티튜트(Open Society Institute)의 협조하에 진행되었다. 조지 소로스, 안드레 윌킨스, 다리우스 쿠플린스카스, 예르지 겔리초프스키 등은 수 년 동안 대단히 큰 도움을 주었다. 휼렛재단의 스미타 싱과 켈로그재단의 크리스 꽉, 카라 카알라일도 프로그램 진행에 많은 도움을 주었다.

캐스퍼 핸슨과 비베케 안데르센은 유로에 관한 덴마크 프로젝트를 주도한 사람들이다. 호주 프로젝트는 모두 팸 라이언과 그녀가 설립한 호주이슈숙의의 지도하에 수행되었다. 최근에 수행된 헝가리 프로젝트에 대해서는 지외르지 렌젤에게 사의를 표하고 싶다. 북아일랜드 프로젝트는 데이비드 러셀과 이언 플린에게 힘입은 바 크다. 이들은 분열된 사회에 숙의조사를 적용하는 아이디어를 제시하였다. 이 조사를 가능하도록 도움을 준 어틀랜틱 필랜트로피의 비전에도 고마움을 전하고 싶다.

조이스 이치노즈는 스탠포드대 숙의민주주의연구소의 뛰어난 매니저이다. 이 책에서 소개하고 있는 앨리스 슈는 스탠포드에서 박사과정을 마쳤으며, 현재 숙의민주주의연구소 부소장이다. 대학원생들로서 크게 기여해 준 사람들로는 데니스 플레인, 마이크 와익스너, 규 한, 제니퍼 맥그레이디, 닐 말호트라, 가우로프 수드, 루이 왕, 누리 킴이 있다.

전 유럽 숙의조사인 '투모로우즈유럽'은 두 명의 특출한 협력자인 스티븐 바우처와 헨리 몽소의 작업에 기반을 두었다. 이들은 이전에 수행된 적이 없는 광범위한 영역에 걸친 프로젝트를 기획하였으며, 많은 어려움들을 훌륭하게 극복해내었다.

이 책에 첨부된 '방 하나에 모인 유럽' 비디오는 에미상 수상자인 런던의 다큐멘터리 제작사 팔라딘 인비전(PITV)이 제작한 것이다. 나는 빌 크랜, 클라이브 사이덜, 앤 티어만 등 모든 PITV의 사람들에게 고마움을 전하고 싶은 바, 이들은 주말의 텔레비전방송만 아니라 뛰어난 내러티브를 가능하게 해주었다.

이 외에도 너무 많은 고마운 사람들이 있지만, 이들은 주로 이 책 안에서 다루어지고 있다. 하지만 나는 특별히 샨토 이엔가에게 내 프로그램을 스탠포드대로 가지고 와서 숙의민주주의연구소를 설립하도록 아이디어를 제공해준 점에 대해 고마움을 전하고 싶다. 당시의 학장 샤론 롱과 부학장 카렌 쿡에게도 감사드린다. 윌리암 플로라 휼렛재단의 폴 브레스트와 켈로그재단의 스털링 스페언은 동 연구소가 번창하고 지금까지 발전하도록 큰 도움을 주었다. 그들의 지원은 이 책에서 다루어지고 있는 작업들의 수행에서 핵심적인 것이었다.

 마지막으로, 나는 아내 셸리와 두 아들 보비 및 조이에게 그리고 장모이신 캐롤 피셔, 돌아가신 장인어른 밀턴 피셔에게 고마움을 전한다. 그들은 나의 숙의민주주의에 대한 열정과 추구를 잘 참아 주었고, 여러 경우를 통해 이 모두를 가능하게 하는 노력에 나와 함께 해 주었다.

제임스 S. 피시킨

# 차례

역자 서문 ········································································· 5
감사의 말 ········································································ 15

### 제1장
## 민주주의에 대한 열망 ···················································· 25
서론 ··············································································· 27
아테네에서 아테네로 ························································ 39
공적협의 ········································································· 46
필터인가 거울인가? ························································· 49
있는 그대로의 인민을 반영하기 ········································ 52
숙의민주주의 대 대중민주주의: 초기의 충돌 ···················· 53
공적협의의 8가지 방법 ···················································· 57

### 제2장
## 민주개혁의 3중딜레마 ···················································· 73
나는 어떻게 포함되는가? ················································· 75
숙의 ··············································································· 77
정치적 평등 ···································································· 91
참여 ··············································································· 94
세 가지 옵션의 충돌 ······················································· 96
대중민주주의 ·································································· 97
동원된 숙의 ·································································· 105
숙의적 소우주 ······························································· 107
다수의 횡포를 피하기 ···················································· 116

## 제3장
## 4가지 민주주의모델 ... 123

4가지 민주주의이론 ... 125
경쟁적민주주의 모델 ... 127
엘리트숙의 모델 ... 132
참여민주주의 모델 ... 141
숙의민주주의 모델 ... 147
숙의 대 선호집합? ... 155
민주주의의 규모와 형태 ... 159

## 제4장
## 실천적 숙의민주주의 ... 169

공공영역에 생명을 불어넣기: 4가지 질문 ... 171
얼마나 수용적인가? ... 174
얼마나 사려깊은가? ... 176
왜곡 피하기: 지배의 문제 ... 177
왜곡 피하기: 분극화와 집단사고 ... 179
어떤 효과를 기대할 수 있는가? ... 181
어떤 조건에서 숙의민주주의가 실행되는가? ... 184

## 제5장
## 숙의는 왜 중요한가? ... 187

중국의 사례 ... 189
대표성 ... 196
인간의 얼굴을 가진 여론조사에 대한 평가: 심사숙고 ... 209
지배의 문제가 발생하는가? ... 223
분극화가 일어나는가? ... 227
어떤 효과를 가져오는가? ... 230
정책관련 태도에서의 변화 ... 231
투표의도에서의 변화 ... 232
시민역량에서의 변화 ... 239

집단적 일관성에서의 변화 ················································· 245
공적대화에서의 변화 ····················································· 249
공공정책에서의 변화 ····················································· 255

### 제6장
## 어려운 조건에서 숙의하기 ·································· 267

공적협의의 공간 넓히기 ·················································· 269
분열된 사회: 차이를 넘어 숙의하기 ···································· 273
가상공간 민주주의 ························································ 283
전 유럽을 망라한 공공영역의 문제 ···································· 292
유럽을 방 하나에 모으기 ················································ 304
민주적 이상의 실행 ······················································· 312
결론적 성찰: 민주주의, 정의, 그리고 여타 3중딜레마 ··········· 315


부록: 왜 4가지 민주주의 모델만을 다루는가 ······················································· 322
미주 ························································································································ 328

─────────────●─────────────

〈도표 목차〉
〈도표 I〉 협의의 형태 ···························································································· 57
〈도표 II〉 3중딜레마의 옵션들 ············································································· 96
〈도표 III〉 네 가지 민주주의이론 ········································································ 126
〈도표 IV〉 선호형성과 의사결정 방식 ································································ 157
〈도표 V〉 참여와 여론 ························································································ 161
〈도표 VI〉 숙의조사 1994-2008 ········································································ 173
〈도표 III〉 네 가지 민주주의이론 (제3장에서 가져옴) ······································ 323
〈도표 VII〉 16가지 가능한 입장들 ····································································· 324

# 민주주의에 대한 열망

## — 제1장 —
## 민주주의에 대한 열망

### ▌서론

민주주의는 "우리가 인민이다(we the people)"라는 주장에 힘을 싣는다. 우리는 민주주의가 '모든 인민(all the people)'을 포함해야 한다고 생각한다. 또한 우리는 민주주의가 인민에게 자신들이 결정하는 이슈에 대해 사고하는 토대를 제공해야 한다고 생각한다. 민주주의에 대한 이 두 가지 전제는 종종 언급되지 않고 넘어가는 경향이 있다. 대부분의 사람들은 이것을 민주주의의 필수적 조건으로 인정하지만, 이 두 가지를 결합해서 실현하기 어려운 점은 대체로 간과되고 있다. 어떻게 이 두 가지를 결합해서 실현할 것인가 하는 문제가 이 책의 주제이다.

우리의 주제는 숙의민주주의(deliberative democracy)를 어떻게 달성할 것인가이다[방점은 저자]. 즉, 인민 모두를 해당 이슈에 대해 진정으로 사고할 동기를 부여하는 조건 하에 어떻게 포함시킬 것인가에 관한 것이다.

이것은 정치적 평등(political equality)과 숙의(deliberation)라는 두 가지 근본적인 가치를 어떻게 달성할 것인가의 문제이다.

우리는 공식 제도의 면에서나 공중(the public)의 협의가 이루어지는 많은 비공식 방법의 면에서나, 민주적 실험의 시대에 살고 있다. 공적의지(public will)에 목소리를 제공하기 위해 다양한 방법과 기술들이 사용될 수 있다. 하지만 어떤 방법이나 기술은 마치 여론(public opinion)을 도깨비집의 거울을 통해서 보는 양 다루고 있다. 이들은 특수이익으로 하여금 **공적의지**로 분장하는 무대의 역할을 하면서 일반공중을 대표하는 것으로 보이지만, 사실은 잘 조직된 이익집단의 특수이익을 대변하는 편지나 전화통화, 이메일, 문자메시지, 인터넷자료를 동원하여[1] 여론을 왜곡하거나 모호한 것으로 만든다[이하 모든 방점은 저자]. 이런 경우에 '풀뿌리'라는 용어는 본래의 의미를 상실하고, 정책결정자들에게 거는 대중의 전화는 시민의 자율성을 대표한다기보다 일종의 '자동전화응답'에 그치고 만다. 외관상 개방적으로 보이는 민주적 관행도 잘 조직화된 사람들에 의해 악용되기 쉽다. 이런 것들이 공적 견해가 표현되는 방식에서의 왜곡이라면, 공적 견해가 형성되는 과정에서의 왜곡도 존재한다. 엘리트와 이익집단은 초점집단(focus group)의 테스트를 거친 메시지를 동원하고 나중에 이를 여론으로 포장함으로써, 여론을 특정방향으로 주조하고자 시도하기도 한다.[2] 일부 민주주의이론의 관점에서는 이러한 관행들이 아무런 문제가 되지 않는다. 그들에 따르면 이것들은 단지 정당 혹은 조직화된 이익들 사이의 정치적 경쟁의 일부일 뿐이다.[3] 그러나 이 책에서 다루는 숙의민주주의 관점에서 보면, 이런 관행들은 정치적 평등과 숙의를 달성하고자 하는 이중의 열망으로부터 민주주의를 멀어지게 만든다. 최소한 일부 이슈에 일부 시간만이라도 인민들이 제대로 사고하고 신중한 판단에 도달할 조건을 제공함으로써 인민의 견해가 대표될 수 있는 방법이 있어야 한다.

왜 수용(inclusion)과 심사숙고(thoughtfulness) 두 가지 모두 즉, 정치적 평등과 숙의 두 가지 모두를 달성하는 것은 어려운가? 먼저 현대 선진사회에서 일상적으로 발견되는 대중여론이 갖는 한계를 살펴보자. 이어서 이런 한계들이 모두를 포함하는 방식으로 어떻게 극복될 수 있는지 생각해 보자.

첫째, 대중사회에서는 시민들로 하여금 정보를 얻기 위해 노력하도록 효과적으로 동기부여하기가 어렵다. 대부분의 정치문제나 정책문제에 관한 정보수준은 아주 낮다. 사회과학자들은 이를 '합리적 무지(rational ignorance)'로 설명한다.[4] [역자 주: 특정 정보를 얻는 비용이 해당 정보를 통해 얻을 것으로 기대되는 수익보다 클 경우, 정보를 얻지 않고 오히려 무지를 유지하려는 경향을 말함] 내가 수백만 명 중 하나의 의견을 가졌을 뿐인데, 왜 정치나 정책에 대해 알기 위해서 시간과 노력을 들여야 하는가? 나의 개인적 견해는 아무런 효과도 가져오지 못할 것이다. 시민권(citizenship)에 관한 많은 이상들의 관점에서 보면 상황이 달리 보일 수도 있다. 예를 들어, 우리는 시민들이 현명한 투표를 하고 경합하는 논변들을 평가할 수 있을 정도로 충분한 지식을 가진 것으로 기대할 수 있다. 하지만 우리 대부분은 시간을 할애해야 할 다른 일들이 있다. 그 속에서 우리 모두가 충분한 지식을 가진 그런 민주주의는 너무 많은 모임을 필요로 하는 것 같다.

둘째, 공중은 전통적 여론조사에서 일상적으로 보도되는 것보다 여론이라는 이름에 걸맞은 그런 '의견'을 별로 가지고 있지 않다. 여론조사 응답자들은 자신들이 '잘 모른다'는 사실을 인정하기 싫어해서, 그 이슈에 대해 한 번도 생각해 본 적이 없다고 말하기보다 옵션 가운데 사실상 아무것이나 선택한다. 비숍(George Bishop)에 따르면, 1975년 소위 공공업무법(Public Affairs Act)에 관한 설문조사에 대해 공공업무법이라는 것이 사실이 아니라 허구적인 것임에도 불구하고 사람들은 분명한 의견을 갖고 응답하였다. 워싱턴포스트지가 존재하지도 않았던 공공업무법 20주년을 맞아 이 법의 폐지에 관한 조사를 하였을 때, 응답자들은 이번에도 의견을 갖고 있는 것으로 보였다.[5] 물론 공중은 많은 이슈에 대해 견해를 가지고 있지만, 이 견해들 중 일부는 '즉흥적인' 것이거나 언론보도 기사에 대한 애매한 인상에 불과한 것으로서 얼마든지 바뀔 수 있고 광고산업의 이미지 관리기법에 의해 영향을 받는다. 그 속에서 우리 모두가 충분한 의견을 가진 그런 민주주의는 너무 많은 모임을 필요로 하는 것 같다.

대중여론의 세 번째 한계는 인민이 정치나 정책을 토의할 때 대개 자신과 비슷한 사람들과만 즉, 유사한 배경을 가졌거나 사회적 지위가 비슷하거나 세계관이 유사한 그런 사람들과만 토의한다는 사실이다. 자신의 관점과 날카롭게 대조적인 정치관을 가진 사람을 만났을 때 자신이 동의하지 않는 정치적 이슈에 관하여 얘기하는 것보다, 날씨에 관하여 얘기하는 것이 훨씬 편안하다.[6] 갈등의 인화물질에 불을 붙이며 당신의 인간관계를 위험에 빠뜨릴 이유가 무엇인가? 당파성이 강한 분위기 속에서 자신과 의견이 다른 사람과 상호존중하는 대화를 가지기 위해서는 많은 노력이 필요하고 올바른 사회적 맥락이 필요한 법이다. 정치적 불일치의 경계를 넘어서 말하고 듣는 것은 너무 많은 노력과 너무 많은 (잠재적으로 불편한) 모임을 필요로 하는 것 같다.[7]

아마 인터넷이 대화의 한계를 보완할 수 있다는 주장이 제기될지도 모른다. 인터넷을 통하면 어떤 관점과도 만날 수 있으며, 이론상 접촉가능한 정보는 무한하다. 다채널 케이블, 팟캐스트, 티보(Tivo), 킨들(Kindle), 위성라디오와 같은 기술은 정확히 우리가 원하는 시간에 우리가 원하는 것을 보거나 듣는 것을 쉽게 만들어준다. 존 스튜어트 밀(J. S. Mill)은 자신의 고전적 저서 『자유론』에서 사상과 표현 및 결사의 자유는 다양한 관점에 노정되는 것을 용이하게 함으로써 우리로 하여금 '개별성(individuality)'을 (그의 용어로 하자면 우리 자신에 의한 사고와 자신이 선택한 삶) 확보할 수 있게 해준다고 주장하였다.[8]

그렇지만 우리가 이 자유를 모든 기술발전과 함께, 자신과 반대되는 견해와 씨름하는 데 사용하지 않고 자신과 유사한 관점에 대해 읽고 보고 듣거나 유사한 관점의 사람과만 대화하는 데 사용한다고 생각해보라. 자유의 증대나 기술선택의 다양성이 편안하고 동조적인 관점을 접하는 것만을 용이하게 해 준다고 생각해보라. 이 경우 기술발전은 오히려 자유민주사회에 역풍을 가져온다. 자유는 더 작은 다양성만을 선택하는 것을 가능하게 하고, 우리 자신이나 우리와 유사한 사람들과만 대화를 나누도록 만들게 된다. 기술이, 면대면(face-to-face) 정치대화가, 같은 마음을 가진 사람들 사이의 자가선발(self-selection)로 변질되어가는 과정을 역전시킬 것으로 기대할 이유는 전혀 없다. 오히려 기술은 이 과정을 더 강화시킬지 모른다.[9]

우리가 대중사회에서 발견하는 여론의 네 번째 한계는, 그것이 조작(manipulation)에 취약하다는 사실이다. 무관심하고 사안에 대해 잘 모르는 일반대중은 확장된 사고와 토의에 기초한 자신의 확고한 의견을 가진 사람보다 더욱 쉽게 조작의 대상이 된다. 무엇보다 개인 차원에서 불안정적이기에 일반대중은 조작되기가 쉽다. 일반대중의 의견은 언론보도 내용의 즉흥적인 인상에 불과한 것일 수 있으며, 이슈에 대한 어정쩡한 태도이거나 허상의견(phantom opinion)에 가까울 수도 있다. 또한 대중사회의 여론이 조작에 취약한 이유로 공중의 낮은 정보수준을 들 수 있다. 사람들이 배경지식이 별로 없거나 더 넓은 맥락에 대해 모를 경우, 특정 사실을 먼저 알리면 더 큰 설득력을 갖게 된다. 저공해석탄 주창자들은 공해석탄에 비해 저공해석탄이 갖는 장점을 강력하게 선전하여 상당한 지지를 얻었으나, 일반대중은 사실 저공해석탄 마저 천연가스나 재생가능에너지에 비해서는 훨씬 더 공해유발적이라는 사실을 알지 못했었다. 이 경우 (저공해석탄이 공해석탄보다 덜 공해유발적이라는) 사실을 선택적으로만 전달하고, 그 사실이 비교가능한 (저공해석탄이 다른 대안적 에너지와는 어떻게 비교되는지) 맥락을 알리지 않음으로써, 여론을 조작할 수 있었다.[10] 또한 정보가 별로 없을 때 사람들은 쉽사리 오정보(misinformation)의 먹이감이 된다. 엄연히 반대되는 정보가 공적 영역에서 발견되는데도 불구하고, 이라크가 9/11에 책임이 있다는 주장이 득세하고 안보논리가 모든 것을 좌우하게 되어 결국 이라크전쟁으로 연결되었던 것이다. 오정보보다 더 일반적인 정보조작술은 불충분한 것임에도 의도적으로 오도하는 정보이다. 사실이지만 불완전한 정보에 기초한 주장이 엄청난 광고를 통해 가시성이 커지고 그것에 반대되는 주장은 거의 청중에 호소력을 갖지 못할 경우, 공중은 얼마든지 오도될 수 있다. 또 하나의 정보조작술은 정책의 한 가지 측면만을 부각시킴으로써, 이 측면이 현저성을 갖고(salient) 다른 고려사항들을 압도하는 경우이다. 그 결과 후보자나 정책의 평가기준이 달라지고 부각된 측면이 결정적인 것이 되는 일이 발생한다.[11]

경쟁의 평가기준을 다르게 만들기 위해 한 가지 측면만을 부각시키는 조작술은 간혹 사실에 기초하지만 맥락에서 벗어나 확대해석되기도 한다. 선전이나 캠페인에 의해, 또는 캠페인 대리자들이나 독자적 해설자들에 의해서 이용되기도 하고, 잘못된 주장을 집중적으로 제기하기도 하며, 국면과 무관한 아웃사이더를 끌어들이기도 한다. 그것이 범죄이든, 인물이든, 국가안보이든, 다른 측면을 경시하며 한 가지 측면만을 부각시킴으로써 사건은 평가의 기준을 변경시키기 위해 의도적으로 활용되는 것이다.[12] 캠페인이 (그리고 외부행위자가) 경쟁무대를 변형시킴에 따라 결과는 말 그대로 MAD 즉, 상호확증산만(mutually assured distraction)이 된다. [역자 주: 냉전 시기 미국과 소련 사이의 핵전략인 상호확증파괴(MAD)에 대한 저자의 풍자로 보임]

미국에서 법적으로 독립적인 단체들(조세법 527항에 해당되는 단체들로 조세면제대상이며 이 조항을 따라 527그룹으로 불림)이 캠페인광고에 쏟아 붓는 자금의 엄청난 증가로 여론조작의 기회 또한 크게 늘었다. 정상적이라면 상대방을 공격하거나 상대정책을 공격하는 것은 오도나 왜곡으로 이끄는 네거티브공세로 비난받을 만하지만, 법적 독립성의 악영향을 이용하여 국가안보와 관련해서는 비대칭전쟁(asymmetrical warfare)이 수행되곤 한다. 마치 테러리스트들이 한 국가를 공격하면서 보복을 받지 않도록 비밀스러운 발신주소를 제공하듯이, 527그룹은 비밀발신주소를 이용하여 특정 후보자를 공격할 수 있다. 이를 통해 이득을 얻을 다른 후보자는 자신은 이런 공격과 무관하다고 주장할 수 있는 것이다.[13]

비대칭전쟁과 상호확증산만이 결합하여 특정 이슈를 부각시키고 토론 지형을 변형시키며 덜 선정적인 주제를 몰아내게 된다. 2004년에 존 케리가 대통령선거 토론회에서 딕 체니의 딸이 레즈비언이라고 암시했을 때 그 딸을 모욕한 것인가? 일부 시사평론가들은 여러 방송에서 그가 모욕한 것이 맞다고 주장하였다. 2008년에 힐러리 클린턴이 마틴 루터 킹의 꿈을 실현하기 위해서는 존슨대통령이 필요했다고 말했을 때, 킹목사의 신망을 손상시킨 것인가? 대통령선거전이 한창 진행 중이던 시기에, 공적 토의의 중요한 여러 날을 시사평론가나 대리인들이 제기하고 후보자는 당연히 부인하는 그런 이슈를 다루면서 허비했던 것이다. 게다가 기술의 변화는, 공적 대화를 편집인들의 판단을 통해 걸러진 스토리에 국한시키는 것을 어렵게 만든다. 누군가가 무엇을 주장한다는 단순한 사실 자체만으로도 뉴스가 되는 세상인 것이다. 정체도 불분명한 단체인 '맥케인에 반대하는 베트남전 참전용사들'과 같은 단체들이 대통령선거 프라이머리 기간 그의 베트남전 참전기록에 대해 의문을 제기하였고, 이런 주장들이 공적 대화의 일부가 되었다. 인터넷은 오바마 상원의원이 무슬림이라는 오정보를 전파할 수 있고, 이 오정보는 바이러스성 이메일을 통해 전파되었다. 실제 투표일이 화요일인데도 오바마 지지자들에게 화요일은 긴 대기줄 때문에 투표하기 어려우니 수요일에 투표하라고 권하는 익명의 출처불명 문자메시지가 전달되었다.[14] 비대칭 (캠페인) 전쟁은 어느 곳에서든 발생할 수 있고, 그 조작된 결과는 선거일 바로 전날에도 영향을 미칠 수 있는 것이다.[15]

우리 미국의 정치체제는 숙의에 대한 열망으로부터 시작되었다. 제임스 매디슨(James Madison)이 이론화한대로, 대표들이 '공적 목소리(public voice)'를 '정제하고 확대(refine and enlarge)'하거나 '거르는(filter)' 것이다. 그러나 광고산업 기술은 엘리트로 하여금 여론을 안출하고 민주주의 이름으로 이 여론을 불러오는 것을 가능하도록 만들었다. 초점집단의 테스트를 거치고 시청률조사기관에 의해 측정된 설득의 기술들이 상업적 목적으로 개발된 바, 세제에서부터 자동차에 이르기까지 우리에게 상품을 팔기 위해 애쓴다. 같은 기술들이 후보자나 정책을 팔기 위해, 또는 유권자들을 투표에 동원하거나 해제하기 위해, 일상적으로 활용되고 있다. 우리의 정치과정이 광고산업에 의해 식민화되고 공적 대화가 광고의 양식을 따르게 됨에 따라, 우리 정치체제는 매디슨으로부터 매디슨가(Madison Avenue)로 긴 여정을 떠나게 되었다. [역자 주: 매디슨가는 뉴욕 맨해턴의 도로로 주로 광고업계들이 모여 있음]

여론을 조작하려는 노력은 부주의하고 이슈에 대해 잘 알지 못하는 공중을 대상으로 가장 잘 작동한다. 공중이 부주의하면, 설득하는 데 힘이 들지 않고 이슈의 특정 측면을 부각시키는 것도 쉽다. 공중이 이슈에 대해 잘 알지 못하면 아주 열심히 관여하고 감정적으로 집중해 있더라도 조작되기 쉽다. 이럴 경우 공중은 오도되고 이슈의 한 가지 측면에 대해서만 고려하게 되는 것이다.

혹자는 조작과 설득(persuasion)의 차이가 무엇인지 의문을 제기할지 모른다. 민주주의는 사상과 표현의 자유를 위한 충분한 공간을 유지할 필요가 있으며, 설득은 이 보호받는 공간에서의 자연스러운 활동이다. 물론 조작도 이 공간 안에서 발생할 수 있다. 그러나 사상과 표현의 자유가 여론을 조작하기 위해 사용되는 정도만큼, 이것은 숙의와는 거리가 멀다. 만일 누군가가, 자신의 견해를 바꾸게 만들려는 의도를 가진 메시지에 좋은 조건 하에서였다면 받아들이지 않았을 방식으로 노출되고, 실제 그 의도된 방식대로 자신의 견해를 바꾸었다면, 그들은 의사소통에 의해 조작당한 것으로 볼 수 있다. 즉, 오정보에 속고 그것에 기초해 자신의 견해를 바꾼 것이라면, 조작된 것이다. 이와 달리 제대로 된 정보를 가졌더라면 자신의 견해를 바꾸지 않았을 것이다. 이 모든 경우에 조작의 정의는 우리가 비교의 기준으로 상정하는 '좋은 조건(good conditions)'과 '좋은 정보(good information)'에 달려 있다. 여기서 말하는 좋은 조건이 바로 우리가 이 책에서 개발하는 개념인 숙의와 관련되는 것이다.

비교의 출발점으로서, 좋은 조건에서라면 사람들이 무엇을 생각할 것인가를 가정한다고 해서 사람들이 숙의하지 않을 때는 언제나 조작당한다고 주장하는 것은 아니다. 여론이 조작당하는 경우 주어진 방향으로 조작하고자 적극적으로 의도하는 주체들이 있는 법이다. 숙의에서 말하는 좋은 조건은 비교를 위한 기준이며, 조작에서 지름길로 간주되는 것을 명료화하는 데 있어서 유용하다. 조작자들이 나로 하여금 X를 생각하도록 원한다고 가정해보자. 아마 내가 이 주제에 대해 숙의한 후, (즉, 경합하는 논변들에 대해 좋은 정보를 가지고 이들을 모두 고려해본 후) X를 생각할 수도 있다. 이 경우에는 내가 X를 생각한다고 해서 조작당한 것은 아니다.[16]

지금까지 다룬 것은 우리가 대중사회에서 발견하는 여론의 한계 가운데 일부에 불과하다. 하지만 이 불완전한 목록만으로도 우리는 수용과 심사숙고 두 가지 모두를 달성하는 것의 어려움을 볼 수 있다. 대부분의 사람들은 정보를 얻기 위해 효과적으로 동기부여되지 않으며, 자신의 의견을 형성하지도 않고, 자신과 다른 관점을 지닌 사람들과 이슈를 토의하지도 않는다. 시민 각자는 수백만 명 가운데 한 표나 한 목소리만을 가질 뿐이며, 자신의 시간을 투여해야 할 다른 일들이 많다. 정치와 정책에 대해 정보를 잘 활용한 신중한 의견을 산출하는 것은 공공재이다. 공공재를 위한 집단행동의 논리에 따르면, 대규모 인원으로 하여금 하나의 공공재를 산출하도록 만들기 위해서는 선별적 인센티브(공공재를 산출하는 사람들에게만 적용되는 인센티브)를 요청하며, 그렇지 않을 경우 공공재를 산출하기 어렵다.[17] 사람들이 (아마 시민교육의 도움을 통해[18]) 정보를 잘 활용한 신중한 판단을 내릴 수 있도록 하는 과정을 방해하면서, 대규모 여론은 지금까지 논해왔던 그런 한계를 가질 수 밖에 없다고 믿을 만한 충분한 이유가 있다. 대부분의 공중은 정보도 부족하고, 엘리트들이 논하는 특정 정책 이슈에 대해 자신의 의견을 갖고 있지 못하며, 대화의 주제와 소재를 유사한 관점이나 지위를 가진 사람들에만 한정한다. 더구나 앞에 든 세 가지 이유로 하여 조작에도 취약하다. 결론적으로, 일반대중은 지식이 부족하고 숙의적이지 않다고 보는 것이 타당할 것이다. 그렇기에 우리가 숙의과정에 모두를 포함시킨다면 우리의 민주적 제도에 사려깊은 공적 투입(input)을 하기 어려울 것으로 보인다. 그렇다고 엘리트나 여론주도층만을 선발한다면, 정치적 평등을 위반하는 것이 된다. 엘리트나 여론주도층만의 민주주의는 기껏 '인민을 위한(for the people)' 민주주의는 될지 모르지만 '인민에 의한(by the people)' 민주주의는 되기 어려운 법이다. 우리의 지속적인 초점은 대표성을 가지면서도 숙의적인 방식으로 일반시민들을 포함하는 데 있다.

지금까지 살펴본 일반대중에 대한 그림은 널리 받아들여지고 있다. 대부분의 현대 선진사회에서 이것이 바로 대규모 국민국가(nation-state)의 여론을 인식하는 평범한 방식이다.[19] 하지만 이 그림에 대한 반대의견도 없지 않다. 첫째, 비록 공중에게 지식이 부족하지만 그것은 크게 문제되지 않는다고 주장하는 사람들이 있다. 왜냐하면 일반시민도 일상생활의 부산물로서 나름의 정보(해결책이나 지름길)를 얻고 이것을 통해 민주주의에서 알아야 할 바들을 알게 된다는 것이다. 예를 들어, 내가 국민투표 안건의 세세한 내용을 모두 알 필요는 없으며, 누가 그것을 찬성하고 누가 반대하는지만 알면 된다는 것이다. 그들의 주장을 따라 내 견해나 이익을 표시하면 되며, 반드시 많은 모임에 참가하거나 많은 시간을 투여할 필요는 없다고 주장할 수 있다.

물론 누가 찬성하고 누가 반대하는지를 아는 것도 그 자체가 간혹 희소한 하나의 정보가 된다.[20] 그러나 대부분의 논쟁적 이슈에서는 숙의를 필요로 하는 다양하고 상이한 단서들이 있을 수 있으며, 보통사람들로서는 주의를 기울여야만 도움을 받을 수 있는 엘리트들의 경합적 논변이 제기될 수 있다. 우리는 호주의 국민투표나 영국의 총선을 통해서 과학적 표본이 더 많은 지식을 얻고 실제로 토의함으로써 자신들의 투표의도를 크게 변경시킨 사례를 볼 수 있었다.[21] 따라서 경우에 따라 최소한 일부 사례에서는 숙의가 중요한 차이점을 만들어내며, 지식이 부족한 사람들이 숙의를 통하지 않고는 동일한 결과에 이르지 못하는 경우들이 생기는 것이다.

두 번째 반대의견은 유권자들을 '이슈공중(issue public)'으로 나누어 다룸으로써 충분한 지식을 갖춘 공중이 없어도 무방하다는 주장이다. 농부들은 농업정책에 대해 관심이 많을 것이고, 유태인이라면 중동정책에 많은 관심을 가질 것이며, 쿠바 출신 미국인이라면 대쿠바정책에 관심을 가질 것이다. 각 주제에 대해서 해당 이슈공중은 충분한 지식을 갖추고 있다고 볼 수 있다. 내가 농업정책에 관심을 가지지 않더라도 농부들에게 맡기면 된다고 이 의견은 주장한다. 그러나 민주주의이론의 관점에서 보자면, 농부들의 이익은 특수이익에 불과하다는 것이 문제이다. 또한 다른 이슈공중도 그들 자신의 특수이익과 가치를 갖고 있는 것이다. 이들 이슈공중에게 어느 정도나 정책을 맡길 수 있을 것인가? 수년 전 로버트 달(Robert Dahl)이 지적한 것처럼 특수이익을 가진 사람들에게 정책을 맡기게 되면 다수결원칙이 아니라 소수결원칙(minority rule)이 지배하게 된다.[22] 이런 그림이 우리의 정치체제가 실제로 작동하는 방식을 그럴듯하게 보여줄지는 모르지만, 정치적 평등과 숙의 두 가지 모두를 실현하고자 하는 열망에는 전혀 도움이 되지 못한다. 자신의 특수이익 분야를 위해 자가선발(self-select)된 소수가 나머지 유권자들의 견해와 가까워질 것이라고 생각할 이유는 전혀 없다.[23] 하지만 이 소수가 (농부, 쿠바 출신 미국인들처럼) 특수이익을 가진 자가선발 그룹이 아니라 전체 공중의 숙의하는 무작위표본일 경우, 대의적 소우주(microcosm)가 정치적 평등과 숙의를 결합하는 것이 가능할 것이다. 이에 비해 이슈공중은 특별한 경우로서 더 큰 공중을 대표하지 못한다. 바로 이것이 이슈공중의 특징인 것이다. 따라서 문제의 해결은 대표성과 심사숙고를 보장할 수 있는 제도적 설계에 관한 것이어야 한다.

## 아테네에서 아테네로

2006년 6월 어느 서늘한 여름 아침에 무작위로 선발된 시민 160명으로 구성된 과학적 표본이 시장후보를 뽑기 위해 아테네 근방에 모였다. 의제는 그리스의 양대 정당 가운데 하나인 중도좌파 PASOK의 공식 시장후보를 누구로 할 것인가였다. 당의 최고지도자 파판드레우는 올림픽을 개최한 아테네 광역도시에 속한 마루시 시장 후보를 공식적으로 선출하기 위해 당의 엘리트나 대중프라이머리를 통한 결정이 아니라 숙의조사(Deliberative Polling)[24]를 채택하기로 결정하였다.[25]

인터내셔널 헤럴드 트리뷴지에 실린 에세이에서 파판드레우는 이 대담한 조치의 이유를 "투표용지에 제시된 선택사항들이 진정으로 민주적 수단을 통해 결정된 것이 아닐 경우 민주주의는 신뢰하기 어려워진다."라는 말로 설명하였다. 그러나 대안이 될 만한 방법은 모두 나름대로의 어려움을 안고 있었다. 일반인에 의한 예비선거가 민주화를 위한 주요 수단이 될 수도 있겠지만, 이것은 참여율이 낮고 대표성도 약한 문제를 가졌으며, 일반인의 의견은 때로 명망가의 명성이나 방송보도에 대한 피상적인 인상에 좌우되기도 한다는 약점이 있다. 그렇다면 다른 대안은 무엇인가? 대부분의 국가에서 일반인의 예비선거를 채택하지 않을 경우 후보지명은 정당 엘리트의 결정에 맡긴다. 이 딜레마는 해결하기 어려운 도전이 된다.

> 후보자 지명과정에 정통하면서도 대표성이 있는 공중의 목소리를 포함시킬 방법이 있는가? 한 가지 해결책은, 추첨으로 뽑힌 수백 명의 시민이 함께 숙의하고 중요한 공적 결정을 내렸던 고대 아테네의 관행에서 발견할 수 있다.[26]

숙의가 이루어지기 전에 당의 한 위원회가 후보자를 6명으로 줄였다. 이어서 시민의 과학적 무작위표본이 후보자와 이슈에 대한 설문조사에 답하였는데, 이 설문조사 응답자들은 하루의 숙의에 초청되었다. 시장 후보자들도 여기에 초청되었다. 초청받은 사람들이 도착하여 19가지의 지역적 이슈에 대하여 토의하였고, 후보자 6명에 대해 이들 이슈에 대한 자신의 입장이 무엇인지 질문을 던졌다. 열 시간의 숙의가 종료된 후 표본들은 처음 받았던 설문조사와 같은 설문지로 한 번 더 설문조사를 받으며, 마지막으로 투표부스로 가서 후보자 선출을 위해 비밀투표를 실시하였다.

애초 6명의 후보자 가운데 가장 덜 알려진 인물이었던 지역 변호사 파노스 알렉산드리스가 그날 저녁 투표 1라운드에서 선두를 차지하였다. 득표수를 계산하는 동안 투표자들은 저녁식사를 하였고, 어떤 후보자도 과반을 넘기지 못한 관계로 두 명의 최종후보자 가운데 한 명을 선출하기 위한 2라운드 투표가 진행되었다. 여기서 알렉산드리스가 과반 이상을 득표하였다. 2,400년만에 처음으로 시민의 무작위표본이 아테네에 소집되어 숙의를 진행하였고 중요한 공적 결정을 내린 것이다.

이 과정은 다른 숙의조사들의 패턴과도 일치하였다. 즉, 처음에 모집단의 (이 경우 유권자들의) 무작위표본이 전화서베이에 응답한다. 이어서 이들이 수 시간의 숙의를 위해 소그룹과 전체회의에 함께 소집된다. 소그룹에서는 질문들을 정리하여 전체회의에서 경쟁하는 후보자, 전문가, 정책결정자들에게 질문을 던지고 대답을 들으며, 과정의 마지막 단계에서 처음 받았던 것과 같은 설문지로 설문조사를 받는다. 그리스 사례의 경우 여론조사 이상의 것이었으므로 (그것은 공식 결정이었다) 2차 설문조사 이후 비밀투표가 진행되었다.

이탈리아 신문 라레푸블리카는 수 시간의 소그룹 토의 이후 후보자도 참석한 전체회의를 다음과 같이 묘사하였다.

> 일요일 오후 4명의 남성과 2명의 여성으로 구성된 6명의 후보자가 사람들로 꽉 채워진 홀에 도착하였을 때, 그것은 극적인 순간이었다. 후보자들은 자신들이 이슈에 대해 많은 것을 사고한 사람들을 마주한다는 것을 알고 있었다. 자신들에게 제기된 환경 관련, 시의 재정 적자 관련, 거리청소 관련 질문들은 날카로웠고 세세한 내용이었으며 좋은 대답을 해야만 설득력을 가질 그런 것들이었다. 질문과

대답이 상세한 것들이었으므로, 후보자 가운데 누가 사안을 잘 알고 있는지 누가 그렇지 않은지 금방 분명해졌다.[27]

유권자 표본은 이 과정을 통해 (지역 이슈에 대한 지식질문을 통해 볼 때) 더 많은 것을 알게 되었고, 투표의도에서 극적인 변화가 있었다. 예를 들어, 알렉산드리스는 처음 24% 지지를 받았으나 나중에 39%로 지지가 올라가 15포인트 상승하였다. 최종 라운드에서는 여기에 16포인트가 더 올랐다. 다른 숙의조사에서처럼 더 많은 것을 알게 된 사람들이 자신들의 견해를 변경하였다.[28] 견해의 변경은 지식정보에 의한 것이었지 후보자의 퍼스낼리티에 대한 인식이 아니었다.[29]

당으로서는 이 프로젝트가 후보자 선정 과정에 실질적 형태의 민주주의를 도입하였고 동시에 후보자 충원의 길을 열어 주었다고 할 수 있다. 첫 사례로부터 너무 많은 것을 추론할 수는 없겠지만, 애초 가장 덜 알려졌던 후보가 지명을 받게 되었다는 사실은 교훈적인 것이다. 나중에 당 지도자 파판드레우는 이 과정이 "민주적 절차를 강화하였다."고 평가하였다. 그는 여기에 더하여 "우리는 이 경험을 전 세계 많은 지역에 전파하고 싶다...또한 그리스의 다른 도시에, 다른 이슈에도 적용하고 싶다."고 말하였다.[30]

이 프로젝트는 고대 아테네에서 실행되었던 정치형태의 현대 버전에 생명을 불어 넣었다. 기원전 4-5세기에 추첨으로 뽑힌 아테네 시민들은 하루 동안 (간혹 좀 더 길게) 모여서 중요한 공적 결정을 내렸다. 500여 명 이상으로 구성된 배심원은 오늘날의 법정에서보다 훨씬 큰 관할권을 가졌다. 다른 독특한 제도도 있었으니, 기원전 4세기경 추첨으로 뽑힌 입법심의위원회(nomothetai)가 입법에 관한 최종결정권을 가졌다. 그라피 파라노몬(graphe paranomon)이라는 특별절차도 있었는데, 민회에서 불법적이거나 무책임한 제안을 하는 사람을 무작위로 선출된 500인의 숙의자들 앞에서 재판을 받게 하는 제도였다. 이 재판을 받을지도 모른다는 우려로 인해 사람들은 민회에서의 발언에 신중하게 되었다. 가장 중요한 제도로는 무작위로 선출되어 1년 임기를 가진 500인 평의회(Council of 500)로서, 민회 모임의 안건을 설정하고 한 달 임기의 더 작은 평의회를 만들어 정부의 행정적 책임을 맡았다.

아테네 관행은 숙의와 무작위추출법을 결합한 독특한 것이었다. 이 결합은 사회적 규모가 숙의민주주의(이 용어는 정치적 평등과 숙의를 결합시킨 것이다)에 제기하는 문제에 대한 훌륭한 해결책을 제시하였다. 숙의민주주의에서는 참가자들이 자신의 의견에 도달할 수 있는 좋은 조건 하에서 모든 사람의 견해를 동등하게 고려한다. 이 과정은, 사람들에게 이슈의 장점에 대해 고려하는 상호존중적 지적 대화를 제공한다는 점에서 숙의적이다. 이 과정은, 우리가 아래에서 보듯이 모든 사람의 견해가 동등하게 계산된다는 점에서 민주적이다.[31]

물론 많은 것들이, 우리가 '좋은 조건'이라고 부르는 것의 의미가 무엇인지에 달려 있는데, 이런 좋은 조건에서 참가자들은 자신의 의견에 도달할 수 있는 것이다. 하지만 당분간 이 문제는 접어두고, 먼저 숙의를 정치적 평등과 결합하려는 열망이 사회규모의 문제에 의해 어떻게 영향을 받는지에 대해 살펴보기로 하자.

일반시민은 합리적 무지를 따르려는 경향이 있지만, 일단 이들이 선발되어 소우주에 참가하게 되면 다른 상황을 마주한다. 그들 한 명 한 명은 소그룹의 일원이 되며 개인적으로 영향력을 갖게 된다. 숙의조사 참가자 모두는 약 15명 전후로 구성되는 소그룹에서 한 명의 목소리를 갖게 되고, 최종 설문조사나 투표에서는 수백 명 중 한 명의 목소리를 갖게 된다. 일단 선발되면 합리적 무지의 유해한 계산은 소우주의 구성원에게 더 이상 작용하지 않는다. 소우주 내에서는 민주주의가 재구성되어 개인들의 목소리가 더욱 중요해지면서 각자의 노력을 효과적으로 끌어내게 된다.

혹자는 고대 아테네는 다른 상황에 있었고 사회규모의 문제가 없었다고 생각할지도 모른다. 아테네가 도시국가였으며 모두가 민회에 모이는 것이 가능했다고 흔히 언급되어온 것이다.[32] 그러나 시기에 따라 그리고 경합적 계산에 따르면, 시민 숫자는 대개 3만에서 6만 명 정도였다.[33] 민회가 열리던 프닉스(Pnyx)언덕은 6천 명에서 8천 명(8천 명도 확장된 이후의 숫자이다) 정도만 수용 가능하였다.[34] 따라서 고대 아테네도 같은 근본적 문제에 직면해 있었다. 즉, 모두가 같이 모여 이슈를 논하기 어려웠고 직접민주주의에 있어서 각자의 몫은 아주 작았다.

하지만 모든 시민에게 열려 있던 민회에서의 직접민주주의는 전체 공중을 포함시킬 수 있는 유일한 방법이었다. 무작위추출법에 해당되는 추첨에 의한 선발 과정은 참가할 의향이 있는 시민 명부로부터 클레로테리온(Kleroterion)이라는 기계로 작성되었는데, 이것은 일종의 대의제민주주의 형태를 제공하였고 일반시민에게 일단 선발될 경우 주의를 기울일 강한 인센티브를 주었다. 마치 오늘날 개별 시민이 배심원이 아닐 경우 배심원 재판과정의 시시콜콜한 문제에 전혀 관심을 갖기 어렵지만, 일단 본인이 배심원으로 선발될 경우 주의를 기울일 큰 이유가 있는 것처럼, 아테네에서 추첨으로 뽑힌 개인들은 제기된 이슈의 장점에 대해 초점을 맞출 충분한 이유가 있었다. 다만 한 가지 차이는 고대 아테네의 배심원과 숙의 그룹의 규모는 수백 명에 달해서, 소우주가 전체 시민 인구의 대표자가 되기에 충분한 크기였다는 점이다. 이에 비해 12명 정도로 구성되는 현대의 배심원단은 여러 가지 이유로 표본추출이 제약을 받고, 아테네 경우와 비교하기 어려울 정도로 대표성을 주장하기 어렵다. 이해당사자가 관여하는 오늘날의 법적 시스템에서, 배심원단은 규모가 너무 작고 배심원 선발에 있어서 타산적 결정이 너무 많이 작동한다.

그렇다고 고대 아테네민주주의를 이상적인 것으로 미화할 필요는 없다. (비록 오늘날 일부 조사에 의하면 소크라테스가 아마도 일부러 그런 선고를 내리도록 유도한 면이 있긴 하지만)[35] 추첨에 의해 뽑힌 배심원단이 소크라테스에게 사형을 선고하였고 거의 2,500여 년이나 민주주의 대의를 막아왔다는 것은 악명 높은 사실이다. 또한 500인 평의회와 달리 아테네 대부분의 하루짜리 숙의제도는 500여명의 사람들이 원형경기장에 앉아서 반대 논변을 들음으로써, 오늘날과 같은 소그룹토의나 면대면 토의를 결여하는 성격의 것이었다. 무작위추출법의 적용에 있어서도 분명한 한계가 있었다. 우선 자원하는 사람들만이 명단에 올랐으며, 뽑힐 수 있는 시민의 자격도 극히 제한적이었다. 여성, 노예, 거주외국인은 모두 배제되었다. 그렇지만 아테네인들은 시민들에게 인간적 규모의 숙의민주주의를 제공하는 관념을 보유하고 있었다.

아테네 민주주의는 두 가지 핵심 관념인 무작위추출법과 숙의를 결합하는 독특한 것이었다. 이 두 가지는 이후 (비록 무작위추출법은 전통적 여론조사를 통하여 우리의 비공식적 정치생활에 잔존하긴 하였지만) 민주주의 제도의 설계에서 그 뛰어난 점을 상실하고 말았다. 더구나 이 두 가지를 결합한다는 아이디어는 민주주의 실천의 전 역사를 통하여 거의 완전히 사라지고 말았다.[36] 이 두 가지를 결합하려는 관심은 숙의민주주의를 부활시키고자 하는 관심 속에서 최근에야 다시 등장한 것이다.[37] 이 두 가지의 결합을 공적협의(public consultation)를 위한 다양한 전략 가운데 위치시켜 살펴보도록 하자. 이어서 이 다양한 전략들 속에서 이슈가 되고 있는 가치(values)와 민주주의 이론들을 고찰하도록 하자.

## 공적협의

누가 인민을 위해서 말하는가? 여론에 목소리를 제공하기 위해 많은 민주적 메카니즘이 존재한다. 숙의와 정치적 평등이라는 가치를 달성한다는 관점에서 이들을 살펴보자.

지금까지의 민주주의 경험에서 민주적 과정에 대한 설계(그리고 가능한 개혁)는 공중이 한편으로 실제로 생각하지만 이슈가 되는 사안을 제대로 검토하기에는 열악한 조건에서 행하는 그런 제도들과, 다른 한편으로는 이슈가 되는 사안을 더 나은 조건에서 사고하는 것이 가능하게 함으로써 보다 숙의적인 여론을 표현할 수 있는 그런 제도들 사이의 반복되는 선택에 직면해 왔다. 다시 말해, 조악하지만 사실적인(debilitated but actual)인 여론과 숙의적이지만 반사실적(deliberative but counterfactual) 여론 사이의 어려운 선택에 직면해 왔다. 전자는 인민이 대체로 제대로 된 사고를 하지 못한다 해도 있는 그대로의 여론을 보여준다. 공중은 대체로 지식이 많지도, 관여적이지도, 주의깊지도 않다.

이에 비해 후자는 공중이 지식에 기반하고, 보다 관여적이며, 보다 주의깊은 경우에 이슈에 대해 사고할 것으로 생각되는 바를 표현한다. 비록 보다 사려깊은 이 의견이 실제로 광범위하게 공유된 것이 아니라는 점에서 반사실적이긴 하지만 그렇게 상정한다. 이 딜레마를 벗어나는 유일한 방법은 어쨌든 전체 일반 대중이 공유하면서도 보다 지식에 기반하고, 관여적이며, 주의깊은 여론을 만들어 내는 것이다. 우리는 뒤에서 바로 이 어려운 가능성에 도전한다.

숙의적이거나 '정제된(refined)' 여론은 (여기서 사용하는 '정제된'이라는 용어는 『페더럴리스트(Federalist)』 10번에서 매디슨이 사용한 유명한 문구에서 가져온 것으로서, 그는 대표자들이 공중의 견해를 '정제하고 확대해야(refine and enlarge)' 한다고 언급하고 있다) 상반되는 견해를 가진 사람들이 제기하는 경합적 논변(competing arguments)과 정보에 의해 테스트된 여론이라고 생각할 수 있다. 나는 이런 과정을 밟지 않은 여론을 '비정제(raw)' 여론이라고 부를 것이다. 이렇게 보면 앞에서 다룬 민주적 제도 사이의 구분은, 정제된 여론을 표현하려는 제도와 비정제 여론을 단순히 반영하려는 제도 사이의 구분이라고 할 수 있다.

비정제 여론은 대중민주주의의 모든 기존 제도들인 주민발안, 주민투표, 전통적 여론조사, 초점집단 등에 의해 일상적으로 제시된다.[38] 미국에서 보다 직접적인 협의 방향으로 나아가려는 움직임들, 예컨대 상원의원을 원래의 간접선거 대신 직접선거로 선출하는 현 제도는, 비정제 여론에 더 큰 비중을 둠으로써 보다 많은 대중민주주의를 보장하려는 방향에서 나온 조치들이다. 대통령선거인단(Electoral College)을 (주 단위 숙의적 제도로 기능하는) 원래의 버전과 달리 단순한 득표집합 메커니즘으로 변형시킨 것도 비정제 여론에 힘을 실어주려는 대중민주주의로의 유사한 움직임에서 나왔다. 마찬가지로, 특히 1970년대 맥거번-프레이저 개혁 이래, 대통령후보자 선출에서 직접 프라이머리가 극적으로 증가한 점도 더 많은 대중민주주의를 향한 움직임이었다. 과거 미국의 전당대회는 엘리트숙의제도로서 후보자 선출을 위한 다단계 투표와 국가가 직면한 이슈와 당 강령에 대해 진지한 토의가 이루어지는 장이었다. 그러나 오늘날 전당대회는, 후보자가 직접 프라이머리라는 대중민주주의에 의해 사전에 이미 결정된 상태에서, 대중여론에 미치는 효과에 초점을 맞추는 미디어의 호화쇼가 되었다.

우리가 가장 쉽게 정제된 여론과 만나는 방법은, 매디슨이 말한 것처럼 "공중의 견해를 시민의 선출된 기구라는 매개물을 통해 통과시킴으로써 정제하고 확대하고자 하는" 대의제도를 통해서이다. 최선의 효과를 발할 경우 그러한 제도는, 구성원들이 실제로 생각하는 바만이 아니라 그들이 더 많은 것을 알게 된다면 생각하게 될 수 있는 그런 것들에도 민감하다.

두 가지 형태의 여론 즉, 정제된 여론과 비정제 여론으로 나누는 이 구분은 완전히 중복되지는 않지만 대체로 직접민주주의와 대의민주주의의 구분과 일치한다. 예를 들어, 대중민주주의의 가장 영향력 있는 제도 가운데 하나는 있는 그대로의 현상태 여론을 묘사하는 제도인 전통적 여론조사이다. 전통적 여론조사는 직접민주주의와 밀접하게 연결되듯이 (원래 조지 갤럽은 여론조사를 직접민주주의의 대용물로 간주하였고, '샘플주민투표'로 부르기까지 하였다[39]) 통계적 표본이 나머지 공중 전체를 대표하는 것으로 간주한다. 이 '대표' 표본의 구성원은 선거가 아니라 무작위 과정을 통해 선택된다. 그럼에도 이들은 일반대중의 '대표'이며 대중사회의 훨씬 큰 유권자들을 대신하는 작은 기구인 것이다.

제도적 설계의 어려움을 말해주는 한 방법은 우리가 조악하지만 사실적인 여론과 숙의적이지만 반사실적 여론 사이에 선택할 수밖에 없다고 말하는 것이다. 사실적 여론은 앞에서 얘기한 네 가지 이유로 조악한 것이 된다. 그러나 사실적 여론은 인민이 무엇을 생각하게 될 것인가 하는 것이 보다 더 큰 설득력을 가진다해도, 현실 정치 과정에서 비중이 더 크다. 인민이 무엇을 생각하게 될 것인가가 중요성을 가지게 되는 맥락을 탐구하는 것은 이 책 제5장의 주제가 될 것이다.

두 가지 종류의 여론과 관련하여 민주주의 제도가 어떻게 작동하는지 보여주는 공통의 이미지가 있다. 미국의 건국의 아버지들은 필터(filter)의 은유를 사용하였다. 대의제도들은 숙의를 통해 여론을 정제하는 것으로 추정되었다. 그러나 이와 달리 엘리트 필터링을 반대한 측은 반페더럴리스트(Anti-Federalists)로부터 시작하여 대표에 대한 다른 개념을 사용하였다. 반페더럴리스들에 의하면, 대표는 공중의 거울(mirror)로서 될 수 있는 한 공중의 실제 여론에 가까이 다가가야 한다. '필터'는 반사실적이지만 숙의적인 여론을 창조해 내는데 반해, '거울'은 주의깊지 않거나 조악하더라도 있는 그대로의 여론이라는 그림을 제공한다. 이 두 가지 충돌하는 이미지는 필터의 '성찰적(reflective)' 의견과 거울의 '반영된(reflected)' 의견 사이의 어려운 선택을 보여주고 있다.

## 필터인가 거울인가?

미국 민주주의는 정치적 가능성의 팰림프세스트(palimpsest)이다. 예전의 그림 위에 새 그림이 덧 씌워지듯, 예전의 비전을 나타내는 이미지가 드러나 보인다. 그러나 대부분의 미국인들은 과거의 그림에 해당되는 부분을 알아차리지 못한다. 왜 우리는 대통령선거인단이라는 제도를 가지고 있는가? 왜 상원은 하원에 비해 그렇게 규모가 작은가? 왜 우리는 당대회를 중요시하여 헌법 제정이나 개정 및 대통령후보자 지명을 이 제도를 통해서 하는가?

사실 초창기 비전은 여전히 유지되고 있거나 간혹 보다 최근의 개혁이 뒷받침되어 더 도드라져 보이기도 한다. 상원은 원래 간접선거로 선출되는 소규모 숙의기구로 설계되었다. 너무 큰 기구는 '다중의 혼란'만을 초래할 것이라고 우려되었다(『페더럴리스트』 55번). 대통령선거인단은 원래 개별 주를 위한 숙의기구로 의도되었으며, 선거인단이 가장 자질있는 후보자를 자유롭게 선택할 수 있도록 할 계획이었다. 헌법과 관련한 의사결정은 각 개별 주의 제헌당대회와 비준당대회를 거치는 것을 선호하였다. 나중에 숙의기구로서의 당대회 개념이 받아들여져 전국당대회로 확대되었다. 하지만 오늘날 당대회를 더 이상 숙의기구로 보기 어렵듯이 대통령선거인단도 숙의기구가 아니다. 이 모임들의 결과는 대의원들이 선출될 때 이미 예측가능하다. 인민에게 권한을 부여하는 것은 그 자체로 칭송할 만한 일이지만, 엘리트숙의기구로부터 효과적인 의사결정 권한을 빼앗아 버렸다. 오래 지속되어 온 우리의 민주주의 개혁 패턴은 엘리트숙의와 대중참여 사이의 갈등을 생생하게 보여준다.

매디슨은 제헌회의와 관련한 글에서 자신의 입장을 밝히고 있듯이, 연속적 필터링을 통해 대중의 의견을 정제하는 것을 주장하였다.[40] 『페더럴리스트』 10번에서 매디슨은 대표의 효과는 "공중의 견해를 시민의 선출된 기구라는 매개물을 통해 통과시킴으로써 정제하고 확대하는 데 있다....그런 조정 하에서 인민의 대표에 의해 표명되는 공중의 목소리는 이 목적을 위해 소집된 인민 자신에 의해 표명되는 것보다 공익에 더욱 잘 부합할 것이다."라고 주장하였다. 매디슨의 사고를 관통하는 아이디어는, 소규모 대표성을 지닌 기구의 숙의로부터 나올 수 있는 신중한 판단인 '정제된' 여론과, 이러한 숙의적 과정을 벗어나 발견되는 여론의 '임시적 오류와 착각' 사이의 구분이었다. 소규모 면대면 대의기구의 숙의를 통해서만 냉정하고 숙의적인 공동체의 감각에 도달할 수 있다(『페더럴리스트』 63번). 이것이 바로 상원을 만든 주요 동기였으며, 이에 따라 상원은 공중을 다수의 횡포로 이끌 수도 있는 정념과 이익(passions and interests)에 저항하도록 의도되었다.

미국의 시조들은 숙의를 가능하게 만드는 사회적 조건에 민감하였다. 예를 들어, 시민들의 대규모 모임은 그들이 아무리 사려깊고 덕이 있더라도 너무 커서 숙의적인 것이 되기 어렵기 때문에 위험하다고 생각되었다. 매디슨이 『페더럴리스트』 55번에서 말한 것처럼, "아테네 시민 한 명 한 명이 모두 소크라테스였더라도 아테네 민회는 중우정치가 되었을 것"으로 인식한 것이다. 미국의 시조들의 헌법설계 프로젝트에서 필수사항은 숙의적 여론이 형성되고 표현될 수 있는 조건의 창출이었다.

필터는 이를 통해 대표들이 면대면 토의에서 공공문제에 관하여 신중한 판단에 이를 수 있는 숙의과정으로 생각될 수 있다. 우리의 목적을 위해 숙의를 임시적으로 다음과 같이 규정할 수 있다. 즉, 숙의는 면대면 토의로서, 그것을 통해 참여자들은 공적 문제의 해결책에 관한 신중한 판단에 도달하기 위해 경합하는 논변을 성실하게 제기하고 또한 상대 논변에 성실하게 응답한다.[41] 하지만 숙의와 관련하여 위험도 없지 않으니, 너무 많은 사람이 포함되거나, 참여자들의 참여 동기가 파벌로 이끌 수도 있는 정념과 이익에 의해 왜곡되면 숙의민주주의는 불가능해질 위험이 없지 않다. 미국의 시조들의 관점에서 볼 때, 대중민주주의에서 우리가 익숙한 사회적 조건은 숙의에 전혀 적합하지 않은 것이 분명하다.

## 있는 그대로의 인민을 반영하기

잭 레이코브가 지적한 것처럼, 미국의 국가건설 시기 대표와 관련하여 널리 공유되었던 필수사항은, 존 애덤스(John Adams)의 용어를 사용하자면, 대표회의가 "축소판으로 된 전체 인민의 정확한 초상화(exact portrait)"가 되어야 한다는 것이었다.[42] 이 관념은 반페더럴리스트들의 손에 의해, 교육받은 상층계급만이 소규모 엘리트 회의에서 '정제' 작업을 수행할 것으로 예상되었기에, 필터의 은유를 사용하는 분명한 엘리트주의를 거부하는 토대가 되었다. 대표에 관한 거울 개념은 공정과 평등의 표현이었다. 가명의 페더럴 파머(Federal Farmer)가 밝히고 있듯이, "공정하고 평등한 대표란, 인민이 전부 소집될 경우 수행할 그런 방식으로 인민의 이익, 감정, 의견, 견해를 모으는 것"을 말한다.[43] 뉴욕 비준대회에서 헌법에 반대한 멜랑크톤 스미스가 주장한 것처럼, 대표들은 "인민의 진정한 그림이 되어야 하며, 인민이 처한 상황과 필요를 알아야 하고, 인민의 고민거리에 공감해야 하며, 인민의 진정한 이익을 찾아주도록 해야 한다." 대표의 거울이론에 부합할 수 있도록 반페더럴리스트들은 잦은 선거와 임기제한을 추구하였고, 대표와 그들이 대표하는 인민을 될 수 있는 한 닮게 만들기 위한 조치들을 모색하였다.

'인민이 전부 소집될 경우'란 바로 페더럴리스트들이 공익을 열등한 무엇인가로 만들어 버릴 위험을 가진 것으로 믿었던 바로 그러한 모임이다. 소규모 대표 그룹이 인민 자신들이 이 목적을 위해 소집될 경우보다 공익을 더 잘 설명할 것이라는 (『페더럴리스트』 10번) 매디슨의 주장을 상기해 보라. 거울이 있는 그대로의 여론을 그린 그림이라면, 숙의적 필터는 여론이 '정제되고 확대될' 경우 어떤 것이 될 것인지 반사실적 그림을 제공한다.

　미국 헌법의 틀을 짠 사람들은 다른 사람들의 권리에 적대적인 정념과 이익에 의해 추동되는 파벌(factions)이 나쁜 일을 하게 될 가능성을 대단히 우려하였다. 이들이 두려워한 이미지는 아테네 중우정치와 쉐이즈반란(Shays's rebellion)이 결합된 어떤 것으로 보인다. 이들이 보기에 숙의적 여론의 장점 가운데 하나는 '냉정하고 숙의적인 공동체의 감각'(『페더럴리스트』 63번)이 파벌을 초래하는 정념과 이익으로부터 격리될 수 있다는 것이다. 건국의 아버지들은 여론이 숙의과정을 통해 필터링되면 공익에 더욱 크게 기여하고 다수의 횡포를 위협하는 그런 종류의 중우정치적 행동을 피할 수 있을 것으로 믿었다. (2장의 '다수의 횡포를 피하기' 절을 보라.)

## 숙의민주주의 대 대중민주주의: 초기의 충돌

　미국의 건국의 아버지들 관점에서 볼 때 두 가지 형태 여론의 충돌 문제(그리고 이를 반영하는 제도들 사이의 갈등)는 곧 로드아일랜드(Rhode Island)주의 주민투표에 의해 극적으로 전개되었다. 로드아일랜드는 미국을 구성하던 주들 중 유일하게 주의 주민들에게 제정헌법의 비준 문제를 직접 묻기로 한 것이다. 로드아일랜드주는 지폐의 온상이었으며 페더럴리스트 관점에서 볼 때 무책임한 정부이자 재정관리가 부실한 주였다. 반페더럴리스트 세력의 본거지로서 로드아일랜드주는 건국의 아버지들이 보기에 '악당의 섬(Rogue Island)'이자 숙의의 필터링을 거치지 않은 공중의 정념이 위험한 결과를 초래할 수 있는 지역이었다.

　반페더럴리스트들은 어떤 방식으로 인민과 협의할 것인가 하는 방식을 두고 광범위한 논쟁을 불러일으킨 바, 이 논쟁은 이후의 오랜 기간 지속된 대중적 제도들과 숙의적 제도들 사이의 갈등을 극적으로 보여주었다. 주민투표 지지자들은 "헌법을 주의 모든 자유토지보유자의 동의를 얻게 하는 것이야말로 주민의 진정한 의향을 모으는 것"이라고 주장하였다.[44] 그렇지만 페더럴리스트들은 주의 주민투표가 논변들이 제대로 전개되는 이슈토의가 되지 못할 것이라며 반대하였다. 다시 말해 숙의의 결손을 초래할 것이라는 이유로 반대한 것이다. 주 전체에 산재해 있는 타운미팅에서 주민투표를 가질 경우 각 타운마다 상이한 논변이 제기될 것이며, 한 곳에서 제기된 논변이 다른 곳에서 제기된 논변으로 응답받지 못하여 공유된 감각을 상실할 것이라는 주장이었다.

> 항구지역 타운은 농촌지역 형제들의 주장을 들을 수도 살펴볼 수도 없으며 농촌지역 형제들도 마찬가지이다…공동의 효용과 공익을 가져 올 조치들을 위한 논거와 논변을 알지 못한 채, 사적이고 지역적인 동기 아래 각자의 분리된 이해관계가 작동할 것이다.[45]

페더럴리스트들은 오직 전당대회에서만 전체 주의 대표들이 모일 수 있고, 자신들의 관심사를 말할 수 있으며, 그 관심사에 대하여 다른 견해를 가진 사람들의 응답을 들음으로써 공동선에 대한 집단적 해결책에 도달할 수 있다고 주장하였다. 비준 토대로서의 컨벤션(convention)이라는 개념은 숙의의 필요에 맞춘 중요한 혁신이었다. 일반대중에게 직접 협의하는 것은 여론을 반영할 수 있지만, 숙의에 필요한 일관되고 균형잡힌 고려는 제공하지 못한다고 보았다.

페더럴리스트들은 직접협의의 다른 단점으로 지식의 부족을 들었다.

> 개개의 자유인은 헌법에 대해 결정하기 위해 다음과 같은 문제들을 제대로 살펴보아야 한다. 즉, 이 일을 해내기 위해 자유인들이 타운미팅에 모이는 것은 큰 부담이 될 수 있으며, 타운미팅은 3일만이 아니라 3개월이나 그 이상이 소요될 수도 있다. 대규모 인민들이 필요한 지식을 준비하는 데만도 많은 시간이 걸릴 것이다.

당대회를 위해 선출된 대표들이 필요한 정보를 얻는 데는 그리 많은 시간이 필요하지 않지만, 일반대중을 유사할 정도로 준비시키기 위해서는 엄청난 시간이 소요된다는 것이다.

물론 주민투표는 실시되었고, 페더럴리스트들은 이를 보이콧하였으나 헌법은 주민투표에서 부결되었다. 하지만 결국 로드아일랜드주는 통상금지와 (한 쪽으로는 코넷티컷주에 의해 다른 쪽으로는 매사추세츠주에 의해 협공의 위협을 받아) 양쪽으로부터의 분할 위협에 굴복하여, 다시 주 컨벤션을 개최하였고 최종적으로는 헌법에 동의하고 말았다.

이 사건은 민주주의에 대한 경합적 관념 사이의 오랜 전쟁에 있어서 미국판 초기전투에 해당된다. 장기적 관점에서 보면, 페더럴리스트들의 숙의와 토의 강조는 있는 그대로의 여론을 비추는 거울역할을 하는 주민투표나 다른 대중민주주의 제도들로 구현된 유형의 민주주의에 패하였다. 물론 민주주의 제도는 숙의민주주의와 대중민주주의의 혼합을, 그리고 필터와 거울의 혼합을 보여주긴 하지만, 지난 200년의 미국 민주주의 경험에 비추면 (그리고 대부분 선진사회의 경험에 비추면) 균형추는 훨씬 큰 대중의 영향력 쪽으로, 또한 정제된 여론과 숙의적 견해와 반대되는 비정제 여론의 우위 쪽으로 기울어져 왔다.

미국에서 다음과 같은 제도와 관련해 발생한 일들을 반추해 보면 이런 사실을 잘 볼 수 있다. 즉, 숙의적 대의원이 모이는 기구로 의도되었던 대통령선거인단, 주별 의회에서 간선으로 선출되었던 상원의원, 정당엘리트들이 주로 담당하였던 대통령후보지명 절차, 결과가 미리 예측가능해진 당의 전국전당대회, 엘리트들에 의한 결정을 대체하는 주민투표의 관할권 강화, 그리고 전통적 여론조사의 성행 등이다. 매디슨식 '필터링'의 많은 측면들이 합리적 무지에 의해 제약받는 여론의 '거울'이 득세하는 시스템에서 점차 사라졌다. 이와 같은 방식들을 통해 필터의 '성찰적 여론' 대신 거울의 '반영된 여론'의 중요성이 점점 더 커진 것이다.

미국 헌법제정 당시 페더럴리스트와 반페더럴리스트들이 직면했던 것과 유사한 딜레마가 유럽연합(European Union)의 헌법구조를 창출하려는 최근의 노력에서도 여운을 남기고 있다. 미국헌법을 두고 한 개 주 로드 아일랜드가 주민투표를 실시하여 헌법을 부결시켰던 것처럼, 한 개 국가 아일랜드가 국민투표를 실시하여 유럽연합 헌법을 부결시켰던 것이다. 유럽연합 헌법 문제도 여전한 딜레마를 보여주고 있다. 즉, 엘리트 숙의는 비민주적인 것으로서 유럽연합의 '민주주의결손'으로 간주되고 있으며, 직접적인 대중협의는 지식이 부족한 즉흥적 여론으로 간주되고 있는 것이다. 물론 제안된 개혁의 장단점을 따져서 유럽연합헌법이 패배하였다기보다 오히려 당시의 고유가가 유럽연합조약의 패배에 더 관련성이 큰 것으로 보이는 면도 있다. 최근에도 유럽연합의 개혁과 유럽연합 헌법 문제는 (실패한 신헌법을 만든 컨벤션의) 엘리트과정과 (덴마크, 프랑스, 네덜란드, 아일랜드의) 주민투표 사이에서 갈팡질팡하고 있다.

그것이 헌법개정의 문제이든 공공정책의 문제이든 정치적 평등과 숙의를 결합시키는 것은 여전히 어려운 과제이다. 그것은 바로 인민이 자신들이 동의하는 바에 대해 제대로 된 지식을 갖는 좋은 조건 하에서, 어떻게 인민의 동의를 얻을 것인가 하는 과제인 것이다.

## 공적협의의 8가지 방법

여론을 다룰 때 근본적 질문은 두 가지로서, 하나는 어떤 종류의 여론인가 하는 것이며, 다른 하나는 누구의 여론인가 하는 것이다. 처음 질문과 관련하여 정제된(refined) 여론과 비정제(raw) 여론의 구분이 가능하다. 두 번째 질문은 누구의 여론이 협의 대상인가 하는 것과 관련된다. 이 질문과 관련하여 4가지 구분이 가능하다: 협의대상이 될 사람들은 먼저 자가선발(self-selected)될 수 있다; 또한 확률추출(probability sampling)없이 대표성을 갖는 방식으로 선택될 수도 있고; 무작위추출법(random sampling)으로 선발될 수도 있으며; 모든 유권자들로 구성될 수도 있다. 이 두 가지 차원이 결합될 경우 〈도표 I〉과 같은 8가지 가능성이 생성된다.

〈도표 I〉 협의의 형태

| 여론 | 선발방식 | | | |
|---|---|---|---|---|
| | 1. 자가선발 | 2. 비무작위 표본 | 3. 무작위 표본 | 4. 모든 구성원 |
| A. 비정제 여론 | 1A SLOP | 2A 일부 여론조사 | 3A 대부분의 전통적 여론조사 | 4A 국민투표제 민주주의 |
| B. 정제된 여론 | 1B 토의집단 | 2B 시민배심원단 | 3B 숙의조사 | 4B 숙의의 날 |

첫 번째 범주인 1A는 방송국이나 인터넷 사이트에서 공개모임을 청

하거나 자가선발 의견을 구할 때 흔히 나타난다. 시카고대학교의 노만 브래드번은 이런 현상을 가리키는 용어로 약어인 SLOP라는 용어를 주조한 바, 이는 자가선발청취자여론조사(self-selected listener opinion poll)를 의미한다. 인터넷 이전에 라디오쇼는 전화를 걸어 청취자들에게 특정 주제에 관한 반응을 물었다. SLOP 응답자들은 과학적인 무작위추출법을 통해 선발되는 것이 아니라, 자신들이 스스로를 선발하였다. 이들은 압도적으로 그 주제에 관해 강한 관심을 가지고 있거나 충분히 큰 동기부여가 되어 있는 사람들이었으며, 간혹 조직화되어 있는 사람들이다.

SLOP가 갖는 위험성의 좋은 예로는 타임 잡지가 세계를 대상으로 조사한 '금세기 최고의 인물' 설문이었다. 타임 잡지는 위대한 사상가, 위대한 정치가, 위대한 엔터테이너, 위대한 사업가 등 몇 가지 범주를 나누어 투표할 것을 요청하였다. 그런데 이상하게도 모든 범주에 동일한 한 사람이 최고의 득표를 얻었다. 모든 범주에서 다른 사람을 모두 누르고 최고의 득표를 기록한 이 사람은 누구였을까? 그것은 아타투르크였다. 터키국민이 국민적 자부심의 문제로 조직적으로 나서서 투표로, 우편으로, 인터넷으로, 팩스로 나머지 전 세계가 개인적, 비조직적 투표로 특정 개인을 위해 모을 수 있는 표보다 수백만 표를 더 모았던 것이다.[46]

미디어매체는 인터넷 상에서 광범위한 정치적 및 사회적 이슈에 관하여 일상적으로 SLOP를 실시한다. SLOP는 웹사이트 방문자를 포함하고 사람들에게 자력감을 부여함으로써 자신들의 의견을 등록하게 만들지만, 오도하는 데이터를 만들거나 여론에 대해 왜곡된 그림만을 제공하기도 한다. 특정 주제에 관하여 강력한 관심을 가질 경우 자신의 견해를 등록하고자 하며, 가끔 한 번 이상 등록하는 것이다. 2008년 대통령선거에서 론 폴은 아이오와 코커스 직전의 온라인 여론조사에서 동시에 진행된 과학적 표본을 가진 여론조사에서는 간신히 등록할 정도였음에도 불구하고 공화당의 모든 경쟁자를 압도적인 차이로 앞서고 있다고 알려졌다.[47] 웹기반 소셜 넷워크와 같은 기술적 혁신을 동원하여 SLOP를 확대한 결과 ABC 방송과 페이스북 조사에 의하면 뉴햄프셔 공화당 대통령선거 토론회의 승자는 바로 론 폴이었다.[48]

이것은 뻔한 길이다. 알란 키이즈는 1996년 대통령 선거전에서 유사한 자가선발 성공을 누렸다. 그의 지지자들은 그에게 투표하고 또 투표하였다. 클린턴대통령을 탄핵하고자 할 때, SLOP에서 압도적 다수가 찬성하는 것으로 나타났으나 대표성을 갖는 표본은 완전히 다른 그림을 보여주었다. 상원의원 콘라드 번즈가 로비스트 잭 아브라모프와의 커넥션으로 비판받을 때, 지방신문이 조사한 여론조사에서 그의 지지자들이 동원되어 자신들은 이 커넥션에 전혀 구애받지 않는다는 것을 보여주면서 투표를 반복하였다. 마이크로소프트가 자바(Java)의 대안으로 자신들의 소프트웨어를 내세울 때, 미디어 SLOP에 컴퓨터 사용자들의 대규모 투표를 동원하였다. 미국의 시사평론가 스티븐 콜버트는 헝가리정부가 공모한 신설 교량의 명칭을 위한 인터넷 대회에 지원하였다. 방송에 호소함으로써 그는 헝가리 인구보다 많은 수의 득표를 얻어 교량명에 자신의 이름을 붙이도록 할 상황에 있었다. 주최자측에서 당선자는 헝가리어를 말할 수 있어야 한다는 조건을 내세우자, 그는 황급히 배운 헝가리어를 방송에 알리기도 하였다. 그러나 당선자는 현재 생존자가 아니어야 한다는 마지막 조건을 듣고서야 그는 이 공모전에서 빠졌다. SLOP는 지리적 제약 없이 어떤 곳에서든 어떤 주제를 놓고서든 실시될 수 있다.

흔히 기술 발전이 고대의 민주주의 방식을 더 잘 실현하게 할 수 있을 것으로 추측되곤 한다. 그러나 SLOP는 고대 아테네가 아니라 고대 스파르타 경우를 상기시킨다. 스파르타에서는 고함지르기라 부르는 관행이 있었으며, 후보자들 가운데 홀에서 가장 크게 고함지르는 사람이 박수갈채를 받으며 선출되었다.[49] 뒤에서 우리는 스파르타가 아니라 다른 범주를 사용한 아테네민주주의 사례를 살펴 볼 것이다.

범주1A가 갖는 어려움은 이것이 대표성을 갖지도 숙의적이지도 않은 여론의 그림을 제시한다는 데 있다. 이 범주는 왜곡되었으며 사람들을 편파적으로 수용함으로써 비정제 여론의 그림을 제공한다. SLOP는 우리가 여기서 다루는 두 가지 가치 가운데 어느 것도 만족시키지 못한다.

범주1A SLOP의 대안은 자가선발집단의 진지한 숙의 가능성이다. 토의집단(discussion groups)이 범주1B에 속한다. 만일 토의집단이, 동료시민들이 해당 이슈에 대해 제기하고자 하는 주요한 대안적 논변을 평가할 기회를 제공한다면, 비록 참가자들이 전체 인구의 좋은 거울은 아니더라도 그 주제에 대한 어느 정도의 숙의를 달성할 수 있다. 예를 들어, 케터링재단은 미국과 몇몇 국가에서 대규모 네트워크인 전국이슈포럼(National Issues Forum)을 지원하는 바, 여기서 수천 명의 자가선발된 참가자들이 균형잡히고 정확한 토의의 기초가 되는 브리핑 자료를 이용하여 성실하고 진지하게 숙의를 진행한다.[50] 참가자들은 교회, 학교, 마을회관에 모여 대안들을 진지하게 고려하며 여러 시간을 보낸다. 그렇지만 이들이 내리는 결론은, 필터링을 거치거나 숙의적이더라도 전체 공중의 의견으로서 대표성을 갖지는 못한다. 또한 아직 경험적 검증을 완료한 것은 아니지만, 다양성이 제한될 수밖에 없는 자가선발된 집단이 숙의의 가치를 충분히 충족시킬 수 있을지도 확실하지 않다. 예를 들어, 한 토의집단이 대체로 중산층으로 구성되었고 교육수준이 높으며 이념적으로 동질적이라고 한다면, 많은 정책 이슈와 관련하여 이 집단이 제기할 경합적 논변은 제한적일 수밖에 없을 것이다. 숙의하는 사람들의 다양성 부족은 그 자체로 숙의의 질에 제약을 줄 수 있다.[51] 물론 자가선발 토의집단이 민주적 숙의의 가치에 어느 정도 기여할 여지는 분명히 있다. 더구나 브리핑자료나 사회자 같은 균형잡힌 토의의 인프라가 구축되어 있을 경우, 참가자들의 다양성 부족은 어느 정도 보정이 가능하다. 그럼에도 불구하고, 이런 집단이 두 가지 기본가치를 달성하는 데 한계가 있는 것은 분명하다.

범주2A는 비정제 여론을 어느 정도의 대표성을 달성하고자 시도하는 선발방식과 결합하는 것이다. 확률표본추출법을 사용하지 않는 몇 가지 여론조사가 이 범주에 속한다. 미국 이외의 민주 국가에서 아직 사용하고 있는 방법인 할당표본추출법(quota sampling)은 확률표본추출법에 다가가려는 시도로 볼 수 있다. 1948년 듀이/트루먼 선거전이나 1992년 영국 총선에서와 같은 여론조사의 실패는 부분적으로 할당표본추출법에 기인한 것으로 해석되고 있다.[52]

범주2B는 보다 숙의적인 여론에 도달하기 위한 시도와 함께 비무작위(nonrandom) 표집방법을 사용한다. 이 범주에 속한 공적 협의에는 다양한 방법이 있다. 예를 들어, 시민배심원 제도는 할당표본을 사용하여 12-18인의 참가자를 선발하고 수일이나 수주에 걸쳐 공공문제를 숙의한다. 합의회의(Consensus Conference)는 신문광고를 통해 응답자를 선발하는 방식으로 자가선발을 통하며, 이어서 대표성을 강화하기 위한 시도로서 쿼타를 사용한다. 이런 방법들은 모두 위에서 언급한 바 있는 문제들에 직면한다. 즉, 자가선발로부터 출발하며 소수의 참가자들로만 구성되어 대표성을 주장하기에는 신뢰성이 부족하다.[53]

비정제 여론과 확률표본을 결합하는 범주3A는 대개 전통적 여론조사에서 활용한다. 가장 발전된 형태로 반페더럴리스트들이 주장했던 더 좋은 '거울'을 제공하며, SLOP의 왜곡된 대표성 뿐만 아니라 범주2B의 비무작위추출법의 왜곡도 피할 수 있다.

비정제 여론을 반영하는 여론조사 방법은 공적 목소리에 대한 즉흥적인 표현만을 제공할 뿐이다. 하지만 애초에는 전통적 여론조사도 정치적 평등과 숙의를 결합하고자 하였고, 우리가 여기서 사용한 이미지를 따른다면 필터와 거울을 결합하고자 하였다.

조오지 갤럽(George Gallup)은 1936년 대통령 선거전에서 라이벌인 리터러리다이제스트가 후원하던 SLOP 보다 훨씬 나은 예측을 함으로써 미국정치에 여론조사를 효과적으로 도입하였다. 초기의 이 승리 이후 갤럽은 매스미디어와 과학적 샘플링의 결합으로 뉴잉글랜드 타운미팅의 민주주의를 대규모 국민국가(nation-state)에서도 실현할 수 있다고 주장하였다.

> 오늘날 어떤 의미에서는 뉴잉글랜드 타운미팅의 아이디어가 복원되었다. 일상의 이슈에 관한 정치가들의 견해를 보도하는 일간신문의 폭넓은 보급, 전국의 어떤 목소리도 들릴 수 있는 범위내로 가져 온 거의 보편화된 라디오 보급, 주요 이슈에 관한 논쟁에 공중의 반응을 결정하는 수단이 된 주민투표의 일상화 등은 사실상 전국적 차원의 타운미팅을 가능하게 만들었다.[54]

갤럽은 대표의 '거울' 버전을 제공한 바, 과학적 표본추출 기법을 적용함으로써 반페더럴리스트들이 예상했던 것보다 훨씬 더 좋은 소우주를 공중에게 제공할 수 있었다. 그러나 그의 업적은 우리가 탐구하고 있는 민주개혁의 한 가지 만을 극적으로 보여 준 것이었다. 그의 생각으로는, 미디어가 전체 국가를 한 방에 모으는 것을 가능하게 만들고, 여론조사가 거기서 도출되는 지적 의견을 평가하는 것을 가능하게 만들리라는 것이었다. 하지만 갤럽이 간과한 것은 전체 국가가 한 방에 모이더라도 '합리적 무지'가 작동할 수 있다는 사실이었다. 그 방은 너무 커서 아무도 큰 주의를 기울이지 않을지 모른다. 그럴 경우 뉴잉글랜드타운미팅의 민주주의 대신에, 그가 얻게 되는 것은 주의 깊지 못하고 때로 무관심한 현대 대중사회의 민주주의일 것이다. 지적이며 숙의적인 여론 대신에, 그가 얻게 되는 것은 정치가의 발언이나 신문 헤드라인의 인상에 기초한 대중사회의 조악한 여론일 것이다. 성찰적이고 '정제된' 의견 대신에, 그가 얻게 되는 것은 '비정제' 의견의 반영일 것이다. 테크놀로지는 새로운 형태의 민주주의를 창출하는 데 기여하였지만, 그 민주주의는 타운미팅이 추구한 가치를 구현하는 민주주의가 아니었다. 타운미팅은 숙의와 모두의 견해에 대한 고려를 결합하는 잠재력을 가졌었다.[55]

범주3B에 속하는 숙의조사(Deliberative Polling)는 무작위추출법과 숙의를 결합하기 위해 개발되었다. 숙의조사는 사회과학을 동원하여 유사실험을 진행함으로써 특정 이슈에 대한 숙의적 여론은 어떤 것인가를 밝히고자 시도하며, 이 숙의적 결과를 실제 공적 대화나 공공정책 과정에 끼워 넣고자 한다.

숙의조사는 전통적 여론조사에서 발견될 수 있는 결함 즉, 일반대중의 합리적 무지와 서베이 조사가 동반하는 어정쩡한 태도(non-attitudes) 및 허상의견(phantom opinions)에 대한 우려에서, 그리고 대체로 어정쩡한 태도로 연결되는 경향이 있는 즉흥적 의견에 대한 우려에서 출발한다. 이런 우려는 그 정신에 있어 미국 건국의 아버지들이 숙의과정을 거쳐 도출되는 종류의 여론과 대조되는 대중여론에 대해 가졌던 우려와 크게 다르지 않다.

전통적 여론조사는 공중의 지식, 관심, 이해관계가 별로 없는 이슈에 대해서도 있는 그대로의 여론에 대한 일종의 스냅사진(snapshot)을 제공한다. 이런 여론조사는 대표에 관한 '거울'이론의 현대판으로서 반페더럴리스트들은 꿈에도 그리지 못했을 정도로 거울이론을 완성하였다고 볼 수 있다. 이에 비해 숙의조사는 '거울'과 '필터'를 결합하려는 시도이다. 참가자들은 무작위추출법으로 선발되어 모집단의 거울로서 출발하지만, 숙의적 경험이라는 필터에 종속된다.

숙의조사의 모든 과정은 지적이고 균형잡힌 토론을 원활하게 만들 의도로 설계된다. 먼저 첫 번째 서베이를 받은 후, 참가자들은 주말의 면대면 숙의에 초대된다. 그들은 대화의 기본자료가 될 주의깊게 점검받고 검토된 브리핑자료를 받는다. 이어서 그들은 훈련받은 사회자가 배정된 토론을 위한 소그룹에 무작위로 배정된다. 이 소그룹 토론에서 생성된 질문사항들을 전체회의에서 경합적 입장을 취하는 전문가와 정치가들에게 제기한다. 사회자들은, 참가자들이 안전한 공적 공간에서 서로의 이야기를 들으며, 아무도 토의 과정을 지배하지 못하도록 하는 분위기를 만들기 위해 노력한다. 주말 프로그램의 마지막 시간에 참가자들은 첫 번째 서베이와 동일한 비밀설문지의 조사에 응하고, 그 최종 결과는 주말 동안 진행된 과정에 대한 프로시딩의 편집본과 함께 대개 방송에 보도된다.[56] 이 주말의 소우주(microcosm)는 첫 번째 서베이나 센서스 데이터에 비교하여 참가자들의 태도 측면에서나 인구통계학 측면에서 대표성이 높다. 또한 이 주말 프로그램이 진행되는 동안 참가자들 사이에서 통계적으로 유의미한 의견 변화가 많이 발생한다. 주말 프로그램을 통해 나온 신중한 판단은 전통적 여론조사에서 나온 즉흥적인 태도와는 많이 다르다.

주말 숙의의 결과가 보여 주는 것은 무엇인가? 우리의 응답자들은 일반대중에게 일반적으로 적용되는 합리적 무지를 극복할 수 있다. 그들은 수백만 표 중의 한 표가 아니라 주말 표본에서는 수백 표 가운데 한 표이며, 소그룹 토의에서는 약 15명 가운데 하나의 목소리이다. 주말 숙의는 자신들의 목소리가 소중하다는 주장이 신빙성을 가지도록 조직된다. 그들은 무관심, 단절, 부주의, 애초의 정보부족 등을 극복한다. 사회의 모든 위치에서 선발된 참가자들은 숙의과정을 거쳐 변화된다. 누군가가 교육을 받았든 아니든, 경제적으로 유리하든 아니든, 그것이 숙의에서의 변화를 예측하게 하지는 않는다. 하지만 우리는 지식 관련 설문으로부터 참가자들이 다루어지는 주제에 관하여 잘 알게 될수록 정책태도에 있어서 변화가 가능하다는 점을 확인한다. 이런 점에서 산출되는 숙의적 여론은 지적이며 대표성을 가진 것으로 볼 수 있으며, 동시에 반사실적(counterfactual)이다. 공중이 우리의 주말 소우주만큼 지적이고 관여적(engaged)으로 되는 것은 결코 쉽지 않다.

만일 반사실적 상황이 도덕적으로 유용하다면 사회과학적 실험 또한 탁상공론적 논의에 그치지 않고 유용한 것이 될 수 있지 않겠는가? 그러한 반사실적 상황이 발견가능하고 도덕적으로 유용하다면, 나머지 전 세계에 그것을 알려야 하지 않겠는가? 존 롤스의 원초적 상황(original position)이 설득력을 갖는 것으로 생각될 수 있듯이, 숙의조사를 통해 확인된 반사실적 여론도 나머지 대부분의 사람들에게 신중하게 고려해야 할 어떤 결론을 설득한다고 볼 수 있다.[57] 나머지 대부분의 사람들은, 이 과정이 자신들도 마찬가지로 생각할 그런 조건에서 모두를 대표하기 때문에 거기서 내린 결론을 신중하게 고려해야 하는 것이다.

물론 이 과정이 규범이론과 경험적 사안을 혼합한다는 점에서, 그리고 사회과학을 사용하여 숙의적 여론을 발견하는 유사실험을 만들어 낸다는 점에서 어색할 수도 있다. 그러나 대부분의 사회과학 실험도 반사실적 진술을 만들어내며, 이 점에서 규범적인 것과 경험적인 것을 혼합하려는 것은 규범적 유용성을 구현하기 위한 노력으로 볼 수 있다.

숙의조사 연구설계와 관련하여 두 가지 의문이 제기될 수 있는 바, 내적 타당도와 외적 타당도가 그것이다.[58] 표본 서베이는 비교적 외적 타당도가 높다. 그 결과를 더 큰 규모의 인구에 일반화하는 것이 가능하다고 자신할 수 있다. 이에 비해 실험실 세팅에서 실시된 대부분의 사회과학 실험들은 내적 타당도가 높다. 실험의 결과가 실험 처치의 산물이라고 자신할 수 있다. 그렇지만 내적 타당도가 큰 사회과학 실험이 반드시 외적 타당도가 크다고 할 수는 없다. 예를 들어, 전체 인구에 대해 무언가를 발견하고자 하는 목적을 가졌다면 대학생을 대상으로 실행된 실험의 결과는 외적 타당도가 약한 것이다.

사회과학 실험이 규범적으로 바람직한 실험 과정을 통해 나온 결과라는 비교적 높은 내적 타당도를 가진다면, 또한 전체 시민에게 적용할 수 있을 정도의 높은 외적 타당도를 가진다면, 이 두 가지 요소의 결합이 우리로 하여금 그 결과를 전체 시민에게 일반화하는 것을 허용할 것이다. 우리는 규범적으로 바람직한 조건 하에서 결과를 도출해 내는 반사실적 공중의 그림에 대해 자신할 수 있다. 다시 말해, 숙의와 관련된 실험이 내적 타당도가 높다면 그 결론은 숙의의 결과라고, 그리고 제공된 정보와 같은 관련 요소의 결과라고, 자신할 수 있는 것이다. 또한 이런 실험이 외적 타당도가 높다면 그 결과를 공중 전체에 즉, 모든 유권자들에게 자신있게 일반화할 수 있는 것이다. 숙의조사가 내적 타당도와 외적 타당도 모두를 내세울 수 있다면, 인민의 신중한 판단을 대표한다는 강력한 토대를 갖게 된다. 우리는 사회과학으로 하여금 민주주의에 봉사하도록 시도한다. 다시 말해, 공중이 좋은 조건 속에서 갖게 될 여론은, 사실적이지만 조악한 여론이 아니라 반사실적이지만 정제된 여론이라는 주장에 신뢰성을 제공하고자 한다.

그러나 범주3B를 가장 잘 구현할 수 있는 경우라도 그 성취에 제약이 없는 것은 아니다. 숙의조사는 인구 전체에서 과학적 무작위 표본만을 포함한다. 여기서 창출되는 사려깊고 지적인 견해는, 대부분의 공중이 여전히 앞에서 다룬 네 가지 제한점으로 인하여 (이 네 가지 제한점은 대규모 국민국가의 시민들에게 일상적으로 적용된다) 불관여적이고 무관심하기 때문에, 널리 공유되지 못한다. 숙의조사는 소우주에서 최소한 제한된 기간 동안 이들 제한점을 극복할 수 있지만, 인구의 나머지에 대해서는 대체로 영향을 미치지 못한 채 남겨 두게 된다(여기서 '대체로' 라는 용어를 사용하는 이유는 인구의 나머지가 미디어를 통해 숙의조사 과정을 목격할 수도 있기 때문이다). 숙의조사는 범주3A의 전통적 여론조사처럼 정치적 평등을 통해 그리고 무작위 표본을 동등하게 계산함으로써 즉, 표본으로 뽑힌 각자에게 이론적으로 결정적 유권자가 될 동등한 기회를 제공함으로써 수용을 달성한다. 하지만 정치적 평등은 수용의 유일한 형태는 아니다. 수용의 다른 방법으로 대중참여(mass participation)가 있다. 우리의 마지막 범주 두 가지는 대중참여에 관한 것이다.

범주4A와 4B는 만일 이상적으로 실현될 경우 범주3A와 3B의 과학적 표본에 의해 대표되는 결과를 완전히 구현하게 될 것이다. 만일 모두가 국민투표제민주주의와 같은 대중협의에 참여한다면, 4A는 3A의 여론조사가 제공하는 것과 같은 견해를 대표할 것이다. 하지만 일반대중 대부분을 포함하고자 시도하는 국민투표제민주주의나 다른 대중협의 형태가 직면하는 어려움은 바로 투표참여율이 너무 낮아서 공중의 극히 일부만이 참여한다는 사실이다. 가끔은 국민투표나 전국 단위 선거의 투표 참가율이 낮아서 대중민주주의와 SLOP의 자가선발표본을 구분하기 어려울 정도이다. 물론 낮은 투표율 문제에 대한 제도적 해결책이 전혀 없는 것은 아니다. 호주는 투표 불참자들에게 벌금을 부과하는 효과적인 강제투표제(compulsory voting)의 오랜 전통을 가지고 있다. 호주는 이를 통해 전국 단위 선거의 경우 세계에서 가장 높은 투표율 국가 가운데 하나의 위치를 차지하고 있다. 하지만 강제투표제는 유권자의 지식수준이나 관여 정도를 개선하는 것과 관련하여 거의 아무 일도 하지 못한 것이 사실이다.

　호주 선거도 다른 대중민주주의 국가와 마찬가지 정도로 비정제 당파성과 이해타산적 조작을 많이 보여주고 있다. 투표율이 엄청나게 높다 해도 담론 수준을 제고하지는 못하며, 우리가 '정제된' 선호라고 부르는 것을 전혀 제공하지 못하는 것이다. 호주의 진보주의자들은 시민들이 투표를 하게 되면 투표를 위해 준비하는 노고를 감내할 것이라는 이유로 강제투표제를 이상적으로 주창하였었다. 그러나 그 결과는 지식수준이 낮은 유권자들을 강제로 투표장으로 끌고 오는 것으로 귀결되었다. 강제투표제는 선거에서 지식수준을 높이는 데 (그리고 숙의적 선호의 가능성을 높이는 데) 거의 기여하지 못하였다. 오히려 지식수준을 더 떨어뜨렸다고 주장하는 사람도 있을 지경이다.

　마지막으로 범주4B는 가장 야심적이다. 브루스 애커먼(Bruce Ackerman)

과 나는 어떻게 하면 숙의적 여론을 대중적 규모로 실행할 수 있을 것인지 대화를 개시하기 위해 이것을 개발하였다. 즉, 어떻게 하면 숙의조사에서 보는 것과 같은 숙의적 여론을 보다 지적이고 보다 참여적인 공중의 대표로서만 아니라 실제 현실로 만들 수 있을까 하는 대화를 개시하기 위해 이를 개발하였다.

전통적 여론조사(3A)는 전체사회의 비숙의적 여론이 어떤 것인가를 보여 주기 위해 무작위로 추출된 소우주를 사용한다. 숙의조사(3B)는 전체사회의 보다 숙의적인 여론이 무엇인가를 보여 주기 위해 무작위로 추출된 소우주를 사용한다. 이에 비해 4B는 전체사회의 여론 자체를 보여 주고자 하며, 특히 선거와 관련하여 이를 보이고자 한다. 이런 반사실적 가능성이 어떻게 실현될 수 있을까?

우리의 제안은 단순하지만 야심적이다. 우리는 그것을 '숙의의 날(Deliberation Day)'이라고 부른다.[59] 숙의조사가 직면하는 문제는 전체 인구의 소우주로 하여금 합리적 무지를 극복하고, 해당 이슈에 대해 그리고 이들 이슈에 대해 다른 시민들이 제기하는 경합적 논변들을 파악한 후, 제대로 된 판단에 도달하기 위해 실질적인 면대면 토의에 참여하도록 동기부여를 하는 것이다. 그러나 소우주를 위해 이런 일을 한다고 가정하는 것과 전체 인구를 위해 이런 일을 한다고 가정하는 것은 전혀 다른 것이다. 매스미디어가 전체 국가를 하나의 방안에 집결시키게 만들고자 한 갤럽의 비전은 앞에서 본 것처럼 소그룹 토의를 장려할 사회적 맥락의 결핍 때문에 실패했었다. 대규모 국민국가에서 모든 사람이 '큰 방 하나'에 모일 경우, 그 방은 너무나 커서 아무도 귀를 기울이지 않게 될 것이다. 그렇기에 이와는 다른 보다 분산된 전략이 필요하다.

간단하게 말해 우리의 아이디어는 다가올 1주일 후의 선거에 대한 준비로서 국가공휴일을 갖자는 것이다. 이 공휴일에 전국의 모든 유권자들을 초대하여 무작위로 배분된 지역적 토의그룹에 참여하도록 인센티브를 제공하는 것이나.

주요 정당의 후보들은 전국 미디어로 중계되는 정강 발표를 하고, 지역의 소그룹 토의는 핵심적인 질문을 만들어 전국에 걸쳐 동시적으로 소집되는 비교적 소규모의 타운미팅에서 지역의 당대표들에게 이 질문들을 제기한다. 여기서 중요한 점은 각 시민에게 하루 종일에 걸친 시민권 행사 작업의 대가로 인센티브가 지급된다는 것이다. 1인당 150불에 상당하는 이 비용은 대부분의 사람들을 포함하고 대규모 시민들에게 이슈와 경합하는 논변들을 알린다는 점에서 공중으로부터의 투입(input)을 제공하는 것이기에 민주주의를 훨씬 더 의미 있는 것으로 만들 것이다. 대부분 여러 날을 포함하지만 경우에 따라 하루에 걸친 숙의조사에서 본 것처럼 하루 만의 진지한 토의도 일반 시민에게 드라마틱한 효과를 미쳐 그들로 하여금 더 많은 것을 알게 하고 자신들의 선호를 크게 변경하도록 만든다.

그 결과는 숙의조사를 통해 얻게 된 반사실적 숙의적 여론을 현실로 실현하는 것이다. 후보자의 태도와 홍보는 수백만의 유권자들이 해당 주제에 대해 훨씬 많은 것을 알게 되었다는 사실에 적응해야 한다. 그렇게 보다 숙의적으로 된 공중은 다른 공적 대화를 변형시키는 데 있어서 많은 일을 할 수 있다. 후보자들은 실제 선거일에 유권자들이 더욱 더 많은 것을 알게 될 것임을 인식하게 된다. 따라서 이들은 자신들의 제안과 공약을 보다 정교화하게 될 것이다.

숙의의 날 제안이 보다 숙의적인 공중을 얻기 위한 유일한 길은 아니지만, 그것은 선거 이전에 대규모로 숙의적 의견을 정기적으로 산출할 의도를 가진 최초의 제도적인 제안이다. 애커먼 자신이 주장한 것처럼, 미국 역사에는 큰 국가적 위기가 대규모 공적 대화를 만듦으로써 '헌정적 순간(constitutional moment)'으로 볼 수 있는 그런 때가 몇 번 있었다.[60] 그러나 그러한 위기는 확실하게 제도적 설계의 일부분이 될 수 없다. 그리고 사실상 드물다(예를 들어, 건국, 재건, 뉴딜 등). 대부분의 시기에 우리가 직면하는 것은 '정상정치(normal politics)'로서 이미지 관리에 몰두하는 경쟁적이고 비숙의적인 정치이다.

정치적 평등과 숙의라는 두 가지 가치 모두를 달성하는 것은 우리의 분류에서 두 범주가 있었다. 이들은 3B의 숙의조사와 4B의 숙의의 날이었다. 전자가 소우주를 위한 실천적이고 실현가능한 이상이라면, 후자는 그 규모에 있어 엄청나게 야심적인 것이지만 우리가 그렇게 할 정치적 의지를 가진다면 전체 사회에 적용될 수도 있다. 숙의조사와 숙의의 날은 모두를 대표하는 공적 견해에 목소리를 제공한다는 장점을 가지고 있다. 그러나 당분간 예측가능한 미래 동안은, 숙의조사와 같은 소우주 실험이 대중민주주의의 한계를 극복하고 공중의 신중한 판단에 힘을 실어주는 가장 실천적인 기회를 제공할 것으로 보인다. 그렇지만 이런 가능성들과 이런 가능성들이 위치했던 우리의 분류표는 해결책으로 제시된 것이 아니라, 핵심적 민주주의 가치를 어떻게 하면 더 잘 구현할 수 있을지에 관한 지속적 대화에 기여하기 위해 제시된 것이다.

# 민주개혁의 3중딜레마

― 제2장 ―
# 민주개혁의 3중딜레마

## 나는 어떻게 포함되는가?

지금까지 우리는 정치적 평등과 숙의를 달성할 전망에 관하여 논하였다. 그러나 수용(inclusion)과 심사숙고(thoughtfulness)라는 더 근본적인 개념으로부터 출발했었다. 정치적 평등은 수용에 이르는 유일한 길이 아니다. 또 다른 훌륭한 전통은 수용과 대중참여(mass participation)라는 가치를 결합시킨다. 숙의조사는 무작위추출법을 통해 포함시킬 사람들을 선발한다. 나는 뽑힐 수 있는 평등한 기회를 가진 사람들 가운데 한 명일 때 포함된다. 그러나 일부 민주개혁가 가운데는 수용의 한 형태로 정치적 평등과 잘 결합될 수 있는 실제의 대중참여를 요구한다. 나는 실제 투표에 참여할 때 (또는 다른 사람들처럼 투표할 동일한 기회를 가질 때) 포함되는 것이다. 이 관점에 따르면, 핵심가치는 우리가 지금까지 다루어 온 두 가지가 아니라 세 가지 즉, 정치적 평등, 숙의, 대중참여이다. 세 가지를 한꺼번에 달성하기로 시도하는 것은 어떤가? 만일 누군가 수용을 달성하고자 한다면, 동등한 기초로 수용을 요구하기 때문에 즉, 의견을 동등하게 계산하기 때문에 정치적 평등이 중요해 보인다. 그러나 동등한 계산은 개인의 행동에 자명하게 연결되지는 않는다. 이런 이유로 동등한 계산이 곧바로 실제 대중 동의의 대용물로 보이지는 않는다. 비록 내가 무작위로 뽑힐 가능성을 가진 사람들 가운데 하나라고 하더라도 내가 직접 참여하지 않으면 내 개인이 구성원에 포함되지 않은 것으로 느낄 수 있다. 수용의 지표는 실제 대중참여 만큼이나 효과적이라 하더라도 결코 감지하기 쉬운 것이 아니다.

물론 만일 표본이 좋은 소우주라면 그때는 나와 같은(like me) 사람들은 포함될 것이다. 내가 내세울 논변은 그들에 의해서도 내세워질 것이다. 내가 제기할 우려는 그들에 의해서도 제기될 것이다. 하지만 내가 실제로 투표하고 참여한다면, 그때는 나의 실제 행동이 나의 발언권(say)을 나타낸다는 감각이 생길 것이다. 내 편이 우세하다면 나는 기회를 만났다고 느낄 것이다. 대중참여가 없다면, 내가 발언권을 가지고 있다는 감각은 아주 약하거나 이론적인 것에 불과할 수 있다. 이에 비해, 실제의 대중참여는 실제 대중적 동의(mass consent)의 증표가 된다.

대중참여와 정치적 평등은 함께 할 때 이상적으로 가장 잘 작동된다. 대중참여 제도들이 의견을 동등하게 계산하지 못한다면, 정치적 평등의 관점에서 볼 때 일부 시민에게 자의적으로 특권을 부여하고 일부 시민의 영향력을 자의적으로 제한하는 것으로 미심쩍게 보일 수밖에 없다. 바로 이와 같은 정치적 불평등이 많은 미국의 제도들에서 발견되는 것으로서 지리적 구분에 기초하여 사람별로 차이를 주는 불평등이다. 즉, 상원은 캘리포니아주와 와이오밍주에 각 2석을 배분한다; 대통령선거인단은 (선거인단이 의회 내 각 주의 의원수와 관련되어 상원 의원 수 배분에 의해 왜곡되므로) 대의원 수에 있어서 작은 주에 보너스를 제공한다; 대통령선거 프라이머리가 순차적으로 진행됨에 따라 먼저 프라이머리를 개최하는 아이오와나 뉴햄프셔 같은 작은 주에 지나치게 큰 불균형적 영향력을 준다; 첫 번째 공식 지명 절차인 아이오와 코커스에 약간의 숙의적 요소가 있지만(민주당의 코커스에서 투표자들은 비밀투표가 아니라 공개투표에서 자신들의 의견을 표명하는 바, 이로 인해 투표자들은 더 신중을 기하게 됨[1]), 선거구별 대의원수는 지난 두 번의 선거에 의해 결정된다; 선거구별 대의원수에 있어서, 그리고 대의원수별 투표자의 수에 있어서 큰 차이가 발생할 수 있는 것이다.[2] 선거구와 같은 지리적 구분이 역사에 기초한 대의원수 배분과 결합되어 정치적 평등을 해치게 된다. 이런 예들 모두가 대중민주주의의 낯익은 제도들이 비록 참여는 고취하지만 일상적으로 정치적 평등을 침해하고 있다는 사실을 보여준다. 하지만 이런 침해가 구제할 수 없는 것은 아니다. 지리적 구분을 넘어서 동등한 투표권을 제도화하는 것은 얼마든지 가능하다. 그러나 대규모로 시민의 숙의를 장려하는 믿을 만한 수단을 제도화하는 것은 훨씬 더 어려운 일이다.

## 숙의

이하의 논의를 진척시키기 위해 우리는 세 가지 민주주의의 가치 즉, 숙의, 정치적 평등, 참여에 대한 제대로 된 정의가 필요하다.

우리는 숙의라는 용어로 개인들이 함께하는 토의에서 상호 경합하는 논변들(competing arguments)의 장점을 진지하게 평가하는(weigh) 과정을 의미한다. 우리는 숙의적 과정의 질(quality)을 좌우하는 조건으로서 다음과 같은 다섯 가지를 들 수 있다.

1) 정보(information): 참가자들이 이슈와 관련된 것으로 믿는 합리적으로 정확한 정보에 얼마나 접근할 수 있는가의 정도

2) 실질적 균형(substantive balance): 충돌하는 한 쪽이나 한 관점이 제기하는 논변이 다른 관점을 가진 사람들에 의해 제기되는 논변에 의해 얼마나 응답을 받는지의 정도

3) 다양성(diversity): 공중이 가지고 있는 주요입장들이 토의 참가자들에 의해 대표되는 정도

4) 성실성(conscientiousness): 참가자들이 논변의 장점들을 진지하게 평가하는 정도

5) 동등한 고려(equal consideration): 모든 참가자들이 제기하는 논변들이 어떤 장점을 가지고 있는지 그 논변을 제기하는 사람이 누구인가와 무관하게 고려되는 정도

이 다섯 가지 조건을 얼마나 제대로 달성하는가 하는 것이 숙의를 많은 일상적 대화로부터 구분하는 기준이 된다. 민주적 숙의는 집단적인 정치적 의지와 관련된 문제로서 무엇을 해야 하는가와 관계된다. 그것은 집단적이고 지적인 동의를 대표하는 견해에 도달하는 문제에 관한 것이다. 공중은 하나의 선택지에 적용되는 편익과 비용, 유리한 요소와

불리한 요소의 어떤 결합을 받아들일 준비가 되어 있는가? 개인들이 의료행위나 법적 절차와 관련하여 인지된 동의(informed consent)를 할 때 그들은 자신이 무엇에 동의하는지 알아야 하고, 동의할지 않을지 결정하기 위해 경합하는 논거를 따져 보아야 하는 것과 마찬가지로, 집단적 의사결정에서도 "우리가 인민이다"라고 주장하는 사람들의 동의를 얻기 위해 이와 유사한 과정을 밟게 된다. 고립된 개인이 의료절차에 인지된 동의를 할 때에는 다른 사람과의 고려 없이 홀로 숙의를 거친 후 동의하게 된다. 그러나 공공정책의 경우 우리 모두는 그 결과를 받아들여야 한다. 물론 그 정책으로 이득을 보는 사람과 손해를 보는 사람이 나오겠지만, 바로 그 이유로 우리 모두에게 특정 정책이 어떤 함의를 갖는지 공유된 공적 논의가 필요하다.

내가 "우리가 인민이다"라고 주장하는 사람들의 동의라는 문구를 사용할 때, 이 모든 과정이 공식적이고 구속력을 갖는다고 의미하는 것은 아니다. 비공식적일 수도 있다. 여러 여론조사들이 전혀 공식적 지위를 갖지 않음에도 불구하고 간혹 특정 정책 대안에 대한 공중의 지지로 간주되거나 국민의 '위임' 근거로 간주되곤 한다.[3] 인민이 말할 때 다양한 방식과 목소리로 말하며 그것에 대한 해석도 다양하기 마련이다. 아무런 공식적 지위를 갖지 않은 공중의 목소리를 용이하게 만드는 여러 방법도 주의 깊게 추진할 경우 상당한 정당성을 갖곤 한다. 우리가 보기에 공중의 목소리를 실현할 투명성이 있을 때 핵심 조건은 숙의와 정치적 평등이다.

민주적 숙의가 집단적 형태의 인지된 동의라고 할 때, 숙의의 질과 관련된 다섯 가지 조건들을 차례로 살펴보기로 하자. 첫째, 정보의 필요를 알아보자. 참여자들이 경합하는 옵션들을 평가할 때, 각 대안들의 찬성과 반대 논변들을 따져 보기 위해서는 정보가 필요하다는 사실을 발견하게 된다. 미국 외교정책에 관한 한 숙의조사에서 전국적 표본은 해외원조가 미국예산의 가장 큰 부분을 차지하는 항목 가운데 하나라고 생각하면서 조사에 임했다. 때문에 애초에는 해외원조 예산 삭감안에 대한 찬성이 다수였다. 숙의 이전에는 해외원조가 미국예산에서 차지하는 비중이 1퍼센트 미만이라는 지식질문에 올바르게 대답한 비율이 단 18%에 그쳤다. 숙의 이후에는 이 질문에 올바로 대답한 비율이 64%였으며 해외원조에 대한 지지도 다수가 삭감안에 대해 찬성하는 것으로부터 증액안에 찬성하는 것으로 바뀌었다. 만일 전통적 여론조사나 국민투표 결과가 (해외원조에 대한 숙의 이전의 상황과 이후의 변화에서 보듯이) 현재의 비용에 대한 공중의 부정확한 지식을 기반으로 결정된다면, 그런 여론은 집단적으로 인지된 동의를 대표한다고 보기 어려울 것이다. 오히려 그런 여론은 신중한 판단에 반대되는 '즉흥적인' 인상(impression)만을 대표하는 것으로 보인다. 이와 대조적으로 숙의 이후의 선호역전은 인민이 더 잘 알게 되고 찬반 논거를 더 잘 평가할 경우 원하게 될 바라는 점에서, 더 큰 설득력을 갖는 것으로 보인다. 다시 말해 그것이야말로 인민이 성찰(reflection)을 통해 동의할 바를 대표하는 것이다.

두 번째 숙의의 요소는 실질적 균형이다. 숙의의 뿌리는 '측정(weighing)'이라는 점을 기억할 필요가 있다. 실질적 균형은 우리에게 경합하는 논변들에 대해 제대로 고려가 이루어졌다는 믿음을 준다. '실질적 균형'이라는 용어를 사용하는 것은 단순히 경합 당사자들의 감정의 균형이나 지지표현의 균형만의 문제가 아니기 때문이다. 정치 담당 방송매체는 간혹 후보자 (또는 정책 주창자) A가 후보자 B의 정책적 입장을 비판하고, 후보자 B가 이에 대해 후보자 A의 사생활을 비난하는 것으로 대응하는데도 균형을 취했다고 주장한다. 아마 후보자 각자에게 주어진 시간과 관심도는 균형을 맞춘 것인지도 모른다. 그러나 시청자들은 균형적 정보를 얻었다고 보기 어려울 것이다. B의 정책적 입장에 대한 비판은 숙의 이전의 조건에 그대로 남아 있는 셈이다. 정책적 입장에 대한 비판에 대응입장이 제대로 공표되지 않는다면 국민들은 이에 대해 어떻게 생각할 것인가? 더구나 정치적 선택에 개인적 비난이 작용한다면 시청자들은 A의 인성에 대해 일방적 평판만을 듣게 되는 셈이다. 따라서 숙의에 필요한 균형은 제안, 후보자, 정책에 대한 찬반으로 제기된 고려가 다른 입장을 주장하는 사람들에 의해 실질적으로 응답을 받은 것인지 따져 보아야 한다.

넓게 보면 이와 관련해 세 가지 기준을 살펴볼 수 있다: 즉, 정책이나 정치적 선택의 편익과 비용; 이 편익과 비용이 실제로 선택한 것으로부터 도출되는지의 인과적 논변; 이 편익과 비용을 평가할 기준이 될 가치가 그것이다. 특정 정책에 대한 찬반으로 제기되는 이 세 가지 기준에 대한 고려는 반대의견을 가진 사람들에 의해 응답을 받을 필요가 있다. 예를 들어, 단순한 감정적 균형이 아니라 실질적 균형을 요한다는 것은 누군가 한 정책 대안이 바라는 결과를 가져오지 못한다고 생각하는 이유를 제기할 때, 그 이유에 대한 응답을 제기하지 않고 주창자의 성생활이 논의의 대상이 된다고 하면, 숙의에 요청되는 균형이 달성되지 못한 것으로 볼 수 있다. 실질적 균형은 경합적 논변의 양측 주창자들이 바라는 결과가 달성될 수 있는지 여부에 대하여 최고의 의견을 알리고, 그 결과가 바람직한지 여부에 대한 최고의 고려를 알리며, 이 편익과 비용이 다른 정책대안으로부터 도출될 편익과 비용과 어떻게 비교되는지 최고의 설명을 제시할 것을 요청한다.

영국에서 국가 차원으로 수행된 범죄 관련 숙의조사에서 범죄해결책에 대한 응답자들의 애초의 의견은 더 많은 감옥을 만들고 더 많은 사람을 투옥하는 것이었다. 이 같은 강경책 기류가 강했다. 그러나 주말의 숙의 기간 동안 참가자들은 영국이 서유럽 국가들 가운데 이미 가장 높은 수감률을 가진 국가이며, 감옥이 매우 비용이 많이 들고, 범죄 가운데 실제 투옥으로 연결되는 비율이 크지 않다는 사실을 알게 되었다. 또한 감옥은 이미 과밀상태이며 고비용 시설임이 알려졌다. 이런 고려 사항들로 인해 감옥을 증축하는 대신 청소년과 성인 범죄자들을 별도로 다루거나 범죄의 근원에 초점을 맞추는 등 다른 방안들을 모색하게 되었다. 표본 가운데 일부가 새로 알게 된 사실들은 정보에 분류될 수 있는 것들이다. 지식문제들을 통해 볼 수 있듯이 실제 대규모 정보획득이 있었고, 이후의 숙의조사에서 이러한 정보획득이 여론변화를 가져 온 것으로 밝혀졌다.[4] 그러나 참가자들이 새로 알게 된 많은 것들은 지식문제를 통한 것이라기보다, 자신들이 원래 가지고 있었지만 제대로 고찰할 기회를 갖지 못했던 입장들의 한계가 무엇인지에 관해 경합하는 논변들을 접함으로써 얻게 된 것들이었다. 이로부터 이들은 감옥의 비용과 수감자 수를 놓고 볼 때, 감옥을 통해 달성할 수 있는 것의 한계에 대해 더 많이 생각하게 되었던 것이다. 간단히 말해서, 실질적 균형을 결여하는 숙의는 논란의 대상이 되고 있는 주장들을 제대로 고려하지 못함으로써 손상된 것이다. 경합하는 논변들이 알려지게 되는 공적의지형성(public will formation)의 조건에 있어서, 실질적 균형은 정보만큼이나 필수적이다.

관점의 다양성은 숙의의 질에 영향을 미치는 세 번째 조건이다. 한 가지 관점이나 한 측면의 주창자들만 방에 있으면 숙의는 절름발이가 된다. 물론 관점의 다양성은 인구학적 범주의 다양성과도 연결된다. 인구학적 범주의 다양성은 또한 가치와 이해관계에도 영향을 미치며 이 가치와 이해관계가 숙의의 전제가 되기도 한다. 정책대안들이 평가되는 방식에도 영향을 미친다. 우리의 다양성 범주는 해당 주제에 대해 전체 인민이 가지고 있는 경합하는 관점들이 토의에서 대표될 것을 요청한다. 따라서 참가자의 다양성 범주는 광범위한 범위의 관점들이 대표된다는 것을 보장하고자 하며, 실질적 균형의 범주는 이런 관점들에 대한 찬성과 반대 논변들이 제기되고 차례로 응답을 받는다는 것을 보장한다.

귀속적 대표성(ascriptive representation)이 필요한가에 대하여 오랜 논쟁이 전개되어 왔다. 즉, 한 인종, 계급, 성, 심지어 지리적 위치에 속한 사람들이 다른 사람들에 의해 대표될 수 있는가 하는 것이 문제의 핵심이다.[5] 미국이라는 나라는 대표성과 관련한 분쟁에서 태어난 나라이다. 대영제국 의회는 미국 땅에 사는 사람들에게 '실질적 대표성'을 부여하는 것으로 간주하였다. 비록 식민지 거주자는 의회 의원을 선출하지 못했지만 런던의 의원들이 식민지 거주민들의 이익을 대변한다고 간주한 것이다. 대표 없는 과세라는 관념은 보스턴항에서 차와 함께 배 밖으로 던져져 버렸다. 그러나 인민에게 자신의 대표를 선출하는 데 있어 실질적 역할을 부여하기 위해 선거와 같은 선택의 메카니즘이 존재하는 곳에서도, 한 인종이나 한 성에 속한 사람이 다른 인종이나 다른 성에 의해 대표될 수 있는 것인지 여부는 여전한 논쟁의 대상이다. 이 논쟁은 한 집단의 논변, 관심, 가치가 이 범주 밖의 사람들에 의해 적합하게 대변될 수 있는지 여부와 관련된다. 이 질문은 만일 한 집단의 논변, 관심, 가치가 포함되지 못할 경우, 선택의 토대가 훼손되고 경합하는 논변의 범위도 협소해지기 때문에 숙의의 질과도 직접 관계된다.[6]

무작위추출법은 전체 인구에 존재하는 관점의 다양성을 대표하는 수단을 제공한다. 이것은 유일한 방법은 아니지만 잘 처리되면 그것으로 충분하다.

보다 더 정확한 대표성의 주장은 정치적 평등의 범주에 속하는 것으로 볼 수 있다. 만일 모든 사람이 평등하게 대표된다면 전체 인구가 모두 참여하든 무작위추출법에 의하든 다양성 범주는 자동적으로 충족된다. 우리는 그것을 사회 전체에 존재하는 관점의 다양성에 비견될 만한 관점의 다양성으로 정의한 바 있다. 하지만 몇 가지 문제는 남는다.

숙의하는 사람들을 모은 것이 전체 인구의 관점의 다양성에 비견된다고 하더라도, 함께 모여 효과적으로 숙의를 진행할 수 있는 사람들의 규모는 비교적 작을 수밖에 없다. 초점집단(focus group)은 대개 8-10인으로 구성되며, 숙의조사에서의 숙의집단은 때로 18명에 이르기도 한다. 그러나 일단 집단이 이보다 더 커지면 각 개인들이 의미있게 참여하고 서로에 관여하는 것이 어렵다. 큰 집단에서의 민주주의는 청중민주주의(audience democracy)가 되고 만다.[7] 그 속에서 각 개인은 대화에서 차지하는 비중이 너무 작아서 효과적인 참가자가 되기 어렵다.

간단한 해결책은 참가자들을 충분히 작은 규모로 나눈 소그룹에 무작위로 배분하는 것이다. 이 전략은 대부분의 소그룹에 다양성을 제공할 것이다. 게다가 소그룹 이외에 패널토의나 전체회의가 있을 경우 다양성을 보장하기 위해 패널에서도 관점의 범위를 균형잡히도록 주의 깊게 나눌 수 있다. 소그룹을 이용하고 이어서 경합하는 패널을 가진 전체회의를 이용하는 것은 숙의조사(DP)와 숙의의 날(DD) 모두에서 활용되는 설계의 일부분이다. 잘 수행된다면 숙의조사와 숙의의 날 모두 전체 인구수에서 차지하는 비율에 맞게 관점을 대표하게 될 것이다.

하지만 토의에서 매우 중요한 한 관점을 대표할 집단이 전체인구에서 차지하는 비중이 워낙 작을 경우 어려움이 생긴다. 특히 문제되는 이슈가 바로 그 집단에 대한 정책일 경우, 그 집단의 관점이 매우 중요함에도 무작위추출법에 의해 그 관점을 대표할 충분한 대표를 뽑기 어려워진다. 호주에서 우리의 파트너인 호주이슈숙의라는 기구와 함께 원주민(Aboriginals)에 대한 정책 관련 숙의조사를 할 때, 우리는 이런 문제에 봉착했었다. 호주 원주민은 호주 전체 인구의 겨우 1.5% 정도에 불과하여, 원주민을 포함하는 무작위표본은 소그룹당 1명의 원주민을 포함시키기도 쉽지 않은 상황이었다. 더구나 15-18명으로 구성되는 소그룹에서 단 한 명에 그칠 경우 그는 적극적으로 참여할 동기부여가 어려워진다.

우리는 이 문제를 호주 원주민에게 과다샘플링(oversampling)을 설정하고 이 과다표본을 전체 소그룹의 무작위 과반에 배분함으로써 해결하였다. 그 결과 모든 소그룹은 원주민과 화해를 도모하는 정책을 지지하는 쪽으로 움직였고, 그 가운데 원주민을 더 포함하는 그룹의 경우 그런 움직임이 더 컸다. 이를 통해 소그룹 구성의 다양성에 약간의 흠결이 있더라도 균형잡힌 숙의가 가능하다는 것을 볼 수 있었다.[8] 숙의를 개선하기 위해 더 큰 과다샘플링을 주장하는 사람도 있을 수 있지만, 그럴 경우 과다샘플링이 대표성이나 정치적 평등을 손상시킬 수도 있다.[9] 이런 이유로 숙의조사의 경우 일반적으로 무작위추출법 사용에 우선권을 부여하고, 소규모 인구가 문제되는 경우 브리핑 자료를 통해서나 전체회의에서 전문가들의 균형을 맞추는 방법을 통해서 이 문제를 해결하려고 한다. 그럼에도 불구하고 이 과정에 장단점이 있는 것은 분명하다.

무작위추출법을 유지하는 이유는 숙의조사의 핵심 요소이자 보다 일반적으로 숙의민주주의의 핵심 요소가 숙의와 정치적 평등의 동시적 구현이기 때문이다. 무작위추출법을 벗어나면 비록 숙의를 보다 증진시키는 데 기여하더라도 정치적 평등 주장을 왜곡하거나 손상시키게 된다.

네 번째 조건은 성실성이다. 숙의는 참가자들이 이슈들의 장점을 진지하게 측정할 것을 요청한다. 그들은 최종 단계에서 '더 나은 논변의 힘(force of the better argument)'에 기초하여 결정을 내려야 한다.[10] 그러나 그렇게 하지 않고, 예를 들어, 자신들의 신중한 판단을 버리는 대신 (뇌물이나 캠페인 참여와 같은 것을 받는?) 흥정(bargaining)을 하거나 타산적으로 행동하는 것을 상상해 볼 수 있다. 물론 그렇게 할 동기는 제도적 설계에 따라 다양할 것이다. 숙의적 설계가 배심원 제도에서처럼 합의 '평결'을 요청한다면, 사회적 압력과 흥정이 결합하여 숙의자들의 성실한 판단을 벗어나는 결과를 산출할 경우도 생긴다. 그러나 숙의조사는 비밀투표를 통해 개개인의 의견을 받도록 진행된다. 다단계 조사가 아니어서, 이번 라운드에서 차선책을 선택할 경우 다음 라운드에서 최선책이 선택될 가능성이 더 커질 것이라는 등의 계산이 작용할 여지가 없다. 숙의조사에서는 이슈의 장점에 대하여 진정으로 생각하는 바가 무엇인지에 관한 일회성 비밀투표만 진행된다. 참가자들이 수 시간을 보내면서 자기들이 생각하는 바를 결정하고, 자신들이 생각하는 바가 소중하다고 간주할 이유가 있다고 믿는다면, 숙의자들이 과정의 맨 마지막 단계에서 자신들의 진지한 견해를 제시할 것으로 추정한다.

일반 시민들은 정치엘리트에 비해 (최소한 대부분의 제도적 설계에서) 흥정할 기회도 적고 (최소한 결과와 관련하여) 타산적으로 행동할 기회도 적다. 일반 시민들이 가진 직위란 시민이라는 직위뿐이고, 이 직위는 재선을 위해 선거에 출마할 필요가 없는 직위이다. 이득을 얻기 위해 자기의 입장을 유리하게 선전할 필요도 없다. 물론 일반 시민들은 사회적 압력을 받기도 하고 무관심하기에 종종 조작에 취약하기도 하지만, 우리는 대개 잘 설계된 숙의적 협의에 대한 그들의 반응이 진정성 있는 것으로 가정한다.

숙의조사가 타산적 행동보다 진지한 행동을 이끌어낸다는 것을 보여주는 증거가 있다. 아직 체계적으로 연구되지는 못했지만,[11] 1997년 영국 총선 당시 숙의조사를 통해 제3당인 자유민주당에 대한 지지가 크게 증가한 점이 그 증거가 될 수 있다. 일부 전문가들은 실제 선거에서는 숙의조사 지지들이 승리할 가능성이 더 큰 양당에 투표하라는 압력을 받고 자유민주당에 투표하지 않을 것으로 예측하였다. 그러나 선거 직후 우리가 응답자들에게 돌아갔을 때 그들의 투표 보고는 숙의조사 최종결과와 거의 완전히 일치하였다.[12] 그들의 신중한 판단은 숙의조사에서만 아니라 실제 선거에서도 타산적 투표를 위한 압력을 물리친 것으로 보인다. 마찬가지로 우리가 실제 후보자 선택에서 숙의조사를 채용하였던 그리스 프로젝트에서도 다수의 후보자가 있었고 타산적 행동을 할 많은 기회가 있었음에도 불구하고 숙의조사에서의 신중한 판단으로부터 마지막 비밀투표에서의 선택을 예측할 수 있었다. 물론 당선가능성을 계산한 전략적 행동도 있을 수 있지만 그럼에도 불구하고 숙의과정에서 진지한 선호가 압도적 역할을 한 것으로 보인다.

다섯 번째 조건은 숙의에서 제안된 사항들은 누가 제안한 것이든 상관없이 동등한 고려의 대상이 되어야 한다는 것이다. 보다 정확히 표현하자면 우리는 제안자의 명성이나 사회적 지위가 아니라 제안 근거의 장점이 고려되는 안전한 공적 공간을 창출하고 싶다. 과학적 표본의 숙의는 아주 상이한 사회적 배경과 관점을 가진 사람들을 포함한다. 더 많이 교육받고 더 많은 힘을 보유한 사람들에게 유리할 것이라는 지적이 숙의민주주의 관념에 대한 공통적 비판이다. 숙의 바깥의 세계에서 사회적 불평등으로부터 이익을 얻는 사람들이 숙의과정 자체에서도 사회적 불평등을 통해 더 유리하리라는 것이 그들의 주장이다. 만일 그들의 주장대로 된다면, 참가자들이 장점에 기초해서 이슈를 평가한 것이 아니라고 결론 내리는 것이 타당할 것이다. 그 경우 결과에 영향을 미친 것은 더 나은 논변의 힘이 아니라 제안자의 사회적 지위라고 말할 수 있다.

물론 크든 작든 어느 집단이 숙의할 때 다루는 주제에 관하여 각자의 능력과 전문성이 천차만별일 수밖에 없다. 그럴 경우 더 많이 아는 사람한테 맡기는 것이 낫지 않을까? 시간과 관심의 합리적 경제는 내가 기여할 바가 그다지 크지 않은 공적 문제를 생각하느라 나의 소중한 시간을 낭비하지 않고, 주어진 주제를 전문적으로 다루는 사람으로부터 내가 맡은 작은 부분에 대한 힌트를 얻는 것이 더 낫다고 명령할 것이라고 주장하는 사람도 있을 수 있다.

그러나 단순히 전문가나 저명인사에게 결정을 맡긴다면 내가 숙의하는 것일까? 내가 후보자의 장점에 대해 고려해 보지 않고 단순히 구독 중인 지방지가 추천하는 후보자에게 투표한다면 나 자신이 숙고하는 것이 맞는가? 희소한 자원과 시간에 직면한 우리에게 그렇게 하는 것이 더 합리적일지도 모른다. 그러나 그렇게 할 경우 우리는 숙의하는 것이 아니고 단순히 지름길을 택하거나 지시를 기다리는 것에 불과하다. 아마 이것이 대중사회에서 많은 정책과 관련하여 시민들에게서 현실적으로 기대할 수 있는 수준일 것이다.

그러나 이것이 대중사회에서 본인이 그다지 관심을 가지지 않은 국민투표나 선거에 임해 투표하는 시민에게 합리적 지름길이라 해도 시민의 숙의를 창출하고자 하는 의도를 가진 보기 드문 제도적 설계에서마저 그렇게 한다면 한계가 더 크다. 사실 이런 것들은 이러한 세팅에서도 실제로 발생하는 일들이다. 어느 정도나 실제 그러한지 아니면 차이가 나는지 하는 주제는 보다 많은 경험적 연구가 필요할 것이다. 사실 지각있는 시민들도 다음과 같은 이유들로 해서 지름길이나 간편추론(heuristics)을 사용하는 것 같다. 첫째, 어느 제안이 추인을 받았다면, 그것 자체가 하나의 드문 정보로서 지각있는 유권자들은 대개 이런 정보를 접하기 쉽다. 둘째, 지각있는 유권자들은 대개 그 추인의 장점과 단점들을 따져보는 경향이 있다. 셋째, 대개 지각있는 유권자들은 평가할 필요가 있는 대항논변이나 추인 이유에 반대되는 논변을 알 수 있다는 점이다. 그러나 이 모두를 인정한다 하더라도 숙의적 시민은 그들 스스로 경합적 논변의 장점을 평가할 것이라는 점은 분명하다. 그리고 그렇게 하는 정도만큼 그들은 숙의하는 것이다.

경합하는 논변들의 장점을 평가할 때는 어떤 정책이 어떤 효과를 나을 것인지에 관한 복잡한 문제도 함께 고려해야 한다. 일부 대화 파트너 중에는 다른 사람들보다 이런 문제들에 있어서 더 나은 정보를 갖고 있을 수 있다. 핵심적 제안과 관련하여 목적과 수단의 관계에 관한 최선의 판단을 내리는 것도 논변의 장점을 동등하게 고려하는 것의 일부분이다. 예를 들어, 내가 X 및 Y와 숙의를 진행하고 있으며 X가 이 주제와 관련하여 뭔가를 알고 있다는 사실을 안다고 가정해 보자. 내가 단지 X가 그 정책을 지지한다는 사실 때문에 어느 정책을 지지하기로 결정한다면, 나는 숙의를 행하는 것이 아니다. 그러나 X가 이 정책이 내가 가치를 부여하는 결과를 산출할 것이라고 말한다면, 내가 그것을 고려한다는 것은 적절한 것이다. 그리고 Y가 그것에 대해 잘 모르고 X가 제시하는 안에 대해 동의하지 않으면, 나는 제기된 정책이 바람직한 결과를 산출할 것인지 아닌지 계산하는 데 있어서 Y보다 X가 제기하는 주장이 보다 합리적인 것으로 평가하게 된다. 이런 의미에서 보면 나는 X가 말하는 것을 더 높게 평가하는 것이다. 이 때 나는 단지 X가 그것을 원했기 때문이 아니라, 내가 원하던 결과를 산출하기 때문에 제안된 정책에 대하여 독립적으로 판단에 이른 것이 된다. X가 그 정책을 지지한 것이 내게는 아무런 이익이 되지 않지만 자신에게나 자기 회사에 이익이 되기 때문임을 나중에 알게 되었다고 해도, 이 사실은 내가 동일한 정책을 지지하거나 않는 것과는 관계가 없다.

존 스튜어트 밀(J. S. Mill)은 『대의정부론(Representative Government)』 서두에서 통치를 간단하게 자애로운 독재자에게 맡기는 것은 어떤가 라는 질문을 제기한다. 누가 진정으로 자애로운지를 찾고 또한 지혜의 지속을 제도화해야 하는 (이 문제는 플라톤의 『국가』가 다루는 정치철학적 문제이다) 부담을 덜고 자애로운 독재자를 확보하는 데 성공한다면, 우리는 어떤 사람으로 남게 될 것인가? 우리는 스스로 생각하지 못하고 집단적 판단을 내릴지도 모르는 데 익숙한 그런 사람으로 남게 될 것인가? 우리가 논변들을 그 내용이 아니라 그 출처에 따라 판단하는 정도에 따라, 우리는 숙의하는 것이 아니라 지시를 기다리거나 남들의 추인을 따르기만 하는 것이 된다.

이상에서 다룬 다섯 가지 조건들은 함께 공적의지형성 과정을 규정한다. 이 과정에서 토의는 정보를 제공받고, 대안에 대한 찬반의 경합하는 논거의 장점을 평가하며, 해당 이슈 관련 사회 내 주요 입장들이 토의에서 대표되고 있음을 알며, 참가자들의 불평등이 숙의에 아무런 장애가 되지 않음을 확인하게 된다. 이 가운데 어느 것 하나라도 결여한다면 거기서 도출되는 신중한 판단을 실격처리하는 근거가 된다. 참가자들이 관련된 것으로 믿는 정보의 부족(또는 오정보의 제공)은 숙의로 하여금 길을 잃게 만든다. 제기된 논변이 응답을 받지 못한다면, 이로 인한 불균형은 토의를 참가자들이 다른 측면에 대해 알았더라면 지지하지 않았을 결론으로 기울게 만든다. 만일 숙의자들이 이슈의 장점을 기준으로 평가하지 않고 다른 이유로 평가하거나 특정 목소리만의 특권을 인정하고 다른 사람들은 효과적인 청문기회를 갖지 못하도록 차별하는 불평등이 작용한다면, 숙의는 탈선한 것이 된다.

## 정치적 평등

여기에서 숙의민주주의는 정치적 평등과 숙의의 결합으로 간주된다. 고대 아테네인들은 제한된 숫자의 시민 내에서 첫째로 무작위추출법을 통해서,[13] 둘째로 이들 무작위로 선출된 사람들 사이에 동등한 표계산을 통해서 정치적 평등을 달성하였다. 무작위추출법은 정치적 평등을 달성하는 방법 가운데 하나에 불과했던 것이다. 민주적 관행이 유지된 기간 동안 이보다 흔한 방식은 모두에게 한 표를 주고 이 표를 동등하게 계산하는 것이었다. 투표제도와 관련하여 많은 복잡한 문제들이 존재한다. 1인 1표일 경우 대개 정치적 평등이 이루어진 것으로 보지만, 그럼에도 선거구 크기가 동일하지 않기 때문에 정치적 평등이 달성되기 어려울 수도 있다. 또한 선거구 크기가 유사하더라도, 전체 인구의 특정 일부를 배제함으로써 영원한 소수로 만들 게리맨더링(gerrymandering)이 발생할 경우, 정치적 평등에 대한 이론적 주장이 손상될 수 있다.

정치적 평등의 기본 개념에는 정치적 선호(political preference)를 동등하게 고려하는 것이 바탕에 깔려 있다. 모두의 선호는 동등하게 계산되어야 한다. 즉, 등가투표권(equal voting power)이 확보되어야 한다.[14] 시민 각자가 (후보자이든, 정당이든, 정책이든) 각 대안을 지지할 동등한 가능성을 가지고 있다면, 정치체제는 각 시민에게 결정적 유권자가 될 동등한 가능성을 제공해야 한다. 물론 현실세계에서 모두가 모든 대안을 지지할 동등한 가능성을 가지고 있지는 못하지만, 등가투표권은 선호집합 방식이 모든 사람의 선호에 동등한 고려를 하는지 여부를 테스트하는 기준이 된다. 등가투표권 자체가 정치적 평등에 충분조건은 아니지만 당분간 이것에 초점을 맞추기로 한다.

의사결정에서 내가 차지하는 작은 지분은 투표계산에 있어서 어느 누구의 지분과도 동등해야 한다. 이에 더하여 동등한 고려가 주어지는 견해를 결정하는 데 있어서 동등한 기회를 기대할 수도 있다. 하지만 여기서는 숙의라는 주제 하에 선호형성(preference formation) 문제를 주로 다루기로 하겠다.[15]

결정적 유권자가 될 동등한 기회와 관련하여 다음 두 가지는 정치적 평등의 기본 개념에서 아무런 차이가 없다. 즉, 하나는 모든 유권자가 투표하고 이 표들이 동등하게 계산됨으로써 내가 결정적 유권자가 될 동등한 기회를 가지는 방법이고, 다른 하나는 모든 유권자들 사이에 추첨을 실시하여 소우주를 선출하고 이 소우주가 투표를 한 후 이 표들을 동등하게 계산하는 방법이다. 과정이 한 단계이든 두 단계이든 각 경우 모두 나는 결정적 표를 던질 동등한 기회를 가진다. 두 단계 과정일 경우, 첫 단계에서 나의 지분은 동등하고 작지만 두 번째 단계에서는 동등하고 크다. 한 단계 과정일 경우, 나의 지분은 동등하고 작다. 대규모 국민국가의 일반유권자들에게 합리적 무지의 문제가 발생하는 이유가 바로 이 후자 때문이며, 모두가 투표할 때 각자가 그 결정에서 차지하는 지분은 극히 작기 마련이다. 이 합리적 무지의 문제는 두 단계 과정의 소우주 실험을 통해 해결 가능한데, 선발된 사람들에게 두 번째 단계에서의 지분은 매우 크다. 일단 선발되면, 관심을 기울일 이유가 충분하다.

하지만 몇 가지 제한을 두지 않을 경우 등가투표권에서 본 것처럼 표나 선호를 동등하게 계산한다는 관념은 정치적 평등을 설명하는 데 있어서 충분하지 않다. 특히 선호형성 기회에서의 평등의 문제가 있다. 이 문제를 숙의와 관련하여 살펴보자. 숙의과정은 모두에게 합리적으로 동등한 선호형성 기회를 부여하지만, 등가투표권은 단순히 형식적인 정치적 평등으로서 예측가능한 정치연합을 설명하지 못하는 문제가 있다. 그 결과, 유사한 크기의 선거구에도 게리맨더링이 발생하여 영원한 소수의 문제를 초래할 수 있다는 사실을 설명하지 못한다.

우리 목적을 위해 여기서는 정치적 평등에 대한 정의로서의 등가투표권 개념을 정치적 경쟁이 가능한 조건에 국한시키기로 한다. 만일 효과적인 정치적 경쟁(political competition)이 보장되지 않는다면, 공중이 결정권을 갖는다는 것은 공염불이 되고 만다. 극단적인 경우로서 선거를 실시하는 일당독재 국가를 생각해 보라. 모든 유권자는 같은 등가투표권을 가지지만, 선거가 실시되기 전에 이미 결정이 내려진 상태이기 때문에 결정할 것이라곤 아무 것도 없다. 덜 극단적인 경우로 게리맨더링이 발생한 선거구를 들 수 있는데, 여기서는 경쟁이 효과적으로 배제되고 일당 우위가 보장된다. 각 유권자는 형식적 의미의 등가투표권을 갖지만,

결정은 투표가 실시되기 전에 이미 내려진 것이나 다름없다. 따라서 제대로 작동하는 정치적 평등 개념은, 등가투표권에 더하여 효과적인 정치적 경쟁이 보장되는 공적 협의(선거이든, 국민투표이든, 이슈이든)에도 적용되어야 한다는 단서가 확보되어야 한다. 정치적 경쟁이 보장될 경우 공적 협의는 이미 정해진 결론을 피할 수 있다.

　숙의는 대중 차원에서 이루어지더라도 게리맨더링을 가능케 하는 전통적으로 예견가능한 정치연합을 만들 공산이 크지 않다. 숙의과정을 거친 후에는 백인도 흑인 후보자에게 투표할 수 있고 흑인도 백인 후보자에게 투표할 수 있으며, 오랜 기간 민주당원이던 사람이 공화당 후보자에게 투표할 수 있으며 그 역도 마찬가지이다. 사람들이 대규모로 숙의를 수행하는 그런 세계와 너무 동떨어진 삶을 살고 있기에, 우리는 그런 가능성을 꿈꾸기도 쉽지 않았다. 대체로 게리맨더링에 쉽사리 좌우되는 유권자들은 비숙의적(non-deliberative) 선호를 가진 유권자들이다. 그러나 현실세계에서 정치적 경쟁을 제거하기 위해 경계(boundary)는 언제든지 쉽게 조작될 수 있기 때문에, 우리는 정치적 평등을 정의할 때 정치적 경쟁 여부를 포함시켜야 할 필요가 있다.

## ▌참여

　여기서 말하는 참여는 대중의 정치참여이다. 정치적인 참여에 대부분의 인구를 관여하도록 만드는 것이다. 정치참여란 정부나 정책의 형성, 채택, 수행에 직간접적인 영향을 미치는 대중들의 행동을 의미한다. 투표가 가장 널리 알려진 형태의 정치참여이지만, 정치적 대의에 시간과 돈과 노력을 기부하는 것, 시위에 참여하는 것, 정부관리에게 편지나 이

메일을 쓰는 것, 청원에 서명하는 것 등이 모두 정치참여이며 많은 수의 사람들을 포함하는 활동들이다. 간혹 뉴스 시청과 같은 비교적 수동적인 활동까지 포함하기도 하지만, 여기서 정치참여 개념을 그렇게까지 확대할 필요는 없다.[16]

시민들이 투표를 하고, 대표들에게 편지나 이메일을 쓰고, 시위에 모이고, 청원에 서명하고, 정치나 정책에 영향을 미칠 후보자나 대의에 기부를 할 때, 대중 정치참여에 관여하는 것이 된다. 대중 정치참여 정도는 이와 같은 행동이 전체 인구에서 (대개 퍼센티지 수치로) 얼마나 널리 퍼져 있는지, 그리고 1인당 그러한 활동이 얼마나 많은지의 문제이다. 더 많은 사람들이 참여하거나 같은 수의 사람들이 더 자주 참여하는 것 두 가지 모두 대중참여가 증가하는 방법이 된다. 그렇더라도 우리는 대중참여 수준이 높아지기 위해 전체 인구 대부분이 참여해야 한다고 볼 것이다.

앞으로 살펴보겠지만, 일부 민주주의 이론가들 가운데는 대중참여를 긍정적으로 보지 않는 경우도 있다. 이들에게 대중참여는 오히려 민주주의에 대한 위협이다. 인민은 정념(passions)과 이해관계(interests)를 가지며, 만일 이것이 발동되면 파벌(factions)을 만들고 타인의 권리에 해가 되는 중우정치적 행위를 유발할 수 있다. 미국헌법의 원래 설계는 공중의 견해를 거르고자 하였고, 여론이 정치나 정책에 직접적 영향을 미치는 것을 막고 간접적 과정을 통해 여론을 정제하고자 하였다. 반대로 다른 관점에서 보면, 대중참여는 민주주의의 초석이다. 대중참여는 대중의 동의를 표시한다. 인민이 참여하고 (선거를 통해서든 국민투표를 통해서든) 어떤 결과에 동의할 때, 어떤 정책결과가 나오더라도 구속력을 갖게 된다. 의사결정에 따라 살아야 하는 사람들은 그 자신이 결정 과정에서 실제적 몫을 가져야 한다는 사고가 이런 태도를 뒷받침한다.

## 세 가지 옵션의 충돌

숙의, 정치적 평등, 대중참여의 세 가지 원칙은 예측가능한 유형의 갈등을 만들어낸다. 이 중 어느 것이든 두 가지를 실현하려는 시도는 나머지 세 번째 원칙의 달성을 어렵게 만든다. 여기서 나타나는 패턴은 〈도표 II〉의 세 가지 결과이며, 이것들이 함께 3중딜레마(trilemma)를 만들어낸다.[17]

〈도표 II〉 3중딜레마의 옵션들

|  | 정치적 평등 | 참여 | 숙의 |
|---|---|---|---|
| 옵션1: 대중민주주의 | + | + | - |
| 옵션2: 동원된 숙의 | - | + | + |
| 옵션3: 소우주 숙의 | + | - | + |

3중딜레마가 제기하는 도전은 적어도 이론상으로는 극복 불가능한 것이 아니다. 그것을 피할 방법을 찾아낼 수도 있지만, 그럴 경우 비용이 엄청나고 실현가능한 것으로 간주되는 개혁을 포기해야 한다. 대규모 숙의를 대중민주주의와 접목시키고자 하는 숙의의 날이 그 예가 된다.[18] 그러나 우리의 일상적인 정치관행이나 제약을 극복하기 용이하지 않고[19] 전례없는 기술혁신에 의존하기 어렵게 만드는 조건들로 인하여 우리는 이러한 3중딜레마가 여전히 유효하다는 것을 예상할 수 있다.

그것은 오랜 민주주의 실험의 역사 동안 유지되어 온 사실이다. 다시 말해, 정치적 평등, 숙의, 대중참여 세 가지 모두를 한꺼번에 충족시키는 정치제도는 결코 존재해 본 적이 없다. 대표를 선출하는 전통적 선거는 정치적 평등이라는 원칙에 기반하여 한 단계에서 대중참여와 정치적 평등을 결합시키지만, 다음 단계에서는 정치엘리트에 의한 숙의를 분리한다. 국민투표는 참여와 정치적 평등을 결합하지만, 동시에 숙의를 제공하지는 못한다. 애커만이 연구한 '헌정적 순간(constitutional moments)'처럼 전 국민이 한 가지 이슈를 토의하는 역사적 기회도 있지만 그런 순간들은 제도를 통해 만들어지는 것이 아니고 예견하지 못한 채 발생할 뿐이다.[20] 정치적 제도 설계에 3중딜레마가 작용하는 한, 민주 개혁가들은 늘 어려운 가치선택의 문제에 직면하게 된다.

## 대중민주주의

왜 두 가지 가치를 추구할 경우 세 번째 가치의 달성을 해치게 되는지 알아보기 위해 각 쌍의 가치를 알아보자. 먼저 참여와 정치적 평등을 실현하기 위해 노력한다고 가정해 보자. 정치적 평등이란 일반대중에 속한 모든 시민의 견해에 동등한 비중을 부여하는 몇 가지 제도화된 메카니즘을 의미한다. 정치적 평등의 가치는 동등한 비중이 주어지는 시민은 누구인가 하는 개념이 확장될 때, 그리고 이들 견해가 동등하게 계산되는 정도가 개선될 때, 증진될 수 있다. 앞에서 본 것처럼, 투표권(voting power)에 여러 가지 지수가 있음으로 하여 여러 투표 방식의 결합을 생각해 볼 수 있고, 개인이 결정적 유권자가 될 가능성으로 그의 '투표권'을 계산할 수 있다. 우리는 이런 가능성을 다양한 집단의 역사적 투표 패턴을 통해서가 아니라 투표규정이나 제도적 설계를 통해 사전에 결정한다. 우리는 공중과의 협의시스템이 각 개인에게 등가투표권을 부여할 경우 우리가 관심을 가지고 있는 형식적 개념의 정치적 평등을 수행하고 있다고 말할 수 있다. 이 견해에 따르면, (미국의 상원 의원 선출에서 각 주 사이에 존재하는 것과 같은) 대단히 불평등한 크기의 선거구가 있을 경우 정치적 평등은 그 정도만큼 손상된다. 미국 상원 의원 선출에서 캘리포니아주 유권자가 차지하는 지분은 와이오밍주 유권자의 지분에 비해 극히 작다고 할 수 있다. 정치적 평등에 대한 이러한 개념은 표가 동등하게 계산되는 국민투표나 선거에서의 대중투표처럼 추첨에 의한 선출이나 무작위표본 선출에도 마찬가지로 적용된다. 결정적 유권자가 될 동등한 기회라는 개념은 이 동등한 기회가 모두가 투표하는 1단계에서 실현되든, 추첨이나 무작위추출법에 의해 표본이 1단계에서 선출되고 이어서 이들 선출된 그룹이 2단계에서 투표를 하는 방식으로 실현되든 상관없이 정밀성을 얻게 된다. 우리는 각 개인의 견해를 평가하는 메카니즘이 당신에게 등가투표권을 줄 때 당신의 견해는 동등하게 계산된다고 말할 수 있는 것이다.

민주개혁의 오랜 역사는 이전에 인종, 종족, 종교, 경제적 지위, 성 등으로 인해 배제되었던 집단에게 정치적 평등을 확장하는 데 초점을 맞추어 왔다. 투표권의 확대는 대단히 위대한 업적이다. 투표권확대는 정치적 평등이 추구하는 동등한 고려가 적용되는 사람들의 범위를 증대시켜 왔다. 동시에 1인 1표 개혁은 미국 하원의원 선거나 대부분의 주별 선거에서 새로 포함되는 사람들에 적용되는 평등의 정도를 증대시켰다.[21]

이러한 정치적 평등의 확대는 자주 증대된 정치참여 기회를 수반함으로써, 우리의 기본적 가치 가운데 두 가지를 결합하였다.

미국에서뿐 아니라 대부분의 주요 서방 민주주의 국가에서 민주개혁의 주방향은 정치적 평등과 대중참여 기회의 증대라는 방향으로의 동시적 움직임이었다. 긴 역사에서 인종, 성, 경제적 지위 등 다양한 집단의 참여에 대한 주요한 형식적 장벽들은 (최소한 18세기 및 19세기와 비교해 볼 때) 모두 무너졌다. 정치적 평등과 참여라는 관점에서 볼 때 이러한 개선은 극적이고 찬양할 만한 일이다. 그러나 대중참여를 용이하게 만들기 위한 정치과정의 개방은 예상치 못한 효과로서 우리의 제3의 핵심가치인 숙의의 실현을 어렵게 하였다.

대중민주주의는 많은 결정에서 비정제 여론(raw public opinion)의 비중을 증가시켜 왔으며 주민발안, 주민투표, 주민소환 등의 도입과 함께 일반대중을 여러 결정의 효과적 주체로 만들어 왔다. 이에 더하여 전통적 여론조사는 이 같은 과정을 강화해 왔다. 그러나 정부와 정책을 실제적 여론에 더 가깝게 만들고자 하는 좋은 의도에서 출발한 이러한 노력들의 결과는 숙의의 영향력 감소로 귀결되었다. 앞에서도 보았듯이 대중여론이 숙의적으로 되기에는 많은 저해요인들이 존재한다.

대중민주주의에서 시민들이 공적 문제에 대해 숙의할 합리적 동기가 별로 없다는 이 문제는 시민들이 이기적이거나 자기중심적이어서가 아니다. 시민들이 모두에게 공익을 제공하는 것에 대하여 이타적이고 윤리적인 이유를 가지더라도, 또한 시민들이 자신들의 이익을 위해서만 아니라 전체 사회의 이익을 위한 대안들에 가치를 부여하더라도, 그들은 여전히 이 문제에 직면하게 된다. 수년 전 맨커 올슨(Mancur Olson)이 지적한 것처럼, 공공재를 제공할 목적으로 개인을 집합행동에 참여하도록 동기를 부여하더라도 집단이 클 경우 공공재 공급에서 개인이 미치는 효과는 작다는 일반적인 문제가 존재한다.[22]

보통시민의 숙의문제는 이 일반적 집합행동이론에 잘 맞아떨어진다. 예를 들어, 투표할 합리적 이유가 별로 없을 때, 자신의 투표에 대해 제대로 알고자 노력할 합리적 이유가 별로 없거나 어떻게 투표할 것인지 경합하는 논변들을 평가하기 위해 많은 시간과 노력을 들일 합리적 이유가 별로 없는 것이다. 대규모 국민국가 수준에서 다른 방식으로 기여하기를 희망하는 시민이 공적 문제에 관한 신중한 판단을 인식하는 것도 유사하게 볼 수 있다. 이 모두는 지적이고 적극적인 시민의 역할을 모색하는 민주적 열망의 관점에서 보면 유감스러운 일이다.

하지만 올슨이 보여준 것처럼, 대규모 집단에서 공공재의 제공에 기여하도록 개인들에게 동기부여를 하더라도 개인의 기여는 그리 크지 않다는 이 문제에 대한 한 가지 해결책은 '선별적 인센티브(selective incentives)'를 제공하는 것이다. 즉, 참여할 경우에만 개인들에게 인센티브를 제공하는 것이다. 숙의의 날 계획에서 우리가 고려하는 것이 바로 이것인데, 참여하는 각 개인에게는 상당한 정도의 '선별적 인센티브'를 제공한다. 이 인센티브는 유권자가 하루치의 시민권 행사를 수행하고 이어서 실제 선거에서 투표를 함으로써 받게 된다.

지금까지 대중민주주의에 대한 우리의 설명은 참여와 정치적 평등의 추구가 합리적으로 기대할 수 있는 대중여론이 조악한 것에 불과함으로써 공적 숙의의 기초를 거의 제공하지 못한다는 것이었다. 하지만 참여적 평등을 실현하고자 시도하는 익숙한 제도들의 성과를 지나치게 과장되게 그리고 있다는 점에서, 이 그림마저도 지나치게 낙관적이다. 사실 참여적 평등의 추구는 그것이 추구하는 두 가지 가치인 참여 및 평등과 관련하여 심각한 결점을 안고 있다. 우리의 실제 정치참여 관행에는 '참여왜곡(participatory distortion)'이 발생한다. 참여하고자 하는 사람들이 전체 유권자를 대표하지 못하는 것이다.[23] 미국에서는 실제 참여하는 사람들이 그렇지 않은 사람들보다 일반적으로 백인이고, 더 잘 살며, 더 많이 교육받은 사람들이다. 이 점에서 효과적인 정치적 평등은 투표권과 관련하여 참여에 대한 형식적 장벽의 타파가 보여주는 것에 훨씬 미달되는 수준으로만 달성되었을 뿐이다. 정치적 평등을 강조하는 입장은 가능한 한 참여하려는 사람들을 전체 유권자와 가깝게 만듦으로써 참여왜곡을 최소화하려 할 것이다. 여기서 말하는 전체 유권자는 등록유권자(registered voters)만이 아니라 자격유권자(eligible voters)까지 포함하는 의미이다. 미국은 등록의 전체 부담을 유권자 개인에게 지우는 세계에서 유일한 나라이며, 이로 인해 등록 자체가 참여에 대한 하나의 장벽이 되고 있다. 자격유권자 가운데 약 72%만이 등록하였고, 다른 주요 민주주의 국가와 비교할 때 등록유권자수에서 차지하는 실제 투표참가자 비율을 사용하지만,[24] 많은 유권자들은 등록을 하지 못하였기 때문에 투표에 참가할 첫 번째 관문에조차 도달하지 못하고 있는 셈이다. 따라서 등록하는 수고를 하든 않든 더 정확한 분모라 볼 수 있는 자격유권자수 대비 실제 투표자수를 계산할 경우, 미국에서 정치평등 실현은 참여에 대한 많은 형식적 장벽들이 제거되었음에도 불구하고 갈 길이 멀다.

'참여왜곡'은 버바, 슐로즈만, 브레디가 실제 참여한 사람과 참여가능한 전체인구 사이의 차이, 혹은 투표권을 가진 사람과 실제 투표한 사람 수의 차이를 설명하기 위해 붙인 이름이다. 기념비적인 연구에서 이들은 참여왜곡이 표명되는 인민의 목소리에 중요한 영향을 미친다고 지적하고 있다. 그들은 "불평등한 참여가 정부에 전달되는 바에 영향을 준다. 참여하려는 경향은 정치적으로 유관한 균열에 따라 분포되어 있지 않다."고 말한다. 그 결과 "크게 말하는 목소리가 소극적인 사람들과는 상이한 공중의 상태, 공중의 필요, 공중의 선호에 관한 메시지를 표명한다. 만일 모두가 적극적이라면, 또는 활동가들이 전체 인민으로부터 무작위로 추출된다면, 편견 없는 의사소통이 등장할 것이다."[25]

물론 전체 인민으로부터 '무작위로 추출된 활동가'라는 발상은 일종의 모순어법(oxymoron)에 해당된다. 활동가들은 특정 이슈에 대하여 강한 의견을 가졌기 때문에 대개 자가선발하는 사람들로서, 무작위 표본에 속한 사람들과 다른 견해를 가진 경우가 많다. 숙의조사나 다른 형태의 소우주 숙의에서 무작위로 표본을 추출하지만, 이렇게 충원된 사람들은 대개 활동가들이 아니다. 이들은 무작위로 추출된 시민들의 대표로서 참여왜곡을 회피한다.

참여왜곡은 정치과정을 더 넓게 개방하고 공적 협의의 기회를 확장하려는 노력에 의해 오히려 더 증대된 측면이 있다. 낮은 투표율의 주민투표, 대중 프라이머리의 확산, 자가선발된 그룹이 정책이슈에 대한 자신들의 견해를 표하기 위해 타운미팅을 이용하는 것 등은 모두 참여적 평등을 달성하려는 상찬할 만한 목표를 가지고 있다. 하지만 대부분의 사람들은 참여하라는 제안에 크게 주의하지 않기 때문에, 이 목표는 대개 불완전하게 달성될 뿐이다. 그 결과 참여적 평등은 불완전하게 실현되며 따라서 당연히 숙의를 더욱 어렵게 만든다. 더 많은 참여를 위해 정치를 개방한 바로 그 과정이 다른 목소리가 침묵하는 동안 목소리 큰 사람들의 의견이 더 쉽게 반영되도록 만들었다. 많은 이슈에서 대부분의 공중이 무관심하고 소극적인 반면, 자가선발 활동가들은 강하고 때때로 분노한 견해를 표방한다. 그들의 격렬함은 님비(not in my back yard)적 이익에서 나오기도 하고,[26] 상당한 사람의 관여를 이끄는 도덕적/정치적 이념에서 나오기도 하며,[27] 또는 이익집단의 동원에서 나오기도 한다. 이로부터 발생하는 참여왜곡은 일반공중이나 공무원들에게 여론 분포와 목소리의 범위에 대한 잘못된 인상을 주게 된다. 또한 이 참여왜곡은 공적 토의를 열린 마음을 가진 사람들 사이의 논거의 교환으로 보지 않고, 이미 확신을 갖고 다른 사람을 설득하려고 나서는 사람들의 메시지 교환으로 본다. 물론 (덜 격렬한 감정을 느끼는 사람들도 참여하기 때문에) 참여적 평등의 정치참여적 요소가 더 잘 실현된다면, 이 문제는 줄어들 것이다. 그렇지만 많은 공적 이슈에서, 일반대중 가운데 목소리가 크지 않은 사람들을 광범위하게 관여하도록 만들기는 상당히 어렵다. 그 결과는 숙의에도 좋지 않다. 공적 대화가 분노한 목소리들의 주고받기로 전락하게 되면, 그 이슈에 대해 이해관계가 크지 않은 사람들은 관심을 끊게 된다.[28] 더 많은 참여를 위해 과정을 개방하는 것은, 참여 제안을 받아들이는 사람들이 목소리 큰 사람들에 국한될 경우 공적 대화에 도움이 되지 않는다. 이 때문에 사람들이 비속어를 주고받지 않고 서로의 이야기를 주고받을 수 있는 안전한 공적 공간은 특별한 가치가 있다. 이런 일은 의식적인 제도적 설계를 통하지 않는 한 그 자체로 일어나기가 쉽지 않다.

투표에 참여하는 사람들이 참여하지 않는 사람들과 다르다고 해서 선거결과로 나타나는 정도의 차이를 만들어 내는 것은 아니라는 오랜 기간 유지되어 온 주장이 있다. 사실 많은 선거에서 투표자들과 투표불참자들(non-voters)은 유사한 정치적 및 정책적 선호를 갖고 있다. 따라서 투표불참자들을 투표하게 만든다고 해서 선거결과에 어떤 유효한 차이를 만들 것인지는 분명하지 않다.[29] 투표불참자들이 투표자들에 비해 사안에 대해 더 잘 알지 못하는 경우는 많지만, 이들의 정치적 및 정책적 선호는 대체로 투표자들의 견해를 반영하거나 유사하다. 월핑거와 로젠스

톤은 이를 토대로 투표불참자들이 투표를 한다고 해서 투표결과에 별다른 차이를 만들지는 않는다고 주장했던 것이다. 이 견해에 따르면, '참여왜곡'은 선거결과에 별다른 영향을 미치지 않기 때문에 그다지 큰 왜곡을 초래하지 않는다.

어떤 선거나 어떤 이슈에 따라 이런 주장은 타당할 수도 있다. 그러나 이 주장도 정치적 평등과 참여를 숙의와는 별개의 문제로 다루고 있다. 만일 투표불참자들이 투표에 참여하고 투표 이전에 이슈를 토의한다면, 투표불참자들을 민주적 과정에 포함시키는 반사실적 시나리오에 대한 아주 다른 그림을 얻게 된다. 투표불참자들이 숙의 후 투표한다면 그 영향은 상당히 클 것이라고 쉽게 상상할 수 있다. 물론 투표불참자들이 투표자들과 다른 이해관계와 관점을 가진 것인지는 분명하지 않다. 투표하지 않는 유권자들의 절반 정도는 대체로 경제적으로 못 살고, 덜 교육받고, 소수에 속하는 사람들이다. 그들의 무관심한 비정제 여론은 투표자들의 그것과 다르지 않을지 모르지만, 우리가 그들을 정치과정에 관여하도록 만들고 이슈를 토의하도록 만들면, 그들의 의견이 '즉흥적' 인상과 달라지리라고 기대하는 것은 합리적인 것으로 보인다. 이는 일반적으로 숙의조사 참가자들에서 확인되는 사실이다. 모든 숙의조사 참가자들은 교육수준, 소득수준, 사회계층 소속과 상관없이 숙의와 함께 자신들의 정치적 및 정책적 태도를 변경시키는 경향이 있다.

월핑거와 로젠스톤의 논변이 사실이라 해도, 숙의를 결여한 정치적 평등과 참여가 그다지 큰 차이를 만들지 않는다는 점만을 보여 준 것이다. 어떤 이슈에 대해서는 모두가 투표에 참여한다고 해도 선거결과에 별다른 차이를 만들지 않더라도, 다른 이슈에 대해서는 참여왜곡이 공적 목소리에 대해 오도하는 그림을 제공할 수 있다. 우리가 세 가지 기본가치 모두를 실현하는 데 다가가면 갈수록 무엇이 달성될 것인지는 더 탐구해야 할 사항이다.

이러한 대중민주주의의 한계를 살펴본 결과 핵심 포인트는 우리의 세 번째 원칙인 숙의를 더하는 것이 어렵다는 사실이다. 대중여론의 취약점과 한계를 감안하더라도, 모든 사람을 평등한 기준으로 포함시키는 것은 비정제 여론과 잠재적으로 조작가능한 여론을 산출할 수 있다. 대중참여와 정치적 평등을 달성하더라도 종국에는 국민투표제 민주주의(plebiscitary democracy)에 귀착될지도 모른다. [역자 주: 국민투표제 민주주의는 막스 베버의 개념으로서, 선거로 지도자를 뽑기만 하고 더 이상의 책임을 묻지 않는 민주주의이며, 뽑힌 사람들이 유권자의 여론에 반응하지 않는 문제있는 민주주의이다.] 숙의의 날처럼 야심적이고 비용이 많이 드는 혁신이 단 하루에 불과하지만 이 3중딜레마를 깰 수 있다. 하지만 숙의의 날과 같은 큰 변화를 가져오기 위해서는, 강한 정치적 의지를 필요로 한다. 물론 대중민주주의의 한계는 그러한 혁신이 투자할 가치가 있다는 점을 극적으로 보여주고 있기는 하다.

## 동원된 숙의

다음으로 참여와 숙의의 결합을 살펴보자. 최근에 '동원된 숙의(mobilized deliberation)'라고 부를 만한 이 전략을 추구하는 여러 가지 노력이 시도되었다. 이런 노력의 의의는 시민교육(civic education)에 기여하고 수천 명에 이르는 시민들의 숙의적 잠재력에 기여한다는 점에 있다. 그러나 아직까지는 일반대중이 수백만 명에 이르는 국민국가에서, 수백만 명이 아닌 수천 명에게만 영향을 미친다는 점에서 그 의의가 제한적이라고 할 수 있다. 이 전략은 일반대중으로 하여금 숙의포럼(deliberative forums)에 참여하도록 장려하는 것이다. 진지한 숙의가 가능하도록 만들 인프라를 제공하는 것도 포함한다. 숙의를 위한 인프라란 시민의 숙의에 적합한 균형 잡히고 비당파적인 브리핑자료의 개발, 숙의포럼을 이끌어갈 사회자들에 대한 훈련, 각 지역에서 포럼을 전파하고 조직할 지역그룹의 네트워크 창출 등을 말한다. 미국에서는 이런 종류의 활동이 케터링재단이 후원하는 전국이슈포럼, 탑스필드재단이 지원하는 연구써클자원네트워크,[30] 외교정책협회가 후원하는 일련의 '위대한 결정' 대화와 같은 것들에 의해 수행되어 왔다. 이들 사례 모두에서 훌륭하고 균형 잡힌 브리핑자료가 개발되었고 미국 여러 지역에서 개최된 시민포럼에 제공되었으며, 이 포럼들에서는 자가선발(self-selected)된 참가자들 사이에서 훈련받은 사회자들이 토의진행을 용이하게 하였다.

이 포럼들은 지적 토의를 위한 비당파적이고 의식적으로 균형 잡힌 노력들이었음을 주목하자. 물론 당파적 주창활동을 토의와 결합하는 온라인 상으로나 면대면으로 진행되는 다른 많은 노력들도 존재한다. 카스 썬스타인을 따라 우리는 이런 시도들을 '고립된 숙의(enclave deliberation)'라고 부를 수 있다.[31] 고립된 숙의는 그 성격 상 당파적인 사람들이나 열렬한 추종자를 모을 가능성이 크고, 비당파적이고 균형잡힌 토의보다 대표성을 가진 소우주를 끌어 모으기는 어려울 것 같다. 즉, 같은 관점을 공유한 사람들로만 이루어질 가능성이 크다. 다만 균형잡힌 비당파적 토의 경험이 병행할 수는 있을 것이다. 어쨌든 숙의와 대중참여를 결합하는 것은 정치적 평등을 약화시키게 된다.

자가선발된 숙의포럼에 대한 연구들은 상당 부분에서 숙의조사나 그보다 참여자 수가 좀 더 적은 시민배심원 같은 소우주 숙의와 유사한 패턴을 확인해 준다. 다양한 연구들에 따르면 숙의포럼 참가자들은 지식의 증가, 효능감의 증가, 상당한 사고의 전환, 정치적 견해의 세련화를 보여주었다.[32] 그러나 이런 포럼들은 자가선발의 성격 상 숙의에 불가피한 영향을 미칠 수밖에 없다. 자가선발은 참가자들의 다양성을 제약하고, 주어진 토픽에 관심을 가질 특별한 이유가 있는 그런 사람들을 끌어들일 가능성이 크다. 숙의조사나 숙의의 날과 달리, 숙의포럼 참가자들에게는 인센티브가 지급되지 않고 과학적 추출법에 따라 선발되지도 않는다. 이런 노력들이 없을 경우, 이들은 더 많은 사람들에게 쉽게 휩쓸리고 대중참여의 가치에 봉사하게 될 것이다.

나의 가정은 인센티브나 강제성이 없으면 수백만 명을 숙의로 이끌 효과적 동기부여가 가능하지 않으리라는 것이다. 강제적 숙의는 자유와 충돌할 수밖에 없으므로, 자유민주사회에서는 금기사항이 될 것 같다. 유권자 대다수를 동기부여하기에 충분할 정도의 인센티브는 우리를 숙의의 날로 이끌 것이다. 그런 큰 비용을 피하기 위해, 우리는 많은 수의 일반시민에게 숙의를 전파할 수 있다면, 주어진 토픽에 불균형적으로 관심을 가지고 그 주제에 대해 불균형적으로 지식을 지닌 사람들을 얻을 수 있음을 가정할 수 있다. 그러나 많은 수의 자발적 참가자들을 얻게 된다고 하더라도, 그들이 대표성을 가지지 못한다면 정치적 평등을 침해한 것이 될 것이다.

## 숙의적 소우주

우리의 세 가지 가치 가운데 한 가지 결합이 남아 있다. 숙의와 정치적 평등을 달성하고자 한다고 생각해보자. 그리고 이것을 숙의적 평등

(Deliberative Equality)이라고 부르자. 이러한 노력은 드물지만 대중민주주의의 결점이 어떻게 극복될 수 있는지를 보여준다. 물론 지불해야 하는 다른 비용이 있다. 지금까지 숙의와 정치적 평등을 결합하여 달성하는 것이 가능하다는 점이 밝혀졌지만 이 진척에는 대중참여가 결여되었다.

전체 인구의 무작위추출법을 통해 달성된 정치적 평등이 면대면 숙의과정과 결합하면 우리는 소우주 숙의(microcosmic deliberation)의 그림을 얻게 된다: 참가자들의 대표성을 지닌 미니공중(mini-public)은 경합하는 논변들의 장점을 평가하는 과정에서 더 많은 것을 알게 된다. 그룹이 전체 인구의 대표성을 갖는다면, 그리고 소우주 내 각자의 견해가 어떤 결정과정이 발생하든 동등하게 계산된다면, 정치적 평등이 작동하는 것으로 볼 수 있다. 숙의조사는 바로 이런 종류의 소우주 숙의를 실현하려는 시도이다. 물론 숙의조사가 유일한 버전은 아니다. 이와 같은 기본적 아이디어에 기반을 둔 다른 종류들이 있을 수 있다. 가장 대표적인 것들로 시민배심원(Citizens Juries), 플래닝셀(Planning Cells), 숙의패널(Deliberative Panels), 합의회의(Consensus Conferences), 텔레보트(Televote) 등을 들 수 있다. 이들 모두는 각각 장점과 단점을 가지고 있지만, 이들 모두 공중의 소우주에 의한 대표성을 지닌 숙의를 제공하고자 한다.

소우주 숙의의 이상은 J. S. 밀에 의해 입법부의 이상적 역할에 대한 그의 설명에 잘 표현되어 있다. 그는 이것을 '국민여론회의(Congress of Opinions)'라고 불렀다:

> 그 곳에서는 나라의 모든 사람이 자기만큼 또는 자기보다 더 자신의 생각을 잘 표현할 수 있는 대표자를 찾는데, 그 대표자는 친구나 자기편 사람들뿐만 아니라 반대자들의 면전에서도 가능한 여러 상반

된 의견을 듣고 또 입장을 표할 수 있게 된다. 또한 그 곳에서는 수에 밀려 자기의 의견이 받아들여지지 않은 사람들도 자신의 의견을 말할 수 있다는 사실에 만족하며, 자신의 의견이 다수파의 의지에 밀렸다고 생각하기 보다 더 우월한 논거(superior reasons)로 생각되고 따라서 다수의 대표에게 명령을 내릴 수 있는 의견에 밀렸다고 생각하여 만족한다. 또한 그 곳에서는 그 나라의 모든 의견이 힘을 모을 수 있고, 특정 의견의 숫자나 힘에 집착하는 사람들이 가진 환상을 극복할 수 있다.[33]

국민여론회의에는 전체 국가와 유사하게 여론이 분포되어 있다("그 나라의 모든 의견이 힘을 모을 수 있고, 특정 의견의 숫자나 힘에 집착하는 사람들이 가진 환상을 극복할 수 있다"). 각자는 자신의 관점이 "자기만큼 또는 자기보다 더 자신의 생각을 잘 표현할 수 있는" 사람에 의해 주창되고, 대화를 계속함으로써 그 속에서 의견이 표현되고 응답을 받음으로써 그 과정에서 "여러 상반된 의견을 들을 수 있음을" 발견하게 된다. 마지막으로 결론에 도달하였을 때, "자기의 의견이 받아들여지지 않은 사람들도 자신의 의견을 말할 수 있다는 사실에 만족하며, 자신의 의견이 다수파의 의지에 밀렸다고 생각하기 보다 더 우월한 논거로 생각되는 의견에 밀렸다고 생각한다." 여기서 우리는 사람들이 다른 사람들의 논변에 의해 더 배우게 되고, 논변의 교환에 실질적 균형이 작동하며, 견해의 다양성이 사회전체의 의견 다양성과 유사하며, 대표자들이 성실하게 참여하고 논변의 장점을 진지하게 평가하는 숙의기구의 그림을 보게 된다.

소우주 숙의의 아이디어는 비교적 소규모의 면대면 그룹을 취해서 그 속에 모두가 참가할 동등한 기회를 가지며, 정치적 및 정책적 이슈에 관하여 숙의할 수 있는 좋은 조건을 제공해 주는 것을 기본으로 삼는다. 시민배심원 제도도 숙의조사처럼 숙의를 수행할 표본을 모으기 위해 여론조사방법을 이용한다. 그러나 시민배심원은 그 규모가 12 내지 18 또는 24명에 이르는 점에서 오히려 단일 토의집단에 가깝다.[34] 이런 그룹의 장점은 지역공동체에서 때로는 수일에 걸쳐 또는 연속적인 주말에 걸쳐 상당한 기간 동안 지속적인 만남을 가질 수 있다는 사실이다. 배심원들은 증언을 청취하고, 목격자를 소환하며, 증거를 요구하고, 어느 시점에 이르러 지방 당국이나 정부 당국에 권고사항을 제시한다. 이 과정이 갖는 한계점은 참여자의 숫자가 적어서 숙의를 수행하는 그룹의 통계적 대표성을 확보하기가 어렵다는 사실이다. 시민배심원은 너무 작아서 그들이 내린 결론을 전체사회의 반사실적(counterfactual) 지적 의견과 연결시키거나, (비록 시민배심원의 결과가 종종 그런 식으로 간주되곤 하지만) 국가가 수행할 바가 무엇인가 하는 문제에 연결하는 과학적 토대가 되기 어렵다. 하지만 오늘날 미국과 영국의 시민배심원과 관련된 다양한 경험은 우리의 복잡한 정책적 이슈와 관련된 시민역량 그림에 도움이 된다.[35]

소우주 숙의의 다른 종류로 독일에서 피터 디이넬이 개발한 '플래닝셀'을 들 수 있다. 플래닝셀은 여러 분산된 지점에서 (예를 들어, 한 지역의 여러 타운에서) 무작위추출법을 활용하는 소규모 집단토의이다. 이 분산된 토의의 결과를 취합하여 충분한 숫자가 되면 통계적으로 유의미한 일반화가 가능해진다. 하지만 분산된 지점들의 무작위표본들이 전체 지역이나 전체 인구의 무작위표본으로 전환되지는 않는다. 그럼에도 불구하고, 만일 응답자들이 각 지점의 분산된 곳에서 토의를 진행하고 플래닝셀이 지역적 무작위표본을 통해 수행될 경우, 이 과정은 반사실적이지만 지적 의견을 대표하는 숙의조사와 유사한 종류의 토대를 제공하게 된다. 물론 상이한 시간에 상이한 장소에서 일어난 토의를 기반으로 결과를 취합하는 것에 대해 우려할 수도 있다. 그럼에도 불구하고 이 방법은 (부분적으로 각 지역에 나누어진) 전체 주민의 분산된 소우주를 제공하는 것으로 또는 제공하려고 시도하는 것으로 간주할 수 있다. 이런 의미에서 플래닝셀은 숙의의 날과 유사한 비전을 부분적으로 구현하는 것으로 볼 수 있다. 즉, 많은 분산된 공동체가 동일한 이슈를 놓고 지역적 숙의를 진행하는 것이다.

이와는 다른 대안으로 공간적으로보다 시간적으로 패널을 확장하려는 시도가 있을 수 있다. 이것이 바로 숙의패널의 접근으로서, 관점학습(Viewpoint Learning)으로 불리는 집단이 지방 수준에서 추구하고 있는 방법이다. 같은 장소에 연속적으로 주말마다 소그룹들이 소집되어 동일한 토픽에 대해 하루 동안의 숙의를 갖는다. 7-8주 후면 통계적으로 유의미한 결론이 도출될 만큼의 숫자에 이르게 된다. 수 주의 숙의가 진행되는 주말 동안 상황의 큰 변화가 없고 이 집단의 경험을 비교가능한 것으로 만들 경우, 이 방법은 지역 단위의 일부 협의에 대한 실천적 대안이 될 수 있다.[36] 그렇지만 이 방법을 통해 나오는 결과들은 비공개설문지를 통한 사전 및 사후 결과의 양적 비교가 아니고 합의선언에 해당된다. 프로젝트의 초점이 여론 변화의 동기나 설명에 대한 양적 분석이 아니고 질적 분석인 것이다.

합의회의는 과학적 및 기술적 문제들에 적용되는 윤리적 이슈에 대한 공적 협의를 위해 덴마크에서 처음 시도된 모델이다. 응답자들은 신문공고를 통해 충원되고 다양성에 기초하여 선발된다. 숙의는 시민배심원의 숙의와 닮았다. 그러나 신문공고에 반응하면서 자기 스스로를 선발하는 사람들과 시작하게 되면, 이미 참가자의 범위를 어떤 특별한 이해관계를 느끼는 사람에 국한시키는 것이 된다는 점을 지적할 필요가 있다. 덜 관여적이거나 그 주제에 관하여 이미 자신의 견해를 갖고 있지 않은 시민들은 스스로 잘 나서지 않는 법이다. 인구통계적 대표성을 확보하려는 노력도 자기 스스로를 내세우는 사람들이 바로 제일 먼저 선발되는 사람이라는 사실을 해결하지는 못한다. 또한 합의회의는 시민배심원처럼 비밀투표를 실시하지 않는다는 문제를 안고 있다. 명칭이 알려주듯 합의회의는 배심원에게 요구되는 것처럼 '합의'에 도달해야 하며, 이 때문에 의사결정 과정이 집단에 순응하도록 하는 사회적 압력에 노출된다. 이와 대조적으로, 숙의조사는 주말 마지막 단계에서 비밀설문지를 통해 비밀투표를 실시함으로써 의견을 이끌어 낸다. 숙의의 날은 주요 안건에 대한 의견을 결집하지 않고 선거에서의 의도도 묻지 않음으로써, 이 문제를 피한다. 숙의의 날 참가자들은 실제 선거가 이루어지는 그 다음 주에 비밀투표에 표를 던지는 것이다. 이에 더하여 숙의의 날은 상당한 액수의 인센티브를 제공하고 국가공휴일을 지정하며 대규모 홍보를 실시한다. 이를 통해 대규모로 참여를 장려하는 것이다.

 나머지 두 가지 제도적 전략인 텔레보트와 선택지설문조사(Choice Questionnaire)는 비교적 고립되어 사고하는 많은 개인들을 취합함으로써 소우주 숙의를 가능하게 하려는 대안이다. 텔레보트에서는 응답자들에게 먼저 전화로 서베이를 실시하고 이어서 해당 주제에 관한 자료를 우송한다. 응답자들은 이를 바탕으로 자신들의 집에서 친구나 가족들과 이 토픽을 토의한다. 이후 다시 전화를 받고 토의와 진척된 사고를 거친 후의 자신의 의견이 무엇인지를 알린다. 텔레보트가 가지는 장점은 합의회의와 같은 자가선발이나 시민배심원 같은 할당표본추출이 아니라 과학적 무작위추출법을 활용한다는 사실이다. 하지만 텔레보트는 숙의의 제고 수준이 그다지 높지 않다는 단점을 가지고 있다. 자료를 실제로 읽고 친구나 가족들과 이슈를 토의한 사람들조차도, 숙의의 효과는 마음이 맞는(like-minded) 사람들과만 토의하는 것과 진배없는 것이다. 앞에서 본 것처럼, 자연적 분위기 속에서 진행되는 시민 숙의가 갖는 가장 큰 결점 가운데 하나는 토의를 우리와 닮은 사람들 곧, 친구나 가족들과만 진행하거나, 좀 더 범위를 넓히더라도 유사한 사회정치적 관점을 가진 사람들과만 진행한다는 점이다. 그런 사람들은 쉽게 접할 수 있는 사람들이며, 우리가 가지고 있는 의견을 강화시켜 줄 사람들이지, 충돌하는 관점으로 우리의 기존 견해에 도전할 사람들이 아닌 것이다. 아마 이런 연유로 텔레보트 실험에서 발견하는 여론의 변화 정도는 (무작위표본을 소그룹 토의에 무작위로 배분함으로써) 대안적 관점을 가진 사람들과의 토론을 요구하는 숙의조사나 다른 소우주 숙의들과 비교해 볼 때 미미한 정도에 그친다.[37]

선택지설문조사는 무작위추출법을 사용하지만 매우 제한된 숙의에 그치는 접근법이다. 텔레보트처럼 이 방법도 더 많은 정보를 제공하여 사고를 장려하고자 한다. 하지만 텔레보트와 달리 더 많은 정보를 서베이 도구 자체를 통해 제공하고, 숙의를 위한 시간도 서베이 시간 동안만으로 한정된다. 질문을 던지는 과정에서 정보를 제공하는 방법으로서, 표준적인 표본 서베이의 한 종류에 해당되는 것이다. 이런 이유로 설계를 통한 연구기획자의 개입도 텔레보트에 비해 약할 수밖에 없다. 그럼에도 선택지설문조사가 갖는 장점은 제공하는 정보가 무작위표본에 어떤 영향을 미치는지 조사하는 비용효과적인 방법이라는 점과 연구 설계에서 정보를 제공받은 집단과 그렇지 못한 집단을 비교할 수 있는 통제집단을 포함할 수 있다는 점을 들 수 있다.[38]

소우주 숙의의 이러한 여러 버전과 비교해 볼 때 숙의조사는 여러 가지 장점을 갖는다. 시민배심원과 합의회의와 반대로 숙의조사는 상당히 많은 수의 응답자를 모으고 유관 데이터를 모을 수 있다는 점에서 (태도의 면에서나 인구통계학적 면에서) 표본의 대표성과 여론 변화 추이를 통계적으로 연구할 수 있다. 플래닝셀 및 숙의패널과 비교해서 숙의조사는 시간과 공간의 통일성을 기할 수 있다는 장점을 가진다. 숙의조사는 사고할 수 있는 방 하나에 전체 국가를 (또는 전체 지역이나 주 전체나 타운 전체를) 넣을 수 있다. 미디어를 통해 보도되는 드라마틱한 변화를 초래할 수 있고, 소그룹들을 비교가능하게 만든다. 텔레보트와 선택지설문조사와 비교해서 연구자의 집중적인 개입을 가능케 함으로써 사람들로 하여금 보다 긴 기간 동안 훨씬 다양한 관점을 지닌 사람들과의 대화를 경험하게 하며, 보다 실질적인 균형을 잡을 수 있도록 해 준다. 경합하는 논변들을 대변하는 전문가와 정치가들에게 질문을 제기하고 상호작용하는 과정에서 더 많은 시간과 다양성을 확보함으로써, 더 많은 정보가 교환되고 더 많은 관점들이 표출된다.

그러나 숙의조사를 포함하여 여기서 다룬 다양한 모델들의 장점이 무엇이든, 그 어느 것도 남아 있는 하나의 가치인 대중참여에 대해서는 크게 기여하지 못한다는 한계를 가진다. 이들 모델에 포함되는 사람 수는 전체 인구의 극히 일부에 국한될 뿐이며, 이들은 때로 무작위추출법으로 선발되고, 때로 할당추출법으로 선발되며, 때로 자가선발하는 사람들이다. 선발되지 않은 모든 사람들은 텔레비전이나 인터넷이나 신문보도를 통한 대리적 방법 이외에는 참여하지 못하는 것이다. 텔레비전을 통해 숙의조사와 같은 소우주 숙의를 시청하는 것은 시청자들의 자신에 대한 그리고 정치적 효능감 및 시민적 관여에 대한 감각과 관련한 견해에 별다른 영향을 미치지 못한다는 몇 가지 증거가 있다.[39] 사실 사람들로 하여금 숙의하도록 장려하거나 더 많은 것을 알기 위해 노력하도록 장려하는 데 있어서 미디어의 효과는 그다지 크지 않다.

소우주 숙의는 그 성격 상 소수를 위한 것이지 많은 사람을 위한 것이 아니다. 정치적 평등 및 숙의와 나란히 대중참여 가치를 실현하기 위해서는 많은 사람을 불러내야 한다. 그렇지만 대중민주주의에 대한 논의에서 살펴본 대로 (대규모 대중사회의 수백만 유권자처럼) 많은 사람을 불러내게 되면, 우리는 합리적 무지나 동기 부족과 같은 문제에 직면하게 된다. 다시 한 번, 동시에 세 가지 가치를 실현하기 어렵다는 강요된 선택을 마주하게 되는 것이다.

참여와 평등을 결합하면, 우리는 모두의 견해를 동등하게 계산하고 실질적인 대중 동의를 획득하게 된다. 하지만 이 경우 우리가 얻게 되는 동의는 지적이고 사려 깊은 것이 아니다. 대체로 부주의하고 아마도 조작된 공중의 묵인에 불과할지도 모른다. 다른 한편으로 평등과 숙의를 결합하면, 공중의 신중한 판단을 대표하는 의견을 얻게 되지만 유권자 대중과의 커넥션은 무작위추출법을 통해 대중이 동등하게 고려된다는 사실에서만 가능하다. 실제 대중참여가 이루어진다는 증표는 없는 것이다. 숙의와 참여를 결합하면, '참여왜곡'이 발생할 수 있고 참가자와 불참자 사이에 동등한 계산이 어려워짐으로써 대표성이 훼손될 수 있다. 참가하는 사람들은 대체로 특별한 이해관계를 가진 사람들이며, 나머지 사람들은 참여하지 않은 채 남아 있게 되는 것이다. 이처럼 대부분의 예측가능한 실천적 조건 하에서 이 3중딜레마는 여전히 계속될 것으로 보이며, 세 가지 원칙을 모두 만족시키기는 어려울 것으로 보인다.

## ▎다수의 횡포를 피하기

3중딜레마의 세 가치는 민주주의 과정의 설계에도 적용된다. 즉, 인민의 견해가 어떻게 만들어지는지(숙의), 어떻게 수집되는지(대중참여), 어떻게 계산되는지(정치적 평등)에 적용되는 것이다. 그러나 민주주의 이론에서 중요한 역할을 수행하는 다른 핵심 가치가 있다. 그것은 민주주의 과정의 설계에 내재적인 것은 아니며, 그 결과를 평가하는 방법에 관한 것이다. 우리는 이것을 종종 '다수의 횡포(tyranny of the majority)'라고 불리는 것을 피하고자 하는 것이라는 점에서 '비폭정(non-tyranny)'이라고 부를 수 있다. 여기서 중요한 관심사는 인민이 민주적으로 의사결정을 내리더라도 나쁜 일을 할 수 있다는 우려이다.

우리가 민주주의를 의사결정에 대한 정치적 방법에 관한 것으로 간주한다면, 우려되는 것은 이 방법이 그 결과로서 근본적인 부정의(injustice)를 초래할 수 있다는 것이다. 이 부정의로 인해 그 정치적 방법은 최소한 어느 경우에는 무효화하거나 포기할 수도 있게 된다. 조셉 슘페터(Joseph Schumpeter)가 민주주의에 던진 다음의 유명한 도전을 살펴보자:

> 우리가 어느 가상국가를 방문한다고 생각해보자. 그 곳에서는 민주적 방식으로 기독교인을 박해하고, 마녀를 화형에 처하며, 유태인을 대량학살하고 있다. 우리는 이런 일들이 민주적 절차의 규정에 따라 결정되었다고 하더라도, 이런 관행들에 동의하지 않을 것이다....가장 열렬한 민주주의자조차 민주주의보다 우위에 둘 궁극적 이상과

이익이 존재하는 것이다.[40]

　많은 사람들 가운데 특히 매디슨, 토크빌, 밀이 다수가 어떻게 나쁜 일을 할 수 있으며, '다수의 횡포'를 저지르는지 논의하였다. 물론 소수도 나쁜 일을 할 수 있다. 그렇지만 다수의 횡포는 외관상의 인민의 의지와 정의 사이의 적나라한 갈등을 제기하기 때문에 특히 문제가 된다. 민주적으로 결정되었지만 반대가 가능할 결과란 어떤 것인가에 대하여 아직 충분한 논의가 이루어지지 못했지만, 이것이 근본적인 부정의에 속한다는 점에 대해서는 대체로 동의한다.

　다수의 횡포에 대한 공포는 미국헌법의 원 설계에 있어서 주요한 동기 가운데 하나였다. 특히 매디슨은 '민주정(democracy)'이라는 용어 대신 '공화정(republic)'이라는 용어를 선호하였으며, 공화정이라는 용어로 "그 속에서 대표(representation)의 구도(scheme)가 작동하는 정부"를 의미하였다. 이와 대조적으로, 대표가 부재한 고대 도시국가의 소규모 면대면 민주정에서는 "파벌의 폐해를 해결할 치유책이 없다. 거의 모든 경우에 전체의 다수에 의하여 정념과 이익이 드러나고…소수당이나 밉살스러운 개인을 희생시키고자 하는 유혹을 다스릴 방법이 없다."(『페더럴리스트』 10번) 상원을 설치한 이유가 "인민을 그들 자신의 일시적인 실수와 착각으로부터 지켜 줄 제도가 필요하다."는 것에 있었다. 그것은 인민을 신중한 판단으로부터가 아니라, "차분하고 숙의적인 공동체 감각"으로부터가 아니라, "정념이나 불법적 이익에 자극받거나, 이해관계를 가진 사람들에 의해 오도된 그런 사람들로부터" 보호하기 위해서였던 것이다(『페더럴리스트』 63번). 매디슨에 의하면, 후자의 이런 사람들이 바로 타인의 권리와 이익에 반하고 전체 공동체의 영구적이고 집합적인 이익을 저해하는 '파벌'로 행동하는 사람들이다. 매디슨은 상원과 같은 숙의적 제도가 있었더라면 소크라테스를 구할 수 있었을 것이라고 암시한다:

> 아테네인들은 그들의 정부가 자신들을 그들 자신의 정념의 횡포로부터 지켜 줄 선견지명있는 보호장치를 가지고 있었더라면 자주 비통함을 피할 수 있지 않았겠는가? 그랬더라면 인민의 자유는 동일한 시민들에게 하루는 독약을 내리고 다음 날에는 상을 내린다는 지울 수 없는 비난을 피할 수도 있었을 것이다.(『페더럴리스트』 63번)

뒤에서 조종하는 사람들에 의해 들고 일어난 폭도들의 정념에 대항하는 다른 방벽은 법원이었다. 법정은 일시적 일탈에 저항할 수 있었고, 파벌로 하여금 나중에 인민들이 더 많은 것을 알게 되면 성찰을 통해 후회하게 될 바를 행하도록 만드는 일시적인 정념에 저항할 수 있었다. 해밀턴이 『페더럴리스트』 73번에서 주장하고 있는 것처럼:

> 재판관의 독립성은 나쁜 기질을 가진 사람들의 영향으로부터 헌법을 지키기 위해서, 그리고 개인들의 권리를 지키기 위해서 필수적인 바, 이 같은 나쁜 기질은 뒤에서 조종하는 사람들에 의해 그리고 때때로 이들의 결합에 의해 인민 사이에 유포되며, 더 나은 정보와 더 숙의적인 성찰을 통해 물리칠 수 있지만 그 동안에 정부에 위험을 초래하기도 하고 소수에 대해 심각한 억압을 초래하는 경향이 있다.

그러나 해밀턴도 법원이 다수파 파벌에 대한 튼튼한 방벽이 될 수 있다고 믿지는 않았다. 그는 재판관들이 "입법부의 헌법 침해가 공동체의 다수의 목소리에 의해 충동질 될 때에는 헌법의 수호자로서의 의무를 수행할 용기를 가질 것으로" 생각하지는 않았다(『페더럴리스트』 73번).

미국헌법의 입안자들은 다른 사람들의 권리와 이익에 적대적인 정념과 이익에 의해 부추겨진 파벌이 아주 나쁜 일을 할지 모른다는 가능성에 사로잡혀 있었다. 이들이 두려워한 이미지는 아테네 군중과 셰이즈의 반란(Shays' Rebellion)이 결합된 것으로 보인다. 다수의 횡포는 느슨하게 정의되었을 뿐이지만 이들은 분명히 생명, 자유, 재산에 대한 실질적 훼손을 두려워하였다. 이런 것들도 폭정에 대해 무언가를 알려 주지만, 우리에게는 '너무나 수용하기 어렵기 때문에' 비록 그 결정이 민주적 원칙에 의해 지지되더라도 그것에 반대하는 압도적인 규범적 주장이 가능한 정부의 결정에 대한 제대로 된 정의가 필요하다.

우리의 목적을 위해 (다수에 의한 것이든 소수에 의한 것이든) 폭정(tyranny)을 다음과 같이 정의할 수 있을 것이다. 즉, 폭정이란 누구에게도 그 정도로 심각한 훼손을 가하지 않을 대안적 정책이 선택될 수 있음에도 불구하고, 본질적 이익에 대해 심각한 훼손을 초래하는 정책을 선택하는 것을 말한다. 따라서 '비폭정'은 이런 의미의 폭정을 회피하는 것을 의미한다.[41] 물론 '본질적 이익(essential interests)'이 무엇인지, 그리고 대안적 정책이 무엇인지에 대한 의문이 있을 수 있다. 나는 다른 책에서 이런 주제들을 다룬 바 있다.[42] 만일 사람들이 자신들의 생활방식을 희생하도록 강요받는다면 그것은 본질적 이익인가? 자신들의 근본적 신념은? 자신들의 건강은? 만일 자원제약으로 두 가지 정책이 동시에 추진될 수 없다고 한다면, 이들 정책들은 서로 대안적인가? 이 경우, 사람들이나 정책결정자들은 이들 정책들이 서로 다른 영역에 속하는 것인데도 A정책이나 B정책 가운데 선택을 내려야 하는가?

　기본적 아이디어는 이런 세세한 규정들에 달려 있지 않다. 우리 논의를 위해 여기서는 사람들이 그런 선택을 완전히 회피할 수 있는데도 불구하고 구성원 가운데 일부에게 아주 나쁜 일을 하기로 결정한다면, 그것은 폭정으로 볼 수 있다고 규정하면 될 것이다.[43]

　한 가지 더 덧붙이자면, 하나의 정책 선택이 비폭정 조건을 위배하는 데는 그것이 의도된 것일 필요가 있으며, 그 의도는 타인에게 위해를 가하는 것이 필요하다는 점이다. 또 다른 점으로는 그 정책이 의식적 선택으로서 작위(commission) 뿐 아니라 부작위(omission)까지 포함한다고 보는 것이 합리적이라는 것이다. 예를 들어, 다음 번 허리케인에 대비한 재난구조가 없으면 그룹X가 피해를 당한다고 할 때, 만일 연합세력이 재난구조를 차단하고 그 결과 큰 피해가 발생한다면, 비록 그 피해가 부작위의 (즉, 재난구조를 제공하지 않기로 한 결정의) 결과일지라도, 이 결정은 '다수의 횡포'가 일어난 것으로 볼 수 있다.

　비폭정을 (또는 다수의 횡포를) 제대로 설명하기 위해서는, 패자에게 가해지는 수용하기 어려운 심각한 훼손의 등급을 매기는 토의가 필요하다. 여기서는 우리 목적을 위해 생존이나 인간존엄성에 필수적인 인권의 침해나 본질적 이익에 대한 위해를 말할 수 있다. 나는 다른 곳에서 이 주제를 다룬 바 있다. 하지만 여기서 이에 대한 세세한 논의를 필요로 하지는 않는다. 우리는 단지 대안적 정책이 그러한 손실을 초래하지 않을 수 있음에도 불구하고 심각한 훼손을 가할 정책이 선택되었을 때, 비폭정 원칙이 침해되었다고 지적하면 충분하다. 최소한 이 정의로도 핵심적 사례들을 다룰 수 있기 때문이다. 누군가에게 가해지는 훼손의 모든 대안들마저 훼손을 초래하는 그런 어려운 경우들을 어떻게 다룰 것인가 하는 문제는 정의론의 주제에 해당된다고 할 수 있다.

다수의 횡포가 미치는 영향에 대한 논의 없이 다수의 횡포를 설명하려는 시도도 있어 왔다. 로버트 달(Robert Dahl)은 고전이 된 자신의 책 『민주주의이론 서설』에서 매디슨 논의의 현대적 버전으로서 강도(intensities)의 균형을 제시한다. 그의 아이디어는 만일 소수가 특정 주제에 대해 정말로 강하게(strongly) 느낀다면 그리고 그들이 냉담한 다수에 의해 압도된다면, (숫자나 얼마나 강하게 느끼는가의 정도에 따라) 전반적인 의견의 무게가 소수에게 쏠리고 그들을 다수로 밀어붙이는 것은 다수의 횡포로 간주될 수 있다는 것이다. 이와 같은 계산은 그 집단이 다수가 되었을 때도 그 집단을 (소수의 횡포로부터) 보호할 수 있는 것으로 보인다.

그렇지만 실질적 토의를 단순히 과정에 초점을 맞추는 것으로 전환시키는 이런 노력은 돌이켜 보면 실패로 끝날 운명으로 보인다. 만일 우리가 슘페터의 '정신적 실험'을 가져와서 다수가 "마녀를 화형에 처하고" "유태인을 학살하는" 경우를 고려해 본다면, 강도의 균형을 다수의 폭정 주장에 관련시키기가 쉽지 않다. 물론 이런 사례들은 소수도 강하게 느낄 사례일 것이다. 그러나 느낌의 강약 계산이 가능하다 해도 우리가 나찌에 반대할지 않을지 여부가 그들이 얼마나 열정적인지에 달린 문제일 수는 없다. 소수가 아무리 강하게 느끼더라도 다수의 숫자나 강도가 충분히 강력하다면 이론상 의견의 무게는 다수에게 쏠리게 되는 것이다. 그리고 이 사실은 정책결과에 반대할 수 있는지 여부와 거의 관련이 없는 것으로 보인다. 여기서 핵심은 소수가 다수보다 더 강렬하게 느끼는가와 무관하게 다수가 소수에게 매우 나쁜 일을 하고자 한다는 것이며, 회피가능한 심각한 훼손을 가하고자 한다는 사실이다.

이와 같은 설명을 통해, 우월한 세력이 열등한 세력에게 회피가능한 심각한 훼손을 가할 때, 비폭정 원칙이 침해되었다고 말하는 것으로 충분하다. 심각한 훼손이 정확하게 무엇인지 정의내리지 않고 열린 상태로 둔 채, 그것이 심각할수록 그리고 그것이 보다 명확하게 회피가능할수록 다수의 횡포 문제는 더욱 설득력이 크다는 사실을 밝히는 것이 필요하다.

# 4가지 민주주의모델

## — 제3장 —
## 4가지 민주주의모델

### 4가지 민주주의이론

이제 우리가 근본적 민주주의에 대한 우리의 설명을 정치적 평등, 숙의, 대중참여, 비폭정이라는 네 개의 기본 원칙을 포함하는 것으로 확장하였으므로, 이 네 가지 원칙에 대한 입장을 중심으로 상당한 범위의 민주주의이론들을 고찰할 수 있다. 이론상 이 네 가지 원칙들로 구성되는 16가지 조합이 가능하겠지만, 진지한 규범적 관심을 끌 만한 조합은 네 개로 줄어든다. 나머지 입장들은 이 네 가지의 변종이거나, 3중딜레마에 의해 제외되거나, 네 가지 가치 가운데 한 가지만을 추구하고 나머지는 포기하는 방식이거나, 또는 네 가지 모두를 거부하거나, 지나치게 이상적으로 네 가지 모두를 동시에 달성하고자 하는 입장들이다. 보다 자세한 내용에 대해서는 이 책의 부록을 참고하라.

⟨도표 III⟩ 네 가지 민주주의이론

|  | 경쟁적민주주의 | 엘리트숙의 | 참여민주주의 | 숙의민주주의 |
|---|---|---|---|---|
| 정치적 평등 | + | ? | + | + |
| 참여 | ? | ? | + | ? |
| 숙의 | ? | + | ? | + |
| 비폭정 | + | + | ? | ? |

네 가지 민주주의 모델은 각자 네 가지 원칙 중 두 가지에 대해 명시적으로 강조하며, 나머지 두 가지 가치에 대해서는 공란으로 비워둔다. 즉, 나머지 두 가치에 대해 경험적 문제로 보거나 관심을 갖지 않는 것으로 치부하는 것이다. ⟨도표 III⟩에서 이들이 강조하는 주 관심 가치는 '+'로, 나머지 가치에 대한 이들의 불가지론(agnosticism)은 의문부호 '?'로 표시하였다.

민주주의이론은 하나가 아니다. 여러 이론들이 경쟁한다. 여기서 우리가 초점을 맞추는 네 가지는 어느 정도 이념형(ideal types)으로서, 이론가들은 주어진 범주에 자신의 입장을 묶고 분류함에 있어서 신중함이 요청된다. 이 같은 신중한 분류가 각 입장을 더 강하게 만들 것이라고 본다. 예를 들어, 경쟁적민주주의 모델의 주요 주창자는 투표를 동등하게 계산하는 문제에 대해 별다른 관심을 기울이지 않았지만, 표 계산이 동등하게 이루어질 때 경쟁적 민주주의 모델의 설득력이 더 크다고 할 수 있다.

이 네 가지 이론들은 이슈를 분명히 하고, 논변들이 제기될 수 있는 분명한 입장을 대표한다. 이에 더하여, 우리는 이 이론들이 네 가지 원칙 가운데 어느 것을 중시하고 그 장점을 어떻게 부각시키는지 살펴볼 것이다. 그 결과 민주주의 이론의 가능한 전체 범위를 논의할 수 있을 것이다. 여기서 내 목적은 민주주의 이론사의 요약본을 제공하는 데 있지 않다. 오히려 독자들로 하여금 민주주의는 어떤 것이어야 하는가에 대해 경합하는 비전들을 파악할 수 있게 하는 것이다.

## 경쟁적민주주의 모델

먼저 우리가 경쟁적민주주의(Competitive Democracy) 모델이라고 부르는 최소주의 입장을 살펴보자. 이 모델은 경쟁적 선거에 초점을 맞추고, 또한 다수의 횡포에 맞서 시민의 권리를 보호할 권리의 제도화에 초점을 맞춘다. 가장 유명한 주창자는 조셉 슘페터(Joseph Schumpeter)이며, 그가 주창한 이래 많은 이론가들이 이 입장을 채택하였다.[1] 이 모델은 공적의지형성(public will formation) 과정의 의의에 대한 기대치를 낮추었으며, 대신 사고의 초점을 권리가 존중되어야 한다는 부가적 요청과 함께 '인민의 표를 얻기 위한 경쟁적 투쟁'에 두고 있다. 이 견해에 따르면, 민주주의의 가장 큰 과제는 평화로운 권력이양과 정치적 리더십의 교체이다. 또한 정당들은 대개 중도성향 유권자들의 선호를 만족시키고자 하는 동기를 가지게 되어, 외견상으로 나타나는 것처럼 서로 간에 그다지 큰 차이가 없다고 본다. 물론 만일 유권자들이 거리가 먼 이념적 입장을 중심으로 결집하거나, 정당들이 중도성향 유권자들에게 호소하기보다 자당의 지지기반을 동원할 필요를 느끼거나, 게리맨더링으로 만들어진 정치적 경계가 선거를 비경쟁적인 것으로 만들게 될 경우에는, 중도성향 유권자들에 대한 추론은 유지되지 않는다. 이 모델에서 궁극적으로 '공적의지'의 내용은 중요하지 않다. 정당과 후보자가 중도성향 유권자들에게 가까운가 하는 것은 부차적 문제이며, 경험적 연구의 대상일 뿐이다. 이 민주주의이론의 핵심은 경쟁적 선거가 통치엘리트의 평화로운 교체를 가능하게 하며, 이 체제가 법적이고 헌법적인 제약을 통해 통치엘리트가 결정할 수 있는 바에 대한 분명한 한계를 설정한다는 데 있다. 이 모델에 따르면, '인민의 의지(will of the people)'가 많은 것을 의미하리라고 기대하는 것은 환상에 불과하다. 혁명이나 폭력 없이 누가 권력을 쥐게 되는지 결정되며, 시민들의 권리가 보호받을 수 있게 된다면, 그것만 해도 상당한 성취인 것이다.

슘페터 자신은 정치적 평등을 주창하지는 않았다. 사실 그는 자신의 이상적 정치적 경쟁이 미국 남부에서 흑인들을 포함할 것을 요구한다거나 소련에서 비당원을 포함해야 한다고 요구하지 않았고, 이로 인해 악평들 듣기도 하였다. 정치적 평등이 정당 간 경쟁을 통해 제도화되기 위해서는 두 가지 이슈가 다루어져야 한다. 즉, (1)선거권의 범위가 확대되거나, (2)투표에 대한 동등한 계산이 이루어져야 하는 것이다. 슘페터는 이 두 가지 이슈에 대해 기준을 제시하지도 않았고 이 문제를 회피하였다.[2]

하지만 최소민주주의 또는 경쟁적민주주의 입장은 그것이 정치적 경쟁을 통해 실현되는 정치적 평등 주장을 포함하는 것으로 간주할 때, 가장 옹호하기 쉽다. 주요 집단에 투표권이 인정되지 않을 경우, 이 입장은 경쟁에서 특정 세력을 배제한다는 불필요한 비판을 당하게 되는 것이다. 또한 경계가 조작되거나 후보자나 유권자의 접촉이 허용되지 않을 경우, 경쟁적 선거라는 이상이 손상된다. 또한 투표가 동등하게 계산되지 않을 경우, 경쟁은 불공정 시비에 직면하게 된다. 우리는 각 모델을 다룰 때, 가장 강한 버전을 다루기로 한다. 따라서 정치적 평등을 결여한 경쟁적 민주주의도 가능하지만, 슘페터의 회피적 태도와 달리 정치적 평등이 가능한 것으로 경쟁적민주주의 모델을 다루기로 하자.

이런 단서를 달고 보면, 우리는 미국에서 여러 차원에 걸쳐 정치적 평등을 달성하지 못하고 있음을 보게 된다. 미국의 대통령선거에서 18세기적 제도인 선거인단(Electoral College)이 유지되고 있는 점과, 상원 의원을 주별 인구수와 상관없이 배정하는 의회의 양원 구조를 예로 들 수 있다. 유사한 정도의 정치적 불평등이 대통령 후보자 선출에 대한 진보주의 개혁파들의 유산으로부터 나오고 있는 바, 아이오와나 뉴햄프셔처럼 대표되지 않은 작은 주가 엄청나게 큰 영향력을 행사하는 대통령선거 프라이머리를 들 수 있다. 이런 한계에도 불구하고, 한편으로 정치적 평등을 경쟁적 선거와 결합하고, 다른 한편으로 다수의 횡포로부터 권리를 보호하는 이상을 확인하게 된다. 또한 여러 차례의 선거구 개혁을 통해 의회 선거구에서 '1인 1표'가 제대로 실현되기에 이르렀다.[3]

경쟁적민주주의 모델은 정치적 평등과 비폭정 외의 다른 두 가지 원칙에 대해서는 불가지론 태도를 취하거나 적대적이기까지 하다. 이 견해에 따르면, 숙의는 특별한 가치를 갖지 못한다. 심지어 몇 가지 버전에서는 숙의의 이상이 의사결정 비용만 높이는 낭비일 뿐이라는 공격을 받기도 한다. 공적의지형성이 의미가 없다면, 그것을 증진시키기 위해서 무엇 때문에 시간과 에너지를 낭비하겠는가? 또한 정당들이 중도성향 유권자들을 향해 기본적으로 수렴한다면, 인민으로 하여금 누가 이기도록 결정할 것인지에 많은 시간을 쏟을 필요가 없는 것이다. 정당들은 서로 달라 보이기 위해 노력할지라도, 기본적으로 대동소이하므로 어느 당이 이기든 큰 차이를 만들지 않는다는 주장이다.[4]

슘페터의 견해나 최근 이 입장을 리바이벌시킨 리차드 포스너의 견해는 공적의지형성을 열망하는 '고전적' 이론과 그러한 목표를 설정하지 않는 현대의 경쟁적 견해를 대조시키고 있다. 여기서 말하는 고전적 이론이 정확하게 무엇인가에 대해서는 이론이 있을 수 있겠지만, 슘페터나 포스너의 기본적인 아이디어는 공적의지형성과 누가 선거에서 승리하여 관직에 취임할 것인지의 단순한 결정 사이의 대조에 있다.[5] 포스너는 숙의적 민주주의 모델을 환상적 공염불로 취급한다. 그는 숙의적 민주주의 모델을 "진지한 사람이면 관심을 기울일 필요조차 없는 백일몽에 불과하다."고 본다. 그는 민주주의를 개선하는 방안의 하나로 시민숙의에 초점을 맞추는 것은, 오딧세이에게 칼립소섬을 떠나기 위해 날개를 돋아나게 하라고 말하는 것과 같다고 주장한다. 그의 견해에 의하면, 숙의를 달성하기 어렵게 만드는 것은 시민들이 복잡한 정책이슈를 다룰 능력을 결여하고 있다는 사실이다.[6] 따라서 민주주의 개혁은 단지 정당 간 경쟁 조건을 개선하는 데 초점을 맞추어야 한다고 그는 주장한다.

보통시민들(유권자나 거주자들)이 복잡한 정책이슈를 다룰 능력이 있는지 여부는 경험적 문제이다. 숙의조사와 다른 여러 노력들이 이 주제를 탐구하고 있는 중이다.[7] 일반대중에게 의사결정의 역량(competence)이 있는가 여부는 증거 없이 판단할 일이 아니다. 일반시민에게 역량이 있는지 없는지는 그들이 관심을 기울일 이유가 있는지, 자신들의 목소리가 소중하다고 생각하는지, 토의와 상호작용이 어떻게 수행되는지, 자신들의 견해에 대한 데이터가 어떻게 수집되는지 등에 달려 있다. 물론 폭넓은 다수를 대상으로 한 숙의적 협의로부터 추론을 할 경우 참여자는 어떤 사람들인지, 이들이 어떻게 충원되는지, 이들의 의사결정 능력에 대한 주장을 평가하는 데 있어서 활용할 데이터는 어떤 것인지 등이 중요한 문제이기도 하다.

슘페너와 포스너 같은 경쟁적민주주의 모델의 주창자들은 또 다른 경험적 문제에 대해서도 우려를 표한다. 즉, 대중참여가 대중을 자극하여 나쁜 일을 하도록, 다수의 횡포를 저지르도록 이끌지도 모른다는 것이다. 대중참여와 우리가 비폭정이라고 부르는 것의 침해에는 인과관계가 있을 수 있다는 아이디어가 깔려 있다. 경쟁적민주주의 모델의 가장 저명한 주창자는 실제로 대중참여와 숙의를 거부하고 있지만, 더 많은 가능성을 열어 두기 위해 도표에서는 이 입장에 대해 물음표로 처리하였다.[8]

경쟁적 민주주의 주창자들이 대중참여에 두려움을 갖는 것은, 공중 가운데 많은 사람들이 참여한다면 그들이 군중심리에 의해 자극되었거나 매디슨이 말한 것처럼 '파벌'을 조장하는 정념과 이익에 의해 자극되었다고 보기 때문이다.[9] 강한 감정적 추동이 있지 않는 한, 일반대중은 정치나 정책으로부터 단절된 채 남아 있을 것이라고 보는 것이다. 이 관점에 따르면, 일반대중은 계속해서 잠을 자도록 내버려 두어야 할 잠자는 거인인 셈이다.

그러나 대규모 경쟁적 민주주의에서 개인의 투표 행위나 참여 행위를 순전히 도구적 목적으로 설명하더라도, 감정적 추동을 받지 않은 대중이 낮은 수준이나마 참여하는 것은 어떻게 설명할 것인가 하는 문제가 남는다. 투표나 정치적 참여의 이 파라독스를 '합리적 선택 이론을 먹어버린 괴물'이라고 해석하기도 한다.[10] 이런 해석의 바탕에는 투표하는 것이 자기 자신이나 공중 전체에 가져 올 이익을 생각하거나 자신의 투표나 의견이 결과에 영향을 미칠 것으로 간주할 경우, 비용과 이익을 비교하는 계산이 균형을 맞추는 유일한 방법은 윤리적 관심을 포함시키는 즉, 투표권 행사의 권리를 충족시키는 것이라는 생각이 깔려 있다.[11] 사실 많은 사람들은 그렇게 해야 할 의무를 진다고 느끼기 때문에 투표를 하기도 한다. 정말로 이런 의무가 있어서 개인이 작으나마 영향을 미치기에 투표장에 가야한다고 느끼게 되는 것인지는 오래 지속되어 온 논쟁거리이다.[12] 단지 여기서는 대규모로 사람들을 참여하게 만드는 것이 도덕적인 의무감에 달려 있다고 한다면, 군중보다 덜 위협적이고 파벌로 이끄는 분노한 정념보다 덜 위협적인 대안적 도덕심리학을 생각하면 된다고 지적하는 것으로 충분하다. 이런 의미에서, 대중참여와 다수의 횡포를 초래하는 군중심리 사이에 인과관계가 있다고 간주하는 추정은 근거가 약해지는 것이다.

경쟁적민주주의 모델에 있어서 중요한 핵심은 인민의 표를 얻기 위한 경쟁적 투쟁을 통해 누가 승리를 거두는가의 문제를 해결하는 것이다. 총알(bullets)이 아니라 투표(ballots)를 통해 이 문제를 해결함으로써 우리는 평화적 권력이행과 개인의 권리에 대한 사법적 보호를 확보하게 된다. 이 개인의 권리에 대한 사법적 보호는, 해밀턴이 결론 내린 대로 허약한 보호장치에 불과할지 모르지만, 다수의 횡포로부터 권리를 보호해주는 문제이다. 따라서 〈도표 III〉에서 보는 것처럼, 나머지 두 원칙에 대해서는 불가지론을 내세우면서 정치적 평등과 비폭정의 결합을 보여주는 모델이 존재하는 것이다.

## 엘리트숙의 모델

우리가 엘리트숙의(Elite Deliberation) 모델이라 부르는 두 번째 입장은 경쟁적민주주의 모델과 공통점이 많다. 경쟁적민주주의 모델과 마찬가지로 이 입장도 대중참여에 대한 공약을 회피한다. 대중여론에 대한 '간접 필터링'을 강조하는 엘리트숙의 매디슨적 버전(Madisonian version)은 기본 아이디어로서 숙의하는 대표들이 "정의와 공동선에 대해 인민들 자신이 이 목적을 위해 모인다고 해도 그들보다" 더 잘 표명할 것이라고 본다. 공중의 견해는 "차분하고 숙의적인 공동체 감각"을 표현하고자 한다면, 대표들에 의해 '필터링'되고 '정제될' 필요가 있다.

미국의 건국의 아버지들은 정치적 평등과 대중참여에 대해서는 거의 관심이 없었고, 숙의에 그리고 다수의 횡포를 피하는 문제에 초점을 맞추었다. 매디슨은 『페더럴리스트(Federalist)』10번에서 우아하면서도 간결한 설명을 하고 있다. 하지만 그의 설명은 퍼즐을 포함하는 것이기도 하다. 파벌을 정의내린 이후, ("파벌을 통해 나는 다수이든 소수이든 다른 시민의 권리에 유해하고 공동체의 영구적이고 집합적인 이익에 해로운 공통의 정념과 이익에 의해 추동되는 일부의 시민들을 의미한다.") 그는 파벌 문제를 해결할 두 가지 방법을 제시하고 있다. 하나는 그 원인들을 제거하는 것이고 다른 하나는 그 영향들을 통제하는 것이다. 그 원인들은 자유를 제거하지 않으면 제거할 수 없기 때문에 결국 문제는 그 영향들을 통제하는 데에 있다.

그는 이어서 소수파벌과 다수파벌을 다루고 있다. 소수파벌의 경우 "구제책은 공화주의 원칙에 의해 제공된다. 즉, 다수로 하여금 규칙적인 투표를 통해 소수파벌의 사악한 견해(sinister views)를 물리칠 수 있게 하는 것이다." 그러나 다수파벌의 경우 해결책을 찾기가 그리 쉽지 않다. "다수가 파벌에 포함될 경우 대중적 정부형태는 공익과 시민의 권리 모두를 자신의 지배적 정념과 이익을 위해 희생시킬 수 있게 한다." 다수파벌을 어떻게 통제할 것인가 하는 것이 '중대한 목표(great object)'이다: "다수파벌의 위험으로부터 공익과 사적 권리를 보호하는 것이 그리고 동시에 대중정부의 정신과 형태를 유지하는 것이 우리가 지향하는 중대한 목표이다."

매디슨이 단순히 공화주의 원칙을 사용함으로써 소수파벌을 통제할 수 있다고 주장하면서 '공화주의 원칙'을 다수결 원칙과 동일시한 것을 주목하자. 그러나 "대중정부의 정신과 형태를 유지하는 것"과 동시에 다수파벌을 통제하는 것이 '중대한 목표'이다.

『페더럴리스트(Federalist)』10번 논의의 지배적인 내용은, 이 문제를 해결하기 위해 그가 제시하는 두 가지 논변 가운데 특히 두 번째 논변에 관한 것이다. 두 번째 논변은 아주 중요하다:

> 범위를 확대하면 엄청나게 다양한 당파들과 이익들이 들어오게 된다; 전체 중의 다수가 다른 시민들의 권리를 침해하려는 동기를 공통으로 갖게 될 개연성은 줄어들 것이다; 또는 만일 그런 공통의 동기가 존재한다고 해도, 그것을 가진 사람들 모두가 자신들의 힘을 발견하고 서로 단결하여 행동하기가 더 어려울 것이다.

그러나 이 논변은 대규모 국가에서는 다수파벌이 형성되기 어려우며, 형성되더라도 드러내기 어려울 것이라는 점에 관한 것이다. '공화주의 원칙'과 다른 사람들의 권리를 침해하는 다수파벌이 승리해서는 안 된다는 원칙(우리가 말하는 비폭정 조건) 사이의 양립불가능성을 직접적으로 다루고 있는 것은 아니다.

다시 말해서, 만일 '공화주의 원칙'이 다수결의 표현이라면 (그리고 그런 이유에서 소수파벌을 통제할 수 있다면), 왜 다수파벌이 승리해서는 안 되는 것인가? 이에 대한 매디슨의 해결책은 기본적으로 공화주의 원칙이 숙의적 여론이나 필터링된 여론을 대표하는 엘리트들에게 적용되어야 한다는 것이다. 이 때 이들 엘리트들이 숙의할 때는 파벌로서 행위하는 것이 아니고 공익을 위해 행위하는 것이라는 말이다.

매디슨이 공화정을 "대표성의 기획이 작동하는 정부"라고 정의하였을 때, 그가 말한 것은 "우리가 찾는 해결책을 약속하는" 것이 바로 이 측면이라는 것이었다. 그는 이어서 대표들의 기능을 다음의 유명해진 문구로 설명하고 있다: "공중의 견해를 시민의 선출된 기구라는 매개물을 통해 통과시킴으로써 정제하고 확대하는 데 있다. 이 기구의 지혜는 국가의 진정한 이익을 가장 잘 찾아내고, 이 기구의 애국심과 정의에 대한 사랑은 국가의 이익을 일시적이고 부분적인 이해관계에 가장 덜 희생시킬 것이다."

이미 지적한 것처럼, 이 '정제된' 여론은 공중을 소집하여 현장에서 자신들의 의견이 무엇인지 물어서 얻게 되는 여론과는 다를 것이다. 그것은 거울이 아니라 필터이다. 그것은 여론의 반사실적 그림으로서, 공중을 대신하여 대표들이 가진 그런 여론인 것이다. 그것은 동시에, 만일 공중이 이 이슈를 그들의 대표들이 숙의적 기구에서 수행한 방식으로 고려한다면 그 때 공중이 생각할 바라는 점에서, 다수의 의견으로 볼 수 있다. 그것은 '공중의 견해(public views)'가 정제되고 확대된 것이므로, 대표들만의 견해가 아니다. 이것은 '공화주의 원칙'을 사람들이 실제로 가지고 있는 의견에 적용한 것이 아니라, 매디슨이 주창하는 의미에서 사람들이 갖게 될 의견에 적용한 것이다.[13]

매디슨의 '해결책'은 공화주의 원칙을 숙의적 여론을 정제하는 대표들에게만 적용하는 것이다. 그는 정제된 숙의적 여론이 상원(Senate)이나 제헌회의와 같은 소규모 대표기구에 의해서 가장 잘 발견될 수 있다고 믿었다. 사실 이들은 정제된 여론을 발견하려는 목적을 가진 모임이었다.

 매디슨은 왜 숙의과정 곧, 이런 방식으로 적용된 필터가, 파벌문제를 해결할 수 있다고 생각하는지 정치심리학의 개요를 제시한다. 그 답은 '차분하고 숙의적인 공동체의 감각'(『페더럴리스트(Federalist)』63번)과 다른 사람들의 권리나 이익에 부정적인 파벌을 지지하는 '정념과 이익'(『페더럴리스트(Federalist)』 10번)의 구분에서 찾아진다. 숙의는 공적 문제에 대한 집단적 해결책을 찾기 위해 대표들이 관리가능할 정도의 소규모 숙의기구에서 함께 수행하는 토의에서 차분하고 공정한 방식으로 공적 견해를 거른다. 매디슨과 해밀턴은 둘 다 파벌을 생성하는 정념과 이익을 "정부를 규제하고 통제할 공중의 이성"(『페더럴리스트(Federalist)』 69번)으로부터 구분하고 있다. 매디슨은 숙의와 연결되는 정치심리학의 흔적기관을 보여준다. 공적 견해의 필터링은 공적 문제에 대한 공정하고 공유된 해결책에 도달하게 해준다. 그것은 다른 사람들에게 적대적인 정념이나 다른 사람들을 희생시키는 대가로 얻는 이익에 의해 추동되지 않는다.

 이 경우 엘리트숙의는 인민을 대행하고 그들의 견해를 필터링하는 대표자들의 숙의로서, 다수의 횡포로부터 보호망이 되어주고 간접적 필터링을 통해 사람들이 성찰을 거친 이후에 원하게 될 그런 그림을 제공한다. 이런 의미에서 엘리트숙의는 대표성을 제공하는 바, 이는 우리가 숙의민주주의라고 부르는 다른 입장의 모델과 아주 중요한 유사성을 가지고 있다. 하지만 인민 자신에 의한 숙의와 숙의의 원칙과 정치적 평등의 원칙을 동시에 만족시키는 숙의민주주의에 대한 논의는 당분간 유보하기로 하자. 엘리트숙의 입장은 유권자 각자에게 실질적 의사결정에서 결정적인 역할을 하는 동등한 기회를 제공하지는 않는다. 엘리트에게만 대표하고 결정하도록 허용한다. 매디슨적 버전은 숙의와 비폭정을 강조하며, 이 두 가지가 엘리트숙의의 가장 중요한 요소이다. 확실히 매디슨적 엘리트숙의는 '인민을 위한 숙의'이다. 우리가 뒤에서 다룰 숙의민주주의는 이에 비해 '인민에 의한 숙의'이다.

J. S. 밀의 '국민여론회의'는 숙의하는 엘리트가 일반시민과 어떻게 연결되는가를 보여줌으로써 엘리트숙의 입장에 좀 더 세련된 형태를 제시한다. 밀의 그림에서 각 시민은 자신의 논변이 자기 스스로 하는 것만큼이나 또는 그보다 더 잘 만들어지는 것을 보게 되고, 또한 다른 관점을 지닌 사람들에 의해 응답을 받는 것을 보게 된다. 응답자들도 자신들이 응답하는 것만큼이나 또는 그보다 더 잘 응답이 만들어지는 것을 보게 된다. 그리고 이 논변들은 다시 돌아가며 응답을 받게 된다. 숙의가 끝나는 시점에 결정이 내려지는 바, 단순히 의지에 의한 행동이기보다 더 나은 논거에 의해 내려지는 결정이다. 밀의 대표들도 매디슨의 대표들처럼 숙의를 진행하는데, 파벌이나 정당과 상관없이 행하고 무엇을 해야 하는가에 대하여 최선의 논변에 기초하여 행한다. 밀의 대표들은 일차적으로 의사결정 기구가 아니라 토론사회(debating society)이다. 의회가 실제로 어떻게 작동해야 하는가에 대한 이론으로서 엘리트숙의는 엘리트가 실제 문제에 어떻게 초점을 맞추어야 하는지에 대한 설명이 빠져있다. 이들이 재선에 관심을 갖고 있고 자신의 당파적 충성분자들에게 봉사해야하기 때문으로 보인다.

물론 매디슨과 밀이 그리고 있는 숙의적 대표자들은 건국 이래 대부분의 우리 정치경험과는 거리가 먼 것으로 보인다. 현대세계의 정당들, 캠페인들, 텔레비전 광고, 반영구적인 캠페인 환경에서 쟁점 장사꾼으로 기능하는 정치인들로부터도 거리가 멀다. 적어도 자신의 생의 일부를 버지니아에서 매사추세츠로 보내는 편지가 영국을 경유하여 느리게 배달되던 시대에 살았던 매디슨은 테크놀로지가 정치적 의사소통을 변화시킨 것만큼이나 정치 자체도 변화시키리라는 점을 상상도 하지 못했을 것이다. 매디슨은 소규모 유권자들보다 대규모 유권자들의 경우에 선거가 '사악한 책략'에 덜 종속적일 것으로 생각했다. 그는 일차적으로 뇌물에 대해 생각한 것인데, 적은 인구보다 대규모 인구를 뇌물로 매수하기가 더 어려울 것으로 보인다.[14] 하지만 데마고그의 기회나 공중에 대한 조작은, 테크놀로지가 광범위한 사람들에게 아주 쉽게 소통할 수 있게 만드는 시대에는 대규모 유권자들을 상대로도 얼마든지 가능할 것이다. 뇌물보다 훨씬 다양한 것들을 포함할 수 있는 사악한 책략들은, 실제로 면대면 민주주의의 유산이 남아 있는 소규모 선거구보다 미디어를 통한 의사소통을 요구하는 대규모 선거구에서 더 쉽게 작동할 것으로 보인다.[15]

매디슨의 '해결책'이 갖는 우리 목적과의 관련성은 첫째, 대표자들이 '정제되고 확대될' 경우 '공중의 견해'가 어떻게 될 것인지 보여줄 수 있다는 점이며, 둘째, 이 정제된 여론이 전체 대중에게는 반사실적일지 모르지만 대표 집단에게는 실현 가능한 것이라는 점이다. 제한된 엘리트의 숙의에 '정신적으로' 공화주의 원칙을 적용함으로써, 다수의 횡포를 피할 수 있고 공익에 기여할 수 있다.

매디슨을 이렇게 해석할 경우 대표들이 자주 직면하는 딜레마에서 절충점(middle ground)을 찾을 수 있게 해준다.[16] 대표들은 국가에 (또는 주에 또는 지역구에) 최선이 되는 것에 대해 여론조사를 따라야 하는가 아니면 자신의 판단에 따라야 하는가? 이 조잡한 이분법은 의원들이 자신들의 업무를 어떻게 볼 것인가 하는 토의에서 지배적인 것인데, 이 두 개의 기본적 가능성 모두 문제를 안고 있다. 만일 의원들이 여론조사만 따른다면, 그들은 여론이라는 바람에 휘둘리는 줏대 없는 풍향계(weathervanes)라는 비판을 받을 수 있다. 공중이 대부분의 정책 사안에 대해 잘 알지 못한다는 점을 받아들이면, 말 그대로 맹인이 앞장서는 셈이 되는 것이다. 다른 한편, 자신의 선거구민들이 동의하지 않음에도 실질적 장점에 대해 자신의 판단을 따르게 되면, 대표들은 자신의 개인적 가치판단을 자신과 다르게 생각하는 유권자들에게 강요하는 것으로 비판받을 수 있다.

약간의 변형을 가하게 되면, 대표들을 풍향계가 아니라 날씨예보관으로 생각할 수 있다. 이 날씨예보관은 진척되는 상황에 맞게 자기 지역구 주민들이 사안에 대해 생각하게 될 바를 예보하려고 시도하는 것이다. 그러나 규범적인 관점에서 보면 이것은 개선책이 되지 못한다. 많은 문제들에서 공중은 여전히 잘 알지 못할 것이고 여전히 오도되기 쉬울 것이라는 점은 분명하다. 공중이 관련 정보에 대한 합리적인 설명을 얻을 경우 생각하게 될 바는, 그들이 공격적 광고와 이미지정치의 환경에서 생각하게 될 것으로 보이는 바와 매우 다를 것이다. 대표들은 일상적 환경 속의 공중을 의식하는 경향이 강할 수밖에 없으므로 후자의 경우로 기울 것이다. 하지만 전자의 경우에 관심을 기울일 수 있는 경우도 있을 것이다.

있는 그대로의 여론을 따르는 것과 자기 자신의 판단을 따르는 것 사이의 절충점은 너무나 분명해서 다른 설명이 그다지 필요하지 않다. 단지 쉽사리 간과되고 드물게만 언급된다. 대표들은 선거구 유권자들이 사안에 대해 잘 알게 되고 사실을 파악하며, 찬반 양론의 논변을 듣고 사안에 대해 곰곰이 생각해 볼 이성적 기회를 갖게 될 경우 생각하게 될 바를 고려할 수 있다. 대표들의 역할에 대한 이 견해는 대표들은 잘 알지만 공중이 사안에 대해 잘 알지 못할 경우 여론의 압력에 저항할 근거를 제공한다. 이 경우는 대표들이 사안에 대해 자신만의 판단으로 임하는 것과는 다르다. 대표들은 주어진 사안에 대한 자신들의 견해가 선거구민들의 것과 다르고, 선거구민들이 더 많은 정보를 얻고 토의를 거치더라도 특정 정책을 받아들이지 않을 것이라는 사실을 알 수도 있다. 또한 대표들은 선거구민들을 잘 알고 있어서 선거구민들이 좀 더 정보를 얻게 될 경우 수락하게 될 바에 대해서 알 수도 있다. 반사실적이고 숙의적인 공중의 의견을 따르는 것은, 한편으로 사안에 대해 잘 알지 못하는 공중의 의견을 따르는 것과 다른 한편으로 더 잘 알지만 단순히 개인적인 대표들의 의견을 따르는 것 사이의 어려움을 피하는 대표들의 역할에 대해 생각해 볼 수 있는 방법이 된다.

대표들의 역할에 대한 이 견해가 자주 드러나는 것은 아니지만, 의회나 논평자들이 자의식을 가지는 드문 순간에 나타나곤 한다. 클린턴대통령에 대한 탄핵재판이 준비되고 있을 때 사무엘 비어가 하원 법사위원회에 전달한 권고안을 살펴보자. 비어의 주장에 따르면 의회는 "...4년 주기의 선거 사이에 인민을 대신하여(in lieu of) 행동하는 인민의 창조물(creature)이다. 의원들은 인민들이 최선의 상황에서 행할 바를, 최선의 상황에서 해야 한다."[17] 몇몇 의원들은 탄핵 국면에서 자신의 입장을 이와 유사한 버전에 따라 공개적으로 합리화하였다. 즉, 공중이 의원들만큼 정보를 얻게 될 경우 생각하게 될 바를 따르겠다고.[18]

물론 탄핵은 드물고 중대한 사건이다. 그러나 드물고 심각한 것이기에, 다른 사안에서는 잠복해서 잘 드러나지 않는 대표들의 역할에 대한 합리화 즉, 공중의 신중한 판단(considered judgments)을 대표하고자 하는 열망이 표면에 드러나게 되는 것이다. 뒤에서 우리가 숙의민주주의라고 부르는 입장을 다룰 때, 우리는 인민이 또는 인민의 일부가 엘리트로 하여금 자신들을 대신해서 신중한 판단을 내리도록 하는 것이 아니라 자기 자신들이 신중한 판단을 내리는 아이디어를 논하게 될 것이다. 엘리트숙의 모델과 숙의라는 가치를 공유하는 그 입장에는, 정치적 평등이라는 가치가 더해진다. 하지만 그 입장을 다루기 전에, 두 가지 숙의 모델이 제대로 다루지 않는 가치인 대중참여를 강조하는 입장을 먼저 살펴보자.

## 참여민주주의 모델

앞에서 본 것처럼 초기 미국의 엘리트숙의는 건국자들의 기획인 미국 헌법이 로드아일랜드의 주민투표에 붙여졌을 때 도전을 받았다. 그 사건은 헌법 비준을 위요한 전투에서 작은 충돌에 불과했지만, 경합하는 민주주의관을 극적으로 보여주었다는 점에서 주목할 필요가 있다. 로드아일랜드주의 주민투표는 제헌회의의 엘리트숙의가 놓친 무언가를 즉, 실질적 동의의 증거가 될 대중참여를 제공하였다. 반페더럴리스트들은 모든 자유인의 자유가 위태롭다고 주장하였다. 이 사안에 대해 왜 한 사람 한 사람 모두가 투표하면 안 되는가? 대중참여는 실질적 동의를 표하는 도구가 아닌가? 많은 국가들에서 개헌은 국민투표에 붙여지며, 미국의 많은 주에서도 적용되는 관행이다. 국민투표가 드물게 실시되는 영국 같은 나라에서도 유럽공동체 가입처럼 아주 중대한 안건을 피치자의 동의를 표시하는 방법으로서 국민투표에 붙인 전례가 있다.

참여민주주의(Participatory Democracy) 모델이 모든 사안을 직접 인민이 결정해야 한다고 보는 것은 아니다. 그렇게 주창하는 사람도 있지만,[19] 대규모 국민국가(nation-state)에서 이는 분명히 현실성이 없다. 그러나 참여민주주의의 핵심은 직접협의(direct consultation)를 더 자주 가지며 더 중요성 있는 것으로 간주하자는 것이다. 참여민주주의 관점에서 보면, 직접협의의 대상은 엘리트 선택만이 아니라 정책 선택도 포함된다. 경쟁적민주주의 모델과 대조적으로, 인민은 어느 팀이 공직에 취임할 것인가 이상의 더 많은 이슈에 관하여 협의되어야 한다. 인민은 무엇을 할 것인가의 실질적 내용에 관하여 협의되어야 한다. 경쟁적민주주의 모델과 대조적으로, 공적의지형성(public will formation)의 의미가 크며 협의의 대상이 될 것으로 기대된다.

참여민주주의는 정치적 평등과 참여의 결합에 긍정적 가치를 부여한다는 점에 주목하자. 대중참여가 참여왜곡을 당하는 정도만큼 이는 그만큼 민주주의 결손(democratic deficit)의 징후이다. 참여는 공적의지가 그것에 의해 목소리를 갖게 되는 수단이다. 따라서 사회의 일부 분야나 일부 인구 집단이나 널리 공유되는 일부 견해가 배제된다면, 그 목소리는 왜곡되는 것이다. 앞에서 다룬 두 모델에서는 대중참여에 대한 고려가 없었다. 경쟁적민주주의 모델이나 엘리트숙의 모델은 대중참여에 대해 불가지론적이거나 때로 공공연하게 적대적이다. 그 이유는 대중참여가 '다수의 횡포'와 연결될 수 있기 때문이다. 동등하든 않든 참여를 장려하는 표시는 전혀 없다. 동원을 장려하기 위해, 또는 특히 경쟁자 지지자들의 낮은 투표참가율을 유도하기 위해, 부정적 광고를 사용하는 것은 경쟁적민주주의 관점에서 보면 공정한 게임이거나 좋은 전술일 수도 있다.[20] 물론 우리는 경쟁적민주주의 모델이 투표를 동등하게 계산한다는 의미에서 정치적 평등을 약속하는 것으로 간주하였지만, 이 입장은 참여가 폭넓게 이루어져야 한다는 관념을 가지고 있지 않다. 참여의 확대는 위험한 파벌의 확산으로 간주된 것이다.

정치적 평등 없이도 대중참여는 가능하다. 사실 몇 가지 영토적, 18세기적 유산을 두고 보면 상당 부분 미국의 정치체제는 이런 방식으로 작동하고 있다. 대통령선거인단이나 상원, 프라이머리 제도 등과 관련하여 투표는 동등하게 계산되지 않는다. (사실 이조차 제대로 지켜지지 않고 있지만)[21] 비록 같은 선거구 내에서 동등하게 계산되더라도, 선거구들 사이에는 정치적 평등을 결여하고 있는 것이 분명하다. 어떤 주에서는 다른 주에 비해 유권자 한 표 당 갖는 영향력이 더 크고, 선거인단이나 상원에서 작은 주들이 과다대표되어 있으며, 초반 투표를 진행하는 주들에게 프라이머리에서 과다 영향력이 주어지고 있는 것이 현실이다. 참여체제가 정치적 평등을 침해하면 규범적 주장이 갖는 힘이 약해진다. 따라서 여기서는 가장 강한 것으로 보이는 입장에 우리의 초점을 맞추기로 하자. 우리는 참여민주주의를 정치적 평등과 대중참여 두 가지 모두를 추구하는 그림으로 그린다. 나머지 다른 두 가지 가치에 대해서는 침묵을 지키는 것으로 본다.

참여민주주의의 이상을 지지하는 이유는 무엇일까? 앞에서 이미, 실제 참여는 대중동의(mass consent)의 증거로 간주될 수 있다고 언급한 바 있다. 결국 정책선택을 감수해야 하는 것은 인민이다. 인민이 정책의 이득도 비용도 안고 살아야 한다. 그들이 감수해야 하는 정책에 관하여 그들과 협의해야 하지 않겠는가? 물론 영향을 받는다고 해서 협의의 대상이 되어야 한다는 주장에는, 가장 많은 영향을 받을 경우 가장 자주 협의 대상이 되어야 하는지 논쟁이 따른다.[22] 그런 체제는 제대로 작동하기가 어려울 수 있는데, 어떤 집단이 얼마나 영향을 받는가 하는 문제가 전투의 쟁점이 되어버리기 때문이다. 따라서 세세한 문제를 접어두고, 대중 동의를 모두가 권리의 문제로서 동등하게 종속되는 전반적인 체제에 대한 것으로 간주하면 동등한 협의는 의미를 갖기 시작한다.

부가적인 논변도 있다. 참여민주주의에 대한 관심의 부활은 많은 부분 이것이 '교육적 기능(educative function)'을 수행한다는 주장에 의해 자극받았다. 참여하는 사람들은 참여를 통해 어떻게 시민이 되는가를 배운다. 그들은 더 큰 효능감을 갖게 되고 공적 이슈에 대해 더 많은 것을 알게 된다. 그들은 가장 중요한 것으로 '공공정신(public spirit)'의 감각을 획득하게 된다. 그들은 함께 공적 문제를 토의하면서 다른 관점을 이해하게 되고 자신들의 관심사보다 더 넓은 관심사를 평가하고 더 넓은 관심사에 가치를 부여하는 것을 배운다. 페이트만이 주장하는 대로, 참여적 견해의 두드러진 측면은 그것이 인간발전에 미치는 영향이다. J. S. 밀은 훨씬 큰 범위의 사회적 평등을 가진 사회에 대한 토크빌의 설명에 주의를 기울인 바, 그 곳에서는 뉴잉글랜드 타운미팅이나 배심원 제도처럼 시민들에게 책임감을 지우는 핵심제도들이 작동하였다. 시민들은 이러한 '공공정신의 학교(schools of public spirit)'에서 함께 공적 문제를 토의하고 더 큰 범위의 공익에 대한 책임을 지게 된다.

앞에서 살펴본 것처럼, 공적 관여에 관하여 생각할 때에는 사회적 맥락과 상호작용의 규모를 고려하는 것이 중요하다. 참여민주주의에 대한 많은 호소는 타운미팅이나 배심원과 같은 소규모 제도에 대한 그림으로부터 나온다. 면대면 접촉이 가능한 민주주의에서는 풍부한 상호작용과 집합행동의 문제들에 대한 해결책을 찾을 수 있다. 하지만 뉴잉글랜드 타운미팅과 캘리포니아 스타일 이니셔티브를 함께 분류하는 것은 범주오류에 해당된다. 둘 다 직접민주주의 사례로 보일지 모르지만, 규모의 차이로 인해 이니셔티브는 청중민주주의의 한 종류가 되고 말며, 그 속에서 1차적 중요성을 갖는 정보의 소스가 매스미디어이며, 수백만 명이 관련되기 때문에 개인의 역할은 희석될 수밖에 없다. 이에 비해, 타운미팅이나 배심원 제도는 수동적 관여가 아니라 적극적 관여를 가능케 하며 참가자 각자에게 의사결정 과정에서 의미있는 몫을 담당하게 만든다. 밀과 토크빌을 매료시켰던 "공공정신의 학교"나 실질적인 노동자민주주의가 가능한 작업장처럼, 소규모 맥락의 면대면 규모일 때 교육적 기능은 가장 잘 발휘된다.[23]

참여민주주의와 관련하여 두 가지 단서를 달 필요가 있다. 첫째는, 여기서 우리가 다루는 네 가지 민주주의모델이 모두 대규모 국민국가에 적용가능해야 한다는 점이다. 따라서 만일 참여의 이득이 소규모에서만 얻을 수 있는 것이라면, 참여민주주의 이론은 다른 곳에 적용하기 어렵다는 반대에 직면하게 된다. 더 큰 규모의 정치체에서 면대면 민주주의를 위한 공간이 만들어지기 위해서는 어떤 노력들이 필요한지 여전히 의문으로 남아있다.[24] 두 번째로, 이런 전략들이 성공한다고 해도 교육적 기능에서 가치를 갖는 것이 참여인지 아니면 숙의인지 질문을 제기할 필요가 있다. 타운미팅이나 배심원 같은 영향력 있는 사례들이 책임과 토의를 결합한 것에 주목하자. 타운미팅과 배심원은 함께 공적 문제를 토의하고, 이 토의를 통하여 각 개인은 자신의 이익 이외의 이익을 고려하는 법을 배우게 된다. 참여가 토의를 포함하지 못하거나, 참여가 현대의 비밀투표처럼 무언이나 익명으로만 진행된다면, 참여의 행동 그 자체가 교육적 기능을 수행할 수 있을지 분명하지 않다.

진보시대 [역자 주: 미국에서 정치적 및 사회적 진보운동이 활발했던 1890년대-1920년대의 시대를 말함] 개혁자들은 대중에 의한 의사결정을 요구하면서, 대규모 국민국가에서의 투표가 소규모 민주주의에서 발휘된 바와 같은 교육적 기능을 가지기를 희망하였다. 이를 좀 더 용이하게 만들기 위해, 이들은 모든 유권자들이 사용할 유권자안내서를 만들거나 여러 형태의 시민교육을 실시할 것을 주장하였다.[25] 그러나 후보자 선출을 위한 대중프라이머리, 정책이슈에 대한 주민발안과 주민투표, 주민소환제도 도입 등과 같은 이들의 개혁은 이미지정치만이 판치는 현실정치세계에서 오히려 전투장으로 비화하고 말았다.[26] 이들 논쟁에서 공중에게 더 많은 것을 알려주는 문제는 거의 다루어지지 못하였다. 기껏 대중들이 정보를 얻을 지름길을 이용할 수 있는가 여부에 관하여 논쟁이 진행되었을 뿐이다. 따라서 대규모 차원에서는 참여의 교육적 효과가 그리 크지 않다.[27]

  소규모 맥락에서 참여의 교육적 효과를 강조하는 논변도 사실은 숙의와 유사한 것에 가치를 부여하는 것으로 보인다. 토크빌과 밀이 인용한 "공공정신의 학교"는 타운미팅이나 배심원 같은 토의 제도들이었다. 이보다 큰 규모를 갖는 주민투표 참여의 보통 정도의 교육적 효과도 주민투표가 광범위한 공적 토의를 자극한다는 사실에서 나온 것이다. 사람들은 주민투표에서 투표할 것을 기대하면서 이슈에 대해 대화를 나누는 것이다. 그러나 대규모 대중사회의 주민투표나 프라이머리에서 투표하는 실제 행위는 토의적 행위가 아니다. 비밀투표로 행하는 사적 의사소통일 뿐이다. 이에는 장단점이 있다. 만일 교육적 효과를 원한다면, 숙의와 같은 것이 요구된다. 그러나 일반대중에게 미칠 영향을 원한다면, 영향을 더 큰 규모로 확대시키는 것이 이슈가 된다. 우리가 숙의의 날을 통해 씨름하는 주제도 이런 것이다. 만일 참여에 가치를 부여한다면 행동의 성격과 가치가 결부되어야 하며, 타운미팅이 교육적 효과를 가진다고 하여 유사한 교육적 효과가 주민투표나 대중프라이머리에서 나타나는 것은 아니다. 만일 교육적 효과가 바람직한 효과라면, 직접 숙의를 목표로 하거나 숙의적 요소를 가질 제도적 설계를 목표로 하는 것이 핵심에 더 가깝다고 할 수 있다.

이와 달리, 대중참여를 강조하는 이유가 대중동의의 증거이기 때문일 경우, 교육적 효과는 그다지 본질적인 것은 아니다. 환영받는 보너스 정도에 해당된다고 보면 된다. 교육적 효과와 상관없이 그리고 사회적 맥락에 따라 달라지는 것과 상관없이, 참여민주주의라고 부르는 분명하고 실행가능한 입장이 있으며, 이 입장은 대중참여와 정치적 평등을 결합하고 나머지 두 가지 가치에 대해서는 불가지론적 태도를 취한다.

## 숙의민주주의 모델

네 가지 민주주의 모델 가운데 마지막으로 숙의민주주의(Deliberative Democracy) 모델은 정치적 평등과 인민들 자신에 의한 숙의를 결합하고자 한다. 앞에서 본 것처럼 정치적 평등을 달성하는 한 가지 전략은 대중참여를 통해 달성하는 것으로, 이론상 모두가 참여하고 그들의 견해가 동등하게 계산된다. 이러한 접근은 민주개혁의 전 역사를 통해 지배적이었지만, 몇 가지 한계를 가진다. 먼저, 참여가 자발적이더라도 대개 참여왜곡이 존재한다. 더 잘 살고 더 많이 교육받은 사람들은 더 많이 참여하는 경향이 있다. 어떤 목소리는 더 많이 배제될 가능성이 있다. 못 사는 사람들은 생존하기 위해 투쟁하고 있고 아주 드물게만 참여할 뿐이다. 강제투표제를 통해 이런 문제가 해결된다고 해도, 자유를 희생해야 하는 대가가 따른다. 또한 참여할 시간이 없거나 준비가 덜 된 사람도 강제로 투표해야 하는 문제가 있다. 참여왜곡과 자유희생의 문제를 해결한다 해도 대중참여를 통해 정치적 평등을 달성하는 두 번째 문제가 있으니, 대규모 차원에서 지적 투표나 시민적 숙의 동기부여가 쉽지 않다는 점이다. 투표나 의견을 동등하게 계산함으로써 정치적 평등을 달성할 수 있지만, 대중민주주의의 규모는 타운미팅에서 이상화된 적극적인 참여보다 오히려 무관심한 청중의 정치로 이끌 가능성이 크다.[28]

정치적 평등을 숙의와 결합할 때, 숙의는 면대면 규모가 될 필요가 있다. 이 사실은 헌법의 아버지들이 제헌회의, 상원, 오리지널 버전의 선거인단 등과 같은 엘리트숙의를 위한 비교적 소규모의 제도를 고안할 때 확인된 것이다. 하지만 앞에서도 언급하였듯이, 이런 엘리트숙의는 인민을 **위한** 숙의였지, 인민에 **의한** 숙의가 아니었다. 자신들을 대표하는 대의기구보다 훨씬 많은 수의 인민은 어떻게 숙의할 수 있을까? 앞에서 보았듯이 한 가지 방법은 많은 분산된 포럼에 자발적 대중숙의를 행할 인센티브를 제공하는 것이다. 각 포럼은 면대면 숙의가 가능할 정도로 소규모로 만들어질 수 있다. 우리가 제안하는 숙의의 날이 이런 전략에서 나온 것이다. 하지만 이런 전략은 수백만 명을 조정하고 동기부여해야 하기에 비용이 너무 많이 든다. 인센티브가 좋아서 전체 인구의 여러 계층에 걸쳐 참여로 이끌 수 있다는 점에서 참여왜곡을 피할 수 있고, 정치적 평등과 숙의도 어느 정도 확보할 수 있다. 그렇지만 이 전략의 비용과 규모의 문제는 여전히 남는다.

테크놀로지가 이 문제를 해결할 수 있다고 믿기도 어렵다. 가상공간의 대화이든 면대면 대화이든, 자가선발의 문제는 그것이 수반하는 참여왜곡의 문제와 함께 대화에 참여하고자 하는 사람들에게 마찬가지 방식으로 적용된다. 물론 테크놀로지는 지리적 문제를 지울 수 있고 각 하위그룹에 진정으로 전국적인 숙의를 만든다는 점에서 면대면 대화의 한계를 극복할 수 있게 한다. 가상공간에서는 나라의 정반대편에 사는 사람과도 타운의 다른 쪽에 사는 사람만큼이나 쉽게 대화를 나눌 수 있다. 확실히 이 지리적 다양성의 증가는 대화를 풍부하게 한다. 그렇지만 숙의가 주정부나 지방정부를 가진 연방체제에 삽입될 경우, 문제되는 결정과 관련되는 사람 수가 많지 않을 수 있다는 점에서 이 지리적 다양성의 증가가 반드시 이점인지는 분명하지 않다.

숙의의 날과 같은 대규모 노력 대신 여기서는 숙의민주주의를 달성할 보다 소규모의 실천적 전략인 소우주 숙의(microcosmic deliberation)에 초점을 맞추기로 한다. 소우주는 제헌회의나 상원처럼 소규모이다. 그러나 엘리트 제도들과 달리 소우주는 무작위추출법을 통해 선발되는 일반시민의 대표집단이다. 소우주가 대표하는 인구의 규모에는 상한선이 없다는 사실에 주목하자. 더 큰 인구를 대표하기 위해 더 큰 샘플이 필요하지는 않다. 수백 명의 표본이 산마테오 카운티를 대표할 수 있고, 캘리포니아주를 대표할 수 있으며, 전체 미국을 대표할 수도 있고, 심지어 (인구가 약 5억 명이나 되는) 유럽연합처럼 더 큰 정치체를 대표할 수도 있다.

이상적으로는 표본이 대표성을 통계적으로 평가할 수 있을 정도로 커야 하고, 동시에 각 참가자가 대화를 나눌 수 있을 정도로 작아야 한다. 특히 소그룹과 대그룹 토의를 번갈아 가며 진행할 경우 참가자는 소그룹에서 의미있게 관여할 수 있어야 한다. 그렇다고 너무 작으면, 통계적 대표성 주장이 성립되기 어렵다. 바로 이 문제가 시민배심원이나 합의회의에 적용된다. 다른 한편, 소그룹 토의를 위해 더 작게 세분화된다면, 참여보상금, 교통비, 숙박비 등과 같은 비용제약을 제외하고 규모의 상한선은 없는 셈이다.

소우주 숙의 개념은 여러 제도가 (사전에 동의한 사람들의 리스트로부터) 추첨으로 참가자를 뽑았던 고대 아데네까지 거슬러 올라간다. 이런 제도들은 최소한 하루의 숙의에 500여명 이상을 포함했다. 500인배심원은 현대의 배심원들보다 관할권이 훨씬 컸다. 노모테타이(nomothetai)라는 입법위원회가 있어서, 몇 가지 경우 최종 입법권을 행사하였다. 그라피 파로노몬(graphe paronomon)으로 불리는 다른 제도는 민회에서 불법적 제안을 하는 사람을 재판에 붙일 수 있도록 허용하였다. 이 제도는 민회에서 더 나은 숙의를 할 동기를 부여하였는데, 연설자들이 무책임한 제안을 할 경우 처벌받을 수도 있다는 사실을 알고 있었기 때문이다.

민회의 안건과 정부의 여러 운영상 결정은 500인평의회에 의해 이루어졌다. 500인평의회는 다른 기구들과 달리 1년 내 만났다. 이 기구는 10개의 각 부족당 무작위로 50명씩 선출하였고 각 부족의 대표들은 한 달여 기간 모임을 가졌다. 그 결과, 상당히 많은 소그룹 상호작용이 있었다. 500인평의회는 숙의 기간에 있어서나 면대면 상호작용의 종류에 있어서 다른 기구들과 달랐다. 다른 기구들의 경우 대개 논변이 제한적이었고, 하루에 걸쳐 진행되었으며, 500여명이 원형경기장에 앉아서 주로 청중의 역할을 하였다.

소우주 숙의는 참가자 선발에 있어서 무작위추출법을 통해 정치적 평등을 확보하였고, 일단 소집되면 그들의 견해가 동등하게 계산되는 것을 통해 정치적 평등을 확보하였다. 숙의는 근거와 논변의 균형 잡힌 교환을 통해 달성하였다. 숙의조사나 시민배심원 그리고 아테네의 평의회에 있어서 이런 교환은 면대면 토의를 통해 진행되었다. 아테네법정에서는 이런 교환이 좀 더 제한되었는데, 참가자들이 대개 청중의 역할을 수행하였기 때문이다. 우리는 뒤에서 가상공간의 소우주를 다룰 것인 바, 이것은 목소리에 기초한(voice-based) 토의로 진행되며 수 주에 걸쳐 모임을 진행할 수 있다. 온라인 상에서 진행되는 목소리에 기초한 토의는 면대면 상호작용을 허용하면서도 참가자들을 한 장소에 모이게 할 필요가 없는 장점을 가진다.[29]

무작위추출법과 참여를 이끌어내는 효과적인 동기부여와 함께 소우주 숙의과정은 참여왜곡을 피해야 한다. 최소한 현대 버전에서는 사람들을 초대하기 전에 광범위한 설문지를 배포하고 수합함으로써, 소우주가 태도의 면에서나 인구통계학적 면에서 대표성이 약한지 여부를 판단할 수 있다. 우리는 고대 아테네 소우주에 대한 정보가 별로 없지만, 당시의 간접자료를 통해 법정을 채운 사람들은 대개 수당을 챙기기 위해 참석한 나이 들고 가난한 사람들이었다는 사실은 알고 있다.[30] 현대 숙의조사에서는 물론 제공되는 인센티브에 따라 이슈의 성격에 따라 여행거리에 따라 각 경우의 차이는 존재하지만,[31] 참가자들과 비참가자들 사이에 통계적으로 유의미한 차이가 거의 없다.

소우주가 대표성을 지닌 표본이고 실질적이고 균형 잡힌 숙의를 수행한다고 하자. 무엇이 달성되는가? 좋은 조건 하에서(under good conditions) 사람들이 생각할 바를 대표하는 것을 달성할 수 있다. 이것은 정치적 평등과 숙의를 가능하게 한다. 하지만 한계도 있으니, 그것은 대표한다는 것(representation)이다. 즉, 전체 인민 모두가 숙의하는 것이 아니고, 대표하는 소우주가 숙의를 실행하는 것이다. 따라서 숙의결과가 집단적 지적 동의를 대표한다고 간주할 때와 인민이 성찰을 통해 받아들일 것을 대표한다고 할 때, 우리는 '받아들일'이라는 단어를 사용하는 것이 중요하다. 인민들은 실제 상태인 비정제 여론(raw public opinion)을 가진 상태에서는 그 사안에 대해 별로 생각하지 않을 것이며, 제대로 된 지식도 없을 것이며, 경합하는 논변들을 평가하지도 않을 것이며, 아예 자신의 의견 자체를 가지지 못할 것이다.

그러므로 이 접근의 주된 약점은 숙의하는 소우주와 일반대중 사이의 격차이다. 물론 이 문제는 모든 대의제도들에 적용되는 문제이다. 숙의하는 소우주는 대안적이거나 보완적인 대의제도로서 선거가 아니라 무작위추출법을 통해 선발된다. 여기에도 물론 장단점이 있다. 한편으로 소우주는 재선을 위해 출마하지 않기 때문에 책임을 지지 않는다고 비판할 수 있다. 다른 한편으로, 재선을 위해 출마하지 않기 때문에 소우주는 제기되는 논변의 장점에 대해 진지하게 초점을 맞출 수 있다. 참가자들이 보유한 유일한 직위는 전체 인구에 속하는 시민이거나 거주자이다. 이들은 무엇을 결정하든 상관없이 시민이라는 직위를 계속 유지할 것이다. 그들은 자신들이 추출되었던 전체 인구가 결과를 감수하는 것처럼, 마찬가지로 자신들도 결과를 감수해야 한다. 그들은 자신들의 목소리가 소중하다고 생각하기 때문에 공적 목적을 위해 소중한 시간을 포기하고 공동체를 위한 서비스를 수행하였다. 그 결과는, 사전에 프로그램되거나 재선을 위해 유권자들의 표를 끌어모으려는 홍보성 활동에 영향을 받은 견해가 아니라, 자신들의 성실한 견해에 도달하려는 노력이었다.

앞으로 보게 되겠지만, 숙의자들과 대중 유권자들 사이의 갭은 관리될 수 있는 문제이다. 이 문제는 정확한 정책 맥락이 무엇인지, 그리고 소우주가 결정 과정에 연결되는 방식이 무엇인지에 달려 있다. 우리는 뒤에서 이런 문제들을 다룰 것이다.[32] 그 전에 다음 질문을 다루기로 하자. 숙의적 소우주가 내린 결론이 왜 우리에게 어떤 규범적 힘을 갖게 되는가? 어떤 점에서 설득력이 큰가?

소우주는 사안에 관한 신중한 판단에 도달하기 위해 좋은 조건을 경험한다. 우리가 개인적 차원에서 왜곡되거나 오도된 판단보다 신중한 판단에 관심을 기울이는 것이 맞다면, 집단 차원에서도 신중한 판단에 더 많은 주의를 기울이는 것은 당연한 일이 아니겠는가? 또한 신중한 판단은 우리가 사고해 보지 않고 내린 판단이나 관련 논변을 무시한 판단보다 그 근거에 있어서도 훨씬 타당할 것이다.

존 롤스의 '신중한 판단'에 대한 설명을 살펴보자. 그의 초점은 도덕에 있으며, 우리의 도덕적 역량이 '왜곡 없이' 전개될 그런 조건에 있지만, 그는 같은 이슈가 '어떤 종류이든 신중한 판단'에 적용된다고 말한다. 신중한 판단은 "실수를 한 것에 대한 더 흔한 변명이나 설명을 하지 않는 그런 상황에서 내려진 판단이다. 이런 판단을 내리는 사람은 올바른 결정에 도달할 능력과 기회와 바람을 가진 것으로 추정된다."[33]

질적 숙의(quality deliberation)를 위한 우리의 기준을 다시 살펴보자. 이 기준은 모두 우리로 하여금 길을 잃게 할 왜곡들을 다룬다. 이 기준들은 정보, 실질적 균형, 관점의 다양성, 성실성, 제공된 논변들의 장점에 대한 동등한 고려이다. 이들 가운데 하나라도 결여할 경우 우리로 하여금 신중한 판단에 도달했는지 의문을 가지도록 이끌 것이다. 첫째, 해당 정보가 부족할지 모른다. 앞에서 다룬 해외원조에 대한 토의를 보자. 미국 대외정책에 대한 전국적 숙의조사에서 참가자들은 해외원조 금액을 삭감하기를 원했었다. 그러나 그들은 미국의 예산에서 해외원조가 가장 큰 부분 가운데 하나를 차지한다고 잘못 생각하고 있었다. 해외원조가 국가 예산의 1%에도 미치지 못한다는 사실을 알고 나서 참가자들은 오히려 해외원조 금액을 인상하기를 원했다.[34] 둘째, 경합하는 논변들을 접하지 못할 수도 있다. 저공해석탄에 대한 사례를 기억해 보자. 저공해석탄이 공해석탄보다 더 나을지는 모르지만, 저공해석탄도 천연가스나 풍력발전보다는 공해물질을 더 많이 배출한다는 사실을 모를 수 있었다. 우리가 경합하는 논변을 듣지 않고 석탄과 이들 연료에 대한 선택을 했더라면, 나중에 우리가 실수를 범했다고 후회할 그런 결정을 내릴 수도 있었다. 셋째, 제기된 입장들 가운데 관점의 다양성을 결여할 수 있다. 만일 불가리아인들이 집시의 입장이 대화에서 대표되지 못한 채 집시에 대해 숙의하거나 호주인들이 원주민들이 대표되지 못한 채 원주민에 대한 정책을 숙의한다면, 관점의 다양성을 충족시키지 못한 것이 된다. 참가자들이 경합적 논변을 제대로 평가하기 위해서 실질적 균형이라는 기준과 관점의 다양성이라는 기준 둘 다 충족되어야 한다. 넷째, 참가자들이 논변의 장점을 성실하게 고려하지 못할 수도 있다. 그들이 단순히 타산적으로 행동하거나 더 나쁘게 다른 사람들의 숙의를 방해하고자 한다면, 분명히 신중한 판단에 도달하는 데 실패할 것으로 보인다. 이 때문에 롤스는 참가자들이 올바른 결론에 도달하고자 하는 '바람'을 가져야 한다고 말했던 것이다. 다섯째, 참가자들은 그 논변을 제기한 사람이 누구인가와 상관없이 논변의 장점을 평가해야 한다. 지위가 낮은 사람이 제기하였다고 그 논변이 경시되어서는 안 된다. 제기된 논변이 응답을 받을 때 실질적 균형이 갖추어지는 것으로 볼 수 있지만, 특정 계층으로부터 나온 논변을 제대로 듣지 않는다면, 그 논변은 제대로 된 청문기회를 얻지 못한 셈이 된다. 이런 종류의 왜곡 가능성은 숙의를 비판하는 사람들의 주요 관심사이다.[35] 숙의적 설계가 대화로부터 일부 사람들을 배제하고 있는 것은 아닌지를 평가하는 것은 실질적 연구라면 관심을 기울여야 할 공정한 이슈로 볼 수 있다. 우리는 숙의적 설계에 따라 배제가 일어나는 정도는 천차만별이며, 올바른 설계를 통해 이 문제를 피할 수 있다고 믿는다.

모든 것이 잘 진행된다면, 그 결과는 개인들의 신중한 판단을 취합한 것이다. 그러나 어떤 측면에서 보면 숙의민주주의와 개인 의견의 취합은 대조적인 면도 없지 않다. 이로 인해 선호집합적 민주주의와 숙의민주주의를 라이벌이거나 양립불가능한 것으로 보기도 한다. 하지만 저자는 이런 구분이 우리의 가능성을 지나치게 단순화하고 있다고 주장할 것이다.

## 숙의 대 선호집합?

우리는 '선호집합적(aggregative)' 이론과 '숙의적(deliberative)' 이론 사이의 선택에 직면할 수도 있다. 선호집합적 이론은 우리가 경쟁적민주주의 모델이라고 부르는 것과 일치한다. 이 입장은 득표를 계산하고 승자가 누구인가를 선언한다. 인민의 의지에는 관심을 기울이지 않는다. 경합중인 엘리트 팀 가운데 어느 팀이 정권을 쥐게 되는가를 결정하는 평화적 과정에 관심을 둔다. 이 견해에 따르면, 궁극적으로 바로 이것이 민주주의이다. 이 입장에서 보면, 숙의적 이론들은 긴 논쟁을 거치고 일종의 강요된 합의를 찾느라 의사결정 비용에 너무 많은 시간과 노력을 소모한다. 숙의적 이론의 이상이 합의에 도달하기 위해 소요되는 시간에 제약이 없는 하버마스적인 '이상적 발화상황(ideal speech situation)'이라면, 의사결정 비용은 정말로 한정이 없다.[36] 그리고 현실세계에서 논쟁이 실제로 끝이 없이 진행된다면, 합의의 필요는 일종의 가짜합의(false consensus)에 가까운 무언가를 요하게 될 것이다. 마치 많은 배심원들의 진지한 우려에도 불구하고, 결정을 내려야 한다는 큰 압력 하에 도달한 배심원단의 평결과 유사하다. 이때의 합의는 사회적 압력에 의해 왜곡된 것일 수 있다. 왜 우리가 가짜합의에 주의를 기울여야 하는가? 의견 불일치를 감추는 팔 뒤틀기의 산물에 불과한 것임에도 불구하고, 왜 그것을 정당한 행동명령이라고 간주해야 하는가? 게다가 경우에 따라 실제 합의가 가능하다 해도, 그 결과는 불평등한 설득력의 결과이거나, 설득당한 사람들의 무관심의 결과이거나, 중요한 정보나 대안에 대한 무지의 결과이거나, 포스너가 주장하는 것처럼 자신들의 이데올로기적 성향을 의심 없고 덜 세련된 일반대중에게 밀어붙인 엘리트 인테리겐차의 능력의 결과일 수도 있다. 한 마디로 숙의민주주의는 더 많이 교육받고 더 많은 특권을 누리는 사람들의 지적 헤게모니를 단순히 반영하는 것일 수 있다는 것이다. 이 경우 진지한 도덕적 설득력이 별로 없다. 이 같은 비판은 리차드 포스너와 이언 샤피로에 의해 제기되었는데, 이들은 경쟁적민주주의 모델을 옹호하기 위해 이를 제기하였다.[37]

이런 주장을 평가하기 위해 먼저 민주주의 이론들을 두 개의 범주인 선호집합적인 것과 숙의적인 것으로 나누는 것에 대해 알아보자. 나는 이 이분법이 일부만 타당할 뿐이라고 믿는다. 숙의는 선호형성(preference formation)의 조건이다. 다수결이나 다른 투표 규정에 의한 선호집합은 의사결정 규칙에 관한 것으로서 이러한 선호들이 결론이나 결정으로 귀결되는 방식이다. 이 단순한 이분법을 적용할 때 빠진 것으로 보이는 점은 개인의 선호집합을 사용하는 숙의적 접근도 얼마든지 가능하며(숙의조사가 그 예이다[38]), 합의를 규정하는 숙의적 이론도 얼마든지 가능하다는 점이다.[39]

마찬가지로, 균형 있고 정보를 이용한 숙의과정을 거치지 않고 비정제 선호를 사용하는 선호집합적 이론들도 존재하지만, 숙의를 활용하는 선호집합적 이론들도 얼마든지 가능하다. 따라서 선호집합적인 것과 숙의적인 것으로 나누는 단순 이분법은 네 가지 이론적 가능성을 축소시켜버린 것으로 볼 수 있다. 그 네 가지 가능성이란 다음과 같다: (1)집합적 숙의; (2)합의적 숙의; (3)집합적 비정제 선호; (4)합의적 비정제 선호. 이를 도표화하면 〈도표 IV〉가 된다.

〈도표 IV〉 선호형성과 의사결정 방식

| 선호형성 방식 | 의사결정 규칙 | |
|---|---|---|
| | 집합적(Aggregative) | 합의적(Consensual) |
| 숙의적(Deliberative) | I | II |
| 비정제(Raw) | III | IV |

이 테이블은 중요한 차이를 보여준다. 선호를 모으는 여러 가지 의사결정 규칙이 있을 수 있으며, 합의에 도달하는 데도 여러 규칙이 있을 수 있다. 관심의 초점을 의사결정 규칙이 단순다수결인지 압도적 다수결을 요하는지에 맞출 수도 있는데, 압도적 다수 규정은 변화를 어렵게 만들 것이며, 그 결과 현상유지에 특혜를 준다.[40] 더구나 이러한 단순 이분법은 투표 규칙이 정치적 평등을 얼마나 충족시키는지는 다루지 않는다. 예를 들어, 어떤 체제에서는 밀이 말하는 '복수투표(plural voting)'를 통한 선호집합이 가능한데, 그 효과는 일부 사람들에게 여분의 투표권을 제공하는 것이다. 합의를 이루는 데에도 여러 방법이 있다. 합의가 공중의 평등한 참여를 통해서 이루어지는가 아니면 불평등한 참여를 통해 이루어지는가? 옵션은 어떻게 제공되고 평가되는가? 합의도달을 위해

사회자는 어떻게 대안들을 제시하는가? 이처럼 선호집합과 합의창출에도 여러 변종들이 있을 수 있는 것이다.

이런 복잡한 짐들을 염두에 두면, 〈도표 IV〉가 숙의적인 것과 선호집합적인 것으로 선택을 강요하는 일은 잘못된 것임을 보여준다고 할 수 있다.

숙의조사와 선택지설문은 (후자의 경우 균형 잡힌 정보를 제공하고자 노력하는 경우 숙의에 기여하는 것으로 간주할 때) 범주I에 속한다. 범주II에 속하는 것으로는 숙의민주주의의 잘 알려진 사례 가운데 하나로서 코헨, 구트만과 톰슨이 제시하는 입장들을 들 수 있다.[41] 범주III에는 비숙의적 선호를 가진 대중민주주의가 포함되며, 국민투표, 프라이머리, 전통적 여론조사들을 예로 들 수 있다. 앞에서 다룬 참여민주주의도 모두 여기에 속한다. 범주IV와 관련해서는 합의를 창출하는 비숙의적 선호형성 방식을 생각해 볼 수 있다. 숙의는 최소한 균형 잡힌 논변과 좋은 정보제공을 요청한다.[42] 따라서 숙의 없는 합의를 내세우는 접근들은 범주IV에 포함될 수 있다. 예를 들어, 집단적 세뇌(collective brainwashing)를 통한 합의는 비숙의적 합의로서 범주IV의 대표적 사례로 볼 수 있을 것이다. 또는 세뇌가 너무 극단적인 사례라면, 단순히 엘리트가 결정을 내리고 대규모 선전캠페인을 통해 이 결정에 동의하도록 공중을 설득하는 대중민주주의의 한 형태를 상상할 수 있다. 이런 체제는 외관상 의미 있는 공적의지형성을 제공하지만 실제로는 속임수에 불과할 뿐이다. 숙의에 대해 모든 기대를 저버린 엄격한 '경쟁적민주주의 모델'의 주창자라면 이런 속임수에 대해 아무런 반대도 제기하지 않을 것이다.[43]

선호와 의사결정 규칙을 통해 정치지형을 이렇게 네 가지로 나누는 것은 민주주의 모델을 네 개로 나누는 것과는 다른 문제이다. 경쟁적민주주의 모델은 어느 팀이 승리할 것인지 정하기 위해 비정제 선호를 취합하는 것이므로 대체로 범주III에 속할 것이다. 대중적 참여민주주의는 범주I을 열망할 수도 있지만, 일반대중이 상대적으로 정제되지 못하고 지적이지 못한 선호를 가지므로 범주III에 포함될 것이다. 엘리트숙의는 간혹 진정한 합의가 위원회 회의에서 이루어질 경우 범주II에 들어가지만, 예를 들어 상원 의원들이 합의하지 않기로 합의하고 투표로 결론을 내릴 경우 종종 범주I에 속하게 된다. 비정제 선호에 기초한 합의적 결정인 범주IV는 우리가 다룬 네 개의 민주주의 모델 가운데 어디에도 속하지 않지만, 이미 지적한 것처럼 세뇌를 통한 합의에 의해 일어날 수 있다.

여기서 우리 논의에 중요한 것은 선호를 취합하는 의사결정 규칙과 선호형성을 위한 숙의를 결합하는 것이 가능하다는 사실이다. 합의에 대한 요구를 피하면서도 숙의를 진행할 수 있다. 내 생각으로는 사회적 압력 때문에 가짜합의에 도달할 수 있다는 비판에 취약하기 때문에, 합의를 밀어붙이는 것에 대해 반대하는 타당한 주장이 많다. 네 가지 가능성 모두를 비교해 보았을 때 범주I이 몇 가지 점에서 이점을 가진 것으로 보인다. 또한 포스너와 샤피로의 주장과 대조적으로,[44] 우리로 하여금 범주III의 비정제 선호를 가진 경쟁적민주주의 모델을 채택할 수밖에 없도록 만들지는 않는다.

## 민주주의의 규모와 형태

이 책은 민주주의의 가능성 영역을 다양한 관점에서 분류해왔다. 우리는 공적 협의의 유형을 분류하였고(도표 I), 민주개혁의 3중딜레마와 관련한 어려운 과제를 다루었으며(도표 II), 근본 가치의 상이한 결합에 대한 네 가지 기본적인 민주주의이론을 다루었으며(도표 III), 선호형성과 의사결정 양식의 관계를 살펴보았다(도표 IV). 그러나 사회적 규모와 여론 형태가 어떻게 교차하는지의 이슈에 대해서는 아직 다루지 않았다.

아래의 〈도표 V〉에서 우리는 공적 협의를 분류하는 기준이 되었던 두 가지 질문 즉, '누가 무엇을?'로 돌아간다. 누가 참여하며, 그들은 어떤 형태의 의견을 제시하는가? '누가 무엇을'의 질문과 관련하여 우리는 '누가'의 문제를 선발 방식과 관련하여 논했었다. 여기서는 수평선으로 참여의 범위를 그리고, 수직선으로 (숙의과정을 거친 정제된 여론인지 또는 대중사회에서 흔히 발견되는 비정제 여론인지) 여론의 형태를 그려서, 좀 더 단순화한 분류를 살피기로 한다.

우선 수평선의 사회적 규모 차원의 두 극에 초점을 맞추어 보자. 한 쪽 극에는 모두가 참여하는 것을 생각하고, 다른 쪽 극에는 약간의 소규모 집단을 생각해 보자. 이 소규모 선발그룹은 무작위추출법을 통하거나 선거를 통해 대표성을 갖는 형식으로 선발될 수 있다. 또는 단순히 자가선발 과정을 거친 것일 수도 있다. 요점은 참여가 널리 공유되지 않는다는 점이다. 따라서 우리는 한 쪽 끝에 성공적인 숙의의 날이 실현되는 것을 상상해 볼 수 있는데, 거의 모든 사람이 투표에 임하기 전 하루 동안 숙의과정을 거친다. 다른 쪽 극에는 소규모 대표기구를 상상해 볼 수 있는 바, 엘리트숙의 기구일 수도 있고 숙의조사나 시민의회의 소우주일 수도 있다. 이 경우 숙의에 참여하는 사람의 비율은 작을 수 있지만 그것 자체가 이 그룹이 숙의자로서의 대표기능을 수행하지 못하도록 막을 정도는 아니다.

이로부터 다음의 네 가지 가능성이 출현한다: (I)숙의적 대중여론; (II)

소규모 선발그룹의 숙의여론; (III)소규모 선발그룹의 비정제여론; (IV) 비정제 대중여론.[45]

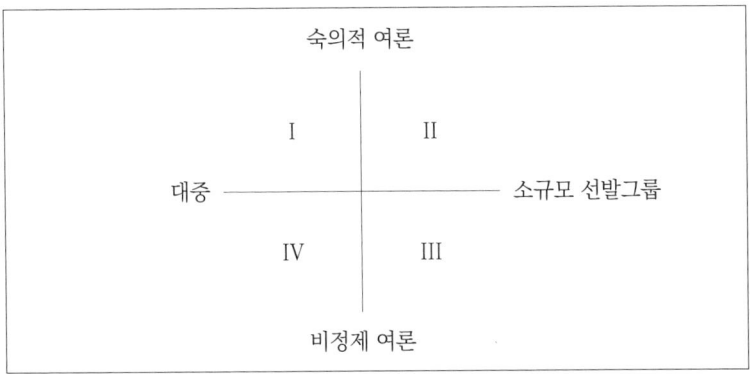

〈도표 V〉 참여와 여론

모두가 숙의적 형태의 여론에 참여하는 첫 번째 4분면은 인민의 신중한 판단이 널리 공유된다면 설득력이 큰 것으로 간주되는 것을 보여준다. 숙의민주주의가 집단적인 지적 동의를 대표한다는 아이디어는 그것이 실제 집단의 동의일 때 즉, 사실상 모두가 그 사안에 대해 같은 의견을 공유할 때, 훨씬 실현하기 쉬워진다.[46]

앞에서 본 것처럼, 상당 정도 숙의의 산물인 의견은 해당 인물이 경합하는 논변들의 장점에 대해 성찰할 것을 요청한다. 대안들에 대한 찬반의 이유가 제기되고 이에 대한 응답이 주어지는 것이 필요하다. 숙의적 의견은 숙의의 질과 관련된 지수들을 포함해야 한다. 참가자들은 경합하는 논변들을 실질적 균형이 가능하도록 따져봄으로써, 제기된 논변이 응답을 받고 다시 응답받은 논변이 응답을 받을 수 있다. 또한 상당 정도의 유관 정보를 얻을 수 있어야 한다. 성실하게 참여하고, 경합하는 논변들을 진지하게 평가해야 한다. 또한 관점의 다양성을 대표해야 한다. 논변을 누가 제기하는지와 상관없이 동등하게 고려해야 한다. 이런 종류의 의견은 자연적 상황에서는 얻기가 어렵다. 당파적 환경에서는 대안적 관점을 직면하기가 어렵고, 유쾌하지 못한 분위기 가운데 참여율을 저하시킨다. 사람들이 상호존중의 분위기 속에서 다양한 경합적 관점들을 공유하는 안전한 공간을 확보하는 일은 일상생활에서가 아니라 조직화된 세팅에서 더 용이할 것이다.

그렇더라도 일단, 모두가 숙의적 의견을 가지고 있고 〈도표 V〉의 4분면 I이 완전히 실현된다고 가정해보자. 이것이야말로 숙의민주주의의 이상이다. 즉, 인민이 모두 좋은 조건에서 숙의를 거친 이후 갖게 되는 의견이 그것이다. 그러나 이것의 어려움은 이미 민주개혁의 3중딜레마를 통해 보았듯이, 정치적 평등과 대중참여를 동시에 달성하려는 노력이 그렇게 큰 규모에서는 숙의에 여러 장애를 제기한다는 사실이다. 숙의는 소규모 면대면 민주주의에서 가장 잘 발휘된다. 이러한 통찰이 가능하였기에, 매디슨이 독창적인 전략으로서 제헌회의와 상원을 통해 선택적 필터링을 도입하였고, 후에 토크빌이 타운미팅과 배심원 제도의 의의를 강조하였던 것이다. 물론 이러한 세팅을 어떻게 설계하는가에 따라 여러 기준에서의 성공 여부가 판가름된다. 분명히 작은 규모는 대화를 관리가능하게 만들고 개인 참여에 동기를 부여하는 것을 용이하게 하는 요소이다.

면대면 숙의를 온라인 상에서 복제할 수 있지만, 적어도 현재까지 테크놀로지는 숙의적 토의가 진행되기 위해서 각 개인이 관리가능한 수의 사람들과만 관여해야 하는 문제를 바꾸지는 못한다.[47] 물론 온라인 상이든 면대면이든, 우리의 숙의의 날 제안처럼 전체 인구를 많은 수의 소그룹으로 세분화하는 것이 가능하다. 그러나 이런 시나리오는 대규모 조직과 엄청난 비용을 요한다. 대중사회에서 4분면 I은 하나의 사고실험이 거나, 헌법 제정의 순간처럼 역사적으로 발생하기 어려운 경우에 해당된다.[48]

4분면 II는 우리를 위해 숙의하는 선발된 그룹이 있을 때는 언제나 발생한다. 이것은 매디슨이 『페더럴리스트』 10번에서 "공중의 견해를 시민의 선출된 기구라는 매개물을 통해 통과시킴으로써 정제하고 확대하는" 것을 말했을 때 마음에 두고 있었던 대표 그룹이다. 그것은 상원일 수도 있었고, 원래 의도에서의 대통령 선거인단일 수도 있었으며, 헌법의 아버지들이 의미했던 제헌회의일 수도 있었다. 다른 선출 방식을 사용할 경우의 숙의조사나 시민의회의 표본이 될 수도 있는데, 이 두 가지 방법의 표본도 공식적으로나 비공식적으로 나머지 우리를 위해 숙의하는 대표 기능을 수행할 수 있기 때문이다.

4분면 III은 선발그룹의 비정제 여론으로서, 대중민주주의의 전통적 여론조사 참가자들에 의해 채워진다. 전통적 여론조사는 무작위추출법으로 뽑힌 시민의 선발그룹에 자신들의 비정제된 거르지 않은 선호를 정책 과정과 공적 대화에 끼워 넣는 것을 허용한다. 전통적 여론조사가 정치나 정책에 영향을 미치는 정도만큼 4분면 III이 실천되는 것이다. 또는 전통적 여론조사에 영향을 받는 선출된 대표들이 비정제 여론에 의해 좌우되는 정책엘리트의 사례가 된다.

전체 일반대중의 비정제 여론인 4분면 IV는, 대중민주주의가 실현된 것이다. 미국민주주의의 오랜 역사 동안, 또한 전 세계 대부분의 민주주의 국가들에서, 점점 더 직접적으로 일반대중과 협의하려는 시도가 지배해 왔다. 이 과정은 주민투표나 국민투표를 통해, 후보자 선출에서의 프라이머리를 통해, 공직자 선출에서 간접적 방식을 제거하는 것을 통해, 직접 선출되는 공직자 범위 확대를 통해 인민에게 권력을 이양해왔다. 그것의 최종결과로, 과거 4분면 II에서 숙의하는 엘리트 그룹에 의해 이루어지던 많은 결정들이 오늘날 일반대중의 전형인 합리적 무지와 즉흥적인 관여에 종속되고 있다. 실제 인민은 거의 사고할 이유가 별로 없는 조건 하에서 우리가 그들이 행사할 것으로 기대하는 권력에 대해, 우리는 점차적으로 인민에게 권력을 이양해 온 것이다.

4분면의 네 가지 가능성 가운데, 4분면 I에 특별한 장점이 있다. 민주적 가능성의 다양한 배치 가운데 전략적인 위치에 있는 것이다. 〈도표 V〉에서 숙의를 실현하기 위해서는 북쪽으로 움직여야 하고, 대중 동의를 실현하기 위해서는 서쪽으로 움직여야 한다. 그러나 우리의 일반적 경향은 북쪽이나 서쪽으로 움직이는 것이 아니고, 북동이나 남서 방향으로 움직여왔다. 즉, 소수에 의한 더 많은 숙의나 다수에 의한 더 적은 숙의 방향으로 움직여 왔다. 건국의 아버지들이 선거인단, 상원, 제헌회의를 개발했을 때, 그들이 염두에 두었던 것은 북동 방향으로의 의사결정이었는데, 그들은 이것이 숙의를 실현하는 유일한 방향이라고 믿었다. 인민주의자들로부터 진보주의자들 그리고 현대 미국 프라이머리 제도의 개혁자들까지 미국의 민주개혁자들은 보다 민주적인 협의를 제도화한 바, 그들은 이것이 대중 동의를 실현하는 유일한 길이라고 믿으면서 우리의 제도를 남서 방향으로 움직였다. 개혁과 반개혁의 물결이 반복됨에 따라, 북동과 남서 사이로의 진동은 계속되고 있다. 프라이머리에서 선발되지 않은 슈퍼 대표에게 전국 당대회에서의 핵심적인 목소리를 주도록 하자는 제안은 북동 방향으로의 제안인데, 프라이머리에서 대중민주주의의 영향을 줄이려는 시도이다.

4분면 I을 달성할 효과적인 방법이 없기에, 4분면 I의 의견을 대표할 것으로 보이는 4분면 II의 형태로 어떤 것이 가능할지 생각해 볼 수 있다. 두 가지 영향력 있는 후보자가 있다. 하나는 선발그룹을 직접적이든 간접적이든 선출하는 것이고, 다른 하나는 무작위추출법으로 선발하는 것이다. 전자는 우리가 엘리트숙의라고 불러온 것이다. 이것은 제헌회의나 상원을 도출해 낸 원래 아이디어였다. 후자는 우리가 숙의조사와 아테네 평의회를 통해 다루어 온 소우주 숙의이다. 엘리트숙의는 지속적인 필터링에 대한 매디슨의 설명에서든, 밀의 국민여론회의에서든, 공중의 견해를 '정제하고 확대하는' 방법으로서 옹호되었다. 물론 부가적 요소가 하나 더 첨부되는데, 그것은 '좋은 조건하에서' 라는 것이다.

실천적인 대안으로는 4분면 IV의 일부 버전에 우선권을 부여하는 것으로서, 비숙의적 비정제 대중여론이다. 이것은 대중민주주의의 전형으로서 경쟁적민주주의 모델과 참여민주주의 모델에 의해 지지된다. 이 접근은 그들이 그 사안에 대해 사고했든 않든, 그들의 견해가 조작된 것이든 아니든, 인민의 실제 의지를 구현한다. 공중을 오도하고 공중에게 오정보를 제공하고자 하는 경쟁적 동기들이 난무하는 현실 세계에서, 그 결과는 좋은 조건하에서 인민들이 생각할 바와는 아주 다를 것이다. 하지만 이 입장의 장점으로는, 숙의민주주의에 대해 제기될 엘리티즘의 비난을 피할 수 있다는 점이다. 숙의민주주의는 종종 공중의 잠재적인 신중한 판단을 공중의 실제 견해보다 우위에 두고자 하는 것으로 비난받는다.[49]

이 강요된 선택에서 나는 4분면 III의 엘리트 비정제 여론을 무시해왔다. 전통적 여론조사를 중시하는 엘리트들을 생각해보자. 왜 이 엘리트들은 숙의적 여론에 따라 행동하지 않고 공중의 비정제 여론을 따르는가? 그렇게 하는 것이 선거에 더 유리하기 때문이다. 우리는 이 범주에 엘리트들이 선거에 유리하도록 여론을 조작하거나 여론을 유도하는 것도 포함시킨다.[50] 당연히 이런 여론도 비숙의적이다. 4분면 III은 비정제 내중여론을 따른다는 점에서 4분면 IV의 파생물이다.

또 다른 방식으로 생각하자면, 사회과학이 4분면 II가 4분면 I을 대표하듯이 4분면 III이 4분면 IV를 대표할 가능성을 열어준다는 점이다. 다시 말해서, 무작위추출법이 선출방법일 경우 4분면 II의 숙의조사나 다른 숙의적 소우주들이 모두가 숙의할 경우에 선택하게 될 바인 4분면 I을 대표하고자 하듯이, 4분면 III의 전통적 여론조사가 4분면 IV의 실제 사람들이 선택하는 바를 대표하고자 하는 것이다. II가 최선의 것일 경우 I을 대표할 수 있듯이, III도 최선의 것일 경우 IV를 대표할 수 있으며, 결국 효과적인 선택은 아래의 절반 즉, III이나 IV와, 위의 절반 즉, I이나 II 사이의 선택이 된다. 그렇게 될 경우, 궁극적으로 규범적 선택은 사고하는 것과 그렇지 않은 것, 숙의적 선호와 비숙의적 선호 사이의 선택이 될 것이다.

그러나 이런 움직임은 〈도표 V〉의 오른쪽 부분이 갖는 대표성 측면을 무시하는 것이 된다. 도표의 왼쪽 부분은 일반대중의 실제 견해로 볼 수 있다. 정상적으로는 4분면 I을 달성하기가 쉽지 않기 때문에, 4분면 II를 차선책(second-best)으로 간주해야 하는 것이다. 4분면 II를 비숙의적 대중여론의 4분면 IV에 비교해서 특별한 주의를 기울이는 것이 필요할까? 4분면 IV는 그다지 주의를 기울이지 않는다 해도 인민이 실제 생각하는 바이다.

결국, 우리의 효과적인 선택은 4분면 II와 4분면 IV 사이일 것 같다. 4분면 III은 4분면 IV의 들러리에 불과하다. 그리고 4분면 I은 정상적 상황에서 달성하기가 어렵다. 따라서 우리는 소규모의 대표성 있는 숙의와 대규모의 비숙의 사이의 딜레마에 봉착하게 되는 것이다. 앞 절에서 다룬 바 있는 숙의 대 선호집합 사이의 가짜 선택과 달리 이 선택은 자주 발생하는 것이며 제도적 설계에 진정한 문제를 제기한다.

우리가 숙의적 소우주의 가능성을 받아들이고자 한다면, (무작위추출법으로 뽑힌 시민이든 선출된 엘리트이든) 선발된 소그룹과 '이것이 공중이 생각할 바'라는 주장 사이에 대표관계를 설정하도록 주의하면서 받아들여야 한다. 선출된 엘리트의 경우 이 주장은 공익을 위해 숙의해야 하는 대표들의 책임에 토대를 둔다. 하지만 우리는 미국 건국의 아버지들의 원래의 이 같은 열망이 정당정치와 선거계산에 휘말리고 마는 것을 보았다. 대표들은 4분면 II를 수행하기를 열망하지만, 4분면 III을 채워야 하는 선거에서의 계산에 자주 좌우된다. 매디슨 자신도 공동으로 정당을 창립해야 했던 것이다.[51] 선출된 대표들은 선거구민들이 자신들의 대표들만큼 제대로 알게 된다면 지지할 그런 정책을 옹호해야 하고, 종종 이슈가 되는 사안의 장점도 다뤄야 하며 또한 그 이슈에 대해 여론을 이끌어 가야 한다는 책임감을 자각하게 된다. 그러나 대표들의 이런 생각 또한, 대표들이 계속해서 자리를 보전하고자 한다면 선거계산에 의해 제약되어야 하는 이상적인 생각이다.

4분면 II의 소우주 숙의를 어떻게 채울 것인가 하는 우리의 다른 고민은 오랜 역사를 가진 고민이지만 최근 다시 부활한 것이다. 소우주 숙의가 신뢰성을 얻고자 한다면 체계적인 검사를 견뎌내야 한다. 제도적 설계의 특정 전략이 얼마든지 가능하다는 주장에 신뢰성을 부여하기 위해서 정치적 평등과 숙의를 결합하려는 숙의민주주의 실천에 도움이 될 수 있는 사회과학을 활용할 수 있다. 그 열망은 소우주를 구성하는 일반 시민들에 의해 숙의가 실천될 수 있도록 만들어 주는 조건을 신뢰성 있게 탐구하는 것이다. 숙의의 조건과 숙의의 실천 이 두 가지가 긴밀하게 연결될수록, 제도적 설계의 투명성은 더 커진다. 이것이 왜곡 없이 달성되었다는 증거가 많을수록, 인민들이 사고하지 않을 때 실제 생각하는 바(4분면 IV)가 아니라 제대로 사고를 거쳤을 경우 생각할 바(4분면 II)가 실현되었다는 주장의 설득력은 더 커진다. 이제 우리는 이런 방향을 향해 시도된 초기적 노력들을 고찰할 것이다.

# 4

# 실천적 숙의민주주의

― 제4장 ―
## 실천적 숙의민주주의

### ▮ 공공영역에 생명을 불어넣기: 4가지 질문

우리가 앞에서 제기한 민주적 설계의 문제는 수용(inclusion)과 심사숙고(thoughtfulness)를 결합하는 것이 가능한가였다. 정치 원칙과 관련된 용어로 하자면, 정치적 평등과 숙의를 결합하는 것이 가능한가가 된다. 핵심적인 네 가지 질문을 살펴보자. 첫째, 만일 이 두 가지의 결합이 이루어진다면, 그것은 얼마나 수용적인가(how inclusive)? 전체 인구의 모든 관련 있는 목소리나 관점을 어떤 방법으로 대표할 수 있는가? 둘째, 만일 이 두 가지의 결합이 이루어진다면, 그것은 얼마나 사려깊은가? 우리는 이 과정을 평가하고, 그 결과가 몇 가지 유형의 지배나 집단심리에 의해 왜곡된 것이 아니며 경합하는 논변들의 장점들을 제대로 고려한 이후에 내려진 것임을 보장하기 위해, 숙의의 질과 관련되는 지수들을 살펴볼 필요가 있다. 셋째, 만일 이 두 가지의 결합이 이루어진다면, 그것은 어떤 영향(effects)을 미칠 것인가? 참여자나 더 넓은 공적 대화에 어떤 효과를 가져 올 것인가? 가장 중요한 것으로, 그것을 정책 과정이나 공적 대화에서 징책에 영향을 미치는 방식으로 위치지울 수 있을 것인가? 넷째, 어떤 사회적 및 정치적 조건(conditions) 하에서 이 가운데 어느 것이라도 달성될 것인가? (고대 아테네 시대까지 거슬러 올라가는 한 때 영향력 있는 제도의 부활로서) 현대에 일반 시민 사이에서 숙의민주주의를 부활시키는 것에 관하여 비록 아직 제한적인 경험만 축적한 수준이지만, 지금까지의 우리의 경험이 그것이 적용될 수 있는 조건과 관련하여 무엇인가를 보여줄 수 있을 것인가? 제한된 숫자의 사례만으로, 우리는 이 열망이 어려운 도전에 직면했을 때 성공할 수 있는지에 대해 무언가를 말할 수 있을 것인가? 다른 식으로 말하자면, 어떤 조건 하에서 우리는 방금 제기한 질문들에 고무적인 (또는 실망스러운) 대답을 얻을 수 있을 것인가? 우리의 아이디어는 숙의민주주의를 실험해보고(pilot), 어떤 제도적 설계가 반대의견을 견뎌내는지 알아보며, 고대의 정치형태가 적합하게 업데이트될 경우 오늘날 현대세계에서 어떤 역할을 수행할 수 있을지 가능성을 탐색하는 것이다.

　전 세계 여러 지역에서 다양한 주제를 대상으로 수행된 프로젝트들이 우리에게 몇 가지 사전적 결론의 기초를 제공한다. 〈도표 VI〉은 1994년 영국에서 수행된 최초의 숙의조사로부터 시작하여 이 책이 집필된 2008년까지 그 동안 수행된 다양한 시도들의 연대기이다.[1]

　최초의 숙의조사는 영국에서 채널4와, 미국에서는 PBS와 같은 텔레비전 방송과 연계되었다. 특히 PBS의 미디어 프로젝트는 이후에도 전국 차원이나 지방 차원에서 계속되어오고 있다. 그러나 곧 다른 방식들이 도입되었다. 텍사스에서는 텍사스공공사업의원회와 함께 수행된, 몇몇 전력생산회사들의 후원을 받은, 일련의 숙의조사가 풍력발전 및 자연보호에 대한 투자와 관련하여 여러 가지 결정으로 이어졌다.[2] 이들 프로젝트는 (모두 지방 방송국과 관련되어) 미디어의 주도로 개시되었지만, 주된 추동력은 정책 과정에 공적 협의를 연관시키고자 하는 데 있었다. 이는 다른 프로젝트들에도 적용될 수 있는 사실이다. 즉, 이태리의 한 주인 레지오네 라지오(Regione Lazio)에서 실시된 숙의조사는 주의 예산 문제를 다루었고, 태국에서 실시된 숙의조사는 의료체계에 관한 것이었다. 앞에서 살펴본 그리스에서의 숙의조사는 정당에 의해 추진되었고, 덴마크와 호주의 숙의조사는 둘 다 국민투표를 실시하기 이전에 수행되었으며, (과정과 결과를 전국 방송이 보도하는 가운데) 광범위한 전국적 이해당사자들의 연합에 의해 주도되었다. 이들 숙의조사의 이슈, 추진기관, 사회적 맥락 등의 다양성으로 인해 쉽게 일반화하기는 어렵다. 하지만 우리가 제기한 네 가지 질문은 숙의조사의 핵심 사항에 관한 것으로 볼 수 있다.

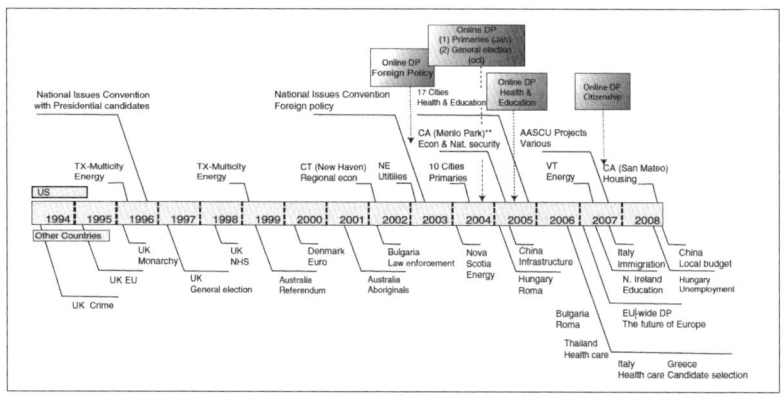

〈도표 VI〉 숙의조사 1994-2008

# 얼마나 수용적인가?

네 가지 질문을 사례로 살펴보자. 먼저 얼마나 많은 사람을 포함하는가 하는 수용의 문제이다. 이 과정에서 수용의 도구로 무작위추출법에 초점을 두어왔다.[3] 무작위추출법은 이에 더하여 사회규모의 제약을 받지 않는다는 장점이 있다. 같은 크기의 표본이 타운, 도시, 국가, 전체 유럽연합을 대표한다고 해서 유의미한 통계적 차이를 만들지 않는다. 표본이 전체 인구를 대표할 수 있다는 점은 본질적으로 동일하다. 따라서 숙의민주주의를 대규모 제도에 적용하는 것에 관심을 가질 경우 무작위로 추출된 대의적 소우주(representative microcosm)는 실천적 가치가 크다. 단점으로는 모두가 실제로 숙의를 수행하는 형태의 수용과 비교하여, 소우주와 전체 인구 사이의 관계가 대의적이라는 점이다. 숙의에 참여하지 않은 전체 인구에 속한 시민의 경우, 자신들의 선발된 대표들과 실제로 다른 견해를 가질 수 (또는 아예 아무런 견해도 갖지 않을 수도) 있다.

소우주의 숙의적 여론과 전체 인구의 비정제 여론 사이의 갭은 정당화 문제를 제기한다. 무엇을 토대로 숙의적 여론이 정책결정자들과 더 넓은 공중에 대해 권고할 힘을 가지는가? 이 질문에 대한 답은 이들의 신중한 판단이 공중이 이 사안을 고려할 좋은 조건 하에서라면 지지할 바로 그 판단이라는, 추론의 신뢰성에 달려 있다. 그러기에 숙의민주주의를 구현할 다양한 제도적 설계의 장점과 단점을 평가하는 사회과학 연구프로그램이 필요한 것이다. 사회과학은 주어진 설계가 규범적으로 적절한 숙의과정을 통해 결론을 도출한다는 (내적 타당성의 문제) 추론을, 그리고 원칙적으로 이 결론을 더 큰 전체 인구에 일반화할 수 있다는 (외적 타당성의 문제) 추론을, 옹호할 토대를 제공해야 한다. 보편화 가능성은 유사하게 좋은 조건에서라면 공중이 어떻게 생각할 것인가에 관한 추론이다. 물론 이처럼 좋은 조건은 공중이, 대중에게 제대로 된 정보를 제공하기보다 조작과 이미지 관리에 더 관심을 가지는 캠페인과 이익집단이 판치는 세상에서, 거의 마주치지 못할 것이라고 생각된다. 그럼에도 불구하고, 만일 우리가 소우주를 위해 이런 조건을 창출하고, 이처럼 좋은 조건 하에서 공중이 생각할 바를 일반화할 수 있다는 점을 보여줄 수 있다면, 그때는 우리가 소우주 숙의를 활용하는 것을 정당화 할 수 있다.

앞에서 본 것처럼, 모두를 실제 참여로 이끌고자 하는 대안적 수용은 국민투표제적 민주주의의 조건을 만들게 되고 합리적 무지, 불관여, 무관심한 공중의 이미지관리 정치를 초래하게 된다. 아마 숙의의 날(Deliberation Day) 시나리오에 해당되는 정도로 여러 지역에 걸쳐 수많은 소그룹에 숙의를 위한 하부구조를 마련하기 위한 대규모의 투자를 할 수 있다면 이런 문제를 극복할 수도 있겠지만, 여기서는 소우주 숙의의 보다 제한된 대안에 초점을 맞추기로 한다. 소우주 숙의는 이상적으로 숙의의 날과 유사한 어떤 것이 완벽하게 수행된다면 어떤 여론이 도출될 것인가에 대한 대략적인 감각은 줄 수 있다.[4]

무작위추출법과 소우주 숙의에 대한 다른 대안으로 공적 포럼(public forums)을 개최하는 것을 들 수 있는 바, 이론적으로는 누구라도 여기에 참여 가능하다. 그러나 이 대안은 그다지 수용적이지 못하며 조직화된 이익집단의 지배로 이끄는 한계를 가지는데, 이들은 실제로 포럼에 참가하지만 기껏 특정 주제에만 이해관계를 가진 이슈공중(issue publics)에 불과하다.[5] 이러한 왜곡된 참여는 대표성이 부족하므로 불가피하게 숙의마저 왜곡하게 된다. 따라서 우리는 또 다시 소우주 숙의의 전략문제로 돌아오게 된다.

## 얼마나 사려깊은가?

대의적 표본에 있어 본질적으로 중요한 것은 질 높은 숙의가 얼마나 가능한가이다. 제도적 설계를 추동하는 질문은 심사숙고할 수 있는 좋은 조건 하에서라면 인민은 무엇을 생각할 것인가 하는 것이다. 따라서 해당 사안에 대해 심사숙고할 '좋은 조건(good conditions)'에 대한 투명한 설명의 신뢰성 문제에 전적인 노력을 기울여야 한다.

이 테스트는 현실주의가 아니다. 우리가 이미 본 것처럼, 자연적 세팅에서 일반시민들은 공적 사안에 대해 사고할 좋은 조건을 경험하도록 효과적으로 동기부여가 되지 않는다. 오히려 많은 돈과 노력이 그런 것을 막기 위해서 투여되고 있다. 즉, 자연적 세팅에서는 선거결과에 영향을 미치기 위해, 정책에 대한 의견에 영향을 미치기 위해, 소비자들의 선택에 영향을 미치기 위해, 여론을 산만하게 분산시키고 심지어 조작하기 위해 애쓰는 사람들이 많은 것이다. 인위적으로 소우주를 차단하거나 소우주를 무리하게 변형시키지 않고서도 일반 시민들이 공중의 질문에 대답하고 적극적인 토의에 관여함으로써, 자신들의 기존 가치와 진심어린 관심을 여론을 정제하는 숙의과정에 가지고 올 수 있는 방법이 있는 것일까? 여기서 어려운 과제는 공중을 효과적으로 소집하고, 이와 동시에 사전에 결정된 결과 없이 숙의를 용이하게 만드는 것이다.

소우주 토의가 사려깊은지를 평가하기 위해서는 앞에서 다룬 숙의의 질과 관련된 기준을 염두에 두어야 한다. 이 기준은 정보, 실질적 균형,

타산적 참여가 아닌 성실한 참여, 관점의 다양성, 논변에 대한 동등한 고려 등이다. 이것들은 야심적인 규범적 기준이다. 따라서 몇 가지에서는 좋은 기록을 보이더라도 다른 것에서 기록이 나쁠 수도 있다. 우리의 설명은 연구 프로그램을 제시하기 위한 노력으로 볼 수 있으며, 일반 시민들의 숙의민주주의에 대한 경험적 연구의 역사가 일천하므로 아직 부분적으로만 완수된 것으로 볼 수 있다.

## 왜곡 피하기: 지배의 문제

숙의에 대한 비판자들은 모두의 견해에 대한 동등한 고려라는 외관상의 공약에도 불구하고 특권을 가진 사람들이 사실상 그 과정을 지배하는 사실을 숨긴다고 우려한다. 문제는 현대의 발전된 사회에서 수행되는 어떤 소우주 숙의라도, 일상생활의 구석구석에서 중대한 사회적 및 경제적 불평등이 존재하는 사실로부터 자유로울 수 없다는 점이다. 이런 불평등을 '차단하고,' 참가자들이 불평등이 존재하지 않는 것처럼 행동하기는 어렵거나 불가능해 보인다.[6] 사실 이 문제는 아주 뿌리 깊은 것이다. 이것은 '정치 영역의 자율성(autonomy of the political)'과 관련된 문제이며, 경제적 관계와 사회적 관계에서 엄연히 불평등이 지배하는 세계 속에서, 과연 정치에서 평등이 작동할 수 있는가 하는 질문과 관계된다. 자유민주주의의 생존과 정당성은 이 대답에 달려 있다.

숙의과정의 외관상 평등이 어떻게 특권층의 지배를 숨길 수 있는 것인가? 아이리스 영(Iris M. Young)은 배제를 '외적' 형태와 '내적' 형태로 구분한다. 외적 배제는 분명하다. 참여 그룹에 누군가를 포함시키지 않는 것이 외적 배제인 바, 참여가 금지되어 있거나 충원되지 않을 경우에 발생하는 것으로서, 수십 년 동안 선거/정치 개혁의 초점이 되어 왔다. 심지어 설문조사에서조차, 무응답자와 접촉하기 위해, 또는 어려운 스케줄을 가진 사람이나 전화나 인터넷 접속이 없는 사람 등 접촉하기 어려운 사람들을 불러들이기 위해, 많은 시간 및 노력의 비용을 쓰는 것이 정당화된다.[7]

그러나 영의 포인트는 내적 배제에 있다. 그녀에 의하면 듣거나 말하는 태도와 관계되는 보다 미묘한 형태의 배제가 있다. 어떤 사람들은 형식적으로 수용되었더라도 자신들의 목소리를 내지 못하거나, 말하더라도 주목을 받지 못한다는 것이다. 그들은 다른 사람들로 하여금 자신들이 사안에 대해 잘 알지 못하거나 들을 만한 가치가 거의 없다고 생각할 만한 단서를 제공할지도 모른다. 이와 달리, 일상상활에서 이점을 누리는 데 익숙한 사람들은 자신의 견해를 다른 사람들에게 내세울 때 더 자신만만하거나 이러한 이점을 갖지 못한 사람들의 말을 들을 때 덜 개방적일 수 있다.[8] 이점을 누리는 사람들은 또한 다른 참가자들과 토의하는 데 있어서 논리정연한 주장을 내세우는 데 보다 익숙하다. 논변의 경우도 마찬가지이다.

여기서 문제는 실생활에서 유리한 지위에 있는 사람들이 공유해야 할 숙의의 기회를 과정을 지배하는 데 사용하는가 여부이다. 모든 또는 대부분의 의견변화가 보다 유리한 지위의 사람들이 가지고 있는 견해의 방향으로 크게 움직인다면, 이것은 유리한 지위의 사람들이 지배하고 있다는 증거가 될 수 있다. 그런데 이것은 복잡한 이슈인 바, 유리한 지위의 사람들이 적어도 몇 가지 점에서는 사안에 대해 더 많이 알기 마련이고, 숙의라는 아이디어가 참가자들이 좀 더 많이 아는 의견 방향으로 움직일 수 있다는 전제를 깔고 있다고 할 때, 참가자들의 의견변화 움직임이 지식 효과 때문일 수도 있는 것이다. 이 경우 반드시 이슈의 장점과 무관한 요소 즉, 참가자들의 사회적 지위에 의한 왜곡 때문에 참가자들이 그 방향으로 움직인 것인지는 확인하기가 쉽지 않다.

페미니즘 관점에서 이 논쟁에 뛰어드는 사람들은 남성의 지배를 우려할 것이다. 사회경제적 불평등에 초점을 두는 사람들은 부자와 더 많이 교육받은 사람들에 의한 지배를 우려할 것이다. 이런 주장들에 대한 평가는 정책태도의 움직임이 지배적인 것으로 추정되는 집단 쪽으로 향하는지 아니면 멀어지는지에 달려 있으며, 또한 참가자들 사이의 발언시간의 분배에도 달려 있다.

## 왜곡 피하기: 분극화와 집단사고

사회경제적 불평등이나 성 불평등과 상관없이, 집단토의 과정 자체가 왜곡을 가져올 수 있다는 오랜 기간 지속되어 온 우려가 있다. 카스 썬스타인은, 소위 위험한 이동에 관한 초기저술에 기초하여, 불가피한 '집단분극화(group polarization) 법칙'이 존재한다고 주장하였다. 어떤 차원이 있고 거기에 중간지점이 있다고 한다면, 한 소그룹의 평균이 중간지점의 어느 한 편에서 시작할 때 그의 가정에 의하면, 그 소그룹은 같은 방향으로 중간지점으로부터 점점 멀어진다고 한다. 중간지점보다 오른 편에서 시작하였다면 점점 더 오른쪽으로 움직인다는 것이다. 반대로 중간지점보다 왼 편에서 시작하였다면 점점 더 왼쪽으로 움직인다고 주장하였다. 이 논변은 단순히 중간지점을 가진 차원만 존재하기에 좌우에 대한 진보와 보수의 설명에 의존하는 것은 아니다. 그는 이 효과가 토의 주제가 되는 어떤 이슈 차원에서도 일반적으로 적용된다고 주장하였다.

썬스타인은 이 같은 왜곡이 두 가지 동학 때문에 발생한다고 하였다. 첫째, 만일 그 집단이 중간지점의 어느 한 편에서 시작하면, 이슈의 그 쪽 편으로 논변 풀(pool)에 불균형이 생기게 된다는 것이다. 그 방향으로 더 움직이게 만들 더 많은 논변들이 제기된다는 주장인 셈이다. 두 번째 동학은 사회적 비교 효과이다. 사람들은 그 집단 내 다른 사람들과 자신의 의견을 비교한 후, 합의 방향으로 순응할 사회적 압력을 느끼게 된다는 것이다.

이런 주장은 숙의민주주의의 정당성에 대한 도전인 셈이다. 왜냐하면, 여론의 움직임을 예측하는 집단심리의 믿을 만한 패턴이 존재한다면, 그 움직임이 논변의 장점에 대한 숙의의 결과라는 입장을 유지하기 어렵기 때문이다. 사안과 관련된 장점과 상관없이, 그 그룹은 주어진 방향으로 움직일 것으로 추정되는 것이다. 이는 경험을 통해 확인되어야 할 이슈이며, 숙의과정의 설계에 따라 다양하게 전개될 수 있는 법이다. 그런데 썬스타인은 집단토의에서는 어디서나 적용되는 일반법칙으로 주장하고 있는 것이다.[9]

유사한 왜곡 문제가 어빙 재니스가 쓴 책인 『집단사고의 희생자들』에 의해 유명해졌다.[10] 여기서 주장의 요점은, 순응할 것을 요구하는 사회적 압력이 여러 상황에서 논변의 장점에 대해 부적합한 고려로 이끌 것이라는 것이다. 그 결과 성급하게 합의에 도달하게 된다는 것이다. 물론 분극화 논변이 보다 극단적인 여론을 중심으로 다른 변종 여론을 줄이는 경우도 때때로 발생할 수 있다. 그러나 집단사고 논변은 그 합의가 더 극단적인지 여부와 상관없이 합의를 밀어붙인다고 보고 있다.

분극화와 집단사고 두 가지 모두 더 많이 경험적으로 연구될 수 있을 것이다. 과연 집단토의가 평균 의견을 중간지점으로부터 더 멀어지도록 만드는 패턴이 존재하는지, 또는 숙의 이후에 여론의 다양성이 줄어드는 패턴이 존재하는지 여부는, 숙의 이전과 이후 개인 수준의 데이터가 수집될 때 연구 가능할 것이다. 이하에서 이 문제를 다루기로 한다.

## 어떤 효과를 기대할 수 있는가?

여기서 숙의민주주의는 정치적으로 우열이 없는 사람들 사이의 어떤 종류의 대화로 간주해 왔다. 그렇다면 과연 이런 대화는 어떤 효과가 있는 것일까? 단순한 대화에 불과한가?

우리는 참가자에게 미치는 효과와 더 넓은 세상에 미치는 효과를 구분해야 한다. 전자로부터 시작해서 후자로 옮겨 가며, 몇 가지 잠재적 효과를 들 수 있을 것이다:

(1) 정책에 대한 태도의 변화: 숙의적인 공적 협의의 궁극적 질문은 "무엇을 할 것인가?"이다. 따라서 하나의 정책 대안에 대해 지지하거나 반대하는 정책 태도는 매우 중요하다. 이런 태도는 전통적 (또는 즉흥적) 여론조사와 같은가 아니면 다른가?

(2) 투표 의도에서의 변화: 숙의적 협의는 대개 선거나 국민투표의 맥락에서 실시된다. "무엇을 할 것인가?"라는 질문은 개인적 차원의 투표 행위에 적용된다.

(3) 시민역량(civic capacities)에서의 변화: 여기서 시민역량은 공적 문제 해결에 기여할 수 있는 개인 수준의 속성 변화를 의미한다. 나는 지식,

효능감(efficacy), 공공정신, 정치참여를 시민역량에 포함시킨다. 먼저, 지식에 대해 살펴보자. 숙의의 질과 관련된 지수 가운데 하나는 참가자가 사안에 대해 더 잘 알게 되는 것이다. 사안에 대해 제대로 알게 되었다고 생각하는지 자문자답하는 것이 아니라, 우리는 의문의 여지없이 정답을 가진 문제를 묻는다.

다음으로 효능감을 살펴보자. 다른 사람들과 함께 좋은 조건 하에서 공적 문제를 토의하는 것은 참여하는 사람들의 정치적 효능감을 증가시키는가? 내적 효능감에 즉, 자신들의 노력의 결과로서 정치과정이나 정책과정에 영향을 미친다는 느낌에 영향을 미치는가? 또는 외적 효능감에 즉, 정부가 자신들의 관심사에 반응을 할 것이라는 그들의 느낌에 영향을 미치는가? 이런 이슈들은 사전 및 사후 질문을 통해 탐구할 수 있으며, 가능하다면 통제집단에 대한 질문을 포함할 수도 있다.

공공정신에 대해서는, 알렉시스 드 토크빌(Alexis de Tocqueville)이 미국에 대한 자신의 저술에서 세운 바 있는 오래 된 가설이 있는데, 존 스튜어트 밀이 토크빌의 저술에 대해 반응하면서 이를 발전시켰다. 이들이 내린 가설은, 시민들이 함께 공적 문제를 토의하게 되면, 더 큰 공동체의 이익에 더 큰 가치를 부여하게 될 것이라는 것이었다. 이들이 가치를 부여하는 공동체의 범위가 확장될 수도 있고, 이들이 중시하는 공동체의 가치의 정도가 커질 수도 있을 것이다. 어느 쪽이든 우리는 공공정신의 고양으로 간주할 수 있다.

정치참여에 대해서는, 일단 시민들이 특히 자신들의 목소리가 소중하다고 느끼는 맥락에서 정치나 정책 관련 토의에 적극적으로 관여할 경우에는, 계속해서 관여하고 싶어 한다. 숙의, 효능감, 지식 등에 의해 잠재적으로 영향을 받는 다른 요소들도 이들의 더 많은 참여에 기여할 수 있다.

(4) 집단적 일관성에서의 변화: 18세기의 마르퀴스 드 콩도르세로부터 윌리엄 라이커, 케네스 애로우를 거쳐 오늘날에 이르기까지 공공선택론자들은 민주주의가 사이클로 이끈다는 문제에 대면해 왔다. 쌍별비교(pairwise comparison)에서는 다수가 A에서 B로, B에서 C로, C에서 다시 A로 이동할 수 있다. 이 경우 안건 조작을 통해서 자의적으로 의사결정의 결과에 영향을 미칠 수 있다. 이로 인해 민주주의에 있어서 이성에 기초한 공적의지형성이라는 주장은 손상될 수밖에 없다. 하지만 선호들이 기본차원을 공유하면, 예를 들어 좌우라는 차원을 공유하면, 선호들은 사이클을 만들지 않고 '단일피크(single peaked)'가 된다. 참가자들이 함께 숙의하면, 동일한 단일피크 차원을 공유하는 참가자들의 퍼센티지가 증가함으로써 사이클을 불가능하게 만든다는 상당한 추측이 있어왔다. 이런 주장의 바탕에는, 사람들이 어떤 대안이 최선인가에 대해 동의하지 않더라도, 토의를 통해 이슈가 되는 것은 무엇이며 자신들의 차이에도 불구하고 공유하는 차원이 존재한다는 메타합의(meta-agreement)에 이른다는 생각이 깔려 있다. 이것이 사실이라면, 숙의가 민주주의로 하여금 즉흥적 여론은 결여하기 마련인 집단적 일관성(collective consistency)을 달성하는 데 있어 도움이 된다는 사실을 보여줄 것이다. 우리는 단일피크가 개인들의 선호로부터 추론할 수 있지만 집단적 속성이며, 투표 행위를 하는 집단이나 전체 인구의 선호구조를 보여 주는 것이기 때문에, 집단적 일관성이라고 말하는 것이다.

(5) 공적 대화에서의 변화: 숙의민주주의의 많은 연습들은 상당한 미

디어의 관심을 끌었다. 미디어 보도가 공중의 숙의과정을 주목할 때, 상업저널리즘의 보도나 케이블뉴스의 당파적 필터링 보도와는 다른가? 숙의에 주목하는 미디어 보도는 어떤 기여를 하게 되는가?

(6) 공공정책에서의 변화: 우리가 강조해 온 것처럼, 소우주 숙의가 성공하기 위해서 중요한 핵심은 참가자들이 자신들의 목소리가 소중하다는 사실을 믿어야 한다는 것이다. 그럴 경우 무관심과 합리적 무지의 상황을 극복할 수 있게 된다. 그들은 각자 15명 정도의 소그룹에서 하나의 목소리를 차지하며, 많아야 몇백 명 정도의 설문조사 대상자에서 한 명 자리를 차지한다. 참가자들이 말하고 생각하는 바는, 소규모 면대면 그룹 내 발표에서 중요하다. 미디어에 보도되기 때문에 영향력도 크다. 그러나 무엇보다도 참가자들은 자신들이 말하고 생각하는 바가 정책에 영향을 미치기를 희망하고 믿는다. 이들의 열망은 얼마나 현실적일까? 숙의적 소우주가 정책에 어떤 효과를 갖는 것은 사실인가? 그렇다면, 지금까지의 사례에서 우리가 배울 점은 무엇인가?

## 어떤 조건에서 숙의민주주의가 실행되는가?

사람들이 함께 모여서 숙의하고자 한다면 무엇을 공유해야 하는가? 기본원칙을 공유해야 하는가? 민족을 공유해야 하는가? 언어를 공유해야 하는가? 어느 정도의 상호신뢰와 존중을 공유해야 하는가? 숙의민주주의는 이미 전반적인 정당 간 경쟁과 개인들의 권리 및 자유가 제대로 보장되는 기존 민주주의 체제에 내장되어 있어야 하는가? 또는 이들 민주주의를 위한 조건들의 범위를 확장하기 위해 숙의민주주의의 신뢰할 만한 예행연습이 이루어질 수 있는가? 이러한 예행연습은 원칙이 공유되지 않지만 사실상 대화의 일부분이 될 때 이루어질 수 있는가? 일국의 국경을 넘어서도 발생할 수 있는가? 이러한 예행연습은 신뢰가 크지 않을 때도 뿌리내릴 수 있는가? 아니면 신뢰와 상호존중의 발전에 기여할 수 있는가? 마지막으로, 이러한 예행연습은 발전된 민주주의체제가 부재한 상태에서도 일어날 수 있는가? 만일 그러하다면, 이런 예행연습은 권위주의의 정당성에 기여하는가 아니면 민주화에 기여하는가? 분명히 이런 질문들에 대한 답은 훨씬 많은 요소들이 결부된 맥락에 달려 있다. 그러나 우리는 여러 다양한 조건에서 숙의민주주의가 어떻게 존재하고 번영할 수 있는가, 또한 어떻게 이런 조건들이 숙의과정의 질에 대한 우리의 다른 질문들(얼마나 수용적인가, 얼마나 사려깊은가, 어떤 효과를 기대할 수 있는가?)에 대한 답에 영향을 미치게 되는가와 같은 이슈를 탐구할 필요가 있다. 이런 범주들에 맞을 만한 사례들이 제한적이긴 하지만, 이 질문들은 아주 중요한 것들이어서 우리의 연구 어젠다에 당연히 포함되어야 한다.

# 5 숙의는 왜 중요한가?

## ─ 제5장 ─
# 숙의는 왜 중요한가?

### ▌ 중국의 사례

우리가 4장에서 제기한 네 가지 질문은 연구를 위해서나 실천을 위해서 벅찬 과제이다. 누가 포함되는가? 그 과정은 얼마나 심사숙고한 것인가? 어떤 효과를 기대할 수 있는가? 어떤 조건에서 숙의조사의 효과를 기대할 수 있는가?

일견 부적합한 장소로 여겨지는 중국의 지방도시 의사결정 사례에 이들 질문을 적용해 보자. 중국에서 이런 프로젝트를 수행한다는 사실이 부적절해 보일 수도 있다. 중국은 민주주의체제로 보기 어렵다. 권위주의체제적 요소가 많다. 숙의민주주의는 간혹 가장 선진적 형태의 민주주의로 간주되곤 한다.[1] 그렇기에, 슘페터적인 경쟁적민주주의 모델의 제도조차 제대로 갖추지 못한 그런 체제에 어울리지 않는다는 생각도 무리는 아니다. 더구나 중국의 경제발전 수준도 고르지 못하다. 빈곤과 불평등은 농촌으로부터 도시로의 대규모 이주를 초래하고 있다. 영국의 산업혁명에 버금가는 변혁 과정이 빠른 속도로 대규모에 걸쳐 일어나고 있다. 이런 급격한 변동의 와중에 숙의민주주의를 허용할 정도로 충분한 공적 신뢰가 있는지 의문을 제기하는 사람도 있을 것이다. 정당 간 경쟁을 통한 책임정치의 장치도 부재하고, 개인의 권리도 극히 부분적으로만 실천됨으로 해서, 숙의적 협의의 출발점이 존재하기는 한지 분명하지 않다.

중국의 지방민주주의 전문가인 바오강 헤(Baogang He)교수의 협력과 함께, 우리는 어떤 기반시설에 투자할지 중요한 결정을 내리기 위해 숙의조사를 사용하는 데 있어서, 상하이 남쪽 약 300km에 위치한 웬링(Wenling)시 제구오(Zeguo)진의 지방정부를 도왔다. 제구오진의 지방정부는 30가지의 기반시설 프로젝트를 제시하였는데, 익년 예산은 그 가운데 약 10여 가지만 수행할 수 있는 규모였다. 따라서 그들은 질적으로 상이한 종류의 시설 가운데, 예를 들어, 지방도로, 고속도로, 새로운 타운광장, 하수종말처리장, 여러 종류의 공원들, 포괄적 환경계획 등에서 선택을 해야 하는 문제에 직면해 있었다.[2]

제구오진 관리들은 이 이슈들에 대한 공적 협의에 오랫동안 관심을 가져왔다. 공중에게 선호를 묻기 위한 '진심어린(heart to heart) 토의모임'을 의미하는 '간담(懇談 Kentan)'이라고 하는 지방의 전통이 있었지만, 이런 모임은 서구의 타운미팅과 유사하게 몇 가지 한계를 안고 있었다. 첫째, 자가선발 참여 위주이므로, 사안에 대해 가장 관심이 많거나 가장 영향을 많이 받는 사람들이 모임에서 과다대표되었다. 둘째, 참가자들은 주로 유지급으로서, 더 잘 살고, 더 많은 교육을 받았으며, 자신감이 충만한 그런 사람들 위주였다. 셋째, 토의를 통해 이슈의 공표는 이루어졌지만, 분명한 토의의 산물이나 분명한 의사결정 방식은 없었다. 간담회는 약간의 투명성과 관심의 공유를 가능하게 하였지만, 정책과정에 투입(input)을 제공하는 의미는 갖지 못했던 것이다.

제구오진 관리들은 이런 고민에 대한 해결책으로 숙의조사의 장점에 주목하였다: 첫째, 숙의조사가 자가선발된 사람들의 목소리보다 대표성 있는 표본과의 협의를 가능하게 한다는 점; 둘째, 지방유지들에 의해 지배되지 않고 참가에 더 큰 평등을 보장해 줄 것이라는 점; 셋째, 숙의 실시 전과 후에 분명한 통계적 결과를 제공한다는 점 등이다. 이런 점들이 정책결정에 분명한 로드맵이 되어 줄 것으로 기대하였다.

제구오진의 자문위원회는 30개 프로젝트 하나하나에 대한 찬반 논변을 포함한 브리핑자료를 제작하였다. 전체회의에서 프로젝트들에 대해 제기되는 질문들에 대답할 전문가들이 선발되었다. 이 전문가 그룹에는 각 프로젝트를 주창하는 사람들도 포함되었다. 표준적 질문들 즉, 30개 프로젝트에 대한 정책태도, 지식문제, 가치들, 경험적 전제들을 포함한 설문지도 제작되었다. 최종설문지에는 숙의조사 이벤트에 대한 평가항목도 포함시켰다. 초중등학교 교사들이 소그룹의 사회를 보기 위해 훈련을 받았다. 이들은 자신들의 견해는 조그마한 힌트라도 줄 수 없다는 엄명을 받았다. 제구오진의 한 고등학교가 주말에 진행될 숙의의 장소로 선정되었다. 프로젝트에 소요되는 모든 비용은 숙의 결과를 정책결정에 활용하기로 한 제구오진이 담당하기로 하였다.

이제 우리의 네 가지 질문을 살펴보자. 첫째, 누가 포함되었는가? 등록된 가계로부터 275명의 거주자가 무작위표본으로 선발되었다. 이 가운데 269명이 1차 서베이를 마쳤으며, 235명이 하루 동안의 숙의에 참가하였고 최종설문지에 응답하였다. 첫 표본에는 남성이 약간 과다대표되기도 하였지만,[3] 참가 표본은 대체로 전체 표본과 유사하였고 참가자들과 불참자들 사이에 중대한 차이는 없었다. 태도적 측면이나 인구통계적 측면에서 235명의 표본은 등록유권자 수 12만 명 공동체의 좋은 소우주였다.

둘째, 이 과정은 얼마나 사려깊었는가? 분명하고 응집력있는 여론의 변화가 있었다. 전체적으로 하수종말처리장과 제구오진의 여러 부분을 연결할 간선도로에 대한 참가자들의 지지도가 크게 높아졌다. 다른 도로건설에 대한 지지도는 낮아졌고, 화려한 도시광장 지지율도 떨어졌다. 하지만 레크리에이션 공원이나 포괄적 환경보호계획 지지율은 상승하였다. 30개 프로젝트 가운데 12개에서 통계적으로 유의미한 변화가 나타났다.

게다가 참가자들은 더 많은 사실을 알게 되었다. 네 가지 질문만 제기되어 상대적으로 축소된 지식문제였지만, 통계적으로 중요한 평균 11점의 상승을 기록하였다. 더욱 중요한 것은, 의견 변화를 가져오는 지식 패턴이 형성되었다는 점이다.[4] 다른 숙의조사에서 전형적으로 나타나는 패턴은, 자신의 정책 관련 태도를 변경시킨 사람들은 바로 더 많이 알게 된 참가자들이라는 사실이다. 따라서 사안에 대해 더 잘 알게 된 사람들의 좋은 소우주가 생각할 바를 대표한다는 점에서, 이 결과는 정당성을 주장할 수 있었다.

우리가 초점을 맞추었던 다른 두 가지 요소가 있었다. 표본이 대표성을 가지고 더 많은 지식을 얻게 되더라도, 토의과정 자체가 지방유지들이 지배한다거나 집단분극화가 발생함으로써 왜곡될 수 있다. 중국 사례에서 이 두 가지 왜곡 모두 발생하지 않았다. 숙의 비판자들이 숙의를 해치는 두 가지 요소로 흔히 지적해 온, 보다 우월한 사람들의 지배 문제나 분극화 문제를 피할 수 있었던 것이다.

보다 특권을 가진 사람들의 지배와 관련하여 첫 설문조사에서 보였던 이들의 의견을 중심으로 살펴보면, 숙의자들은 절반의 이슈에서 더 많이 교육받은 사람들의 첫 번째 입장으로부터 멀어졌고, 3/5의 이슈에서 남성의 첫 번째 입장으로부터 멀어졌으며, 4/5의 이슈에서 경제적으로 유리한 사람들의 첫 번째 입장으로부터 멀어졌다.[5] 특권을 가진 사람들의 지배가 작동한다면, 이들이 숙의자들의 의견을 자신들의 의견 방향으로 움직였을 것이다. 그러나 실제로는 반대방향으로 변화가 일어났으니, 숙의자들은 오히려 보다 유리한 사람들의 입장으로부터 떠나갔던 것이다.

분극화와 관련하여 이슈는, 토의를 거친 이후 집단이 보다 극단적으로 변화된다는 불가피한 법칙에 의해 숙의과정이 왜곡되는가 여부이다. '집단분극화 법칙'은 한 집단이 중간지점의 어느 한 편에서 시작할 경우, 토의를 거친 후 같은 방향으로 중간지점으로부터 더 멀어진다고 주장한다. 다른 편에서 시작할 경우에는, 그 방향으로 중간지점으로부터 더 멀어진다고 본다. 이번 중국의 사례에서 우리는 집단들이 약 절반 정도에서만 중간지점으로부터 멀어졌고, 절반 정도에서는 오히려 중간지점을 향하여 움직이는 것을 발견하였다. 따라서 숙의과정이 집단분극화 패턴에 의해 왜곡되는 경향은 전혀 나타나지 않았다. 소그룹토의는 그룹들을 보다 극단적인 입장으로 몰아가지 않았던 것이다.

숙의민주주의 열망 가운데는, 사람들이 함께 숙의를 진행할 경우 공공정신이 보다 함양된다는 기대가 있다. 참가자들이 보다 큰 공동체의 이익에 더 민감해진다는 것이다. 중국 사례에서 우리는, 프로젝트들이 추구하는 이익이 좁은 범위의 것인지 넓은 범위의 것인지에 따라 프로젝트를 분류하였다. 예를 들어, 건설할 도로가 한 마을만의 이익이 되는지, 전체 제구오진의 이익이 될 수 있는지를 검토하였다. 숙의를 거친 이후, 30개 프로젝트 가운데 전체 제구오진에 유익한 프로젝트 방향으로 우선순위가 크게 이동하였다.[6]

셋째, 우리 프로젝트는 의미있는 결과를 가져왔는가? 제구오진 관리들은 숙의 결과로 표현되는 공적의지를 실행할 의지를 지속적으로 표명해 왔었다. 숙의결과에 대해 그들은 놀라움을 표하기도 하였지만, 세 개의 하수종말처리장, 레크리에이션 공원, 제구오진의 여러 부분을 연결하는 간선도로를 포함하여, 사람들이 선택한 12가지 프로젝트가 실제 실행되었다.[7]

이 프로젝트는 베이징에서 공청회제도 개혁과 관련한 한 회의를 통해 조명되었다.[8] 숙의조사를 진행하기로 한 핵심 의사결정자였던 지방 당서기 자오화 지양(Zhaohua Jiang)은 숙의과정에 대하여, 특히 지방인민대표대회에 문의하는 간단한 방법을 택하지 않고 무작위 표본을 소집하는 수고를 감수한 이유에 대하여 질문을 받았다. 그는 지방인민대표대회가 고무도장에 불과하고, 지방인민대표대회에 문의할 경우 인민이 실제 생각하는 바에 대하여 제대로 알지 못했을 것이라고 대답하였다. 이어서 한 공청회 전문가는 중국에서의 의사결정이 '과학적, 민주적, 합법적인' 것이어야 한다는 세 가지 기준을 충족해야 한다고 지적하였다. 숙의조사는 이 기준을 충족하는가? 이에 대해 자오화 지양은, 숙의조사가 그 방법상 명백히 과학적이고, 인민의 목소리를 반영하기에 민주적이라고 대답하였다. 그러나 얼마나 적법한가? 이에 대해서 그는, 숙의조사 결과를 전인대에 제출하였고 승인을 받았다고 대답하였다.

이 프로젝트는 공적 협의 방법으로서 두 가지 잠재적인 이점을 가지고 있었다. 하나는, 정당성을 제고하는 것이라는 점이다. 자오화 지양은, "나는 권력을 포기하였는데, 오히려 더 큰 권력을 갖게 되었다."라고 말한 바 있다. 뉴욕타임즈 기사는, 주민들과 정책에 대한 협의를 진행하였고 이를 통해 정당성을 얻게 된 제구오진과 그런 과정을 거치지 않음으로써 주민의 항의시위가 발생하였던 이웃 타운의 대조적인 면을 조명하였다.[9] 다른 하나는, 네 번의 프로젝트를 통하여 엘리트 대의제도인 지방인민대표대회와 공적의지형성 메카니즘을 보다 효과적으로 연결시켰다는 점이다. 비록 이런 조치가 정당 간 경쟁을 의미하지는 않지만, 사려깊고 대표성을 가진 공적 투입(public input)을 가능하게 만든 이점을 가지고 있다.

넷째, 어떤 조건들이 이것을 가능하게 만들었는가? 먼저, 중국의 지방정부는 상당한 정도의 자율성을 가지고 있다. 이 실험은 마을, 타운, 시 차원의 의사결정에서 운신의 폭이 넓었다. 또한 지방마다 정치문화적 차이가 크지만, '간담'의 전통이 보다 과학적인 공적협의를 위한 토대가 되었다. 지역적으로 이 프로젝트는 가끔 '과학적인 진심어린 토의 모임'으로 묘사되기도 하였다. 또 하나의 조건으로서 이 프로젝트가 중국공산당의 일당체제에 전혀 위협을 가하지 않았다는 점을 들 수 있다. 정치나 선거와 같은 문제가 아니라 하수시설이나 다른 사회기반시설 문제를 다루었던 것이다. 이런 제한점에도 불구하고, 숙의조사는 발언권을 갖고자 하는 보통 사람들의 요구에 부응하면서 정당성을 제고하였다. 중국은 급속한 경제발전과 함께, 인민들이 소비자 권력을 요구하고 있다. 아마 시간이 지나면서 이들이 공적 결정에 대한 어느 정도의 영향력 행사를 바라게 될 것이라는 점은 자연스러운 일일 것이다.

중국의 지방 차원에서 숙의조사가 확산되는 것은, 민주화에 기여하지 못하고 단지 지방정부의 지위만 강화시킬 뿐일까? 제한된 사례로 이 질문에 단정적으로 대답하는 것은 적합하지 않은 것으로 보인다. 하지만 숙의조사 과정이, 사전에 결정된 결론을 산출하지 않고 그 결과와 함께 지방 관리들을 놀라게 만들었다는 사실은 지적할 만한 가치가 있다. 게다가 지방 관리들은, 조사 결과를 실행하고 이후 수년에 걸쳐 이 과정의 범위를 반복하고 확장하는 것이 유익하다는 점을 발견하였다. 제구오진 전체 예산에 관한 의사결정에 영향을 미칠 정도까지 공적 반응성(responsiveness)을 증대시킴으로써, 숙의조사는 예산 투명성을 가져왔고, 아마 처음으로 일반대중에 의한 과학적으로 대표성을 지닌 참여적 예산을 창출하였다.[10]

제구오진의 지방 차원의 숙의조사는 우리의 네 가지 질문에 대한 독특하고도 낙관적인 대답을 제공한다. 숙의과정은 대표성을 가졌고, 사려깊은 것이었으며, 불평등과 분극화의 왜곡을 피할 수 있었다. 또한 공공정신을 고양시켰다. 그 결과가 실제로 실행됨으로써 효과를 보여줄 수 있었다. 마지막으로, 숙의조사는 아직 정당 간 경쟁이 허용되지 않는 체제라는 점에서 놀라운 조건 속에서 진행되었다.

물론 하나의 성공적인 사례가 있다고 하여, 숙의민주주가 실천적인 것이라고 주장할 수는 없다. 그럼에도 불구하고, 어려운 조건 하에서 무엇이 달성될 수 있는가를 보여주었다고 할 수 있다. 이제 우리의 네 가지 질문에 대해 보다 일반적으로 살펴보도록 하자.

## 대표성

소우주 숙의는 전체 인구의 모든 구성원이 무작위로 추출될 평등한 기회를 가지며, 일단 선발되면 자신의 견해가 다른 사람들의 견해와 숙의 이전이나 도중이나 이후에 동등하게 고려될 기회를 가진다는 것을 전제한다. 이것을 실현하려는 많은 시도들이 직면하는 첫 어려움은, 숙의를 수행하는 사람들의 태도와 수행하지 않는 사람들의 태도를 비교할 데이터가 수집되지 않았다는 사실이다. 간혹 대표들은 단순한 몇 가지 인구통계적 자료를 기준으로만 선별되기도 한다. 하지만 우리가 숙의를 수행하는 소우주가 시작점에서부터 대표성을 가지는지 알 수 없다고 했을 때, 숙의과정이 종결되는 시점에 과연 이 소우주는 어떻게 공중의 신중한 판단을 대표할 수 있을 것인가?

물론 인구통계자료도 필요하다. 하지만 중요한 것은 표본에 흑인이나 히스패닉이 얼마나 되는지, 어떤 나이의 남성이나 여성이 얼마가 되는지 하는 것이 아니라, 이 인구통계적 범주의 어떤 구성원이 어떤 견해를 가지고 참여하는가 하는 것이다. 만일 어느 포럼에, 표본의 작은 퍼센트의 사람들만 참여하기로 동의하였기 때문에 압도적으로 많은 수의 참가자가 자가선발된 사람들이라고 한다면, 표본에서 실제 참가하는 사람들과 표본 가운데 참가하지 않는 사람들을 비교할 수 있는 데이터를 수집하는 것은 특히 중요하다. 물론 당연히 이 비교는 이전의 첫 서베이가 합리적으로 대표성을 가진다는 점을 전제한다. 이를 가능하게 할 최선의 전략은 (접근이 용이한 사람들과 접근이 어려운 사람들의 의견이 다를 수 있으므로) 높은 응답률과 회신율을 확보하는 것이다.

많은 숙의적 협의 가운데는 무작위추출법을 활용하지 않는 경우도 있으며, 일부 이론가들은 이것이 문제가 되지 않는다고 보기도 한다. 예를 들어, 구트만과 톰슨은 두 권의 책에서 1990년대 초반 오레곤(Oregon)주에서 실시된 건강관리 협의를 실천적 숙의민주주의의 예시로 사용하고 있다.[11] 그러나 오레곤주 의료국이 조직한 여러 지역적 모임들은, 전적으로 자가선발된 사람들로 구성되었고 의료 분야 전문가들에 의해 지배되었다. 구트만과 톰슨은 '잘 조직된(well constructed) 숙의포럼'이라는 말을 사용하고 있으나, 무엇이 포럼을 '잘 조직된' 것으로 만드는지에 대해서는 아무런 설명도 하지 않고 있다.[12] 오히려 구트만과 톰슨은 누가 참여하고 그들이 어떻게 충원되는지의 핵심질문에 대해 잘 알지 못한다고 스스로 밝히고 있다. 그와 동시에, 이들은 숙의로 고려되기 위해서는 숙의의 결정이 '구속력'을 가져야 한다고 주장하고 있다.[13] 숙의과정이 구속력을 갖기 위해서는 그것이 어떻게 구성되든, 포획(capture)과 동원(mobilization)을 위해 인센티브를 제공하는 것이 된다. 그럴 경우, 그 결과는 누가 참가하는가에 못지않게 대화가 어떻게 진행되는가에 달려 있는 포럼에 상당한 정도의 구속력을 주게 된다.

무작위추출법의 매력은 이것이 전체 공동체의 소우주를 수립하는 토대를 제공할 수 있다는 데 있다. 그러나 모든 것은 그것이 어떻게 수행되는가에 달려 있다. 외관상 무작위추출법을 활용하는 것으로 보이지만, 실제로는 어떤 신뢰할 만한 토대를 제공하지 못하는 프로젝트의 사례로 "미국이 말한다"라는 그룹의 시도를 들 수 있다. 이 그룹은 순전히 자가선발적인 명목상의 충원 과정 대신 무작위추출법을 활용하는 것처럼 내세웠다. 메인주에서 실시된 건강관리 프로젝트에서 이 그룹은, 수백 명으로 구성될 포럼 참가자를 모으기 위해 무작위로 뽑힌 주민 7만 5천 명에게 우편엽서를 발송하였다. 수취인들은 건강관리 관련 숙의포럼에 참가할 의향이 있을 경우, 동봉된 응답카드에 인구학적 특성을 기록하여 송달할 것을 요청받았다. 단지 2,700명만이 응답카드를 보냈고, 이들에 대한 몇 가지 인구학적 심사를 거친 후 300명이 포럼에 참가하였다. 이 '표본'이 너무 적은 수의 청년과 소수집단 지원자를 보충하기 위해 이해관계자 집단으로부터 충원된 사람들을 포함했다는 사실을 제외하더라도, 이 포럼 설계는 대표성을 내세울 수 있는 어떤 신뢰할 만한 근거도 제시하지 못한다. 원래의 7만 5천 명의 태도와 응답카드를 보낸 2,700명의 태도를 비교하는 데이터가 전혀 없고, 포럼 참가자 300명의 태도를 2,700명이나 7만 5천 명의 태도와 비교하는 데이터도 전혀 없다. 숙의조사와 달리 포럼 참가자들에게 그들의 시간과 노력에 대해 아무런 보상이 제공되지 않았다는 점도 지적할 필요가 있다. 참가자들은 그 이슈에 대해 적극적인 사람들로서 이슈를 토의하기 위해 하루 종일을 보낼 수 있는 사람들이었던 것이다. 대부분의 보통 사람들은 정책에 대해 고민하기 위해 많은 시간과 노력을 들일 동기가 별로 없기 때문에, 원래의 7만 5천 명 가운데 포럼에 참석하기로 한 300명은 전체공중의 신뢰할 만한 소우주라고 보기 어려운 것은 명백해 보인다.[14]

여기서 얻을 교훈은, 단순히 무작위추출법을 내세운다고 해서 대표성을 보장하기에 충분하지 않다는 것이다. 모든 것은 그것이 어떻게 수행되는지에, 무슨 데이터가 어느 시점에서 수집되는지에, 초기 단계에 표본에 포함된 사람들로 하여금 직접 숙의에 참가하도록 장려하기 위해 어떤 인센티브나 동기부여가 제공되는지에 달려 있다. 응답률이 낮고 인센티브가 없을 때, 무작위추출법의 애초의 노력은 사실상 순수한 자가선발로 쉽사리 변형되고 만다.

보다 신뢰할 만한 노력이지만 여전히 태도의 대표성을 평가할 데이터 부족이라는 결점을 가진 시도로 브리티시 콜롬비아의 시민의회(Citizens Assembly)를 들 수 있다. 브리티시 콜롬비아정부는 선거개혁에 관하여 11개월에 걸쳐 숙의를 수행할 한 시민그룹을 후원하였다. 이 과제의 독특한 점은, 선거개혁에 대한 이 시민그룹의 제안이 유권자들의 주민투표에 직접 붙여질 것이라는 사실이었다. 주 헌법 개정에는 투표자 60%의 찬성이라는 압도적 지지가 필요했다. 시민그룹의 제안은 과반수는 넘겼지만, 필요한 60% 조건에는 미달하여 결국 통과되지 못하였다. 우리는 뒤에서 다시 소우주 숙의를 주민투표민주주의와 결합하려는 이 혁신적인 노력에 대해 살펴볼 것이다. 하지만 당분간 이 프로젝트에서 소우주가 어떻게 구축되었는지에 초점을 맞추기로 하자.

계층화된 23,034명의 무작위표본이 편지를 통해 초대를 받았고, 이 가운데 1,715명이 관심을 가진 것으로 응답하였다. 인구학적 기준이 적용된 이후 이들 중 1,441명이 '선발모임'에 초대되었고, 그 중 964명이 참석하였으며, 그 가운데 158명이 무작위로 선발되었다. 여기서 문제는, 관심을 표명한 1,715명과 원래의 풀인 23,034명이 어떻게 비교되는지 평가할 아무런 방법이 없다는 점에 있다.[15] 이들은 정치나 공적 문제에 얼마나 더 관심을 가지고 있거나 알고 있는가? 특정 정치적 관점에 얼마나 더 편향되어 있는가? 이와 유사하게 우리는 소우주의 대표성이 다른 선발 단계에 의해 영향을 받는지를 전혀 알지 못한다. 거의 1년에 상당하는 기간 동안 자신의 생활을 포기하고 자원한다는 것은 부담이 큰 과업이다. 그런데도 이 과정에 자원한 사람들은 그렇지 않은 사람들과 어떻게 비교될 수 있는가? 다른 말로 해서, 자원한 사람들은 자신들이 대표하고자 하는 전체 인구의 사람들과 어떻게 비교될 수 있는가?

시민의회 초기 기획자 가운데 한 명인 은퇴한 캐나다 정치인 고든 깁슨에게 제공된 우리의 숙의조사연구로부터의 투입에 부분적으로 근거하여, 숙의조사의 기본설계의 다른 요소들은 시민의회에서 잘 수행되었다. 즉, 무작위표본으로 구성된 소그룹 토의, 전체회의에서 경합하는 전문가들에게 제기된 질문들, 결정을 내려야만 한다는 사회적 압력 없이 집단적 의지를 결정할 최종 비밀투표 등이 그것들이다. 더구나 참가자들은 거의 일 년 동안 숙의를 지속할 의지를 보인 점에서 인상적이었다. 그러나 애초 데이터 부족문제로 그들이 제대로 대표성을 가졌는가 하는 의문은 여전히 남을 수밖에 없다.[16]

캐나다 사례보다 지속 기간에서 훨씬 덜 야심적인 숙의조사는, 숙의를 수행할 소우주의 대표성 문제를 다루고자 하는 설계를 제공한다. 표본이 어떻게 충원되는지를 보자. "미국이 말한다"나 자가선발된 공개모임과 달리, 초기 표본에 포함된 사람들에게 대표성과 참여를 장려하기 위해, 그리고 관심이 적거나 불운한 사람들의 참여를 가능하게 만들어 주기 위해, 인센티브가 제공된다. 또한 시민의회와 달리, 초대장을 보내기 전에 태도나 다른 데이터를 수집함으로써, 태도의 측면에서나 인구통계적 측면에서 대표성을 평가할 토대를 마련하는 것이다.

숙의조사에서 인센티브를 제공하는 관행에 대해 살펴보자. 영국에서의 범죄 이슈를 다룬 첫 번째 숙의조사에서는 수수한 수준인 50파운드의 재정적 인센티브와 여기에 더해 교통비, 호텔료, 식사대가 제공되었다. 전국이슈컨벤션은 감사의 표시로 각 참가자에게 300달러를 지급하였고, 여기에 무료항공권, 호텔료, 식사대가 더해졌다. 대부분의 다른 숙의조사에서처럼 이들 이벤트는 텔레비전으로 보도되었다. 참가자들 가운데는 의심할 여지없이 전국적인 공적 대화에 참여한다는 생각에 매력을 느낀 사람들이 많았을 것이다. 그러나 일부는 인센티브나 흥미로운 지역으로 무료여행을 한다는 사실에 끌렸을 수도 있을 것이다. 개별적인 문제를 안고 있어서 참가하기가 어려운 사람들을 위해서는 특별한 노력이 필요하다. 고용주에게 전화를 걸어 직원의 참여를 위해 직장을 비울 수 있도록 허락을 구한 경우도 있었다. 작은 농장을 가진 어느 여성의 경우 숙의 참여를 위해 자리를 비우면 젖소의 우유를 짤 사람이 없었다. 그녀를 위해 우리는 조치를 취함으로써 그녀를 대신하여 젖소의 우유를 짤 사람을 구하기도 하였다. 다른 경우로는 아이를 돌보는 사람에게, 또는 환자가족에 도움을 주는 사람에게, 비용을 지불하기도 하였다. 텍사스에서 수행된 프로젝트의 경우, 스페인어 사용 참가자들에게는 동시통역을 위한 헤드폰이 제공되었다. 전 유럽 프로젝트에서는 21개 언어로 동시통역이 제공되어야 했다.[17] 거의 모든 경우에 인센티브가 지급되었고, 미디어의 관심이 있었으며, 개별적인 난관들을 극복하기 위한 특별한 노력이 기울여졌다. 이는 1차 표본에 포함된 사람들 누구라도 참여하는 것에 매력을 느끼게 하고, 참여를 가능하게 하는 조건을 만들어 주기 위한 목적에서였다.

참여 집단이 너무 작을 때는 대표성 주장을 평가하기가 불가능하다. 숙의민주주의의 초석은 정치적 평등과 숙의를 결합하는 것으로서, 좋은 조건에서 이슈에 대해 사고할 경우 모두가 생각할 바를 완전히 실현하는 것은 아니더라도 적어도 대표하는 것이다. 시민배심원이나 합의회의는 12-18명으로 구성되어, 대표성을 확보하였다고 주장하기에는 너무 소규모이다. 이들 방식은 참가자의 애초 태도에 대한 데이터를 수집하지 않으므로, 과정에 대한 평가도 어렵다. 이런 소규모 집단을 미니공중(mini publics)이나 소우주로 간주하는 것이 가능한가 하는 문제는 여전히 논쟁거리이다. 다른 한편, 시민배심원이나 합의회의는 함축적인(suggestive) 결과를 구현하며, 초점집단처럼 보다 체계적인 연구가 진행될 경우 유용한 질적 데이터를 제공할 수도 있다. 클린턴정부의 의료개혁 제안시 의료개혁에 관한 한 시민배심원단은 캐나다 방식의 단일의료

보험체계를 더 많이 지지하였다. 그러나 표본이 너무 작아서 그 결과를 일반화할 방법이 없었고 프로젝트의 결론은 함축적인 것에 머물 수밖에 없었다. 다른 참가자와 다른 정책태도를 지닌 사람들로 이루어진 소그룹이 의료정책에 대한 토의를 시작했더라도 동일한 결론에 도달했을까? 이와는 대조적으로, 참가자의 전체수가 통계적으로 평가하기에 충분할 정도의 크기가 되고, 첫 접촉에서 참가자와 불참자의 견해를 비교하는 것이 가능한 설계로부터, 우리는 보다 자신있게 일반화할 수가 있다. 이런 점에서 12-18명 정도의 시민배심원과 150-300명 정도의 숙의조사 사이에는 정도의 차이라기보다는 종류의 차이가 존재한다고 말할 수 있다. 이 간단한 처방전을 만족시키는 숙의적 노력이 별로 없다는 사실은 놀라운 일이다.

숙의조사는 시민배심원, 합의회의와 같은 일부 다른 메카니즘처럼 참가자들에게 인센티브를 제공한다. 대표성을 용이하게 하려는 이런 관행이 '기대충족(demand characteristics)'을 초래하는 것은 아닌가 하는 비판이 제기되기도 한다. 즉, 참가자들이 수당을 지급받은 점에 고마워하며, 실험 주관자들을 만족시키기 위해 자신의 견해를 바꿀 수도 있다는 지적이다. 이 지적은 간혹 숙의과정에서 '호손효과(Hawthorne effects)'를 우려하는 사람들의 관심사와 연결될 수도 있다. 호손효과란, 노동자들의 생산성 효과에 수당이나 작업환경 같은 물질적 조건보다 사기나 인간관계 같은 심리적 요인이 더 중요하다는 주장으로, 웨스팅하우스 노동자들에 대한 연구로부터 나온 것이다. 이 효과로 그들이 보다 능률적인 노동자가 된다면, 이들은 관찰되지 않은 다른 노동자들의 대표성을 가진다고 보기 어려울 것이다. 숙의조사의 경우 이와 달리, 참가자들이 자신들의 목소리가 소중하다고 생각할 때, 또한 좋은 조건 하에서 생각할 때, 무엇을 사고할 것인가를 살펴보는 데 목적이 있다. 호손효과에 종속되는 노동자들이 좋은 노동자가 되듯이, 우리의 참가자들은 좋은 시민이 된다.

우리 실험의 요점은, 사안을 고려할 유리한 조건을 경험할 경우 보통 시민(ordinary citizens)의 의견에 어떤 변화가 일어나는가를 알아보는 것이다. 이런 유리한 조건은 대화가 가능한 상호존중의 분위기, 균형 잡힌 브리핑자료, 경합하는 전문가나 정치인에게 질문을 던질 기회, 조정된 소그룹 토의 등을 포함한다. 그리고 실험의 이 모든 측면에 참가하고자 이끄는 동기부여도 포함할 수 있다. 이런 유리한 조건들은 대부분의 경우 대부분의 시민들에게 적용되지 않는 것들이다. 대부분의 시민들은 자신들의 의견이 아무런 변화도 가져오지 못하리라고 믿는다. 그들은 자신들의 주의를 분산시키고, 자신들의 의견을 조작하고, 종종 자신들의 동원을 차단하려는 시도에 끊임없이 노출되어 있다.

'기대충족'에 대해 간단히 살펴보면, 첫째, 참가자들이 자신의 의견을 바꿈으로써 주최자들을 만족시키고자 한다 해도, 그들은 어떤 방향으로 그렇게 해야 하는지 알지 못할 것이다. 변화를 유도하는 묵시적 움직임이 있을 수는 있다. 그러나 자문그룹이 균형 잡힌 브리핑자료를 준비하거나 전문가나 정치가들이 질문에 응답하는 데 있어서 투명성과 균형을 유지하고자 함으로써, 이런 어려움을 극복하고자 한다. 둘째, 적어도 숙의조사에서 우리는 참가자들과의 토의에서, 참가자들이 생각을 바꾸든 않든 전혀 개의치 않는다는 점을 강조한다. 우리가 주의를 기울이는 것은 단지 그들이 설문지에 대답할 때 자신이 생각하는 바를 정확히 우리에게 말해 달라는 것이다. 다른 어떤 때에 이런 질문에 대답했던 것과 같은지 다른지 그것은 전혀 상관이 없다.

많은 숙의조사들은 주최측이 사전에(ex ante) 예상했음직한 결과와 다른 결과로 마무리되곤 한다는 점을 지적하는 것도 필요하다. 예를 들어, 중국에서 실시된 최초의 숙의조사에서 지방정부 주최자들은, 사람들이 제구오진의 발전상을 알리는 '이미지 프로젝트'에 대해 높은 지지도를 보일 것으로 확실하게 기대하였다. 이들의 기대와 달리, 사람들은 환경프로젝트, 하수종말처리장, 레크리에이션공원 같은 것들을 훨씬 더 선호하였다. 전 유럽 프로젝트에서는, 주최자들의 상당수가 적어도 유럽연합의 확대에 대한 지지도가 올라갈 것으로 기대하였다. 그럼에도 불구하고 브리핑자료와 논의 어젠다는 세심하게 균형 잡히도록 준비하였다. 그 결과는 유럽연합 확대에 대한 지지도가 크게 낮아졌다는 것이었으며, 특히 신생가입국 참가자들 사이에서 이런 현상이 나타났다. 에너지 선택에 대한 버몬트주 프로젝트에서는, 참가자들이 풍력발전의 한계점에 대해 알게 되고 풍차가 심미적으로 경관을 해친다는 사실을 들을 경우, 풍력발전에 대한 지지가 낮아질 것으로 예상되었다. 그러나 풍력발전기들이 버몬트주의 아름다운 경관을 해칠 것이라는 우려가 크게 줄어들면서, 풍력발전에 대한 지지가 여전히 강하다는 결과를 보여 주었다.

물론 주최 측의 기대가, 만일 그런 것이 있다면, 충족되기도 한다. 그러나 그렇지 않은 드라마틱한 사례들이 말해 주는 것은, 참가자들이 주최 측의 묵시적인 기대를 알아차리고 그 기대를 맞추어 줄 것을 누군가 기대한다고 하더라도, 여전히 신중한 자세를 유지해야 한다는 점이다. 우리가 믿기에 실제로 일어나는 일은, 참가자들은 균형 잡힌 방식으로 실질적인 이슈를 다룰 수 있는 권한을 부여받았고, 누구로부터도 지시를 받고 싶어하지 않는다는 것이다. 오히려 참가자들은, 하버마스의 유명한 문구인 '더 나은 논변(better argument)의 힘없는 힘(forceless force)'에 매우 유사한 무언가를 실행하는 데 관심을 가진다.

우리는 지금까지 줄곧, 대표되는 사람들이 일반대중(mass public)이라고 가정해 왔다. 우리는 모집단(population)을 정의하고 이로부터 무작위표본을 추출할 필요가 있다. 물론 실제로는 완벽한 무작위표본이란 없다. 무응답층도 있기 마련이다. 유선전화에 반대되는 무선전화의 확산은 전화여론조사를 복잡하게 만들었다. 일부 국가를 제외하면, 면대면 충원의 비용은 전화에 비해 훨씬 더 크다. 또한 인터넷여론조사를 사용하기로 하는 시도는, 첫째, 디지털 불평등으로 인해, 둘째, 무작위추출을 위한 적절한 추출기법의 부족으로 인해, 어려움에 직면한다. 이것들은 숙의조사에만 국한되는 것이 아니라 모든 여론조사연구가 직면하는 문제들로서, 전통적 여론조사로부터 시작해서 그 위에 숙의와 다른 여론조사를 쌓아올리는 노력들에 모두 적용된다(제6장의 '가상공간민주주의' 절을 참고하라). 숙의조사는 기존 과학적 여론조사를 토대로 진행된다. 만일 그 토대에 제약점이 있다면, 숙의조사도 그 제약점을 공유하게 되는 것이다.

어떤 여론조사도 모집단이 무엇인지 밝혀야 한다. 대체로 주어진 지역의 모든 거주자, 또는 모든 시민, 또는 모든 유권자들이다. 유권자의 경우 등록유권자(registered voters)일 수도 있고 자격유권자(eligible voters)일 수도 있다. 전기사용이나 임대주택 문제에서는 시민이든 아니든 모든 거주자가 포함되어야 한다. 숙의민주주의가 모든 거주자를 수용한다고 해도, 모집단에서 충분히 대표되지 못하면서도 대화와 관련되는 사람들에 대한 선택을 내려야 하는 경우들이 있다. 산마테오 카운티에서 실시된 임대주택 관련 숙의조사에서, 우리는 많은 관련자들이 카운티에 살 만한 형편이 되지 못한다는 문제에 직면하였다. 간호사나 교사들은 그 지역에 살 수 있을 만큼 충분한 월급을 받지 못하고 있었다. 하지만 숙의조사를 진행함에 있어서 우리는 카운티 전체 거주자에 대한 무작위추출법을 사용하였고, 이들 저소득자들의 이해관계가 전체회의에서 대표되도록 조치를 취했다.

　숙의에 대한 일부 접근은 전체 인구를 대표하는 사람들의 토의가 아니라 열성활동가 집단(activist groups)에 국한되는 토의에 관심을 기울인다. 이것은 카스 썬스타인이 '고립지숙의(enclave deliberation)'라고 부른 것이다. (시민권운동, 환경운동, 여성운동 등) 사회를 바꾸고 싶어 하는 그룹들이 자기들 사이에서 숙의를 진행하는 것은 의심할 여지없이 가치가 크다. 여러 다양한 하위집단들에 의한 숙의적 주창활동(advocacy)에 대한 기여는 전체 사회에 걸친 더 넓은 담론을 풍부하게 만든다. 그러나 이들의 숙의는 우리가 여기서 정의하는 숙의민주주의의 증표가 아니다. 우리가 여기서 정의내린 숙의민주주의는 정치적 평등과 숙의를 결합하는 것이 핵심이다. 공중이 생각할 바를 대표하는 것이다. 열성활동가 집단의 숙의도 원칙상 연구의 대상이 되고, 주창자들의 전체 인구가 잘 정의될 경우 협의를 제공할 수 있다. 주창활동가 집단의 구성원들도 무작위 추출로 선발될 수 있고, 이 선발된 사람들이 숙의를 진행할 수 있다. 그러나 여기서 나오는 결과는 그렇게 제한된 사람들만을 대표할 뿐이다. 활동가 숙의에 대한 대부분의 연구들은 무작위추출법에 별로 유의하지도 않고, 함께 모인 사람들의 의사소통 양식을 주로 다룬다.[18] 이런 연구들은 주창활동가 집단의 내부 활동이 어떻게 진행되는가 하는 것을 밝히는 데에는 중요할지 모른다. 그러나 사회 전체의 숙의민주주의 논의에는 크게 기여하지 못한다. 어떤 조직된 집단의 숙의민주주의 문제를 위해서도 평회원의 사고에 관심을 가진다면, 무작위추출법이 유용할 것이다.

모집단의 무작위추출 문제로 다시 돌아와서, 보통시민으로 하여금 여행을 가서 주말 숙의를 진행하도록 함으로써 우리는 무엇을 달성할 수 있는가? 첫 단계인 서베이는 전화나 면대면 인터뷰를 통해 비교적 간단하게 진행된다. 이 경우 편안하게 자기 집에서 짧은 시간 동안 몇 가지 의견을 묻는 것으로 진행되는 것이다. 그러나 다른 지역으로 수일간 여행을 가는 것은 전혀 다른 문제이다. 각 프로젝트는 참가자들과 불참자들을 비교하면서 평가될 필요가 있다. 예를 들어, 1994년 영국에서 실시된 형법정책 관련 첫 번째 숙의조사를 살펴보자. 이 사례는 달성가능한 높은 수준을 잘 보여준다. 1차 설문조사에서는 인구통계학적이거나 태도와 관련되는 102개의 질문을 던졌는데, 참가자와 불참자 사이에 통계적으로 유의미한 차이를 보여준 것은 단지 14개에 불과했다. 게다가 통계적으로 중요하더라도 대부분의 차이는 아주 작은 정도였다. 참가자들이 불참자들보다 (일련의 지식질문에서 7-11%정도 더 정답을 잘 알았음) 조금 더 많이 알고 있었지만, 우리는 정말로 영국 전체를 한 방에 모았다고 말할 수 있었다.[19]

1996년 텍사스 오스틴의 PBS가 보도한 바 있는 미국의 첫 번째 숙의조사인 전국이슈컨벤션도 전국적 대표성을 지닌 표본을 한 장소에 모았다. 이 경우 참가자들과 불참자들 사이에 영국 사례에 비해서는 조금 더 큰 차이가 있었지만(114개의 아이템에서 42개의), 역시 그 차이의 정도는 작은 것에 불과했다.[20] 전 세계 많은 국가에 걸쳐 수행된 프로젝트들을 일반화해 본다면, 좋은 무작위표본을 면대면 숙의를 위해 한 장소에 모으는 것이 지속적으로 가능했다고 말하는 것이 공정하다. 물론 모든 표본이 완벽한 것은 아니다. 간혹 표본이 일반대중보다 좀 더 많이 교육받았고 정치나 정책에 대해 좀 더 관심이 많은 경우도 있다. 그러나 간혹 이런 문제가 발생하더라도, 그 차이는 통계적으로는 중요할지 모르나 실질적으로는 사소한 것에 불과했다. 가장 중요한 것으로, 대체로 태도에 있어서 대표성이 컸다는 사실이다. 이 점에서 이들 프로젝트는 전체 인구의 논변과 관심사에 대한 소우주를 제공하였으며, 밀의 국민여론회의(Congress of Opinions)를 상기시키는 소우주를 보여주었다고 할 수 있다. 밀의 국민여론회의에서는, 사회 내 존재하는 모든 논변들이 이를 대표하는 소우주에서 같은 정도로 대표되고, 소우주 참가자들은 이 논변들의 장점을 고려하도록 동기가 부여되는 그런 곳이다.

## 인간의 얼굴을 가진 여론조사에 대한 평가: 심사숙고

일부 숙의 비판자들은, 공중이 숙의를 수행하기에는 무능하거나 정치나 정책에 무관심하여 숙의하도록 동기를 부여하기 불가능하다고 믿는다. 포스너는 숙의민주주의보다 경쟁적민주주의 모델이 더 우월하다는 자신의 주장을 공중의 무능력에 기대고 있다. 그에 의하면, 공적의지를 내세우는 어떤 주장도 환상에 불과한 것이기 때문에, 어떤 수단을 동원하든 인민의 표를 얻기 위한 경쟁적 투쟁이 민주주의로부터 기대할 수 있는 전부이다. 이에 비해, '스텔스민주주의(stealth democracy)' 주장자들은 동기의 요소를 추가한다[역자 주: 대부분의 미국 유권자들은 정치에 무관심하고, 뽑힌 사람들에게 정치를 맡기며, 자신들의 선호에 반응하기를 원하지도 않는다는 주장. 유권자들이 진정으로 원하는 것은 보이지 않는 민주주의라고 봄.]. 우리 모두는 공적 문제에 시간과 노력을 낭비하기보다 더 좋은 할 일이 많으며,[21] 공중이 더 많이 알게 되고 관여적일 것을 기대하는 것은 비이성적이라는 것이다.

이런 우려가 여러 갈래의 '합리적 무지(rational ignorance)' 논변을 가능하게 만드는 바, 널리 받아들여지는 사실에 대한 가능한 설명이 되고 있다. 즉, 대부분의 국가에서 일반대중은 대부분의 시간에서 공적 이슈에 대해 잘 알지 못하고 적극적이지도 않다는 것이다. 그러나 이 주장은 그들이 무능하다는 주장과는 다르다.

이와 달리, 숙의조사나 다른 숙의적 협의로부터 나오는 그림은, 공중이 일단 자신들의 목소리가 소중하다는 것을 믿고, 대안적 관점을 들으면서 공적 토의에 시간과 노력을 들일 이유가 있다고 믿는다면, 복잡한 이슈를 다룰 능력이 있다는 것이다. 여기서 '복잡한 문제'라고 말할 때, 집단의 정치적 의지 문제들과 순전히 기술적인 문제들을 구분할 필요가 있다. 공중은 "무엇을 할 것인가?"라는 질문에 대한 대답의 우선순위에 관하여 협의될 필요가 있다. 이 우선순위는 특정 정책과 그에 대한 대안들의 찬반에 관하여, 편익과 비용에 관하여, 경합하는 논변을 마주하며 테스트될 때 더욱 의미가 있다. 편익과 비용이 어떤 것인지에 대한 대립적이고 경쟁적인 주장들이 있다는 사실 자체가 하나의 복잡성이다. 이런 이유로 숙의조사의 포맷은 경합하는 전문가들의 패널에 왜 전문가들이 그런 견해를 가지고 있는지 질문을 던지는 것을 허용한다. 균형잡힌 방식으로 전문가 투입(expert input)을 이용하는 것은, 공적 협의의 어려운 설계의 도전 가운데 하나이다. 숙의조사 실험을 통해 우리는, 대부분의 정책적 태도에서의 변화는 숙의가 시작되기 전의 (아마 균형 잡히지 않은) 예상학습에서보다는 균형 잡힌 현장숙의에서 나온다는 사실을 발견하였다.[22] 이 결과는 숙의조사가 끝난 후 사후 설문조사에서, 소그룹 토의가 자신들 경험의 가장 가치 있는 부분이었다고 지속적으로 내세우는 참가자들의 자기보고서와도 일치한다.

우리는 관찰을 통해 참가자들이, 전문가들이 의견 일치를 보이지 않을 때 더 자유롭게 스스로 이슈를 재고찰하고 싶어한다는 인상을 받았다. 그러나 우리가 참가자들로부터 전문가의 판단을 요구하는 것이 아니라는 점을 지적하는 것이 중요하다. 우리가 요구하는 것은 집단적 정치 의지나 공적 판단의 문제인 것이다. 그리고 이것은 전문가들이 공중을 대신할 수 없는 영역이다.

2008년 태국에서 우리가 도움을 주고 태국보건성이 수행한 일련의 숙의조사를 참고해 보자. 이 조사는 신장치료가 모두에게 확대되어야 하는지, 확대된다면 그 비용을 어떻게 감당할 것인지의 문제에 관한 것이었다. 또한 만일 확대되지 않는다면, 어떤 기준으로 신장치료를 배급할 것인가가 포함되었다. 어느 경우든, 태국에 보편적 의료시스템을 도입한 헌신적인 의료전문가들은 신장치료의 확대나 누구에게 그것을 할당할 것인가 하는 문제들은 자신들과 같은 의료전문가들의 판단에 맡길 문제가 아니라고 생각하였다. 보통사람들의 가치판단에 달린 문제라고 생각한 것이다. 테크노크래트들은 단지 공중에게 이 투자가 비용효과적인지 알리거나, 다른 의료지원책들이 이미 이런 치료를 커버하고 있으므로 이것을 확대하는 것은 형평성 문제를 초래할 수 있다는 사실을 지적할 수 있을 뿐이었다. 또는 공중에게 비용 충당 방법으로 술과 담배에 부과되고 있는 죄악세(sin taxes)를 인상하는 것이 어떤 효과를 가져올 것인지를 알려주는 것이었다. 결국에는 인민이 최종적으로 신장치료 확대 문제가 자신들의 가치와 우선순위에 적합한지 평가해야 하는 것이다.

의료전문가들이 특정 정책을 결정하는 가치와 목적을 제공할 수 없다면, 철학자들은 그것을 할 수 있으리라고 생각할 수 있다. 응용철학은 학문적 토론이 활발한 분야이다. 그렇다고 이것이, 정치철학자들이나 윤리학자들이 자신들의 가치로 인민의 가치를 쉽게 대체할 수 있다거나 성찰을 통해 무엇이 바람직한가에 대한 자신들의 판단으로 인민의 판단을 대체할 수 있다는 것을 의미하지는 않는다.

인민들이 결정해야 한다면, 또는 최소한 인민들이 이런 질문들에 투입할 수 있다면, 인민들이 즉흥적인 답을 제시하거나 사회적 압력에 순응하거나 전문가에게 일임하는 것이 아니라, 실제로 숙의를 수행하고 있다는 사실을 알려주는 지표는 무엇인가?

첫 번째 지표는 의견이 변한다는 사실이다. 숙의조사의 태도 관련 아이템의 3분의 2 이상에서 통계적으로 유의미한 변화가 일어났다.[23] 이런 의미에서 숙의를 거친 이후의 의견 제안은 숙의 이전의 의견 제안과 다르다. 변하지 않는 의견도 민주적 투입으로서의 가치를 갖게 되는 이유는, 숙의과정에서 이 의견들이 대안적 논변에 의해 테스트되기 때문이다. 공중이 다양한 범위의 대항논변을 고려한 후 X를 생각하는 것으로 아는 것은, 공중이 사안에 대해 제대로 생각해 보지 않았거나 잘 알지 못한 채 X를 생각한다고 아는 것과는 다르다.

무언가가 일어나고 있다는 두 번째 지표는, 참가자들이 숙의를 통해 더 많은 것을 알게 된다는 사실이다. 우리는 숙의조사에서 항상 지식문제를 포함하는 바, 이 문제들은 통계적으로 유의미한 지식획득을 보여준다. 첫 숙의조사인 영국에서의 숙의조사가 그랬고,[24] 미국에서의 전국 이슈컨벤션 숙의조사도 그랬으며, 거의 모든 숙의조사에서 유사한 점을 발견한다. 간혹 지식 변화 폭이 아주 클 경우도 있다. 교육정책에 관한 북아일랜드 숙의조사 사례를 살펴보자. 비록 표본이 (북아일랜드 정부 당국이 교육정책과 직접 그리고 법적으로 관련되는 것은 부모라고 간주하였으므로) 부모들로만 구성되었지만, 지식획득에 큰 증가가 있었다.

평균적으로 표본은 숙의 이전에는 북아일랜드 교육체제에 관한 지식질문에서 22%의 정답만을 알고 있었으나, 숙의 이후에는 50%의 질문에 바른 대답을 하였다. 예를 들어, 학교가 나이 많은 학생들을 위해서 더 많은 재정적 지원을 받는다는 사실을 아는 비율은 21%에서 79%로 증가하였고, 새 커리큘럼이 모든 학교로 하여금 14살 학생들 모두에게 최소 24개 과목을 선택할 수 있도록 해야 한다는 사실을 아는 비율은 21%에서 74%로 늘었다.[25]

더 많은 지식을 얻게 되는 것 외에, 참가자들은 면대면 토의를 통해 경합적 관점과 자신들과는 아주 다른 사람들의 견해에 대해서도 알게 된다. 뉴헤이븐에서 숙의조사방법으로 일련의 통제된 실험을 수행한 바, 면대면 숙의의 효과를 다른 숙의조사의 여러 처치와 구별하는 것이 가능했다.[26] 다른 처치들로는 사람들이 숙의장소에 도착하기 전 할 수 있는 예상학습을 포함하였고, 현장에서의 소그룹 토의와 전체회의를 포함하였으며, 참가자들의 비공식적 접촉인 커피브레이크와 식사도 포함하였다. 현장에서 발생하는 것을 따로 분리시켜 살펴보기 위해, 우리는 뉴헤이븐 메트로폴리탄의 15개 타운에서 두 가지 이슈 즉, 지역세 분담 가능성과 공항의 미래를 두고 프로젝트를 수행하였다. 참가자들은 16개의 소그룹에 분산되었는데, 절반은 먼저 지역세 문제를 다루었고 나머지는 먼저 공항의 미래를 다루었다. 첫 이슈를 마치고, 두 번째 설문조사에서는 처음 지역세 문제를 다룬 사람들이 공항의 미래를 다루고 나머지는 역으로 다루었다. 이런 의미에서 소그룹 절반은 나머지 절반에 대해 통제집단 역할을 하였다. 가장 큰 변화를 보여 준 지역세 분담 이슈와 관련하여, 대부분의 변화는 현장의 면대면 숙의에서 발생하였다. 두 이슈 모두 중요한 변화를 보여주었지만, 낮은 현저성(low salience) 이슈

인 지역세 분담에서의 변화가 훨씬 컸다.[27]

　우리의 논의를 개시하였던 비정제 여론의 네 가지 결함 즉, 합리적 무지, 허상의견, 소스 선별성, 조작에 취약한 점에 대해 살펴보도록 하자. 숙의조사의 소우주 숙의는 바로 이 네 개의 문제에 대한 해결책의 기초가 된다.

　첫째, 참가자들은 더 많은 것을 알고자 하는 데 있어서 효과적으로 동기부여가 된다. 각자는 300명 가운데 하나의 목소리, 15명 정도로 구성되는 면대면 토의의 소그룹에서는 15명 가운데 하나의 목소리를 갖는다.[28] 숙의 이전과 이후의 지식질문은 실질적 변화를 보여준다. 지식획득이 일어나는 이유는 참가자들이 자신의 목소리가 소중하다고 믿기 때문에 사안에 대해 더 많이 알고자 하는 데서 기인한다. 물론 숙의과정의 설계에서, 이들이 더 많은 정보를 얻고 안전한 공적 공간에서 경합적 논변을 접할 수 있게 해주는 것에도 기인한다.

　사안에 대해 더 많이 알고자 하는 변화된 인센티브의 사례로 저자 개인에게 인상적이었던 경우는, 1994년 영국에서 범죄 관련 숙의조사에서 만난 한 여성이었다. 그녀는 남편과 같이 왔으며, 저자에게 감사를 표하고 싶다고 하였다. 그녀에 따르면, 그녀 남편은 30년 동안 신문을 읽지 않았지만 숙의조사에 초대받은 이후 매일 모든 신문을 읽고 있으며, 은퇴하면 함께 살기가 더욱 흥미로울 것이라고 말하였다. 우리는 그에게 더 많은 것을 알고자 하는 이유를 제공한 것이다. 일단 한 번 경험하면, 이런 이벤트는 일생 동안 유지해온 습관마저 변화시킬 수 있는 것이다. 숙의조사가 끝나고 11개월이 지난 후 당시의 표본을 다시 만났을 때, 우리는 그들이 여전히 많은 것을 알고 있다는 사실을 발견하였다. 아마 그들은 주말 숙의의 집중토의에서 자극받은 이후, 여전히 신문을 읽고 미디어에 관심을 기울이고 있는 것 같았다.

두 번째 문제는, 전통적 여론조사에서 보고된 의견이 간혹 아예 존재하지 않는 여론인 경우가 있다는 점이다. 여론조사 응답자가, 자신이 모른다는 사실을 말하고 싶어 하지 않는 관계로 어정쩡한 태도를 취하거나 허상의견(phantom opinions)을 제시한다는 것이다. 이 현상은 미시간대학교의 필립 콘버스가 처음 발견한 것이다. 전국선거연구라는 패널이 1956년에서 1960년까지 여론조사에서 동일한 질문을 던졌다. 질문 가운데는 '전기를 공급하는 데 있어서 정부의 역할'처럼 현저성이 낮은 질문이 포함되었다. 질문과 답을 관찰하던 콘버스는 일부 응답자가 이 기간 동안의 패널에서 아무렇게나 답을 하는 것을 발견하였다. 그들은 이슈에 대해 조금도 유의하지 않았기 때문에, 그 전년도에 자신이 그 질문에 어떤 대답을 했는지조차 기억하지 못하고 일관성 있는 답을 하지 못했던 것이다. 콘버스는 이를 통해 결론 내리기를, 이들은 진짜 의견을 가지지 않았고 아무렇게나 답을 했다고 보았다.

숙의조사에서는, 보통시민들이 경합하는 논변들을 효과적으로 동기 부여되어 살펴보고, 자신들이 제기한 질문에 답을 얻으며, 신중한 판단에 도달한다. 첫 접촉시 자신의 견해를 갖지 못했더라도, 숙의과정이 끝날 때쯤에는 자신의 결론을 내리게 된다. 1996년 우리는 텍사스 전력회사들과 숙의조사를 진행한 바, 이들 전력회사는 통합자원기획의 일환으로 자신들의 서비스 지역에서 어떤 방법으로 전력을 공급할 것인가에 대해 공중과 협의하고자 하였다. 이들 회사는 석탄, 천연가스, (풍력이나 태양열 같은) 재생가능 에너지 가운데 어떤 것을 사용해야 하는지, 또는 (전력 사용을 줄이고 자연보호에 집중하는) 수요관리를 해야 하는지 결정을 내려야 했다. 전력회사들은 전통적 여론조사를 사용할 경우,

공중이 이 분야에 대해 잘 알지 못하고 아예 여론이라는 것조차 가지고 있지 않을 수 있다고 생각하였다. 콘버스의 허상의견에 대해 이들이 알지 못했겠지만, 이들은 기본적으로 유사한 생각을 가지고 있었던 것이다. 대안적으로 초점집단이나 작은 토의집단에 의지해 볼 수도 있었지만, 대표성을 가진 것으로 평가하기 어려울 터였다. 모두에게 개방된 타운미팅을 소집할 경우, 일반대중에 접근하기 어렵고 로비스트나 이익집단에 휘둘릴 것이 우려되었다.

그들은 숙의조사가 실행가능한 해결책이 될 것으로 결론 내렸다. 우리는 몇 가지 조건을 달고 그들을 돕기로 합의하였다. 이런 조건들은, 관련 당사자들의 자문위원회(advisory committee)가 구성되어 브리핑자료, 설문지, 주말 어젠다를 관리감독하도록 규정하였다. 이 자문위원회는 소비자단체, 환경단체, 대안에너지 주창자들, 전통적 화석연료 주창자들, 대규모 전력소비자 대표들을 포함하였다. 여기에 더하여, 우리는 이 프로젝트가 공적이고 투명한 것이 되기를 원하여 주말 숙의과정을 텔레비전에 보도하고, 텍사스주 공공사업위원회(Public Utility Commission)가 참여하여 소그룹이 제기하는 질문들에 답할 것을 원하였다.[29]

텍사스 여러 지역과 이웃 루이지애나에서 실시된 8번의 숙의조사에서 공중은 천연가스, 재생에너지, 자연보호가 포함된 방안을 지지하였다. 8회의 숙의조사를 평균적으로 보면, 월 전기료를 더 많이 낼 용의가 있는 사람 중 재생가능에너지를 지지하는 비율이 52%에서 84%로 상승하였다. 자연보호를 지지하는 비율은 43%에서 73%로 올랐다. 통합자원기획은 재생가능에너지에 대한 투자를 포함하여, 텍사스를 풍력발전 주 가운데 2위로 상승시켰으며, 2007년에는 캘리포니아를 추월하여 1위 주가 되었다.[30] 의심할 여지없이 숙의 마지막 단계에서 표명된 의견들은 어정쩡한 태도나 허상의견을 대체하였다. 여기서 요점은, 마지막에 표명된 의견들이 대표성을 지닌 소우주의 신중한 판단이라는 것이다. 다시 말해, 좋은 조건에서 그리고 균형과 투명성을 갖추기 위한 많은 노력이 경주된 이후에 공중이 생각할 바라는 것이다.

숙의조사가 개선하고자 하는 비정제 여론의 세 번째 결함은, 시민들이 공적 이슈를 토의하더라도 압도적으로 마음이 맞는 사람들 위주로 토의한다는 점이다. 보통의 사회조건은 반대되는 견해를 가진 사람의 논변을 진지하게 받아들이는 것을 용이하게 만들어주지 않는다. 덴마크에서 진행된 유로화에 대한 전국적 숙의조사의 경험은,[31] 자신의 집 환경에서 가진 면대면 토의와 숙의조사에서의 토의 차이를 잘 보여준다. 덴마크는 유로화 도입과 관련하여 찬반 양론이 거의 반반이었다. 우리의 설문이 포함하는 지식문제의 거의 절반은 가입에 찬성하는 사람들이 원용하고 싶어할 내용을, 나머지 절반은 가입에 반대하는 사람들이 원용하고 싶어할 내용을 담았다. 응답자들이 첫 인터뷰를 실시하고 주말 숙의가 시작되기 전의 그 사이 기간 동안, 부가적 설문지가 도착하도록 처리되었다. 이를 통해, 주말숙의가 시작되기 전까지 찬성 지지자들은 찬성쪽 정보만 관심을 기울이고 반대 정보는 관심을 보이지 않으며, 반대 지지자들은 반대쪽 정보에만 관심을 기울이고 찬성 정보에는 무관심했다는 점을 볼 수 있었다. 그러나 숙의의 마지막 단계에서 실시된 설문조사에서 격차가 줄어들었다. 주말 숙의과정에서 찬성 지지자들이 반대쪽 정보를 얻게 되고, 반대 지지자들은 찬성쪽 정보를 얻을 수 있었던 것이다. 면대면 토의를 진행하는 소그룹에 무작위로 배당된 사람들은, 자신의 집 환경에서 얻지 못했던 반대편 입장을 지지하는 정보를 알게 되었다. 숙의조사는 안전한 공적 공간(public space)을 만들어 줌으로써, 덴마크를 양분하였던 이슈에 대한 근본적 불일치에도 불구하고 이성에 기초한 논의를 진행할 수 있게 해 주었다.

간혹 다른 쪽 논변의 무게감은 인지적이면서도 감성적일 수 있다. 1996년 대통령후보자들 및 전국적 무작위 표본과 함께 진행되고 텔레비전으로 방송된 전국이슈컨벤션 숙의조사에서, 주제 가운데 하나는 복지개혁과 미국 가족의 현 상황이었다. 84세의 보수적인 한 백인 남성이 한 흑인 여성과 같은 소그룹에 배치되었다. 토의가 막 시작된 시점에 이 보수주의자는 흑인여성에게, 가족이란 동일 가계에 어머니 아버지가 자녀들과 같이 소속된 것을 의미한다면서 "당신은 가족이 없는 셈"이라고 말하였다. 이 발언은 토의를 계속 진행할 수 있을지에 대한 사회자의 사회적 능력을 테스트하였다. 주말의 숙의과정을 모두 마친 시점에서, 그 보수주의자는 흑인여성에게 "영어에서 제일 중요한 세 단어가 무엇인지 아시나요? '내가 틀렸어요.'라는 것입니다."라고 말하였다. 나는 항상 그 보수주의자의 발언을, 그가 그 흑인여성의 상황을 그녀의 관점에서 이해하게 되었다는 것을 의미한다고 해석해 왔다. 도덕적 토의의 특징은, 해당 문제를 영향을 받게 되는 사람들의 관점에서 즉, 그 사람의 역할을 맡아보는 것을 배우는 것이다. 이 경우, 주말 동안 내내 그녀와 같은 토의그룹에서 보냄으로써, 그 보수주의자가 자신의 관점 뿐 아니라 그녀의 관점에서 세계를 보게 되었다는 것을 의미한다. 정상적으로라면 이 두 사람은 가족에 대해 진지한 토의를 해 볼 기회를 결코 갖지 못했을 터였고, 복지에 대한 그 흑인여성의 의견은 텔레비전에서 스쳐지나가는 멘트에 불과한 것으로 남았을 터였다. 우리가 경합하는 논변을 이해하고자 한다면, 다양한 타인들에게 말을 걸고 그들의 관점에서 그들의 관심사와 가치를 이해할 필요가 있다. 안전한 공적 공간에서 무작위로 배당된 무작위 표본과 가지는 토의는 이것을 달성할 수 있다.

숙의조사가 다루고자 하는 비정제 여론의 네 번째 결함은, 조작에 취약한 점이다. 비정제 여론은 낮은 지식 수준으로 인해, 오정보에 쉽게 노출되는 점으로 인해, 타산적으로 불충분한 정보로 인해, 특정 목적을 위한 사전 정보 주입으로 인해, 변덕스럽기 때문에 조작에 취약하다. 숙의적 소우주의 세팅에서, 보통시민으로 구성되는 과학적 표본은 조작되지 않고 심사숙고할 수 있는 권한이 부여되어야 한다. 즉흥적 의견에 비해 변덕스럽지 않은 신중한 판단에 도달해야 한다. 참가자들은 해당 이슈를 토의하고 사고하면서 시간과 노력을 쏟아 붓게 된다. 신중한 판단에 이르기 위해 경합하는 논변들을 평가한 뒤이기 때문에, 그들이 내린 결론은 참가자들이 자신의 일상으로 돌아간 이후에도 상당 기간 관성이 유지된다.[32]

사람들이 낮은 수준의 정보만 가졌을 때는 지름길(shortcuts)이나 간편추론(heuristics) 이외에 판단의 기초가 별로 없다. 후보자의 정책에 대해 아무 것도 알지 못한다면, 개성적 특징이나 호감도로 그 후보자를 평가하게 된다. 그런데 시민들이 숙의할 경우에는, 후보자의 특성 이외에 이슈도 함께 고려한다는 점을 발견하였다.[33] 그들이 더 많은 정보를 가진다면, 후보자와 정책에 대해서 평가할 다른 맥락을 더 갖게 되는 것이다. 또한 숙의과정에서 오정보(misinformation)의 영향을 받지 않도록 하는 조치도 필요하다. 숙의조사는 토의의 기초가 될 수 있는 오정보나 부정확한 정보를 추려 내기 위해 설계에 유의한다. 브리핑자료는 상이한 관점들을 대표하는 이해관계자들의 검토를 거친 후 동의를 얻은 것으로, 균형 잡히고 정확한 것으로 확인된다. 참가자들이 확신하지 못하는 질문들은 전체회의로 가져가서 경합하는 전문가들로부터 대답을 듣는다. 이 과정은 오정보의 영향을 다른 관점을 가진 전문가들의 더 나은 설명으로 대체하기 위하여 설계되어진다.

이런 설계는 타산적으로 부정확한 정보에 대해서도 마찬가지이다. 한쪽 면의 주창자들이 자신들의 관점을 확신에 차서 설명한 이후에는, 다른 측면의 주창자들이 대응할 수 있어야 한다. 우리가 수행한 텍사스 에너지 프로젝트에서, 석탄 주창자는 천연가스나 재생가능에너지 주창자들과 패널을 공유함으로 해서 석탄의 이점을 과대포장할 수가 없었다. 각자 관점에서 이점을 밝히며, 토의에서 동등한 기회를 가졌던 것이다. 특정측면을 더 부각시키는 문제에도 유사한 설계가 적용되어야 한다. 특정측면 부각시키기(priming)는 관심도가 낮은 사안의 경우에 도움이 되기도 한다. 하지만 경합하는 이해관계자들이 최소한 자신들의 입장을 토로할 기회는 가져야 한다. 경합하는 논변과 관점들을 따져보느라 많은 시간을 보내야 하는 환경에서는, 한 관점만의 특정 측면을 부각시키는 것이 더 어렵다.

앞에서 우리는 숙의의 질과 관련된 다섯 가지 지표를 특정했었다:

1) **정보**: 참가자들이 이슈와 관련된 것으로 믿는 합리적으로 정확한 정보에 얼마나 접근할 수 있는가의 정도

2) **실질적 균형**: 충돌하는 한 쪽이나 한 관점이 제기하는 논변이 다른 관점을 가진 사람들에 의해 제기되는 논변에 의해 얼마나 응답을 받는지의 정도

3) **다양성**: 공중이 가지고 있는 주요입장들이 토의 참가자들에 의해 대표되는 정도

4) 성실성: 참가자들이 논변의 장점들을 진지하게 평가하는 정도

5) 동등한 고려: 모든 참가자들이 제기하는 논변들이 어떤 장점을 가지고 있는지 그 논변을 제기하는 사람이 누구인가와 무관하게 고려되는 정도

이미 살펴본 것처럼, 숙의과정에서 지식질문은 상당한 학습을 가능하게 한다. 우리는 자기보고서(self-reports)에 의존하지 않고, 정답을 가졌으며 여러 옵션이 있음으로 해서 참가자들이 단순히 추측만으로 대답할 수 없는 (따라서 정답/오답 질문이 아닌) 그런 질문들에 의존한다.

위에서 언급한 바 있는 덴마크 경험은 실질적 균형을 갖춘 사례를 보여주는데, 이는 숙의 전과 후의 설문지에 대한 답을 통해 추론 가능하다. 국민투표 찬반 양론의 어느 한 편 지지자들은 소그룹 토의 동안 다른 편을 지지하는 정보를 얻게 되었다. 이 문제에 대한 다른 접근 방법으로 숙의과정 자체를 들여다보는 것이 있다. 앨리스 슈(Alice Siu)는 소그룹 토의의 녹음자료를 연구하고 분류함으로써 숙의의 블랙박스를 열었다. 소그룹 토의의 녹음자료를 확보하고 있던 5개의 미국 숙의조사에 기초하여, 그녀는 소그룹 토의에서의 발언을 (1)참가자들이 단순히 자기 입장만 표명하는지, 아니면 자신의 입장을 정당화하는 이유까지 포함하여 설명하는지에 따라, (2)어느 쪽 편을 드는지에 따라, 분류하였다. (2)의 분류는 주어진 소그룹에서 표현된 논변 풀(pool)에서 어느 정도의 균형이나 불균형이 갖추어졌는지를 연구할 수 있게 해 준다.

그녀의 연구로부터 숙의의 질과 관련된 두 가지 결론이 도출된다. 하나는, 정당화 논변들은 그렇지 않은 논변들보다 여론을 더 많이 움직인

다는 것이다. 다시 말해, 자신의 입장만 표명하는 논변보다 자신의 입장을 갖게 된 이유를 설명하는 논변들이 여론변화에 더 큰 영향을 미쳤다. 둘째, 논변 풀에서의 불균형은 주로 사안에 대해 잘 알지 못하는 사람들의 의견에 영향을 미쳤다는 것이다. 불균형은 다루는 안건에 대해 잘 알고 있는 사람들의 의견에는 거의 영향을 미치지 못했다. 이로부터 우리는, 숙의에 적극 관여한 사람들 가운데 누가 균형 잡힌 논변들을 측정하고 이를 통해 더 많은 지식을 얻게 되는지에 관한 그림을 얻게 된다.[34]

균형 잡힌 논변에 대해 잘 알고 숙의한 사람들이, 우리의 첫 두 가지 지표에 말을 한 것이다. 세 번째 기준은 공중이 가지고 있는 주요입장들이 토의 참가자들에 의해 대표되는 정도의 다양성이다. 숙의조사는 설계에 따라 광범위한 설문조사를 마친 후에만, 참가자들을 충원한다. 따라서 참가자들의 정책태도와 가치가, 나머지 전체 모집단의 태도와 가치로부터 얼마나 다른지 그 정도를 평가할 데이터가 항상 마련된다. 앞에서도 언급한 것처럼, 참가자들과 불참자들 사이에 통계적으로 유의미한 차이는 별로 없다. 따라서 잘 수행된 프로젝트라면, 소우주의 관점들이 동일한 이슈에 대하여 사회 전체가 가진 같은 관점의 다양성을 대표한다고 주장할 분명한 토대가 있는 셈이다.

숙의의 질에 관한 네 번째 기준은, 참가자들이 논변들의 장점을 진지하게 평가하는 것이다. 인간의 얼굴을 가진 (숙의) 여론조사는 질적으로나 양적으로 충분한 데이터를 수집하는 기회를 제공하기 때문에, 우리는 다양한 토픽에 대한 숙의의 광범위한 관찰 경험을 가질 수 있다. 숙의조사에서 소그룹 토의 참가자들이 진지하게 찬반 양론을 평가한다고 믿지 않는 경우는 거의 없다. 토의에 미리 정해진 선호를 가지고 들어오거나 자신들의 입장을 관철하기 위해 타산적으로 (strategically) 행동하는 경우는 거의 없다. 대신에 그들이 열린 마음으로 들어온다는 충분한 증거가 있고, 선호의 변화 정도는 그들이 경합하는 논변들에 대해 열린 자세로 응한다는 증거가 된다. 공중의 무작위 표본은 확고한 의견을 가진 열성활동가처럼 행동하지 않는다. 그들은 이슈를 계산하는 데 있어 열성활동가들보다 훨씬 적은 시간을 들인다. 따라서 진지한 행위보다 미리 정해진 신념을 실행하려는 의도를 가진 타산적 행위의 그림은, 상호존중의 분위기를 가진 안전한 공적 공간에서 모두가 신중한 판단에 도달하는 맥락에 잘 적용되지 않는다.[35]

다섯 번째 기준은, 참가자들이 누가 제공하든 상관없이 제기되는 논변의 장점을 살펴본다는 것이다. 이 문제는 열등한 지위에 있는 사람들의 의견이 저평가되고, 우월한 지위에 있는 사람들의 의견이 자신들 논변의 장점 때문이 아니라 사회적 지위 때문에 숙의과정을 지배하는 문제와 관련되는 것이다. 우리는 다음 절에서 지배와 분극화와 같은 숙의의 왜곡을 논할 때 이 문제를 다룰 것이다.

## 지배의 문제가 발생하는가?

숙의의 이상은 참가자들이 이슈에 대해 잘 아는 상황에서 경합하는 논변들에 대한 평가를 거친 후 논변들의 장점에 대해 실질적인 결론에 도달하는 것을 요청한다. 그러나 숙의가 실행될 때 이러한 이상적 목표들이 어떻게 역효과를 내게 되는지에 대해 두 가지 비판이 있다. 하나는 숙의가 유리한 사람들에 의해 지배될 것이라는 주장이고, 다른 하나는 분극화가 초래된다는 주장이다.

두 주장 모두, 이슈의 장점과는 상관없이 유지되는 집단과정에 대한 예상가능한 패턴을 상정하고 있다. 이런 점에서 두 주장 모두 숙의가 갖는 규범적 장점을 손상시킨다. 만일 집단심리의 예상가능한 패턴이 그 결과를 결정한다면, 사람들이 그 장점에 대해 결정을 내린다는 점을 어떻게 생각할 수 있겠는가?

지배 논변은, 숙의가 누가 논변을 제기하든 상관없이 논변의 장점에 대해 동등한 고려를 달성하고자 하는 목표를 달성하지 못한다고 공격한다. 숙의의 어려움은, 그 과정이 요청하는 평등이나 동등한 고려의 분위기가 실제 사회구조가 상당한 불평등을 안고 있는 사회에서 발생한다는 점에 있다. 이런 불평등은 소득, 교육, 인종, 성, 종족집단에 있어서 발생한다. 더 넓은 사회의 이러한 불평등이 인위적으로 설계된 포럼에서 추정되는 숙의의 동등한 맥락을 왜곡할 것으로 보인다. 삶의 불평등이 숙의과정의 기대되는 평등을 오염시키는 것이다.

이런 왜곡은 여러 가지 방식으로 발생한다고 주장된다. 첫째, 특권층은 더 많이 발언하고 자신들의 관점을 밀어붙일 기회를 갖게 된다. 둘째, 그들은 논변을 만들어 내는 능력에서, 논변을 실행할 수 있다는 효능감에서, 타인들이 특권층이 말하는 바의 장점 때문이 아니라 우월한 사회적 지위 때문에 제공하는 존경심에서, 더 유리하다. 여기에 더해, 자신들의 견해를 밀어붙이는 데서 성공하는 사실도 그들의 이익이 될 것이다. 정치나 정책에 대한 숙의에서도 언제나 이익이 걸려 있는 법이다. 논쟁에서 이길 수 있는 유리한 위치를 점한 사람들은, 균형 잡히고 중립적일 것으로 기대되는 과정을 이용해서 자신들의 사적 이익을 증대시킨다.

아이리스 영, 린 샌더스, 낸시 프레이저 등이 제기한 이런 우려 때문에, 경험적 연구 프로그램에서 이러한 왜곡이 발생하는 정도를 파악하고 어떤 설계를 통해 이 문제를 피할 것인지 평가하는 것이 중요하다. 불평등으로부터 초래되는 왜곡을 다루는 대부분의 경험적 문헌은 분극화로부터 초래되는 왜곡을 다루는 문헌들처럼, 주로 배심원 제도에 관한 연구에서 나오고 있다. 그러나 배심원과 숙의조사의 차이를 주목하는 것이 중요하다. 배심원은 합의된 평결에 도달한다. 그러한 합의의 필요성이 사회적 압력으로 작용할 수 있다. 이와는 대조적으로, 숙의조사는 비밀 설문조사를 통해 의견을 끌어내고, 어떤 합의를 위한 압력도 회피함으로써 표명된 의견에 대해서 개인 차원에서도 연구가 가능하다. 또한 배심원은 조정된 토의를 갖지 않는다. 배심원 대표(foreman)는 리더이지 사회자가 아니다. 배심원 대표는 배심원 멤버 가운데 한 명이며, 상대적으로 평등한 참여를 장려할 책임을 지지 않는다. 대체로 배심원들은 경합하는 전문가나 정치가들에게 자신들의 질문을 제기하는 것이 허용되지 않는다. 이와 달리, 숙의조사에서는 숙의자들이 전문가나 정책결정자들에게 질문을 던지고 이에 대한 답을 얻어낸다. 더구나 법정에서 배심원단 앞에 제시되는 설명은 적대적 과정에 의해 추동된다. 증거의 규정이 토의를 제약하고, 배심원단의 구성과 규모가 통계적 대표성을 지지하지 않는다. 배심원들은 모든 증거와 논변들이 제시된 이후에야, 함께 숙의한다. 이와 대조적으로, 숙의조사 참가자들은 처음부터 그리고 숙의조사 전 과정을 통하여 숙의한다. 그리고 전문가와 정치가들에게 제기할 질문을 정하고, 이들로부터 대답을 받는다. 따라서 배심원 제도에서는 엘리트가 먼저 오고 시민들이 숙의한다면, 숙의조사에서는 시민들의 숙의가 먼저 오고 시민들의 질문에 대답하는 과정에서 엘리트들과의 대화가 나중에 따른다. 어쨌든, 상이한 설계요소들이 왜곡된 결정 과정에 대한 상이한 결론으로 이끈다.

일부 숙의조사에서는 모든 소그룹토의가 기록되었고, 이를 통해 사용된 단어의 분포와 제공된 논거의 종류에 대한 연구가 가능했다. 앨리스 슈는 미국에서 실시된 다섯 가지 숙의조사에 대한 자신의 연구에서, 이 두 가지 질문을 다루었다. 단어의 배분과 관련하여 그녀는 "어떤 특정 성, 인종, 인구학 요소도 숙의를 지배하지 않았다."고 결론을 내렸다. 미국에서의 의료와 교육과 관련한 한 숙의조사에서는, (사용된 단어의 수를 통해 판단할 때) 가장 발언을 많이 한 집단은 덜 교육받은 비백인 여성이었고, 바로 이어서 고등교육을 받은 비백인 여성이었다. 가장 적은 발언을 한 집단은 고등교육을 받은 백인 남성이었다. 2004년에 프라이머리 캠페인 당시 실시된 한 숙의조사에서는 이 패턴이 거의 정반대였다. 이들 숙의조사 모두에서 모집단은 미국의 전체 성인이었고, 이를 대표하는 표본을 사용하였다.[36]

발언이 공평하게 배분되더라도 영향력은 그렇지 않을 수 있다. 우리가 각 토의주제 당 이슈 지수를 살펴보고 소그룹 레벨에서의 움직임을 분석하면, 5가지 숙의조사는 총 354개의 소그룹/이슈 조합을 보여 준다 (각 숙의조사 당 이슈의 수 곱하기 소그룹 수). 슈는 백인, 남성, 고소득 참가자, 고등교육 수혜자들의 원래 입장으로부터 어느 방향으로의 어떤 중요한 움직임 패턴도 발견하지 못했다. 보다 유리한 지위의 사람들 방향으로 움직임이 있었던 경우도 절반의 경우에만 해당되었다. 다시 말해, 한 그룹이 절반의 경우에서 더 많이 교육받거나 백인이거나 더 부유한 집단이거나 남성이 택한 원래 입장 방향으로 움직인 반면, 나머지 절반의 경우에는 이들 좀 더 유리한 사람들 입장으로부터 더 멀어졌던 것이다. 그리고 각 방향으로의 움직임의 수가 아니라 움직임의 크기를 측정했을 때, 전체 움직임의 범위에서 차지하는 퍼센티지를 따질 경우 그

크기는 아주 작은 것에 불과했다.[37]

정확한 이유를 파악하기 위해서는 더 많은 경험적 연구가 축적되어야 하겠지만, 숙의비판자들이 제기하는 것과 같은 숙의과정을 왜곡하는 실질적인 불평등의 패턴이 없다는 사실은 이미 분명하다. 첫째, 숙의조사에서 발생하는 변화는, 교육, 인종, 성, 소득 등과 같은 어떤 표준적인 사회경제적 요소로부터도 전혀 예측가능하지 않다. 변화 정도는 이 요소들 가운데 어느 것과도 상관관계가 없다. 물론 이론적으로는 여전히, 특권층이 지배한다거나 특권층이 토의를 자신들에게 유리하게 전환시킨다고 주장할 수 있겠지만, 특권층이 모두를 그런 방향으로 유도할 수 있다고 주장하는 것은 무리한 일이다. 우리가 본 것처럼, 사람들의 의견이 특권층의 원래 입장 방향으로 또는 그 반대로 움직이는 것에 대한 분석도, 우월한 사람들이 숙의과정을 지배할 것이라는 우려를 불식시킨다.

## 분극화가 일어나는가?

카스 썬스타인이 제기한 분극화 주장은 다른 종류의 왜곡을 대표한다. 썬스타인은 예측가능한 패턴이 있다고 주장한다. 즉, 그룹토의는 불가피하게 극단(extremes)으로 가게 된다는 것이다. 그의 '집단분극화(group polarization) 법칙'은 어느 이슈의 중간지점이 있을 때, 집단의 평균입장이 중간지점의 어느 한 편에서 시작하면 같은 방향으로 중간지점으로부터 더 멀리 떨어지게 된다고 주장한다. 다른 편에서 시작하면, 그 방향으로 중간지점으로부터 더 멀어지게 된다는 것이다.[38]

우리는 15가지 숙의조사에서의 1,848가지 소그룹/이슈 조합으로 분극화 정도를 관찰하였다. 소그룹이 중간지점으로부터 멀어진 비율은 50%였다. 다시 말해, 나머지 50%의 경우 움직임은 오히려 중간지점을 향해 일어났고, 따라서 썬스타인이 의미하는 분극화는 전혀 발생하지 않았던 것이다. 이 숙의조사들은 미국(6개 사례), 영국(5개 사례), 불가리아, 중국, 그리스, 호주 등 여러 나라에서 수행되었고, 모든 조사가 과학적 무작위표본과 면대면 토의를 채택하였다.[39]

분극화가 아니라 오히려 우리는 동질화를 보여주는 약간의 증거를 발견하였다. 소그룹/이슈 조합의 약 56%에서 그룹 내 다양성이 줄어드는 방향으로 그룹 간 수렴현상이 있었던 것이다. 다시 말해, 숙의 이후 그룹의 의견이 다양성을 보여 준 것은 44%에 불과했다. 통계적으로는 유의미했지만, 동질화 방향으로의 실제 움직임 정도는 크지 않았다.[40] 게다가, '집단사고' 논변의 일반적인 내용은, 집단은 대체로 대안들을 제대로 고려하지 않고 수렴하는 경향이 있다는 것이다. 집단심리 비판자들의 요지는 사회적 순응이 사고를 대체한다는 것이다. 그러나 숙의조사는 변화가 무사고에서 나오는 것이 아니고, 경합하는 논변들에 대한 지적 평가로부터 나온다는 많은 지표를 가지고 있다.

숙의조사에서 대체로 이러한 소그룹 왜곡을 피할 수 있었던 이유는 무엇일까? 먼저 분극화를 초래하는 두 가지 전제 즉, 논변 풀(pool)에서의 불균형과 숙의자들 사이의 사회적 비교 효과에 대해 알아보자. 썬스타인과 그의 동료들이 수행한 종류의 배심원 실험을 보면, 이 두 가지 메카니즘이 어떻게 나타나는지 쉽게 볼 수 있다. 배심원단은 실제 숙의에서, (사회자가 부재함으로 인해) 발언 시간에 있어서나 토의 어젠다에 있어서 균형 요소를 결여한다. 더구나 배심원들은 합의된 평결에 도달해야 한다는 조건이 있어, 사회적 비교효과를 가져올 사회적 압력에 직면하는 것이다.

이와 대조적으로 숙의조사에서는, 처음 시작 단계에서부터 논변 풀에 균형 요소가 있다. 브리핑자료는 이해관계자들로 구성된 자문위원회의 주의깊은 심사를 거치는데, 이들은 토의의 토대로서 경합하는 논변들과 좋은 정보를 보장한다. 소그룹들은 훈련된 사회자를 포함하는 바, 이들은 모두에게 발언 기회를 주고 아무도 토의를 지배하지 않도록 주의를 기울인다. 이 소그룹들은 무작위표본이 무작위로 배분됨으로 해서 다양성을 보여준다. 소그룹들이 제기하는 질문에 답을 하는 전체회의에서는, 경합하는 전문가들과 정책결정자들이 동일한 질문에 대해 경쟁적인 대답을 함으로써 균형을 잡는다. 전체회의의 사회자가 토의의 초점을 유지한다면 논변 풀에 상당한 균형이 갖추어진다. 마지막으로, 숙의조사는 합의를 요구하지도 합의를 목표로 하지도 않는다. 참가자들의 최종적인 신중한 판단은 비밀설문조사를 통해 나온다. 사회자들은 소그룹에서 집단적인 입장이 표명되거나 거수로 표결하거나 표계산을 하지 않도록 유의한다. 소그룹이 합의하고자 노력하는 유일한 것은 전체회의에서 제기할 질문들이다. 한 이슈에 대해 전혀 의견일치를 보지 못하더라도 그 질문에 답하는 것이 중요하다는 사실에 대해서는 의견의 일치를 볼 수 있다. 그들은 여러 다른 관점에서 여러 다른 답을 기대한다. 비밀설문조사에 답함으로써 사회적 비교효과도 피할 수 있다. 숙의자들은 자신들의 최종결정이 무엇인지 알릴 필요가 없고, 사회자가 모두에게 자유로운 참여를 보장하기 위해 애쓰므로, 다수의 입장에 동조해야 한다는 압력이 별로 없다.

주로 순응을 요구하는 집단적 압력과 표명되는 관점의 다양성 부족을 문제삼는 집단사고 메카니즘에 대해서도 유사한 점을 지적할 수 있다.

외교정책과 관련하여 서로 말을 나누는 소규모 의사결정 간부진들은, 부족한 논변 풀과 합의에 도달해야 한다는 압력 때문에 집단사고로부터 고통을 당할 수 있다. 그러나 숙의조사에는 무작위로 추출된 공중의 대표성있는 표본이 있고, 경합하는 전문가들과의 상호작용을 통한 균형잡힌 어젠다가 있기에, 논변 풀이 상당히 넓다. 마지막 단계의 비밀설문조사는 합의를 위한 압력이 거의 없거나 존재하지 않는다는 증거가 된다. 따라서 숙의조사에서는, 사회적 순응의 압력으로 인해 비이성적 합의가 초래되는 집단사고의 그림을 대부분 회피할 수 있게 된다.

## 어떤 효과를 가져오는가?

앞에서 우리는 숙의조사가 공적 대화와 실질적 결정을 통해 참가자들과 더 넓은 세상에 가지고 올 일련의 효과에 대해 대강의 윤곽을 살펴본 바 있다. 우리는 다양한 국가에서 다양한 주제를 두고 다양한 기관의 후원을 받고 수행한 프로젝트의 리스트를 보유하고 있다. 과거에 수행된 프로젝트의 경우 데이터에 약간의 누락된 부분도 있어서, 숙의조사 효과에 대한 아이템 모두에서 충실한 일반화가 어려운 점도 없지 않다. 프로젝트 가운데는 지역적 파트너와 수행하여 달성하고자 하는 어젠다가 너무 다양한 면도 있다. 그러나 다양한 여러 프로젝트들은 다음과 같은 범주에서 숙의조사의 효과에 대한 통찰을 가능케 한다: (1)정책관련 태도에서의 변화; (2)투표의도에서의 변화; (3)시민역량에서의 변화; (4)집단적 일관성에서의 변화; (5)공적 대화에서의 변화; (6)공공정책에서의 변화. 이들 범주를 차례대로 살펴보도록 하자.

## 정책관련 태도에서의 변화

　숙의조사의 목적과 관련하여 중요한 것은 정책관련 태도의 변화로서, "무엇을 할 것인가?"의 질문에 대한 답에서 일어나는 변화를 주목한다. 우리는 1995년에서 2004년 사이에 진행된 9가지 국가 차원의 숙의조사에서 나타난 정책관련 태도의 58개 지수를 연구하였다. 네 가지 숙의조사는 미국에서, 다른 네 가지는 영국에서, 나머지 하나는 호주에서 실시되었다. 주제는 미국외교정책(2003)으로부터, 미국 총선(2004), 유럽에서의 영국의 미래(1995), 그리고 영국 총선(1997) 등으로 다양했다. 모든 표본은 전국 단위였으며, 크기는 238에서 347 사이에 있었다. 숙의조사 가운데 7차례는 면대면으로 수행되었고, 두 차례는 온라인으로 수행되었다.

　첫 번째로 주목할 점은 정책관련 태도에서 상당한 변화가 있었다는 사실이다. 58개 지수 가운데 72%가 첫 설문조사의 대답과 숙의 종료 시의 대답 사이에 통계적으로 유의미한 변화를 보여주었다. 변화의 폭도 아주 컸다.[41]

　두 번째로 지적할 점은 현저성의 효과(effect of salience)가 분명하다는 것이다. 현저성이 높을수록 즉, 두드러진 이슈일수록, 변화 가능성이 크지 않다. 응답자가, 비록 일상생활에서 불완전하고 균형 잡히지 않은 숙의일지라도, 이미 다루어 본 적이 있는 이슈일 경우, 그들은 그 이슈에 대한 자신의 견해를 잘 바꾸지 않았다. 이미 확고한 자신의 견해에 도달한 것이다. 만일 우리가 현저성을 첫 번째 설문지의 지식점수로 계산한다면, 지식점수와 의견변화 사이에는 강한 부정적 관계가 성립된다.[42]

　상당한 태도변화가 있지만, 비록 아무런 변화가 없더라도 숙의는 가치가 있다. 만일 공중이 X를 해야 한다고 생각하지만, 그 이슈에 대해 그다지 많은 사고를 하지 않았으며, 자신의 견해나 그 근거를 대안적 정책과 비교하여 테스트하지 않았다면, 규범적 정당성 관점에서 이들 견해를 얼마나 진지하게 고려해야 하는지 논쟁거리가 될 수 있다. 일종의 '숙의적 에누리(deliberative discount)'가 있는 것이다. 물론 그런 견해도 사람들이 실제로 가지고 있는 견해이므로 무효화시킬 수는 없다. 그러나 이런 견해는 '즉흥적' 범주의 의견으로 보아야 하며, 단지 불완전한 합리화만 가능한 TV뉴스나 신문헤드라인에 대한 단순한 인상에 불과한 것으로 볼 수 있다. 이런 견해는 반대되는 의견에 대해 거의 생각하거나 고려해 보지 않은 것들이다. 이와 달리, 만일 이런 견해가 진지한 숙의를 거치고도 변하지 않고 살아남는다면, 그때는 숙의적 에누리를 올려야 한다. 좋은 정보를 가진 반대논변의 테스트를 통과한 것이기 때문이다. 따라서 아무런 변화가 없다고 해도 잘 진행된 숙의조사가 내리는 결론은 공중의 신중한 판단을 대표하는 것이다. 공중의 태도변화가 있든 없든, 정책결정자들이나 공적 대화에 관심을 가진 사람들에게 중요한 것은 바로 이러한 공중의 신중한 판단인 것이다. 즉흥적 의견들이 전통적 여론조사에서 나온 견해와 일치하는 경우가 있더라도, 그 견해들이 반대논변의 테스트를 거치지 않거나 정책대안에 대한 진지한 숙의의 테스트를 받지 않은 경우, 신뢰하기가 어렵다.

## 투표의도에서의 변화

 앞에서도 보았듯이 일반유권자들의 경우 지식수준이 높지 않다. 물론 현대민주주의 사회의 투표장에서 내려야 하는 투표 결정이 많은 정보나 지식을 요하지 않는다고 주장하는 사람들도 있다. 샘 폽킨이 사용하여 유명해진 문구처럼, '저정보합리성(low information rationality)'도 간편추론(heuristics)을 사용함으로써 얼마든지 '고정보합리성'에 다가갈 수 있다. 또는 아서 루피아가 지적한 것처럼, '단편지식'들도 '백과사전 분량의 지식'에 다가갈 수 있다.[43] 이들에 의하면, 유권자들은 일상생활의 부산물로 획득하는 지식 조각들로부터 얼마든지 추론할 수 있기 때문에 많은 정보를 얻을 필요가 없다. 국민투표 사안의 세세한 부분을 알지 못하더라도, 어느 정당이, 어떤 유명인사가, 어떤 이익집단이 찬성하거나 반대하는지 알 수 있다면, 국민투표 사안에 대한 자신의 판단근거를 찾느라 고민하지 않고도 결론을 내리는 데 있어서 그것으로 충분하다는 것이다. 물론 정당, 유명인사, 이익집단의 입장과 같은 간편추론의 핵심사항들을 안다는 것 자체가 지식이며, 널리 보급되지 않은 것일 수도 있다. 어떤 간편추론이 도움이 되는지를 파악하고, 그 방법이 투표하는 데 있어서 정말로 도움이 될지 알아보는 데 있어, 시간과 노력이 필요할 수도 있다. 하지만 도움이 되는 간편추론이 있을 경우, 그러한 정보는 보다 많은 지식에 기반을 둔 투표에 다가가기에 충분하다고 볼 수 있다.

1999년에 호주는 현재의 영국여왕이 임명하는 총독을 의회 의원 3분의 2로 선출되는 대통령으로 대체할지 즉, 공화정으로 정체를 변경시킬지에 관한 개헌국민투표를 실시하였다. 동 제안은 '개헌준비회의'가 제안한 것으로서, 이 기관은 개정헌법이 총독을 대체하는 방법에 관하여 숙고하였다. 개헌준비회의는 일부 보통시민도 포함하였지만 기본적으로는 엘리트숙의 기구였다.

국민투표에 관한 공적 토의에서 세 가지 방안이 제시되었는데, 각 방안 모두 상당한 지지자 그룹이 있었다. 그 세 가지는, 현상유지, (간접선거에 의한 대통령이라는) 국민투표 제안, 그리고 직선제에 의한 대통령이었다. 직선대통령 안은 널리 논의되었고 여론조사 항목에는 포함되었지만, 국민투표 안건에는 오르지 않았다. 따라서 공화주의자 가운데 직선대통령을 선호하는 사람들과 간선대통령을 선호하는 사람들로 나뉜다는 사실이 중대한 차이를 가져올 것으로 예상되었다. 직선론자들은 간선대통령제를 지지할지 현상유지를 지지할지 결정을 내려야 했다.

국민투표 실시 수 주 전에, 우리의 호주 협력자 호주이슈숙의라는 기관의 팸 라이언박사 주도 하에 숙의조사가 진행되었다. 국민투표에서의 찬성측 위원회 및 반대측 위원회와 아주 유사한 자문위원회가 구성되어 균형과 정확도를 위해 브리핑자료를 검토하였다. 이 브리핑자료는 숙의 전과 후의 체계적 설문지의 기초가 되었고, 호주선거연구회가 관장한 테스트 이후 통제집단에 대한 설문조사에서도 이용되었다.

국민투표 실시 2주 전 주말에, 대표성을 지닌 전국 표본인 호주 유권자 347명이 캔버라에 있는 구의회 의사당에 모였다. 이 표본은 3일에 걸쳐 소그룹에서 숙의를 진행하였고, 전체회의에서 경합하는 전문가와 정치가들에게 제기할 질문을 구상하였으며, 이 과정은 호주방송사의 전국망을 통해 보도되었고 호주판 '60분'에 방송되었다.

주말 숙의를 종결하는 시점에 숙의자들의 국민투표안에 대한 지지는 첫 접촉시의 57%에서 73%로 크게 증가하였다. 다른 질문들은 변화의 동학을 엿볼 수 있게 해준다. 세 가지 방안 가운데, 대통령직선에 대한 지지는 첫 선택에서는 1위였지만 마지막 선택에서는 전체의 5분의 1 지지만 얻는 데 그쳤다(지지율이 51.5%로부터 20.5%로 떨어졌다). 현상유지 방안은 첫 선택에서는 2위였지만 마지막 선택에서는 꼴찌였다(27.5% 지지율에서 15.7%로 줄어들었다). 국민투표안의 제안은 첫 선택에서는 꼴찌였지만, 마지막 선택에서는 1위였다(21% 지지율에서

64%로 지지율이 올랐다).

호주 숙의조사는 또한 큰 폭의 지식증가 사례를 보여 주었다. 다섯 가지 지식질문에서 정답을 맞힌 비율은 39%에서 78%로 증가하였다. 예를 들어, 영국여왕이 호주수상의 권고를 받고 총독을 임명한다는 사실을 제대로 아는 비율이 39%에서 85%로 상승하였다. 게다가 지식획득은 의견변화를 추동하였다. 자신의 견해를 바꾼 사람들도 바로 더 잘 알게 된 사람들이었다.

개헌준비회의의 엘리트숙의자들과 숙의조사의 시민숙의자들 모두, 직접선거가 대통령의 권한에 어떤 영향을 미치게 되는지를 검토한 후에, 간접선거의 장점을 깨달았다. 대통령 간선제안은, 대통령을 뽑아야 한다면 당연히 자신들이 직접 뽑아야 한다고 생각하는 사람들에게 별로 호소력이 없는 방안이었다. 하지만 이런 생각은 직선으로 선출된 대통령과 총리와의 관계를 어떻게 설정할 것인지 제대로 고려하지 않았다. 공중이 나머지 정치체제를 손보지 않고 그대로 유지하고자 한다면, 엘리트 개헌준비회의가 움직였던 그런 방향으로 움직인 것이다.

우리는 앞에서 민주주의 모델들 사이에 하나의 근본적인 질문이 엘리트숙의 모델 및 경쟁적민주주의 모델과 보통시민의 숙의민주주의적 열망 사이의 논쟁을 부채질하는 것을 볼 수 있었다. 즉, 보통시민도 엘리트처럼 숙의할 능력이 있는가 하는 질문이다. 호주의 공화국화와 관련된 프로젝트는 (매디슨적인 엘리트숙의 모델인) 개헌준비회의가 내린 결론과 숙의조사 사이에 일종의 수렴이 있다는 사례를 보여주었다. 결과가 달리 나온 것은 대중에 의한 국민투표제민주주의인 실제 국민투표에서였다. 호주의 강제투표제와 낮은 정보 수준에 기인한 것으로도 볼 수 있지만, "정치가들만의 공화정에 반대한다!"는 구호가 대통령직선

공화주의자들과 간선 공화주의자들 사이의 분열을 재촉하였다.

1997년 영국 총선 당시 실시된 숙의조사는 전국적으로 텔레비전으로 보도되었는데, 치열한 경쟁이 전개된 선거캠페인 조건에서도 숙의가 투표의도의 드라마틱한 변화를 가져온다는 사실을 보여주었다. 이 프로젝트는 채널4의 후원을 받고 전국사회연구소에 의해 수행된 바, 이 연구소는 영국의 총선을 주로 연구하였다.[44] 총선의 경우 다루는 이슈가 너무 많고 주말 숙의 전체 시간으로도 모든 이슈를 다루지 못하는 관계로, 채널4는 경제문제를 주요 어젠다로 삼았다. 영국 총선에서는 경제문제가 늘 우선순위 가운데 하나였는데, 이번 경우에도 마찬가지였다.

주요 3당은 경제에 관한 신중하게 균형 잡힌 브리핑자료 외에 저명한 경제전문가 한 명씩을 추천하도록 초대받았는데, 이들 전문가는 소그룹 토의에서 제기되는 질문에 답을 주기로 되어 있었다. 네 번째의 저명한 전문가 앤드류 딜노트는 무소속으로서, 그의 역할은 이들 세 명에 대해 대응하는 것이었다.[45] 일요일 주말 숙의의 클라이맥스는 소그룹들이 3당의 수상 후보자 세 명 즉, 보수당의 케네스 클라크, 노동당의 고든 브라운, 자민당의 맬콤 브루스에게 질문을 던지는 것이었다. 이 프로젝트와 그 결과는 2007년 4월 28일 일요일 저녁 두 시간 짜리 특보 시간에 방송되었다.

투표의도에서의 변화는 놀라운 것이었다. 자유민주당 지지율은 13%에서 33%로 올라 노동당 지지율에 거의 근접한 2위가 되었다. 노동당은 1위를 차지하였으나, 숙의 기간에 지지율은 52%에서 44%로 낮아졌다. 집권 보수당은 나중에 실제 선거에서도 패하였는데, 지지율이 29%에서 21%로 떨어졌다. 다른 숙의조사에서처럼 참가자들은, 다지선다형 질문에 답함으로써 그리고 이슈목록에 따라 정당의 위치를 정함으로써 선거

이슈들에 대해 더 많이 알게 되었다. 지식문제의 질문에서 올바로 답한 비율은 47%에서 61%로 올랐으며, 정당의 위치와 관련한 질문에 올바로 대답한 비율은 41%에서 48%로 올랐다.

응답자들은 정당의 위치를 정한 것과 같은 이슈목록에 자신의 위치도 정하도록 요청받았는데, 이는 투표선택을 엿볼 수 있는 창의 역할을 하였다. 네 가지 이슈목록은 소득재분배, 세입 및 세출, 최저임금, EU와의 명실상부한 통합이었다. 참가자들은 전반적 이슈에서 자민당에 가까웠으며, 투표에서도 높은 지지율을 보여주었다. 노동당쪽으로 움직인 경우도 있었지만, 정도는 더 작았다. 결론적으로, 참가자들은 이슈에 대해 더 많이 알게 될수록 자신의 투표의도를 크게 변화시켰으며, 정당들의 정책 견해에서도 이는 마찬가지였다.[46]

1999년 유로에 대한 국민투표 이전에 실시된 덴마크에서의 숙의조사도 중요한 여론변화를 보여준다. 364명의 전국 표본이, 경합하는 정책전문가들과 수상 및 야당대표가 참석한 가운데 3일간의 전국에 텔레비전으로 중계되는 숙의를 위해 오덴세의 남덴마크대학교에 모였다.[47] 덴마크의 유로 가입에 찬성하는 입장은 숙의 이후 45%에서 56%로 올랐고, 반대 입장은 37%에서 43%로 올랐다. 표본 가운데 (첫 접촉 시, 주말 숙의의 시작점에, 그리고 숙의 종결 시점에) 세 번의 설문조사 동안 최소한 한 번 의견을 바꾼 경우는 20%에 달했다. 3개월 후 실시된 네 번째 설문조사까지 포함할 경우 그 퍼센티지는 25%이다.[48] 독립된 사전 사후 통제집단이 있어, 숙의집단의 태도에 대표성이 있다는 주장에 힘을 실어주고 의견의 변화가 숙의로 인한 것이라는 주장에도 힘을 실어 주었다.

덴마크의 경우도 다른 숙의조사에서처럼 지식질문을 통한 실질적인 지식증대가 있었다. 지식획득은 통제집단을 통해 볼 수 있는 일반대중의 지식획득과 비교해서도 드러난다. 다시 말해서, 국민투표 캠페인을 통해서 공중도 일정 정도 지식획득이 있었지만, 참가자들의 경우 그 정도가 훨씬 컸던 것이다. 3개월 후의 설문조사는 프로젝트가 종결된 이후에도 학습효과가 여전히 유지된다는 점을 보여주었다.

앞에서도 보았지만, 지식획득의 한 가지 측면은 숙의와 함께 선택적 학습이 줄어든다는 사실이다. 첫 서베이에서 유로참가에 대한 '긍정' 대답과 '부정' 대답을 하는 경우가 큰 차이를 보이게 되는 질문은 7개의 지식질문 가운데 5개에 해당되었다. 이 질문들은 '긍정' 대답과 '부정' 대답을 강화시켜주는 그런 질문이었다. 예를 들어, '긍정' 대답을 강화해 주는 질문으로는, 덴마크가 유로에 가입하더라도 계속해서 자국의 과세율(rates of taxation)을 결정할 수 있는가 하는 질문이었다. '부정' 대답을 강화해 주는 질문으로는, 덴마크가 유로에 가입하더라도 계속해서 자국의 이자율(interest rates)을 결정할 수 있는가 하는 질문이었다. 큰 격차를 보였던 다섯 개의 질문 모두에서 숙의가 진행되는 동안 이 격차는 상당히 줄어들었다. '긍정' 지지자들도 '부정'을 강화해 주는 정보를 알게 되었고, '부정' 지지자들도 '긍정'을 강화해 주는 정보를 알 게 되었던 것이다.[49] 전반적인 결과는, 투표선택에서 사람들이 숙의를 거친 후 균형 잡힌 정보를 가진 상태에서 내린 결정이 사안에 대해 제대로 생각해 보거나 잘 알지 못하던 상황인 첫 투표선택 시 내린 결정으로부터 달라졌다는 것이다. 이 같은 차이는 통제집단에서도 유지되었다. 유권자들은 국민투표 캠페인을 통해 어느 정도 지식획득이 가능하지만, 숙의를 통해서는 훨씬 더 큰 지식획득이 가능하다. 그리고 그런 경험은 그들의 투표선택에도 영향을 미친다. 이 같은 결과는 덴마크인들이 유럽에서 유럽 사안에 대해 가장 잘 아는 국민이라는 점에 비추어 두드러지는 사실이다. 이는 아마 EU에서의 덴마크의 역할과 관련하여 7회의 국민투표를 실시했다는 사실과도 관련된 것으로 보인다. 공중에게 더 많은 것을 알리는 방법으로, 동일한 토픽에 대해 여러 번 반복해서 국민투표를 실시하는 것도 한 방법이 될 수 있을지 모른다. 덴마크의 사례를 볼 때, 숙의가 지식과 정책적 태도만이 아니라 투표선택에서의 변화를 가능하게 해 준다는 점을 보게 된다.

우리는 투표선택과 관련하여 몇 가지 사례만을 가지고 있기에, 숙의가 항상 투표의도의 변화를 가져온다고 추론하기는 어렵다. 하지만 드라마틱한 변화가 가능하다는 것을 보여주는 사례는 충분하다. 따라서 숙의가 비용의 낭비에 불과하다고 말하고 싶어하는 간편추론의 주창자들은, 저정보합리성이 고정보합리성에 얼마든지 다가갈 수 있다고 예측하는 것에서 보다 신중할 필요가 있다. 방금 든 사례들에서 보듯이, 고정보합리성은 상이한 투표결과로 이끌게 된다.

## 시민역량에서의 변화

여기서 시민역량은 시민으로 하여금 집단적 문제를 해결하도록 하는 데 있어 도움이 될 속성을 말하며, 지식, 효능감, 공공정신, 정치참여를 포함하기로 한다. 우리는 이미 참여자의 지식 수준에서 일어나는 큰 변화를 살펴본 바, 이는 모든 숙의조사에서 일상적으로 발견되는 사실이다. 진정한 지식획득을 측정하는 것은 복잡한 문제인데, 문제가 너무 쉬우면 모두가 첫 번째에서 바로 정답을 맞히게 되는 천장효과가 발생하고, 문제가 너무 어려우면 아무런 변화도 찾아내기 어려워진다. 설문의 내용이 지나치게 세부적인 것을 다루면, 제기되는 질문은 언제나 숙의와 관계되는 관련정보의 극히 일부분에 지나지 않게 된다.[50]

1994년 영국에서 범죄 이슈에 관해 실시된 숙의조사에서, 모든 법적 및 정치적 지식질문을 고려해 볼 때 지식획득은 통계적으로 유의미한 9.8%였다. 숙의와 가장 많이 관련되는 것으로 보이는 영역인 법적 질문들의 경우 지식획득이 20%에 달하였다. 서유럽 국가 가운데 재소자 비율이 가장 높은 국가는 어디인가와 같은 질문에서의 지식획득은 (50%에서 80%로) 30%에 이르렀다. 영국의 재소율이 가장 높다는 사실은 수감시설 유지에 비용이 많이드는 사실과도 연관되는 문제였다. 이런 사실들로 하여 더 많은 사람을 투옥하는 것이 범죄를 다루는 다른 전략들보다 과연 비용효과적인지 재고해 보게 만들었다.

간혹 지식문제는 단 하나만의 전략적 사실을 알려 주기도 하며, 이 사실이 생각을 바꾸는 데 있어서 결정적인 중요성을 가지는 경우도 있다. 앞에서 설명한 바 있듯이, 2003년 미국 외교정책에 관하여 실시된 전국 숙의조사가 그런 경우이다. 공중은 해외원조가 미국 예산에서 상당히 큰 부분을 차지한다는 인상을 가지고 있었다. 그들이 해외원조가 예산의 1%에도 미치지 못한다는 사실을 알게 되었을 때, 해외원조 예산의 삭감이 아니라 증액을 원하는 것으로 바뀌었다.

간혹 일반적인 정치적 정보가 의미있고 지적인 선택을 가능하게 만들기도 한다. 만일 누군가가 대부분의 정책 차원에서 민주당이 좀 더 자유주의적이고 공화당이 좀 더 보수적이라는 사실을 모를 경우, 그로서는 대부분의 공적 토론을 이해하기 어렵고 정당에 책임을 물을 수도 없다. 숙의조사가 제기하는 일반적 정책적 척도가 응답자로 하여금 정당과 자신을 이 척도에 위치지우는 능력을 향상시켜 주기도 한다. 미국의 전국

이슈컨벤션 숙의조사에서는 자유적/보수적 등의 용어를 명시적으로 한 번도 사용하지 않았음에도, 응답자들이 보다 더 많은 지식을 얻은 결과로 하여 정당의 정책에 대한 지식획득이 8%에 이른 경우도 있다.[51] 앞에서 살펴본 영국 총선 관련 조사에서도 유사한 움직임이 있었고 자민당의 지지율 증가를 설명해 줄 수 있었던 것이다. 어느 경우이든, 숙의조사는 상당한 지식획득을 보여주며, 일반적으로 지식을 획득한 사람들이 바로 가장 큰 태도변화를 보여준 사람들이었다.[52]

사람들이 소우주 숙의에서 이슈를 토의할 때, 제도적 설계는 그들로 하여금 자신들의 목소리가 소중하기 때문에 이 문제들을 다룬다고 생각하도록 동기를 부여하고자 의도한다. 이런 과정이 이들의 내적 효능감을 증대시키고, 자신들의 노력의 결과 정치나 정책에 영향을 미치게 되었다고 느끼게 된다는 사실은 놀라운 것이 아니다. 따라서 숙의조사는 "나의 정치적 견해는 경청할 만한가?"라든지, "나와 같은 사람은 정부에 대해 아무 발언권이 없는가?" 또는 "정치는 너무 복잡하여 나 같은 사람이 이해하기 어려운 것인가?" 등과 같은 질문들로 구성되는 내적 효능감 지수에 있어서 상승을 보여준다. 일부 경우에는 숙의하지 않는 통제집단이 있어서, 그 결과는 이들과 비교되어진다.[53]

우리는 외적 효능감과 관련해서도 유사한 결과를 보여주는 데이터를 확보하고 있다. 즉, 정부가 자신들이 가진 관심사에 반응을 보일 것이라고 믿는 것이다. 사람들이 "관리들은 나와 같은 사람이 생각하는 바를 유의하는가?"라는 질문에 동의하는 정도나 "중앙정치지도자들은 현장감이 없는가?"라는 질문에 동의하지 않는 정도에서, 중대한 변화가 있어 왔다. 이러한 질문이 제기될 때, 숙의를 거친 후에는 내적 효능감과 외적 효능감 모두가 증대하는 것을 확인할 수 있다. 참가자들은 자신들이 영향을 미칠 수 있다는 점과 정부가 반응을 보일 것이라는 점에 보다 확신을 갖게 되는 것이다.

참가자들이 자신들의 선호가 영향을 미치고 자신들의 견해가 경청될 것이라는 더 큰 효능감을 갖게 될 때, 그들의 선호에는 어떤 일이 생기는가? 우리는 선호의 변화가 지식에 의해 추동된다고 지적하였다. 숙의를 거친 이후의 선호의 성격에 대한 다른 가정은, '공공정신(public spirit)'이 보다 고양될 것이라는 점이다. 사람들은 공적 문제에 대한 대화에서 논거를 공유할 때, 더 폭넓은 공적 관심사에 민감해진다. 사람들은 공동체의 다른 사람들의 관점으로부터 문제가 되고 있는 이익과 가치에 대해 알게 된다. J. S. 밀은 토크빌의 미국에 대한 설명에 반응하면서 '공공정신의 학교(schools of public spirit)'에 큰 감명을 받았는데, 이들 미국의 제도에서는 보통시민들이 자신들이 이 문제를 해결해야 한다는 책임감을 갖는 분위기에서 함께 공적 문제들을 토의하였다. 두드러진 사례들은 뉴잉글랜드 타운미팅과 배심원제도였다. 밀은 영국의 행정교구와 (시민들의 무작위 표본을 이용한) 고대 아테네의 법정에서 이런 미국의 경험과 유사한 사례를 찾았다. 밀은 주장하기를, 사적 시민이 공적 기능에 참여할 때

> 그는 자신의 이익이 아닌 다른 사람들의 이익을 고려하기를, 사람들의 주장들이 서로 충돌할 경우에는 자신의 편향된 규칙이 아닌 다른 규칙에 의해 안내받기를, 모든 국면에서 일반선(general good)에 봉사하는 원칙과 금언을 적용할 것을 요청받는다.... 그는 자신이 공중(the public) 가운데 한 명임을 느끼게 되고, 공중의 이익이 곧 자신의 이익이라고 생각하게 된다.[54]

밀은 더 많은 '공공정신의 학교'와 이런 설계를 가진 실험들을 요청하였다. 다른 소우주 숙의들처럼 숙의조사는 어느 의미에서 잠재적인 '공공정신의 학교'이다. 그러나 숙의조사가 계속해서 그렇게 기능할 것인지는 두고 볼 일이다.[55] 우리는 이미 중국 사례에서 지방의 시민들이 인프라 선택을 위한 숙의를 진행하기 위해 모였을 때, 30가지 가능한 대안들 가운데 더 큰 공동체의 이익이 되는 프로젝트에 대한 지지가 작은 마을에만 이익이 되는 프로젝트에 대한 지지보다 훨씬 높아졌다는 사실을 확인한 바 있다. 게다가 에너지 선택에 대한 텍사스의 8가지 프로젝트에서는, 전체 공동체에 풍력발전기를 공급하기 위해 매달 전기료를 더 많이 지출할 용의가 있다는 퍼센티지가 모두 평균적으로 30% 증가하였다. 또한 전체 공동체를 위한 자연보호 노력의 재원을 마련하기 위해 매달 전기료를 더 많이 지출할 용의가 있다는 퍼센티지 역시 30% 증가하였다. 풍력발전기 비용을 마련하기 위해 또는 자연보호 재원 마련을 위해 매달 전기료를 더 지출할 용의가 있다는 생각 자체가, 최소한 작은 방식으로나마 더 큰 공익을 위해 기꺼이 헌신할 것이라는 의지를 보여준 사례라고 하겠다.

메트로폴리탄 지역의 15개 타운이 당면한 지역 이슈에 관해 진행된 뉴헤이븐 프로젝트에서도 유사한 결과를 추론할 수 있다. 코네티컷에서는 타운이 독립된 지자체 단위로서, 시초에는 타운들이 서로 조세수입을 공유하지 않을 것이라는 전망이 우세했다. 그러나 숙의를 거친 후, 지역 전체에 걸쳐 이익이 될 새로운 개발계획을 도모하기 위해 조세를 공유하려는 상당한 움직임이 있었다. 이 프로젝트의 실험설계에 따르면, 이런 움직임은 집에서 숙의조사에 대비하는 과정에서 학습한 것으로부터 나오거나 숙의조사의 다른 요소로부터 나온 것이 아니라, 함께

이슈들을 토의하는 과정에서 나온 것으로 볼 수 있다.[56]

지식, 효능감, 더 큰 공익에 대한 관심 등은 정치적 참여에 기여하는 중요한 요소로 생각할 수 있다. 숙의조사에 참여하는 것 자체가 한 가지 형태의 참여이다. 그러나 숙의조사는 시민의식을 일깨워서 한 번 관여하면 계속해서 참여하도록 만드는 것인가? 비록 우리가, 참가자들이 한 번 관여하면 계속해서 참여할 기회를 달라고 요청하고 실제로 자신들끼리 만남을 조직하기도 한다는 사실을 확인하였지만, 같은 참가자들이 계속해서 숙의조사에 참여할 수는 없다. 물론 그들은 보다 전통적인 형태의 정치참여에 관여할 수는 있다. 실제로 우리는, 일단 활성화되면 참가자들이 보다 적극적으로 참가하는 경향이 있다는 지표를 가지고 있다.

대통령후보자들과의 대화를 포함하였던 텍사스 오스틴에서 개최된 전국적 숙의조사인 전국이슈컨벤션에서는, 응답자들이 세 번에 걸쳐 참여에 대한 자신의 태도에 대해 질문을 받았다. 첫 번째 접촉(T1)에서, 주말 숙의가 종결되는 시점에(T2), 그리고 프로젝트 종료 10개월 후에(T3) 질문을 받았던 것이다. 10개월이 지난 후 응답자들 가운데, 정치에 대해 얼마나 자주 대화를 나누는지, 선거캠페인에서 일해 본 적이 있는지, 정부관리와 접촉해 본 적이 있는지, 정당에 정치자금 기부를 한 적이 있는지, 투표에 참여하였는지 등의 질문에 대해 긍정적으로 대답하는 사람 수가 크게 증가하였다.[57]

다른 프로젝트인 1997년 영국 총선과 관련한 숙의조사에서는, 자신들이 선거에서 투표할 것이라고 대답한 비율이 첫 접촉에서는 82%였고, 주말 숙의 시에는 87%였으며, 선거가 실시된 이후의 전화통화에서는 96%가 투표에 참가했다고 대답하였다.[58]

결론적으로, 숙의의 경험은 '더 좋은 시민(better citizens)'을 창출하는 것으로 보인다. 이 경우 더 좋은 시민이란, 공적 문제를 다루는 시민역량 즉, 지식, 효능감, 공공정신, 정치참여를 발전시킨 사람들을 의미한다. 앞에서 본 것처럼, 엘리트숙의 모델이나 경쟁적민주주의 모델과 같은 일부 민주주의이론들에서는, 관여적(engaged)이며 정치에 대해 잘 아는(informed) 시민들이 불필요하다. 오히려 이들의 견해에 의하면, 시민들의 너무 많은 적극적 관여는 위험하며, 정치에 대한 무관심은 현상유지에 만족하고 있다는 증거로 간주될 수 있다.[59] 그러나 이와 달리, 시민들에게 공적의지형성의 집단적 과정에 기여할 것을 요청하는 민주주의이론들의 관점에서는, 숙의의 경험이 자신들의 행동에 유익한 효과를 가져다준다. 참여민주주의 모델과 숙의민주주의 모델에서는 숙의 자체가 더 좋은 시민을 위한 학교가 될 수 있다. 숙의 결과는 과학적 표본을 넘어서는 숙의의 확산에 함의를 가질 수 있다. 전국이슈포럼과 같은 다른 숙의적 노력도 시민교육에 기여할 수 있을 것이다. 학교에 숙의를 도입하는 것은 더 많은 공중에게 도달하는 방법으로서 지속적 이득을 가져올 수 있다.[60]

## 집단적 일관성에서의 변화

18세기 마르키스 콩도르세 시대 이래 민주적 선택은 추이율(transitivity)을 따르지 않고 사이클로 이끈다는 주장이 있어 왔다. 쌍별비교(pairwise comparison)에서 민주적 선택은 대안 A에서 B로, B에서 C로, C에서 다시 A로 돌아가는 상황이 발생할 수 있다. 이런 상황은 민주적 선택이 가지는 의미에 대해 몇 가지 도전이 된다. 첫째, 그것은 개인적으로 합리적인 선호가 집단적으로는 비합리적 결과로 이끌 수 있음을 의미한다. 둘째, 그것은 다수가 계속해서 서로를 무효화함으로써 집단적 결정이 불안정할 수 있다는 것을 의미한다. 셋째, 그것은 민주적 결정 결과가 안건조작의 자의성에 달릴 수 있다는 것을 의미한다. 사이클이 작동할 경우, 여러 대안 가운데 어느 것이나 다수의 지지를 받을 수 있고, 그로 인해 결정의 어젠다나 경로의존성이 결과에 영향을 미치기 위해 이용될 수 있다.

물론 우리의 민주주의이론 가운데는 이것이 전혀 문제가 되지 않을 수도 있다. 경쟁적민주주의 모델은 일정 부분 공적의지에 대한 회의주의에 기초하고 있다. 중요한 것은 인민의 표를 얻기 위한 경쟁적 투쟁이 존재한다는 것이고, 그 결과로 어느 팀이 권력을 잡을 것인가를 결정할 수 있으면 된다는 것이다. (사이클은 세 개나 그 이상의 대안이 있을 경우에만 발생하므로) 경우에 따라 두 팀이나 두 정당만 있을 경우, 불안정도 발생하지 않는 것이다.

실제 경험적으로 사이클이 어느 정도나 발생하는지 논쟁적이지만,[61] 사이클을 배제하는 조건을 들 수 있으며, 그것은 던칸 블랙이 '단일피크(single peakedness)'라고 부르는 것이다. 선호는 기본차원(underlying dimension)을 가지는 것으로 구조화될 수 있으며, 각 개인은 그 차원 위에서 가장 선호하는 대안을 갖고 있으며, 다른 대안들은 가장 선호하는 대안으로부터의 거리에 따라 차원 위에 위치지울 수 있다는 것이다. 그런 차원의 예로 자유적/보수적 좌우 스펙트럼을 들 수 있다. 중요한 것은 대안들의 순서를 매기는 공유차원이 있다는 점이다. 모두가 이런 차원을 공유하게 되면 사이클은 불가능해진다.

물론 많은 사람들이 살아가는 실제 생활에서 모두가 기본차원을 공유하리라고 기대하는 것은 비현실적이다. 그러나 우리는, 유권자 점유율이 공유하는 차원과 사이클 가능성 사이의 연결관계를 살펴봄으로써, 이 문제를 탐색하였다. 우리는 이것을 '단일피크 근접성(proximity to single-pickedness)'이라고 불렀다.[62] 이를 통해 우리는, 숙의가 단일피크 근접성을 증가시키며, 이것은 다시 사이클 발생을 막아줄 것이라는 가정을 확인할 수 있었다. 단일피크 근접성이 증가하였다고 하여 사람들이 무엇을 할 것인가의 내용에 대해 합의할 가능성이 커졌다는 의미는 아니다. 합의에 도달하였는지의 여부와는 상관이 없다. 단지 자신들이 결정하는 이슈의 형태가 어떤 것인지 동의하며, 선택지들의 순위를 매기는 기본차원이 있다는 점에 동의한다는 것을 의미한다. 예를 들어, 이들은 이 차원에서 더 왼편으로 움직여야 하는가 아니면 오른편으로 움직여야 하는가? 이에 대해 그들은 합의하지 않을 수 있다. 그러나 각자의 견해가 이 기본 차원 위에 순서대로 표시될 수 있다는 것에는 동의한다는 것이다.[63]

숙의조사 가운데 상당수는 우선순위 질문을 활용하였으므로, 우리로 하여금 사이클 발생 가능성을 확인해 볼 수 있게 해준다. 우리는 에너지 선택과 관련된 우선순위 질문을 포함한 6차례의 텍사스 숙의조사를 살펴보았다. 참가자들은 (1)석탄사용, (2)풍력이나 태양열, (3)천연가스, (4)자연보호에 대해 우선순위를 매기도록 요청받았다. 그들은 또한 에너지정책의 목표가 무엇인지에 대해 (1)비용최소화, (2)환경보호유지, (3)단일자원 의존성 회피, (4)재생가능자원의 사용, (5)생산유연성 최대화 가운데 우선순위를 매기도록 요청받았다.

호주의 공화국 전환 국민투표와 관련된 숙의조사에서는, 호주 국가원수에 대한 세 가지 옵션에 우선순위를 매기도록 하였다. 참가자들은

(1)국가수반으로 영국여왕을 유지하고 총독으로 하여금 대행하는 방안, (2)직선대통령을 국가수반으로 하는 방안, (3)간선대통령을 보유하는 방안 가운데 우선순위를 매겼다. 공적 토의에서는 이 세 가지 방안이 논의되었지만, 실제 국민투표는 (1)과 (3) 가운데 선택하도록 하였다.

영국의 군주제와 관련된 숙의조사에서는 3가지 방안에 우선순위를 매기도록 하였다. (1)군주제 유지, (2)여왕과 동일한 의무를 가진 국가수반이 대표하는 공화국, (3)여왕과 수상의 역할을 결합한 국가수반이 대표하는 공화국이 그것이었다.

코네티컷주 뉴헤이븐에서의 숙의조사는 두 가지 주제 각각에 대한 랭킹 문제가 제시되었다. 조세공유에 대해서, 참가자들은 (1)타운의 완전한 자율권, (2)다른 타운과의 자발적 동의, (3)주 제공 인센티브의 공유, (4)주의 공유 요구에 우선순위를 매겼고, 공항의 미래와 관련되는 두 번째 이슈와 관련해서는 (1)여객수송의 현수준 유지, (2)여객수송의 확대, (3)여객수송 종료의 세 가지 선택지 가운데 우선순위를 매겼다.

이런 질문들은 숙의 전과 후에 무작위 표본에게 제시되었다. 질문의 주제는 내용과 현저성에서 차이가 많았고, 전 세계 여러 지역에서 나온 것들이었다. 이러한 다양한 사례들을 이용하여 우리는 숙의가 단일피크 근접성을 증가시킬 것이라는 가설을 테스트하였다. 이때 두 가지 제한점을 설정하였는데, 하나는 근접성 증가율은 사람들이 이미 숙의해 본 사안인지 여부에 따라 줄어들 것이고, 다른 하나는 증가율이 해당이슈에 대해 가장 잘 알게 된 사람들 사이에서 가장 클 것이라는 것이었다. 첫 번째 제한점을 직접 검토할 수 있는 데이터가 없었으므로 현저성의 정도로 대체한 바, 현저성이 두드러진 이슈인 경우 현저성이 낮은 이슈와 비교하여 공중이 이미 판단을 내린 적이 있을 것이라고 추론하였다.

우리의 가설은 사례로부터 분명하게 확인되었다. 숙의는 지속적으로 단일피크 근접성을 증가시켰다. 특히 (전력생산 연료나 지역 조세 공유처럼) 현저성이 낮은 이슈의 경우, 그리고 숙의과정에서 더 많은 지식 획득을 보인 사람들 사이에서, 더욱 증가하였다. 숙의를 통해 정책이 갖는 장단점에 무엇이 걸려 있는지 이해를 공유하게 되는 것이다. 숙의자들은 해결책에 대해 동의할 필요는 없지만, 무엇에 대해 동의할 것인지에 대해서는 동의하는 것이다.[64] 이런 결과는, 우리가 공적의지가 갖는 집단적 의미를 신뢰하는 데 있어서 중요성이 크다. 높은 단일피크 근접성과 함께 우리는, 개인적으로 합리적인 선호가 집단적으로 비합리적인 결과를 만들지 않는다는 점을 자신할 수 있다. 우리는 또한 자의적인 어젠다 조작이 민주적 협의의 승자를 결정하지 못한다는 점을 자신할 수 있다. 즉흥적인 선호에 어떤 자의성이 적용되더라도, 우리는 숙의적 선호의 집단적 합리성에 대해 확신할 수 있는 것이다.

## 공적대화에서의 변화

숙의적 소우주는 참가자로 하여금 다른 사람들과 그리고 해당 이슈에 관여하도록 효과적으로 동기를 부여할 것으로 기대된다. 보통사람들은 대부분 부분적으로 자신들의 목소리가 소중하다고 생각하지 않기 때문에 정치나 공공정책에 관여할 시간이나 의도가 별로 없다. 자신의 의견이 아무런 중요성도 갖지 못한다고 생각한다면, 무엇 때문에 제대로 된 자신의 의견에 도달하기 위해 시간을 허비해야 하는가?

사람들이 자신의 목소리가 소중하다고 생각하게 되는 계기 가운데 하나는, 정책결정자들이 관심을 가지고 있다는 점을 분명히 할 때이다. 정책결정자들이 소우주와 직접 관여한다면 거기서 표출되는 의견은 실제 정책에 영향을 미치게 되는데, 우리는 이 가능성에 대해 다음 절에서 살펴보기로 한다. 소우주 숙의가 참가자에게 소중하거나 의미있는 것으로 보이는 다른 경우는, 이들의 숙의가 미디어에서 중요하게 보도될 때이다. 대부분의 보통시민에게는 TV방송에 나온다는 사실이 하나의 중대 사건이다. 자신이 개인적으로 미디어에 등장하지는 않더라도, 텔레비전에 비치고 신문에 보도되는 사건의 한 당사자가 된다는 사실이 아주 중요해 보인다. 만일 미디어가 대화에서 오고간 발언들이나 거기서 나온 결론을 상세히 보도한다면, 그것은 사람들에게 거기에 참여하고 의미를 부여하도록 하는 동기를 크게 만들 것이다.

중국과 태국의 경우를 제외하고 대부분의 숙의조사는 텔레비전에서 꽤 많은 분량이 다루어졌다. 방송사가 협찬하는 경우도 많았다. 협찬한 미디어들로는 PBS, 영국의 채널4와 BBC, 덴마크방송국, 불가리아국영 TV, 일본의 NHK, 호주방송국, 캐나다방송국, 프랑스와 독일 합작 텔레비전 넷워크인 아르테와 같은 방송사와 영국의 인디펜던트나 호주의 오스트레일리언과 같은 신문사들이 포함되었다.

이러한 미디어 파트너들은 숙의과정을 상세히 보도하였지만, 숙의조사를 주최하기도 하였다. 그들은 핵심 정치가나 정책결정자들이 참가하는 기초를 제공하였다. 미디어는 사람들의 소우주와 핵심적 공적 인사들이 실질적 대화에서 이어지도록 하는 데 있어 한 가지 요소가 된다. 숙의조사에 참가하였던 저명인사들의 이름을 들어 보면: 토니 블레어, 알 고어, 고든 브라운, 케네스 클라크, 필 그램, 리차드 루가, 라마르 알렉산더, (불가리아 수상) 세르게이 스타니셰프, (이태리 재무상) 토마소 스키오파, (그리스 PASOK 지도자) 게오르기 파판드레우, 덴마크 수상

풀 라스무센, 덴마크 야당지도자(이자 후에 수상이 된) 안데르스 라스무센 등이 있다. 지역 수준에서는 텍사스 공공사업위원회의 모든 커미셔너들, 여러 지방도시 시장들, 의회 의원들, 정당지도자들을 들 수 있다.

미디어의 개입은 대화의 중요성을 증대시켰고, 정책결정자들의 참여를 유도하였는데, 이들의 참여 또한 큰 도움이 되었다. 미디어가 숙의조사를 용이하게 하는 것은 이런 측면에서이다. 역으로 숙의조사가 미디어에 영향을 미치거나 미디어에 의해 수행되는 공적 대화에 영향을 주기도 한다. 공적 숙의는 엘리트들의 정치담론과 몇 가지 점에서 다른 것으로 보인다. 첫째, 숙의조사에서의 공적 대화는 그 효과를 위해 타산적으로 계산된 것이 아니다. 홍보대행자(spin doctors)들에 의해 사전 테스트된 것도 아니다. 주창자집단의 도구도 아니다. 그것은 진지하게 표현된 공중의 대표성 있고 지적인 견해를 제공한다. 캠페인 종사자들과 달리 공중의 대표자들은, 재선을 위해 출마하지도 않으며 집단적 문제의 해결에만 관심을 갖는다. 둘째, 숙의조사에서의 공적 대화는, 숙의의 토픽들이 보통사람들의 삶에 어떻게 영향을 미치게 되는가에 대해 그리고 어떻게 건설적으로 다루어질 수 있는지에 대해, 더 초점을 맞춘다. 보통사람들은 당파적 이익의 미래가 달려있는 전략적 문제들에 대해 그다지 관심을 갖지 않는다.

이 '인간의 얼굴을 가진 여론조사' 즉, 숙의조사가 방송이 되고 신문에 보도될 때, 이 같은 방송과 보도는 공중의 대표성 있는 견해만 아니라 신중한 판단에도 목소리를 제공한다. 그렇게 함으로써 미디어는 어젠다와 주요이슈에 영향을 미치게 되는데, 이것은 소우주에도 가장 큰 관심사이다. 소우주 소집이 대표성을 가지므로, 소우주의 관심사도 전체 인구의 마음과 통하는 것이어야 한다. 숙의조사의 보도가 실제 영향을 미치든지 않든지와 상관없이, 숙의조사에서의 논변들은 책임있는 주창활동의 길을 펼쳐보이는 바, 이 길은 공중이 이슈에 초점을 맞추고 이슈에 대해 더 잘 알게 될 경우 가게 될 길을 말해준다. 여기서 책임있는 주창활동이라는 용어는, 좋은 정보에 기초하고 한쪽 논변이 다른 쪽 논변에 의해 테스트되는 맥락 속에서 제시되는 주창활동을 가리킨다. 균형잡힌 논변과 좋은 정보로 이슈를 테스트함으로써, 우리는 우리의 관심사가 경합하는 논변의 도전에 살아남는 것을 볼 수 있는 것이다.

간혹 숙의조사는 공적 대화에서 일어날 변화를 미리 구체화할 수도 있다. 1996년 1월 거의 정확하게 뉴햄프셔주 프라이머리 실시 한 달 전에, 전국이슈컨벤션이라는 이름의 숙의조사가 대통령선거 프라이머리 이슈를 다루는 1주일 간의 숙의를 위해 미국인 전국 표본을 텍사스의 오스틴에 소집하였다. 상당한 수의 신문에 보도되었고, PBS 방송이 아홉 시간에 걸쳐 방송하는 동안 주말 시청자수가 980만 명에 달하였다. 신문들이 주목한 것은 그때까지의 캠페인과는 완전히 다른 대화였다. 시카고트리뷴의 마이클 태킷이 한 소그룹토의를 묘사한 것처럼:

> 이틀에 걸쳐 아홉 시간 동안 농부, 웨이트리스, CTA비서, 소프트웨어 엔지니어 등이 일종의 미국 부엌식탁을 만들어서 일상생활의 모든 것에 관해 얘기를 나눈다....그들은 많은 것에서 합의하지 못한다. 그러나 그들은 미국이 직면하고 있는 가장 심각한 문제는 대부분의 정치가들이 별로 얘기하지 않는 것이라는 데 의견을 같이 하는 것으로 보인다. 그 문제는 바로 경제에 대해 점점 커지는 우려이다.[65]

태킷은 보통사람들이 가진 우려와 그때까지의 주요 캠페인 사이의

'불일치'를 지적하였던 것이다. 그때까지의 공화당 대선주자들 간 토론 주제는, 보통사람들이 가지고 있던 우려와 조금도 닮지 않았다는 지적이었다.

거의 정확히 한 달 이후에 밥 돌 상원의원은 뉴햄프셔 프라이머리에서 팻 뷰캐넌에 패한 후, 실업률과 무역지수, 미국의 경쟁력 등이 큰 이슈가 될 것으로 전혀 예상하지 못했다고 밝혔다.[66] 정말로 경제 이슈가 당시 프라이머리에서 가장 주요한 이슈가 되었다.

'시민저널리즘'의 발명가인 제이 로즌(Jay Rosen)은 전국이슈컨벤션을 담당하였던 24명의 기자들로 현장세미나를 개최하였다. 이들 기자들은 소우주 숙의에 대한 보도가 어떻게 자신들로 하여금 여론의 형성 과정을 보도록 만들었는지 함께 돌아보았다. 그들은 그때까지 자신들이 정치에 관해 보도하던 방식인 (초접전, 이념적 상표인 자유적/보수적 구분, 누가 유리하고 누가 불리한지의 전략적 설명 등) 전통적 틀을 버릴 수밖에 없었다. 대신 그들은 경험 많은 기자들에게 실제 미국을 대표하는 거대한 초점집단으로 보이는 대화에 관하여 보도할 수 있었다. 그러나 보통의 초점집단과는 달리, 그것은 동시에 18개의 집단을 구성하여 전체 국가를 통계적으로 대표할 수 있을 만큼 컸다. 보통의 초점집단과는 달리, 그것은 무작위추출로 충원되었다. 보통의 초점집단과는 달리, 그것은 또한 겨우 한 시간여가 아니라 3일 동안 진행됨으로써 참가자들로 하여금 훨씬 더 많은 것을 알 수 있도록 만들었다.[67]

유사한 이슈의 재구성이 유로에 대한 국민투표 이전에 실시된 덴마크 숙의조사에서도 발견된다. 전문가나 정치가들에게 제기되는 소그룹의 질문에서 반복해서 제기되는 이슈가 있었는데, 그것은 유로 가입이 덴마크의 복지제도에, 특히 연금제도에 어떤 영향을 미칠 것인가에 관한 것이었다. 참가자들은 니스협정의 조항 가운데 북유럽과 남유럽 사이에, 광범위한 복지체제를 갖춘 덴마크 같은 나라와 아주 제한적인 연금제도를 가진 포르투갈 같은 나라 사이에, 연금 수준을 조정할 가능성이 있다는 사실을 발견하였다. 숙의 이전에는 유로 토론에서 이 주제가 그다지 두드러진 이슈가 아니었으나, 숙의과정에서 높은 납부액을 부담하고 광범위한 복지국가의 혜택을 누리던 덴마크 보통시민의 관심사로부터 자연스럽게 부각되었다. 유로 가입 반대진영으로부터 이 이슈가 부각되면서 토론을 지배하게 되었다. 연금제도가 타격을 받을 것이라는 주장이 힘을 얻게 되자, 풀 라스무센수상은 연금혜택에 아무 변화가 없을 것이라는 연금보장 선언을 발표하였다. 그러나 수상의 발언은 전문가들을 전혀 납득시키지 못하였다. 그는 다른 EU 14개국 지도자들부터 덴마크 연금제도는 아무런 영향을 받지 않을 것이라는 보장을 받아내겠다는 약속을 하였으나, 그 약속은 곧 철회되었다.[68]

소우주는 일단 소집되면 이후에 이어지는 공적 대화에 영향을 미치게 된다. 소우주 숙의는 더 넓은 범위의 공중과 교감하는 이슈들을 수면 위로 부상시킨다. 방송과 신문에 보도되는 점도 영향을 미친다. 이 측면과 관련된 우리의 자료가 별로 없지만, 전국이슈컨벤션의 우리 NORC 파트너들은 시카고의 시청자들을 대상으로 실험을 실시하였는데, 일부 시청자들에게 무작위적으로 방송을 시청하게 하였다. 시청자들이 "나같은 사람은 정부에 대해 발언권이 없다."는 말에 동의하든 않든, 숙의조사에 관한 방송시청은 시청자들에게 큰 영향을 미쳤다. 많은 후보자들은 숙의조사를 유세장소로 간주하고 전형적인 수사(rhetoric)만을 사용하였다. 공중의 진심어린 관심사와 후보자들의 상투적인 반응 사이의 차이는 분명하게 드러났다. 어떤 측면에서는 시민저널리스트들이 후보자들과 시민대화를 보도하면서 느꼈던 그 불일치가 바로 이런 것이었다. 즉, 후보자들의 캠페인 수사와 숙의를 거친 대중의 관심사는 잘 조화되지 않았다.

공화국에 대한 호주의 숙의조사에서는 광범위한 TV보도와 전국지 신문 1면 뉴스에 실릴 정도로 드라마틱한 결과가 나왔다. 우리는 아직 미디어가 얼마나 영향을 미치는가에 대한 체계적인 데이터가 없지만, 숙의조사에서 '찬성' 입장이 크게 올라간 이후 실시된 국민투표에서 실제 '찬성' 입장이 크게 올랐던 사실은 영향을 미친다는 사실을 암시한다고 하겠다.[69] 미디어보도가 전체 주민에게 미치는 효과는, 자료가 허락할 경우 앞으로 연구되어야 할 주제이다.

## 공공정책에서의 변화

공중의 소우주에 의한 숙의는 어떻게 정책과 정치에 실질적 변화를 가져오는가? 우리는 이미 그런 사례들을 언급해왔다. 텍사스에서의 에너지 선택과 관련한 결정, 중국 제구오진에서의 인프라 건설에 관한 결정, 그리스의 정당후보 선출을 위한 결정들이 그런 예들이었다. 이런 사례들을 돌아보기 전에 다른 사례도 살펴보자.

2006년 이태리의 주 가운데 로마를 주도(capital)로 하는 레지오네 라지오는 이태리 최초의 숙의조사를 진행하였다.[70] 이 주는 예산상 곤경에 처해 있었는데, 특히 이전 정부가 초래한 의료관리 비용으로 인한 적자에 직면해 있었다. 주요이슈는 로마의 많은 수의 병상을 유지하는 데 드는 비용이었다. 의대부속 병원들이 많은 로마의 경우 이태리의 다른 어느 지역과 비교해도 훨씬 많은 수의 병상을 보유하고 있었다. 정책결정자들이 오랜 기간 병상수를 줄이고, 의료관리 비용을 주민의 진료를 보다 용이하게 할 수 있는 이동진료소에 투여함으로써 보다 효율적으로 사용하기를 희망해왔지만, 그들은 병상수를 줄이기를 주저하였다. 로마가 이태리 다른 지역에 비해 보다 많은 수의 병상을 유지한다는 사실은, 주민들의 자부심의 원천이었고 주민들 사이에 매우 인기 있는 정책이었던 것이다.

2006년 12월 3일 레지오네 지역 유권자 무작위표본 119명이 하루 동안의 숙의를 위해 로마의 주정부 건물에 모였다. 숙의자들은 태도의 측면에서 대표성을 지녔지만, 불참자들보다 나이가 약간 많고 더 교육받은 사람들이었다.[71] 가장 두드러진 결과는 레지오네가 "일부 병상을 다른 자원으로 전환하여 보다 효율적으로 활용해야 한다."고 보는 비율이 숙의 이전의 45%에서 숙의 이후 62%로 올랐다는 점이다. 일부 병상을 특히 "이동진료소로 전환하여 현재 입원해서만 받을 수 있는 진료를 편리하게 받을 수 있게 해주는" 것을 지지하는 비율은 거의 변화가 없었지만, 숙의 이전이나 이후 모두 (이전의 87%와 이후의 85%로) 상당히 높은 비율이었다.

숙의조사 이후 주정부는, 병원 네트워크를 재조직하고 병상수를 줄이며 이동진료소에 자원을 재분배하는 계획을 실행하였다. 주 재무장관 루이기 니에리는 숙의조사에 대하여 다음과 같이 말하였다:

> 그것은 주민들이 참여해서 자신들의 의견을 표하려는 욕구가 얼마나 큰지 보여준 흥미로운 경험이었다....바로 그것이 우리가 원하던 바였다. 즉, 민주적 생활에 대한 직접적 참여를 장려하고 새로운 투명성 실천을 도모하는 것이다.[72]

로마 숙의조사는 이태리에서 집중적인 언론의 조명을 받았고, 그것의 정당성은 정책변화에 영향을 주었다. 또한 관리들에게 '올바른 일을 할 근거'를 마련해 주었다는 의의도 제공하였다. 숙의조사 표본이 보여 준 대표성을 가진 현명한 판단은 예산상의 곤경을 벗어날 수 있게 만들어 주었다고 평가되었다.

로마의 숙의조사는, 텍사스에서 2년에 걸쳐 8개 프로젝트를 통해 달성된 정책결과와의 연계를 단 하루의 숙의로 압축한 것이었다. 텍사스 숙의조사에서 논의 주제에 대해 점점 더 많은 것을 알게 되는 표본의 투명하고 대표성을 지닌 숙의는, 정책결정자들의 주의를 환기시키기에 충분할 정도의 정당성을 확보하였다. 또한 브리핑자료 마련과 전체회의에서의 질의응답에 다양한 관점을 가진 이해관계자들이 관여하고, 언론매체가 숙의과정과 결과 모두를 상세히 보도함으로써 공중의 신중한 판단이 갖는 의의를 조명하는 과정도 큰 도움이 되었다. 일단 소우주가 보통 시민들의 견해에 대한 정당성 있는 대표로 간주되고, 소우주의 진행 과정이 투명하고 균형 잡힌 것으로 평가될 경우, 소우주가 내리는 결론은 상당한 추진력을 얻는다. 숙의결과는 정책공동체에서 호평을 받았고 전력회사들과 환경보호기금의 보도자료에서 우호적으로 다루어졌다.

이태리와 텍사스 프로젝트 사이의 한 가지 차이는 로마프로젝트가 시민사회의 협력하에 주정부의 후원을 받았다는 점이다. 텍사스프로젝트의 경우 이해관계자 위원회의 감독 하에 공공사업위원회(Public Utility Commission: PUC)의 참여와 함께 전력회사 자체의 후원을 받았다. 그러나 기본적 동학은 동일하였으니, 대표성을 지닌 소우주의 숙의가 갖는 정당성과 투명성이 그것이다.

텍사스의 숙의조사 이전에는 텍사스주가 미국의 주들 가운데 에너지 생산에서의 퍼센티지로 볼 때 풍력발전을 가장 적게 이용하는 주였다.[73] 연속적 숙의조사를 토대로 통합자원계획(Integrated Resource Plans)과 재생에너지위원회(Renewable Energy Standard: RES)가 그 결과를 수용함으로써, 2007년에 텍사스는 캘리포니아를 추월하여 미국의 주들 가운데 풍력발전에서 가장 앞서 가는 주가 되었다. 텍사스 전체에 걸쳐 (루이지애나와의 주 경계를 넘는 경우도 포함하여) 8개의 프로젝트가 실시되었다.[74] 8개 프로젝트를 평균적으로 볼 때 에너지 자원에 대한 주민들의 선택은, 49%가 재생자원(태양열, 풍력, 바이오매스)을 선호하였고, 31%는 에너지 사용 자제(에너지 효율성 증대)를 지지하였으며, 14%가 화석연료(가스, 석탄)를, 5%는 다른 주로부터의 전력 구입을 지지하였다.[75] 이 결과는 신재생에너지와 자연보호에 대한 새로운 투자를 지지한다는 사실을 분명하게 보여주었다.

앞에서 본 것처럼, 재생자원에너지와 에너지효율을 위해 매월 전기료를 더 지불할 용의가 있다고 밝힌 사람들이 다수를 차지했었다. 이 결과는 통합자원계획에 의해 채택되었고, RES 설립을 위한 로비에 이용되었다.

텍사스의 재생가능에너지산업협회 대표는 8개의 숙의조사에 대해 다음과 같이 썼다:

> 이 숙의조사들은 놀라운 효과를 보여주었다. 재생가능에너지 자원에 대한 고객들의 압도적 지지를 보여준 것이다. 텍사스주의 여러 지역에서 온 사람들은 깨끗하고 재생가능한 전력을 원한다고 말했을 뿐 아니라, 그것을 위해 더 많이 (매월 1-5달러를) 지출할 용의가 있다는 점도 분명히 하였다. 모든 사용자들이 비용을 분담하는 방안

에 대한 지지도 있었다. 이것은 앞으로 내리게 될 결정의 중요한 토대가 될 것이다. 숙의조사는 188메가와트 풍력발전 프로젝트의 개발을 가능하게 하였다.[76]

RES의 지속적 활동과 함께 188메가와트는 시작에 불과했다. 2007년 8월에는 총 4,525메가와트에 달했다. 조지 부시 대통령이 임명한 PUC 총재 팻 우드는 숙의조사 결과를 통합자원계획 및 RES 두 가지 기구를 통해 실행에 옮겼다. 그는 소그룹이 제기한 질문에 답하는 과정에서 자신이 참여했던 8개 모두의 숙의조사에 대해, "숙의조사를 모두 마쳤을 때, 저는 재생에너지에 대한 제 생각을 완전히 바꾸게 되었습니다."라고 발언하였다. 숙의조사 이전에 그는 재생에너지를 주민의 '세금을 애완동물 프로젝트에 사용'하는 '부티크사업'의 일종으로 보았다고 하였다. 그러나 숙의가 끝난 후, 공중이 우선순위에 대해 말하는 것을 듣고 그는 '보육이 필요한 유치산업'으로 보게 되었다고 밝혔다.[77]

텍사스 에너지프로젝트는 공적 협의의 전례가 되어, 다른 주의 정책에도 영향을 미쳤다. 예를 들어, 2003년 8월에 네브라스카공공전력국은 지역 텔레비전으로 방송되는 숙의조사를 진행하여, 풍력, (동물배설물을 이용한) 메탄발전, 천연가스, 석탄을 비교하면서 에너지 우선순위를 정하기로 하였다. 숙의가 종료되었을 때, 풍력발전을 지지하는 사람들이 96%로 크게 증가하였고, 메탄에 투자할 것을 지지하는 사람들도 81%였다.[78] 숙의조사 이후 당국은 주의 가장 큰 풍력발전소 건설에 동의하였고, 재생가능에너지에 추가로 투자할 것을 결정하였다.[79]

지역 전력회사인 노바스코시아전력은 2004년 11월 에너지 선택에 관한 공적 투입을 위해 전 지역을 범위로 한 숙의조사를 실시하였다. 에너지 선택에 관한 다른 숙의조사와 마찬가지로 미디어 파트너가 방송을 담당함으로써, 참여하지 않는 사람들도 이 과정과 결과를 볼 수 있었다. 이 경우 미디어 파트너는 캐나다방송사 CBC였다. 다른 숙의조사 경우처럼, 이 지역의 높은 대표성을 가진 표본이 노바스코시아의 핼리팩스에 모였으며, 참가자들은 지식질문에 대한 대답에서 볼 수 있듯이 많은 사실을 새로 알게 되었다.[80] 참가자들은 충분한 전력 생산, 온실가스 배출을 줄이려는 지구적 노력에의 기여, 탄소배출 저감 등과 같은 발전과 전력수송에 관련 요소들에 관한 질문 외에도 안정된 비용 및 낮은 전기가격과 같은 경제적 요소들에 관한 질문을 받았다. 숙의 이전에는 경제적 요소의 중요성이 컸지만, 숙의 이후에는 거의 절반으로 줄어들었다. 이에 비해 이산화탄소 방출 규제나 기후변화에 대한 지구적 노력에의 기여와 같은 환경적 고려에 대한 관심도가 가장 높아졌다. 숙의조사를 마친 후 전력회사는 재생가능에너지에 대한 새로운 투자를 개시하였고,[81] 석탄화력발전소를 개보수하지 않기로 결정하였다.

2007년 11월 버몬트주는 공공서비스과가 에너지 수요감축, 풍력, 원자력, 수력, 천연가스, 석유, 석탄 등과 관련한 주의 에너지 장래에 관한 계획을 수립하는 것을 돕기 위해 숙의조사를 진행하였다. 석유나 석탄에 대한 지지는 아주 낮았다. 응답자들의 압도적 지지는 계속해서 하이드로퀘벡(Hydro Quebec)사로부터(86%) 또는 버몬트 소재 독립적인 전력회사들로부터(97%) 전기를 구입하는 것에 있었으며, 버몬트양키 원자력 발전소로부터 전력 구입을 지지하는 비율은 아주 보잘 것 없는 정도였다.[82] 처음에 심미적 이유로 풍력발전에 반대하던 높은 비율은, 환경적 관심이 높아진 분위기 가운데 상당히 감소하였다.

숙의 이후 하이드로퀘벡에 대한 지지는 20포인트가 상승했고 버몬트

소재 독립적인 전력회사들에 대한 지지는 8포인트 상승했다. 에너지 효율을 올리는 조치에 대한 지지도 상당히 상승하였고, 에너지 자원으로 수력과 목재를 사용하는 방안에 대한 지지도 올랐다. 프로젝트가 종결된 후 수 개월 이내에, 이 결과들은 버몬트포괄에너지계획에 포함되었다. 이 책을 집필하는 현재 이 계획은 아직 진행중인데, 숙의조사에서 나타난 공중의 견해를 잘 반영한 것으로 보인다.[83]

에너지 선택과 관련된 텍사스, 네브라스카, 노바스코시아, 버몬트 등지의 다양한 프로젝트들에서는 로마에서의 숙의조사와 같은 기본적 동학(dynamic)이 작동하였다. 과학적 표본이 소집되고, 정부관리들을 포함하는 공적 대화에서의 이들의 숙의는 투명하게 균형 잡힌 것이며, 그들이 도달한 결론은 숙의 이전의 '즉흥적' 의견에 비해 드라마틱한 변화를 보여주었고, 참가자들은 이슈에 대해 훨씬 더 잘 알게 되었으며, 미디어 보도는 공중의 목소리를 상세히 설명해 주었다. 담당 관리들은 숙의조사의 결과가 설득력있고 합리적인 것으로 보았다. 텍사스에서도 로마의 경우에서처럼, 정책결정자들은 숙의조사가 그들에게 '올바른 일을 할 근거'를 주었다고 말하였다.

대표성을 가진 지적 의견과 협의하고 그것을 실행에 옮기는 동학은 중국에서도 크게 다르지 않았다. 지방의 프로젝트가 방송이나 신문에 크게 보도되지는 않았지만, 인터넷상에서는 널리 토의되었다. 가장 중요한 것으로는, 숙의조사가 지방의 큰 이벤트였으며 무엇보다도 공적이고 투명한 형태의 협의로서 '마음과 마음이 통하는' 토의 모임인 '간담'의 전통 위에 수립된 것이라는 사실이었다. 중국의 사례는 시민의 숙의가 엘리트숙의와 어떻게 연결될 수 있는가 하는 질문에 대한 신선한 답을, 지방의 혁신이 제공한 것으로 볼 수 있다. 2008년 2월 제구오진에서

네 번째 숙의조사가 진행될 즈음에, 지방 인민대표대회는 더 이상 고무도장이 아니었고 보다 효과적인 의사결정 기구였다. 이 프로젝트에서는 제구오진의 전체예산이 무작위추출법으로 선발된 175명의 표본에 의해 정밀심사대상이 되었다. 앞의 세 차례 숙의조사와 달리 이번에는, 지방 인민대표대회의 60명 대의원이 전체 과정을 참관하였다. 1주일 후 개최된 지방 인민대표대회에서는, 숙의조사의 결과와 함께 자신들의 관찰을 포함하여 예산을 조정하는 데 활용하였다.[84] 숙의를 거친 후 참가자들은 지방도로건설과 같은 인프라와 환경보호 프로젝트에 대해 더 지지하게 되었고, 국방업무와 관련된 예산에 대한 지지는 줄어들었다. 지방 인민대표대회는 예산을 일부 조정하였고 최종적으로 인프라와 환경 관련 예산을 증액하였다. 특히 환경 관련 프로젝트의 예산은 9%나 증액되었다. 이에 더하여, 지방 인민대표대회는 사회보장과 관련된 예산도 올렸다.

가장 최근의 중국 사례는, 인민에 의한 숙의가 실제 의사결정자들의 숙의와 제도적으로 어떻게 연결될 수 있는지의 이슈를 하이라이트로 보여준다. 텍사스 전력 프로젝트의 경우, 실제 결정은 전력회사가 내렸고 이 과정에 (임명된 정부 기구에 해당되는) 공공사업위원회의 동의가 필요했었다. 네브라스카와 노바스코시아의 경우 결정은 회사 자체가 내린 것이었다. 로마 숙의조사의 경우 결정을 내린 주체는 선출된 레지오네라지오의 지방정부였고, 버몬트주의 경우 숙의조사가 주의 공공서비스과가 만드는 포괄적 에너지 기획과정에서 일정 역할을 수행하였다. 하지만 중국의 경우에서 우리는 최초의 가냘프지만(glimmering) 새로운 모델의 빛을 발견한다. 이 모델은 숙의정치의 두 가지 모델을 결합시킨 것으로서, 인민 자신들에 의한 숙의민주주의와 선출된 기구에 의한 엘리트 숙의가 그것이다.

제도적 설계를 위한 우리 자신 미국의 여정은 간접적 필터링에 초점을 두는 것에서 시작되었었다. 즉, 대표들이 제헌회의나 상원과 같은 비교적 소규모의 기구에서 '공적 견해를 정제하고 확대하는' 것에 초점을 맞추었었다. 그러나 엘리트숙의 이론에서는 항상 엘리트숙의가 인민과 어떻게 연결될 것인가 하는 문제가 남아 있다. 왜냐하면, 헌법개정과 같은 예외적인 상황을 제외하면 인민은 대개 숙의를 행하지 않는 것으로 간주되기 때문이다. 매디슨의 용어를 사용하자면, 대표들은 자신들이 정제할 일반시민의 견해를 어떻게 구할 것인가? 중국의 지방에서 실시된 이 참신한(novel) 숙의조사에서 우리는 처음으로, 소우주 숙의를 참관하고(observing) 그 결과를 공식 의사결정과정에서 안건으로 다루는 엘리트숙의자들의 사례를 발견한다. 우리는 이 같은 모델이 전 세계의 여러 다양한 세팅에서 재현되고 공적 협의의 사례가 될 수 있을 것으로 믿는다.

방금 언급한 모든 사례들은 마지막 가능한 단계에는 도달하지 못하였다. 즉, 공적 결정의 공식권한을 인민의 소우주에 부여하는 것이 그 단계이다. 인민의 숙의는 권고적인(advisory) 것에 불과하다. 물론 설득력을 가진 상황에서 권고적일 수는 있다. 앞에서 본 것처럼, 소우주 숙의를 위한 일부 노력은 브리티시 콜럼비아와 온타리오의 시민의회와 같이 공개투표를 위한 투표용지에 제안사항을 올리는 공식권한을 행사하기도 하였다. 두 경우 모두 압도적 다수를 요하는 조항에 의해 미결되었지만, 소우주는 다른 정부기관에 의한 필터링을 거치지 않는 공식권한을 보유하였던 것이다. 유사한 아이디어는 후보자 선출을 위한 그리스 사례에서 보다 작은 규모로 실현되었다. 소우주의 사람들에게는 무엇을 투표용지에 올릴 것인지 (이 경우 당의 후보자가 누구인지) 결정할 공식권한

이 부여되었다. 이에 더하여, 그리스 사례는 두 가지 점에서 새로운 측면을 보여준다. 첫째, 후보자 선택이 직면한 문제에 제3의 대안을 제공하였다. 즉, 별다른 숙의를 거치지 않고 국민투표제민주주의를 실현하는 대중프라이머리(mass primary)와 대중참여가 없는 숙의를 실현하는 엘리트 결정 사이에서 절충점을 마련한 것이다. 둘째, 2,400년의 공백 이후 아테네에서 공적 의사결정을 위한 공식권위가 무작위로 추출된 소우주에 부여된 것을 표시한다. 이런 다양한 사례들은 투입(input)을 위해 공식권위가 반드시 필요한 것이 아니라는 점을 보여준다. 사실 텍사스, 중국, 로마의 권고적 사례는 최종적 결정에 미친 영향력에서는 오히려 시민의회나 그리스 프로젝트보다 더 컸다. 사려깊고 대표성을 가진 공중의 목소리가 진정한 중요성을 갖기 위해서는, 권고적 성격과 공식권위의 두 가지 형태 모두 실험될 필요가 있다.

숙의적 소우주가 제도화되는 것을 한 번 생각해 보자. 이것이 어떻게 가능할 것이며, 일단 제도화되면 승자의 저주에 빠지듯이, 이 과정이 성공에 의해 희생될 위험은 없을까? 결정이 중요할수록 그 과정이 부패와 불공정에 더 취약해지는 그런 문제는 없을까?

첫째, 여기서 다룬 연구프로그램의 존재이유는 숙의적 소우주를 정책과정에 적용하는 실행가능성을 고찰해 보는 데 있었다. 숙의적 약속을 지키고 잠재적인 반대를 물리칠 수 있도록 비판적 검토를 가장 잘 견디는 설계를 평가해 보는 것이었다. 하지만 숙의적 소우주의 이들 모든 시도는 단편적인 사례에 대한 것이다. 제도화에 대한 한 가지 이상적인 모델은 덴마크 의회에 의해 설립된 조직인 덴마크기술이사회가 제안한 것이다. 덴마크기술이사회는 지속적으로 숙의적 협의를 가능케 할 방안으로 합의회의(consensus conference)를 제안하였다.[85] 합의회의는 표본추출 상의 문제와 합의를 모색한다는 점 때문에 의사결정 모델로서 몇 가지 한계를 가지고 있지만, 덴마크의 혁신은 성공적 제도화에 시사하는 바가 많다. 일단 직접적인 정치적 간섭으로부터 벗어나는 독립적인 협의기구로서 합의회의가 구성되면, 어려운 이슈를 다룰 경우나 시민투입(citizen input)이 필요한 여러 정부 기관들에 의해 활용 가능하다. 이런 방식으로, 합의회의는 로비스트들이나 이익집단들에 의해 쉽게 좌우되곤 하는 공청회(public hearings)의 유력한 대안이 될 수 있다. 합의회의와 같은 대안은 공중의 정책제안(policy proposal) 실천 통로로서, 대표성을 지닌 공적 목소리를 동원할 수 있다.

둘째, 부패와 불공정으로부터의 몇 가지 보호책이 있다. 에너지 선택에 관한 텍사스 프로젝트는 수억 달러의 투자에 영향을 미치는 통합자원기획의 일 부분이었다. 하지만 여기에는 균형 잡히고 투명한 자문그룹의 활동을 촉진할 인센티브가 많았으며, 브리핑자료 준비와 토의 안건 마련에 있어서 자문그룹은 공정한 감독권한을 행사할 수 있었다. 어느 집단이라도 배제된다면, 숙의조사 결과가 나중에 공공자원위원회에 제출될 때 강력히 반대를 표명할 근거가 마련되어 있었다. 브리핑자료는 투명하였고, 웹상으로도 접근가능했으며 언론이나 관찰자들에게 개방되었고, 대화 자체도 미디어에 열려 있었으며 지역 PBS 방송에 보도되었던 것이다.

한가지 보호책이 투명성(transparency)이라면, 다른 보호책은 숙의조사의 설계(design)이다. 그리스 숙의조사에서 최종후보자에 포함되지 못해 불만을 품은 한 후보자가, 숙의과정을 방해하기 위해 콜센터를 고용하여 참가자들에게 일정이 취소되었다고 알리려고 하였다. 그러나 콜센터는 무작위표본이 누구인지 파악할 방법이 없었고, 전체 주민 모두에게 전화를 거는 것이 불가능하다는 것을 알게 되었다. 수천 명에게 전화를 거는 것은 가능했지만 실제 표본에 속한 사람에게는 거의 접근하지 못했다. 브리티시 콜럼비아의 시민의회에서는 숙의가 거의 일 년 동안 진행되어, 참가자들이 공중에게 알려졌다. 숙의과정의 투명성과 가시성(visibility)은 숙의를 방해하려는 어떤 시도로부터도 숙의를 보호해 주었다. 숙의적 소우주는 현대의 배심원제도에 비해 비교적 많은 수의 참가자를 포함한다. 참가자를 매수하거나 협박하려는 시도는, 그렇게 많은 수의 사람을 대상으로 해야 하기에 발각되거나 역풍을 맞을 가능성이 커서 성공하기 어렵다.

 우리는 아직 고대 아테네의 구상인 소우주 숙의의 부활이 가진 한계에 대해 잘 알지 못한다. 물론 더 많은 사례들에 적용할 경우 직면하게 될 실천적인 문제들이 있을 것이다. 그러나 현대판 소우주 숙의에 생명을 불어넣는 것은, 우리가 맨 처음에 제기했던 질문에 대한 답을 제공할 것이라는 점에서 의미가 있다. 즉, 자신들이 협의를 받은 사안에 대해 진정으로 사고할 수 있는 조건에서, 모두를 대표하는 수용적 제도를 어떻게 만들 것인가가 그 질문이다.

# 6

# 어려운 조건에서 숙의하기

## 제6장
## 어려운 조건에서 숙의하기

### 공적협의의 공간 넓히기

우리가 지금까지 논의해 온 숙의민주주의를 위한 노력은 대개 기존 자유민주주의의 '정상정치'라는 우호적인 조건 속에서 발생하는 것이었다.[1] 그러나 이 개념을 적용하기 위해 더 넓은 범위의 조건을 고려할 필요가 있다. 숙의민주주의에는 실현되어야 할 두 가지 기본적인 구성요소가 있다. 그것은 수용(inclusion)과 심사숙고(thoughtfulness)이다. 우리는 어떻게 모두를 포함할 수 있는가 또는 적어도 모두의 소우주를 만들 수 있는가? 우리는 어떻게 그들의 집단적 심사숙고를 위한, 신뢰할 만한 숙의과정을 위한, 조건을 만들 수 있는가?

우리는 이미 공적 협의의 영역을 넓혀 기존 민주주의 밖에서 수행한 숙의의 한 가지 분명한 사례를 다루었다. 우리가 보았듯이, 중국 지방에서의 프로젝트는 우리가 정한 기준에 부합되도록 잘 수행되었다. 충원과 관련하여, 권위주의의 유산은 표본에 포함될 사람의 충원을 더 용이하게 해 주었다. 숙의의 질과 관련하여, 우리가 측정하는 여러 측면에서 즉, 지식획득, 균형 잡힌 자료, 불평등이나 분극화에 의한 왜곡 없이 수행된 토의, 공공정신이 고양된 참가자들 등의 면에서 역시 잘 수행되었다. 더구나 그 결과는 실제로 실행되었다. 숙의민주주의의 적용을 위해, 그 적용이 숙의적 소우주에 달려 있다면, 잘 수립된 정당 간 경쟁제도가 필요한 것 같지는 않다. 하지만 숙의조사에 필수적인 조건들 가운데 하나인 자율성이 중국 사례에서는 지방정부에 의해 특이할 정도로 부여되었는데, 이 정도의 자율성은 다른 비민주 정치체들에서는 잘 찾기 어렵다.

숙의민주주의를 적용하기 더 어려울지 논쟁이 되는 다른 경우를 고려해 보자. 저자는 다음의 세 가지를 염두에 두고 있다: (1)분열된 사회; (2)가상공간; (3)다민족 다국가 숙의가 그것이다. 이런 영역은 왜 숙의민주주의에 도전이 되는가? 우리의 근본적 관심은 수용과 심사숙고에 있다. 민족적 차이나 종족적 차이처럼 분열이 심할 경우, 표본의 충원을 어렵게 만들 것이다. 또한 민족적 차이나 종족적 차이는 아이리스 영이 내적 배제라고 부른 것으로 이끌지 모른다. 내적 배제란, 같은 방에 모여 있어도 자신들의 견해가 제대로 반영되지 못하는 사람들이 존재하는 그런 상황을 말한다. 내적 배제가 발생하면, 당연히 숙의의 질은 손상된다. 숙의의 질에 관한 우리의 기준은 다음과 같다:

1) **정보**(information): 참가자들이 이슈와 관련된 것으로 믿는 합리적으로 정확한 정보에 얼마나 접근할 수 있는가의 정도

2) 실질적 균형(substantive balance): 충돌하는 한 쪽이나 한 관점이 제기하는 논변이 다른 관점을 가진 사람들에 의해 제기되는 논변에 의해 얼마나 응답을 받는지의 정도

3) 다양성(diversity): 공중이 가지고 있는 주요입장들이 토의 참가자들에 의해 대표되는 정도

4) 성실성(conscientiousness): 참가자들이 논변의 장점들을 진지하게 평가하는 정도

5) 동등한 고려(equal consideration): 모든 참가자들이 제기하는 논변들이 어떤 장점을 가지고 있는지 그 논변을 제기하는 사람이 누구인가와 무관하게 고려되는 정도

이들 가운데 첫 세 가지는 숙의조사의 제도적 설계에서 다루어진다. 자문그룹은 균형과 정확성을 위해 지식질문을 세심히 살피며, 실질적 균형은 훈련받은 사회자들에 의해 소그룹 토의에서 확보되고 전문가패널의 균형에 의해서도 확보된다. 참가자들의 다양성은 무작위추출법에 의해 보장된다. 이런 조건 중 어느 것이라도, 분열된 사회에서 인종집단이나 민족집단 사이의 갈등이 심한 경우, 또는 다민족 숙의에서 민족적 차이로 인해 갈등이 심할 경우 충족되기 어렵다. 예를 들어, 이런 분열은 참가자 충원을 어렵게 만들고 자문단 활동을 방해하게 된다. 그러나 숙의의 설계가 잘 갖추어지면, 이 세 가지 기준을 충족시키는 것은 충분히 가능하다. 그러나 마지막 두 가지 기준은 사정이 다르다. 이 두 가지는 대화에 임하는 참가자들의 태도에 달려 있다.

어려운 조건에서 숙의하기

참가자들의 태도에 인센티브를 제공하는 것은 가능하지만, 지시사항으로 규정하거나 제도적 설계에 의해 태도가 명시될 수는 없다. 토의에서 나타나는 참가자들의 태도는 어떤 프로젝트이든 배경조건의 일부이다. 숙의과정이 순조롭게 진행되기 위해서는, 참가자들이 논변의 장점을 진지하게 측정하면서 성실성을 보여야 한다. 따라서 인종적으로나 민족적으로 심각한 분열이 있을 경우, 논변의 장점을 보지 못하게 하거나 자기집단의 이득만을 고려하고 반대집단의 이득은 무시하도록 만들 위험이 있다. 갈등의 유산과 뿌리깊은 정체성의 차이는 공동선의 공유에 눈감게 만든다. 그들의 정신과 마음이 반대집단과의 공동의 미래에 대해 닫혀있기 때문이다.

숙의과정이 순조롭게 진행되기 위해서는 또한 참가자들이, 모든 제기되는 논변에 대해 그것이 누구에 의해 제기되었든 상관없이 동등하게 고려할 것이 요구된다. 분명 갈등의 유산과 사회분열상은, 일부 참가자들로 하여금 반대집단이 제기하는 논변을 완전히 무시하도록 이끌 것이다.

따라서 분열된 사회는, 대치하는 공동체들이 서로의 말을 경청하기에 충분한 상호존중을 결여하기 때문에 성실한 참여와 동등한 고려가 달성되기 어려운 문제에 직면할 수 있다. 또한 충분한 상호신뢰가 부족하기 때문에 성실하게 참여할 가치가 없다고 생각할 수도 있다. 상대편 논변에 대해 마음을 열지 않고, 상대편도 자신들의 논변에 열린 마음으로 나서지 않을 것으로 생각하게 되는 것이다.

성실한 참여와 동등한 고려에는 너무 자명해서 지금까지 언급하지 않았던 다른 조건이 있다. 하지만 어떤 맥락에서는 그것이 과연 제대로 보장되는지 의문이다. 그것은 참가자들의 의사소통(communication)이 가능해야 한다는 것이다. 언어장벽은 분명히 분열된 사회와 다민족(multinational) 숙의에 영향을 미칠 수 있다. 의사소통의 가능성이라는 이 주제는 가상공간에서도 문제가 된다. 가상공간에서의 숙의는 민족적, 지리적, 사회 분열의 경계를 넘을 수 있다는 장점을 가지지만, 의사소통을 제약함으로써 상호이해를 제약할 수도 있다.

## 분열된 사회: 차이를 넘어 숙의하기

2001년에 우리는 호주이슈숙의라는 단체와 함께 호주원주민에게 영향을 미치는 이슈들에 관한 전국적 숙의를 진행하였다.[2] 원주민 이슈는 호주에서 오랜 기간 폭넓은 전국적 토의의 주제가 되어왔다. 1999년 국민투표에서는 호주역사에서 토착민들의 역할을 인정하는 전문을 헌법에 담자는 제안을 다루었다. 하지만 이 제안은 부결되었다. 또한 1869년부터 1970년대까지 부모로부터 떨어져 나와 보호기관에 넘겨진 이른바 원주민들의 '잃어버린 세대'에 관한 폭로가 잇따랐다. 최소한 10만 명의 어린이들이 동 기간 동안 강제이주를 경험하였다. 법원은 희생자들에 대한 배상을 거부하였는데, 공적 논의의 초점을 전체 원주민의 고통에 맞추어야 한다는 논거에서였다.

이러한 맥락에서, 숙의조사를 위한 저명한 자문단이 문제의 역사적 배경을 다루고 이 문제를 해결할 경쟁적 정책대안들을 포함하는 브리핑 자료에 동의하였다.[3] 왕정 폐지건 숙의조사 경우처럼, 대표성을 지닌 호주인들의 전국적 표본이 캔버라의 구의회 청사에 소집되었고, 숙의과정과 결과가 전국 방송에 보도되었다.

344명의 숙의참가자들은, 서베이 대상자 1,120명에 비교하여 태도와 인구학적 측면에서 좋은 소우주였다. 하지만 원주민 숙의조사는 다른 경우들과 달리 독특한 문제를 안고 있었다. 상이한 두 공동체 사이의 화해를 도모하고자 한다면, 대화가 가능하기 위해 공동체들의 표본은 어떻게 구성되어야 할까? 한 공동체의 크기가 다른 공동체(호주원주민과 토레스해협 섬주민들)의 크기를 압도한다면, 그들은 어떻게 대표되어야 할까? 2001년 센서스에 의하면 원주민 수는 호주 전체인구의 2.5%에 불과하여, 완전한 대표성을 가진다 하더라도 전국적 무작위표본은 15명 정도로 구성되는 소그룹 당 한 명의 원주민을 포함하기도 어렵게 되어 있었다. 비록 소그룹 당 한 명의 원주민을 포함한다 하더라도, 이런 작은 비율로는 소수가 압도적으로 수에 밀린다는 느낌을 지우기 어려웠다. 숙의조사는 마지막 날 비밀설문조사에서 의견을 밝히고 합의를 위한 사회적 압력도 없는 상태로 진행되지만, 이 경우와 같은 일방적 대표성은 우리의 최선의 노력에도 불구하고 위협적으로 보였다.

  이 문제를 완화하기 위해 우리는 원주민의 과다표본(oversample)을 새로 충원하였고(원 표본 344명에 더하여 46명을 보충함), 새로 뽑은 46명을 25개 소그룹 가운데 10개 소그룹에 무작위로 배분하였다.[4] 물론 과다표본을 일부 소그룹에 배분함으로써, 그 소그룹은 호주원주민을 토의에 포함시키게 된 효과를 알 수 있게 되었다. 모든 소그룹이 동일한 방향으로 즉, 원주민과의 더 큰 화해와 그들에 대한 지원확대 방향으로 움직였다. 원주민을 포함한 소그룹의 경우 이 방향으로의 움직임이 좀 더 컸는데, 누가 그 방에 있는가가 중요성을 가진다는 점을 보여 주었다고 하겠다. 다른 민족적 및 인종적 갈등에 초점을 두는 프로젝트의 경우처럼, 호주 숙의조사에서도 참가자들은 차이점을 노정하였다. 물론 이들 경우에 호주 사례와 달리 과다표본의 문제는 발생하지 않았다. 불가리아에서의 집시 문제나 북아일랜드의 프로테스탄트와 가톨릭 교도의 사례로 주의를 돌릴 때, 이들 경우에는 각 공동체가 무작위추출로 소그룹을 구성할 수 있는 충분한 모집단수를 보유하고 있었다.

표본이 숙의를 거친 후 이들의 견해에는 큰 변화가 있었다. 원주민과의 화해가 호주가 당면한 문제 가운데 가장 중요한 이슈 가운데 하나라고 믿는 비율이, 숙의 이전에는 31%였으나 숙의 이후에는 63%였다. 중도우파의 자민당 및 국민당 연립정권 지지자들의 경우 변화는 더 커서 17%로부터 61%로 변화하였다. 원주민들이 처해 있는 불리한 상황에 대한 인식이 의료, 주택, 고용기회, 교육, 예상수명, 수감자 비율, 소득의 분야들에서 드라마틱하게 증가하였다.

호주가 원주민의 동의없이 정복되었다는 데 동의하는 사람의 비율이 68%로부터 81%로 올랐다. '잃어버린 세대'에 대한 공식사과를 지지한 비율은 46%에서 68%로 올랐으며, 자신의 집에서 쫓겨난 사람들에게 배상을 해야 한다고 보는 비율이 39%로부터 61%로 변화했다. 원주민에 대한 정부 지원을 지지하는 비율도 올랐는데, 특히 교육과 의료에 우선순위가 두어졌다. 그러나 뉴질랜드처럼 의회 내에 원주민을 대표하는 특별 의원을 두자는 제안에 대한 지지는 소폭 상승에 그쳐 과반수에 미치지 못하였다. 다른 숙의조사에서처럼 참가자들은 더 많은 것을 알게 된 바, 8개의 지식문제 지수는 통계적으로 의미 있는 평균 23점의 상승을 보여 주었다.

존 하워드 수상의 보수 정부는 잃어버린 세대 문제에 관하여 어떤 행동도 취하기를 거부하였지만, 2007년 노동당이 집권하면서 새 수상이 된 케빈 러드는 상하 양원 모두의 동의를 얻고 공식사과문을 발표하였다.

2007년 불가리아에서의 전국 단위 숙의조사는 호주의 경우처럼 소수 집단 처우와 관련되는 평행이슈를 다룬 바, 이번 경우에는 집시(Roma)가 그 대상이었다. 불가리아에서 집시는 주로 게토에서 빈곤하게, 불충분한 교육을 받고, 사법체제에 의해 억압받으며 살고 있다. 전체 인구 700만 가운데 집시로 분류되는 인구는 약 70만 명이다.[5] 인구의 약 10%에 해당하는 비율로서, 원주민의 과다표본으로 씨름을 한 호주 경우와 달리 소그룹 토의에 충분한 수의 집시 표본을 포함할 수 있었다.

집시들은 곤궁한 조건에서 대개 독자적 공동체를 구성하여 살고 있다. 약 40만 명이 게토에서 생활하며, 하수시설과 상수도, 포장도로 등이 갖추어져 있지 않다. 이런 주거조건은 심각한 의료문제로 연결되는 바, 가계의 2/3가 만성적 환자를 포함하고 있으나 절반에 이르는 집시가 의료보장을 받지 못하고 있다. 이들은 극단적인 빈곤 속에서 살고 있는데, 64%의 집시가 불가리아 빈곤선인 하루 2달러 수입으로 생활하고 있으며, 이는 투르크계의 24%나 불가리아민족의 9%에 비해 월등히 높은 수치이다.

불가리아 교육체제도 집시 문제를 해결하는 데 실패한 것으로 보인다. 최소한 중등교육을 마친 집시의 퍼센티지는 7.2%로서, 나머지 전체 인구의 69%에 비하면 비교할 수 없을 정도로 낮다. 문맹률도 높고, 집시 언어로 가르치는 독립학교는 교사가 부족하며, 나이 든 학생이 더 어린 학생을 가르치는 '상호교육(mutual education)'이 일반적이다. 초등학교를 졸업하기 전에 진급에 실패하는 학생수가 70%에 이른다.

집시는 경찰피의자 수에서도 4배로 과잉대표되어 있고, 인구에서 차지하는 비율에 비해 8배나 높게 수감자 비율에서도 과잉대표되어 있다. 집시 출신 판사가 하나도 없고 사법체제에 종사하는 집시 출신도 거의 없으며, 따라서 집시들은 법적으로 거의 대표되지 못하는 상황에 있다.

이 같은 어려운 상황에서, 숙의조사는 1주일간의 대화를 위해 소피아의 문화궁전에 255명의 전국 표본을 소집하였다. 표본의 약 10%는 집시였다. 주말 동안 불가리아 국영텔레비전에서 광범위하게 보도하는 가운데, 숙의조사에는 수상 세르게이 스타니세프와 다른 핵심 정계인사들도 모습을 드러내었다.

숙의는 주택, 범죄, 교육의 세 정책 영역에 초점을 맞추었다. 각 영역마다 한편으로 불가리아 사회에 집시를 완전통합하자는 논변과 다른 한편으로 집시들에게 독자적이며 별개로 구분되는 대우를 해야 한다는 논변이 제기되었다.

숙의를 거친 후 참가자들은 주택 문제에 관하여, 집시들의 독자적인 독립 마을에 대한 지지도는 크게 낮아졌으나 집시들에게 적절한 합법적 주거시설을 얻을 수 있도록 지원해야 한다는 안의 지지도는 올랐다. 집시가 분리된 독자적인 마을을 구성해야 한다고 생각하는 비율은 43%에서 21%로 낮아졌고, 정부가 현재의 규제수준을 맞추는 건물은 유지하되 나머지는 철거해야 한다고 생각하는 비율은 66%에서 77%로 올랐다. 정부가 불법시설에 거주하는 사람들에게 주택을 새로 건설하도록 대출을 얻고 갚아나갈 수 있도록 지원해야 한다는 것에 동의하는 비율은 47%로부터 55%로 상승하였다. 숙의를 거친 후, 참가자들은 이 문제의 해결에서 집시들의 자조에 더 많은 가치를 부여해야 한다고 생각하게 되었다. 집시들이 자신들의 힘으로 지은 집을 더 잘 관리할 것으로 생각하는 비율은 76%에서 91%로 증가하였다.

참가자들이 숙의를 진행할수록 독립적인 집시마을을 유지하는 것에 문제가 있다는 주장에 점차 동의가 증가했다. 집시마을이 모두에게 영향을 미치는 범죄와 질병의 온상이 될 수 있다고 생각하는 비율이 60%에서 69%로 올랐다. 참가자들은 집시에 의한 전기료 미납문제에도 관심을 드러냈다. 예를 들어, 거주자가 전기료를 납부하지 않을 경우 전기를 차단해야 한다고 생각하는 비율이 82%로부터 75%로 떨어졌지만, 여전히 높은 지지율을 보인 것이다. 그럼에도 불구하고, 게토 주위에 장벽을 건설하는 것과 같은 징계적 조치에 대해서는 지지도가 낮았다. 장벽건설을 지지하는 비율은 처음 12%였으며, 숙의 이후에는 7%로 낮아졌다.

　형사정책과 관련하여, 참가자들은 숙의 이후 경찰과 사법부에 더 많은 집시를 충원하는 것을 지지하였다. 또한 집시들에게만 적용되는 경찰의 검문을 강하게 반대하였다. 정부가 더 많은 집시 경찰을 충원해야 한다는 데 동의하는 비율은 32%에서 56%로 올랐으며, 법원에 더 많은 집시를 고용해야 한다고 생각하는 비율은 26%에서 45%로 올랐다. 집시에 대한 경찰검문이 더 빈번한 것이 부당하다고 보는 비율도 크게 올랐다.

　교육에 대해서는 숙의를 거친 이후, 불가리아학교에 집시 자녀를 통합시키고 집시만의 분리된 학교를 운영하지 않는 것을 지지하는 비율이 올랐다. "집시학교는 폐쇄하고, 모든 아동이 학교에 버스로 통학해야 한다."는 것에 동의하는 비율이 42%에서 62%로 증가했다. 분리된 집시 학교를 유지해야 한다고 생각하는 비율은 46%로부터 24%로 떨어졌다. 표본은 또한 불가리아어와 불가리아 문화에 대한 지식의 부족이 집시의 교육에 있어서 장애가 된다고 생각하였다. 집시 아동이 학교에 다니기를 꺼리는 이유가 바로 이 언어와 문화에 대한 지식 부족 때문이라고 동의하는 비율이 38%로부터 59%로 올랐다.

　주택, 형사정책, 교육의 세 분야 모두에서 움직임은 일반적으로 집시들의 분리된 독자적 사회로부터 불가리아 사회에의 더 큰 통합 방향으로 향하였다. 표본에 포함된 집시들의 생각도 표본에 포함된 다른 사람들의 의견과 크게 다르지 않았다. 불가리아인들과 집시들의 분리된 공동체는, 보다 더 많은 것을 알게 됨에 따라 공유하는 미래에 대한 비전을 함께 하게 되었던 것이다.[6]

 2007년 1월 교육 이슈에 대해 진행된 북아일랜드 숙의조사에서는, 오랜 기간 갈등을 겪어온 공동체들이 어떻게 함께 숙의에 관여할 수 있는가를 보여 주었다. 1998년 악명높은 IRA 폭탄테러 발생지인 오마(Omagh)에서 개최된 숙의조사는, 학부모들로 구성된 무작위 표본으로 하여금 공동체들 사이에 가능한 교육협력 이슈를 다루도록 도움을 주었다. 당시 북아일랜드 교육체제는 프로테스탄트 교도들과 가톨릭 교도들 사이에 거의 분리된 상태였다. 그러나 새로운 교육과정이 준비되고 있고 북아일랜드의 인구가 감소하고 있는 상황에 직면하여, 두 공동체는 이런 도전에 대해 대처 방안을 마련하고 학생수가 감소하는 학교를 폐쇄하거나 정비하는 문제를 공동으로 결정하고자 하였다.

 이 숙의조사는, 최근의 폭력적 갈등에 대한 기억을 가진 분열이 심한 사회에서 실시된 첫 조사였다. 대표성을 가진 표본이 참가하는 것이 가능할까? 실제 생활에서 크게 분리된 두 공동체가 생산적으로 상호작용할 수 있을까? 신뢰와 상호존중은 흔히 숙의적 대화를 위한 전제조건으로 간주된다. 애초에 그런 요소가 부재한다면, 과연 대화가 가능할까? 대화가 앞으로 나아갈 조건을 창출하는 것이 가능할까?

 숙의조사는 먼저 오마 지역 학부모의 대표성을 가진 표본 127명을 하루 동안의 숙의를 위해 소집하였다. 참가자들은 애초 서베이 대상자였던 600명과 잘 매치되었지만, 한 가지 점에서만 대표성이 부족했는데,

남성에 비해 여성의 대표성이 상당히 높았다. 북아일랜드 교육에 대한 전화 서베이에서 질문에 응답하려는 용의를 보인 사람들 가운데는 여성이 불균형적으로 많았던 것이다. 하지만 숙의진행 동안 남성과 여성은 큰 차이를 보이지 않고 같은 방식으로 태도변화를 보였으므로, 우리는 숙의조사 결과에 여성의 과다대표가 영향을 미쳤다고는 생각하지 않는다.[7]

오마 지역 공동체의 비율에 맞게 대표된 점이 중요하다. 참가자 가운데 62.8%는 자신을 가톨릭이나 가톨릭 배경의 집안 출신으로 간주하였는데, 실제 인구센서스도 63%가 가톨릭이었다(이에 비해 33.9%는 자신을 프로테스탄트이거나 프로테스탄트 배경 출신이라고 생각하였다). 여타 모든 사회인구학적 측면에서 참가자들과 불참자들은 매우 유사했다. 예를 들어, 숙의에 참가한 사람들과 그렇지 않은 사람들 사이에, 미혼 대 기혼의 비율이나, 학부나 대학원 과정을 마친 사람들의 비율은 유사했다. 평균 자녀수에서도 비슷했다.

응답자들이 통합론자(Unionist)인지 분리론자(Nationalist)인지 묻는 질문에, 첫 서베이와 참가자들의 답에서는 크게 차이가 나지 않았지만, 많은 퍼센티지가 질문에 답하지 않거나 미정이라고 답하였다. 답하지 않거나 미정이라고 답한 경우는, 분열된 사회 내에서 불신을 가지고 있거나 사람들이 신중하고자 하는 것을 보여준다고 할 수 있다. 태도와 관련한 질문에서도 참가자들과 불참자들 사이에 별다른 차이가 발견되지 않았으나, 다만 참가자들이 학교들 사이의 협력에 대해 좀 더 우호적이었다.[8] 시작점에서의 지식수준도 참가자들과 불참자들은 비슷한 수준이었다.

이 프로젝트는 하루에 걸친 숙의에 불과했지만, 참가자들의 공동체 인식을 드라마틱하게 변화시켰다. 개신교도들이 '이성적으로 열려있다

(open to reason)'고 믿는 퍼센티지가 36%로부터 52%로 올랐고, 가톨릭교도들이 '이성적으로 열려있다'고 믿는 퍼센티지는 40%로부터 56%로 올랐다. 두 공동체 각각을 '신뢰할 만하다(trustworthy)'고 보는 비율도 비슷하게 상승하였다. 즉, 가톨릭 교도들을 그렇게 보는 비율은 50%에서 62%로, 개신교도들을 그렇게 보는 비율은 50%에서 60%로 높아졌다.

정책 관련 태도에서도 중요한 변화가 있었다. 예를 들어, 새로운 교육과정을 전파하기 위해 파트너가 필요한 학교는, 같은 종교에 속한 학교가 아니더라도 가장 가까이 위치한 이웃학교와 파트너가 되어야 한다는 데 동의하는 비율은 60%에서 72%로 증가하였다. 이 증가는 개신교도들과 가톨릭교도 모두에 있어서 유사했다. 현재의 완전히 분리된 학교체제에 변화가 필요하다는 데 대해서도 개방적이었다. 한 편의 이익이 다른 편의 손해를 의미하는 제로썸 상황으로 보는가에 대해서도 인식의 변화가 있었다. 오마 지역 교육체제의 변화가 두 공동체 모두에 이익이 된다고 보는 비율이 40%에서 51%로 올랐다. 대안적 질문으로는, 한 공동체에 이익이 되는 방안이 다른 공동체에는 손해를 미치는가라는 질문이 제기되었다. 참가자들은 숙의과정을 통해 북아일랜드 교육과 관련해 이전보다 훨씬 많은 것을 알게 되었다. 전반적인 지식 지수는 30점이 증가하였고, 50점 이상의 증가를 보인 질문도 있었다. 이 프로젝트에 대해 BBC는 30분가량 보도하였고, 다른 여러 경로를 통해 널리 토의되었으며, 정책공동체로부터 환영을 받았다.[9]

이상의 결과들은 "심하게 분열된 사회에서 숙의는 어떤 역할을 수행할 수 있는가?"라는 근본적인 질문에 건설적인 답을 제공할 수 있다. 첫 번째 입장은 회의적인 것으로서, 숙의가 별다른 역할을 하기 어렵다고 본다. 이 견해에 따르면, 상호신뢰와 이해의 전제조건이 부재하고, 차이점이 너무 커서 대화가 유용하지 않거나 실천적이지 않다. 이는 엘리트 수준에서나 대중 수준에서 마찬가지이다. 숙의의 여지가 없더라도, 주의깊게 고안한 엘리트 관계가 갈등 문제를 일단 덮어두고 권력공유를 위한 타협이나 '합의제민주주의(consociational democracy)'를 위한 여지를 남길 수 있다는 주장도 제기될 수 있다.[10] 그러나 첫 번째 입장에 의하면, 무엇을 할 것인가에 대해 숙의를 공유한다는 것은 순진하거나 비현실적이다.

두 번째 가능한 입장은, 숙의를 신중하게 제한된 이슈에 대해 엘리트만의 토의에 국한시키고, 대중에 의한 숙의민주주의 열망을 포기하는 것이다. 이 방안은 일반대중을 균형 잡히고 지적인 토의에 포함시키는 것으로 이해하는 숙의민주주의에 맞지는 않지만, 다른 종류의 숙의정치에 해당되는 것이다. 이 입장이 갖는 한계점은, 심하게 분열된 사회에서도 일반대중이 자신들을 대변하는 조직화된 이익보다 오히려 덜 격렬한 견해를 가진다는 사실을 제대로 보지 못한다는 점이다. 적어도 정책엘리트에 비교하여 일반대중이 덜 민감하다는 사실은 좋은 조건이 마련된다면 상호대화를 위한 개방성의 기회를 제공할 수 있을 것이다.

세 번째 입장은 '고립된 숙의(enclave deliberation)'로 볼 수 있는 입장이다. 이것은 집단들 사이의 예견되는 갈등을 피하기 위해, 대체로 유사한 생각을 가진(like-minded) 사람들 사이에만 토의를 진행하는 것이다. 그러나 썬스타인이 지적한 것처럼, 고립된 숙의는 극단으로 치닫게 될 위험을 안고 있다. 어느 경우이든, 그것은 깊은 분열 사이의 상호이해를 위해 하는 바가 없으며, 분열을 더 심화시킬지도 모른다.[11]

네 번째 입장은 우리가 여기서 다루어 온 것으로서, 잘 균형 잡히고 대표성을 지닌 숙의가 가능한 조건에서 일반대중 구성원들 사이에 숙의민주주의를 증진시킬 것이다. 일반대중의 소우주에 의한 숙의를 위한 이러한 노력은, 참가자들에게 분열된 사회에서 발견되는 상호신뢰와 상호존중의 결핍을 극복할 것을 요청한다. 숙의가 그 자체의 전제조건을 창출해 내면서 작동할 수 있을지, 숙의적 대화가 높은 수준의 상호신뢰와 상호존중을 만들어낼 수 있을지, 두고 볼 일이다. 우리의 북아일랜드 사례가 제시해 주는 메시지가 바로 이런 것으로 보인다. 숙의를 거친 후 가톨릭 교도나 프로테스탄트 교도들이 '신뢰할만'하고 '이성적으로 열려있다'고 보는 비율이 큰 폭으로 증가했었다. 정책 옵션은 두 공동체 모두의 자녀들의 이익을 존중하면서 공유된 미래의 교육이 나아갈 방향을 제시해 주었었다. 공중은 폭력적 갈등과 상호불신의 유산이 존재하는 곳에서도, 건설적인 방식으로 관여할 수 있는 것이다.

## 가상공간 민주주의

지금까지 우리는 면대면 숙의에 집중해왔다. 과학적 소우주를 한 장소에 모이게 하기 위해서는 소규모 회의라도 교통비, 호텔료, 식비, 기타 경비가 소요된다. 1996년 텍사스 오스틴에서 개최된 전국이슈컨벤션에서는 어메리칸 에어라인즈가 공식항공사로서 중요한 교통비 절약에 기여하였다. 호주의 군주제 폐지건 숙의에서는 유사한 기능을 앤셋(Ansett)이 수행하였다. 하지만 협찬사가 누구이든 수송비나 필요물품을 위한 비용이 지출될 수밖에 없다.

과학적 표본이 온라인 상으로 숙의할 수 있다면, 이론상으로 많은 비용을 절감할 수 있을 것이다. 가상공간(virtual space)은 지리적 제약을 극복하게 해준다. 그러나 소우주 숙의를 가상공간에 적용하고자 하는 시도에는 새로운 두 가지 난제가 등장한다. 첫째, 과학적 표본의 충원 문제가 발생한다. 디지털 불평등이 도전을 제기한다. 무작위표본에 추출되는 사람 가운데 온라인상에 없는 사람이 있을 수 있다. 온라인 접속이 어려운 사람들은 더 가난하고 덜 교육받은 사람들로서, 소수를 대표할 수 있는 사람들이다. 이들이 배제된다면, 소우주의 대표성은 크게 약해질 것이다.

두 번째 어려움은 의사소통 양식이다. 현재 대부분의 온라인 의사소통은 텍스트기반(text-based)이다. 그 결과 목소리와 면대면 토의로 효과적으로 이루어지는 의사소통의 이점들은 활용이 어려워진다. 더구나, 문해능력(literacy)을 결여한 사람들은 불리해진다. 물론 목소리를 통한 숙의에서도 말하지 못하거나 듣지 못하는 사람은 불리한 위치에 처해지지만, 핸디캡을 가진 사람을 도와주는 장치가 있어서 면대면 숙의에서 이용되기도 한다.

우리는 이 두 가지 도전을 여러 가지 방법으로 해결하기 위해 노력하면서, 지금까지 여러 차례 숙의조사의 온라인 버전을 수행해 왔다. 먼저 디지털 불평등 문제와 관련하여 우리는 컴퓨터를 가지지 못한 사람들에게 컴퓨터를 공급하였다. 두 번째 문제에 대해서는, 사회자에게 주별로 소그룹토의를 소집하도록 도움을 주는 특수소프트웨어를 사용함으로써, 텍스트보다 목소리를 사용하여, 대응하였다. 수주일이 지난 후 참가자들은 시작점에서 받은 것과 같은 내용의 설문지로 설문조사를 받았다. 의견의 변화는 숙의적 소우주의 신중한 판단을 대표하고, 숙의를 수행하지 않은 사전 사후의 통제집단도 쉽게 포함시킬 수 있었다. 수 차례의 가상공간 숙의조사에서 이 기본적 설계는 유지되었다.

최초의 온라인 숙의조사는 2003년에 같은 주제인 미국외교정책을 놓고 진행된 면대면 숙의조사와 병행하여 실시되었다. 온라인 프로젝트에서는 지식네트워크가 제공한 처치 표본 280명이 무작위로 배분된 소그룹에서 1주일에 2회로 매 회당 1시간 동안 총 4주에 걸쳐 숙의를 진행하였다. 통제집단은 사전과 사후 같은 문제에 대해 답했으나 숙의를 진행하지는 않았다. 면대면 프로젝트에서처럼 전문가들이 소그룹에서 제기된 질문에 대해 답을 하였다. 전문가들은 PBS방송의 온라인 뉴스아우어에 의해 선정되었고 그들이 제시한 답은 온라인상에 게재되었다.

면대면 숙의조사처럼 온라인 숙의조사에서도 정책적 태도에 있어서 중요한 변화들이 있었다. 예를 들어, 미국외교정책의 우선순위와 관련하여 빈곤국가들에게 식량과 의료지원을 제공하는 것을 강조한 퍼센티지는 51%에서 67%로 올랐고, 타국의 인권보호에 대해서는 49%에서 61%로 올랐으며, 침략자로부터 타국을 지키는 것에 대해서는 50%에서 60%로 상승하였다. 지구온난화 문제를 해결하는 것에도 강조점이 주어졌고, 보다 깨끗한 전력생산 방법에 대한 지지도 증가하였다. 면대면 숙의조사와 마찬가지로, 여기서도 큰 지식획득이 있었고 많은 것을 알게 된 사람의 의견변화가 가장 컸다.

이와 동시에, 필라델피아에서는 전국 규모의 면대면 숙의조사가 진행되었고, PBS를 통해 전국에 보도되었다. 온라인상으로나 면대면 숙의조사 모두에서 의견변화는 일반적으로 유사한 방향을 향하였다. 두 경우 모두 통제집단과 비교해서 변화는 유지되었다. 같은 방향으로의 의견변화였지만 면대면 숙의조사의 경우 변화정도가 더 컸다. 주말 내 진행된 면대면 숙의는, 1주일에 2회 1시간씩 집에서 컴퓨터 화면상으로 갖는 대화보다 아마 보다 집중적인 경험이었던 것으로 보인다. 더구나 온라인 응답자들은 나머지 시간 동안은 다시 자신의 일상적 환경으로 돌아가게 되어 있었다. 숙의와 숙의 사이의 기간에 그들은 일상의 대화 파트너와 다시 만나고 뉴스소스도 다시 접하게 되는 것이다. 이와 달리, 면대면 숙의조사에서는 참가자들이 한 장소에 모여 새벽부터 해질 때까지 다른 참가자들과 상호작용을 하는 것이다.[12]

이와 같은 차이에도 불구하고, 온라인 숙의는 과학적 표본에 의한 소우주 숙의라는 아이디어가 가상공간에서도 적용가능하다는 사실을 분명하게 보여주었다. 대표성을 지닌 지적 숙의는 자가선발청취자여론(SLOP)이 마음대로 열려 있는 미디어 웹사이트에서 진행되는 '즉석투표'와 날카롭게 대조된다.

맥닐/레러 프러닥션과 함께 수행된 두 개의 온라인 프로젝트는 선거와 관련되어 진행되었다. 2004년 대통령선거 프라이머리 시즌에 유사한 온라인 숙의조사가 진행된 바, 캠페인 관련 이슈와 후보자의 입장을 다루었다. 후보자들은 이슈에 대한 문서 브리핑 외에 캠페인 연설과 공약을 담은 멀티미디어 CD도 준비하였다. 9명의 민주당 후보와 부시대통령에게 할당된 시간에 맞추어 이런 자료들이 공개되었다. 각 후보자들의 간단한 약력을 소개하고 이슈들에 대한 후보자의 입장을 알리는 과정이 유사하게 전개되었다.

프라이머리의 초기단계는 아직 알려진 정보가 그다지 많지 않아서, 정당마저도 유권자들이 후보자를 선정하는 데 있어서 단서가 되지 못할 정도였다. 유권자들이 생각해 보고 논의를 가질 기회가 생긴다면, 무엇을 기준으로 결정을 내릴 수 있는가? 몇 가지 요소들로는 (어떤 후보가 선거에서 이길 가능성이 가장 큰가에 관한) 당선가능성, (후보자가 성실한지, 똑똑한지, "나와 생각이 같다"든지 하는) 후보자의 개인적 특성, 그리고 정책적 입장을 들 수 있을 것이다. 프라이머리 투표자들은 주로 후보자 특성에 의존한다고 알려져 있다. 어느 면에서는 그렇게 하는 것이 간편추론(heuristics)이 되고, 정보단순화 수단이 되는 것으로 보인다. 그렇게 하는 것이 후보 개개인의 자세한 정책적 입장을 살펴보는 것보다 훨씬 쉬운 방법인 것이다. 그래서 숙의조사의 과제 가운데 하나는, 유권자들이 숙의적 방식으로 후보자들의 정책을 진지하게 고려하도록 하는 데 있다. 숙의자들은 무역, 다자주의, 예산 지출 우선순위, 과세 등 네 가지 정책목록에서 자신들과 후보자의 등급을 매기도록 요청받았다. 이 네 가지 이슈에서 자신의 입장과 후보자 입장이 가지는 거리가 정책과 관련한 변수가 되었다.

숙의과정을 거치지 않고 동일한 질문에만 답하는 통제집단에서는, 후보자의 특성이 후보자 선정에 있어서 가장 강한 변수였다. 당선가능성은 한참 떨어진 2위였고, 정책적 입장은 거의 변수가 되지 못하였다. 이와 달리, 숙의자들 사이에서는 정책이 당선가능성만큼이나 중요한 요소가 되었다. 후보자 특성도 중요했지만, 숙의자들은 후보자들이 제안한 정책이 자신의 선호와 얼마나 가까운가를 진지하게 평가하였다.

2004년의 두 번째 온라인 숙의조사는 총선에서의 후보자 선택에 관한 것이었다. 여기서도 후보자 선택에 있어서 정책적 입장이 중요한 요소였지만, 이번에는 숙의를 통해 후보자 특성의 역할은 줄어들고 정책의 역할은 더 중요해졌다. 물론 총선에서는 프라이머리에서보다 정책선호에 대한 고려가 더 크게 작용하지만, 두 경우 모두 정책의 증대된 역할은 보통시민들이 숙의적 유권자가 될 가능성을 확인해 주었다.[13]

다른 전국적 온라인 숙의조사는 2008년 프라이머리 시즌 직전 정치개혁에 초점을 맞추었다. 콜로니얼 윌리암스버그 재단의 후원을 받고 맥닐/레러 프러덕션과 함께 수행된 동 온라인 숙의조사는, 301명의 숙의자들이 4회의 한 시간짜리 숙의를 진행하였고, 통제집단은 천 명이었다.[14] 토의는 민주주의에서의 시민의 역할과 관련하여 네 가지 측면에 중점을 두었다. 즉, 정치참여, 선택권 행사(exercising choice), 정치에 관심갖기, 그리고 공공서비스(public service)가 그것이다. 각 경우에 관하여 찬반 논변이 있었고, 그것을 달성할 정책제안도 있었다.

네 가지 토픽 모두에서 통계적으로 유의미한 의견변화가 있었고 큰 범위의 지식획득이 있었다. 표본은 정치에 대해 많은 것을 알게 되었고, 자신의 견해를 변경한 것이다. 56개의 지식질문 가운데 39개에서 숙의자들의 의견변화가 있었다.[15] 이 프로젝트는 미국의 정치체제가 크게 바뀌어야 할 필요가 있는지의 기본적 질문에 1주일에 1시간이라는 비교적 무리하지 않은 비중을 주었다. 그 결과는 근본적인 민주적 가치에 대한 관심이 점차 증가하였다는 점을 보여주었지만, 그것을 실현하기 위해 구체적으로 어떤 제안을 채택하는 것이 나은지에 대해서는 그다지 선명한 태도를 보여주지는 않았다.

시민들은 숙의를 거친 후 정치참여가 중요하다는 감각을 갖게 되었지만, 어떤 방법이 정치참여를 장려할 것인지에 대해서는 선별적이었다. "선거에서 투표하는 것이 좋은 시민이 되는 데 있어 중요하다."고 생각하는 퍼센티지가 90%에서 96%로 올랐고, 정치참여를 확대하는 것이 중요하다고 믿는 비율도 88%에서 93%로 올랐다. '선거일 당일에도 유권자등록을 허용'하는 것에 대한 지지가 47%로부터 54%로 올랐고, '형기를 마친 중죄인에게 투표를 허용하는' 것에 대한 지지도 52%에서 62%로 올랐다. 그러나 '선거일을 공휴일로 지정하기'에 대한 지지는 58%로부터 49%로 내려갔다. 많은 수의 응답자들이 토의 과정에서, 조기투표나 부재자투표를 통함으로써 투표하기 위해 직장을 벗어나야 하는 것은 아니라는 사실을 깨닫게 되었다. 공휴일 지정에 많은 비용이 필요하다는 점도 깨달았다. 호주에서 실시하고 있는 강제투표제의 미국 도입에 대해서도 반대의견이 더 커졌다. '투표하지 않는 사람에게 벌금을 부과하는' 방안에 반대하는 비율이 68%에서 78%로 올랐다. 일반적으로, 참가자들은 미국 정치체제를 좀 더 참여적이고 수용적으로 만드는 데 있어 자발적 방법을 지지하였고, 강제조치를 반대하였으며 국가공휴일은 불필요하다고 보았다.

두 번째 토픽과 관련하여, 숙의자들은 현재 시스템이 유권자들에게 충분한 선택권을 주지 못한다고 생각하였다. 하지만 이 주제와 관련해서도 해결책에 다양한 의견을 내놓았다. "미국의 선거는 유권자들에게 충분한 선택권을 제공하지 못한다."는 데 동의하는 비율이 59%로부터 68%로 올랐다. "제3당 후보자를 투표용지에 올리는 것을 보다 용이하게 만들어야 한다."는 것을 지지하는 비율은 70%에서 79%로 올랐다. 참가자들은 프라이머리를 전국화하는 데 대해서도 동의하였다. '각 주별 대통령선거 프라이머리를 같은 날짜에 실시하는 것'이 유권자 선택권 확대에 효과적일 것이라는 데 동의하는 퍼센티지가 48%로부터 66%로 올랐다. "유권자가 사는 곳이 어디이든 상관없이 대통령후보자를 선택하는 데 있어서 동일한 발언권을 가져야 한다."는 아이디어를 지지하는 비율은 84%에서 90%로 높아졌다. 초기에 프라이머리를 실시하는 주 이외의 주들도 대통령후보자 선택에서 발언권을 가져야 하며, 프라이머리를 같은 날짜에 실시하는 것이 이 목표를 용이하게 해 줄 것이라는 점에 많은 사람들이 동의하고 있다는 사실을 확인할 수 있었다.

그러나 임기제한에 대한 지지도는 내려갔다. 일부 전문가들은 현직이 유리한 현 제도를 고치고 선택권을 넓히는 전략으로서 임기제한제 도입을 주창해왔다. 하지만 의원의 임기를 제한하는 데 동의하는 비율은 69%에서 59%로 낮아졌다. "유권자들은 의원들이 아무리 오래 현직에 있었더라도 업무를 잘 수행하는 의원에게 투표할 권리를 보유해야 한다."는 아이디어에 대한 지지는 시작점에서도 높았고, 숙의과정을 거친 후 좀 더 높아졌다.

세 번째 토픽인 정치에 관심갖기와 관련하여, "다른 사람들과 정치에 관해 토의하는 것이 중요하다."고 믿는 숙의자 비율은 67%로부터 81%로 증가하였고, "정치와 정치적 이슈에 관해 정보를 얻는 것이 중요하다."고 인식하는 비율은 92%에서 97%로 높아졌다. 하지만 이 주제와 관련해서도, 시민들을 정치에 관심을 갖도록 만들 방안에 대해서는 다양한 태도를 보였다.

방송사들이 공공문제 프로그램을 더 많이 방영하는 것을 지지하는 비율은 51%에서 69%로 올랐다. '후보자에게 무료 TV유세 시간을 제공'하는 것을 지지하는 비율도 57%로부터 71%로 상승하였다. "후보자들이 캠페인에서 다른 후보자를 공격하는 데 지나치게 초점을 맞추고 있다."는 데 동의하는 비율이 비교적 높았으며, 따라서 "캠페인에서 정책 이슈에 보다 중점을 두어야 한다."는 주장에 동의하는 비율은 88%에서 97%로 올랐다.

그러나 시민들로 하여금 정치에 대해 더 많은 것을 알게 해 주는 방안으로서, 인터넷접속에 보조금을 지원하는 것에 대해서는 지지율이 많이 낮아졌다. "모두가 인터넷을 이용할 수 있도록 공적 자금을 지원하자."는 안에 대한 지지율은 44%로부터 33%로 떨어졌다. 정당 소속이 아닌 시민교육단체에게 유권자들에 대한 지식 제공 대가로 재정지원을 하는 것에 대한 지지율은 거의 변동이 없었다(이것과 관련한 지지율은 49%

에서 52%로의 변동을 보여, 통계적으로 그다지 유의미한 변동은 아니었다).

마지막 토픽인 공공서비스에 관하여 숙의자들은, 시민성의 이 분야에 대한 중요성을 인정하였지만 그것을 달성하는 방안으로는 강제적 수단보다 자발적인 것을 중시하였다. 군복무나 다른 공공서비스를 통해 국가에 봉사하는 것에 찬성하는 비율은 72%에서 79%로 올랐다. 그러나 숙의자들은 강제적인 방식이 아니라 자발적인 공공서비스 기회의 확대를 강조하였다. "공공서비스를 자발적으로 유지하되, 아메리코(AmeriCorps)나 평화봉사단(Peace Corps) 같은 공공서비스 프로그램을 확대하는" 것을 지지하는 비율은 66%로부터 78%로 올랐다. 그러나 '군복무이든 민간 프로그램이든' 강제적 공공서비스에 대한 지지율은 44%로부터 32%로 떨어졌다.

숙의를 거친 후, 더 많은 사람들이 "의무적 공공서비스가 자유 이념에 반한다."는 데에 동의하였다(동의는 53%에서 64%로 높아졌다). 징병제 반대 비율도 68%에서 76%로 올랐다. 모병제가 더 유리하다고 보는 견해도 늘었다. "모병제가 교육기회나 취업기회가 부족한 가난한 사람들에게만 병역을 지게 한다."는 주장을 지지하는 비율은 47%에서 44%로 낮아졌다.

단지 네 시간의 토의에서 숙의자들은 정치적 및 시민적 생활에서 자신들이 지지하는 가치를 어떻게 달성할 것인가에 관해 다양한 의견을 보여주었다. 우리나라의 제도와 관련한 변화 요구는 중요한 것으로 보인다. 이들의 숙의결과는 공중이 받아들일 수도 있고 반대할 수도 있는 것으로서, 개혁에 대한 지침이 될 것이다. 숙의자들은 참여를 증진시키기 위해 투표일과 같은 날짜에 유권자등록을 하는 것에는 동의하였지만, 투표일을 공휴일로 지정하는 것에는 반대하였다. 숙의자들은 유권자들에게 더 많은 것을 알리기 위한 무료TV방송 시간에 동의하였지만, 인터넷 접속을 위한 보조금에는 반대하였다. 숙의자들은 선택권을 넓히기 위해 대통령선거인단을 변화시키는 데 동의하였지만, 의원들의 임기제한에는 반대하였다. 숙의자들은 공공서비스 프로그램을 확대하는 것에는 동의하였지만, 그것에 강제성을 부여하는 것에는 반대하였다. 변화가 다양하고 중요하지만, 4주에 걸친 4시간의 숙의는 숙의적 소우주를 가상공간에 적용하는 데 있어서 큰 기여를 하였다. 우리는 온라인 숙의가 수주가 아니라 수개월 계속되면서, 숙의자들이 여러 가지 비용을 절약하며 같은 장소에 모이기 위해 여행할 필요없이 자신의 집에서 숙의에 참여할 수 있는 것을 상상할 수 있다. 전 국민을 하나의 가상공간이라는 방에 모으는 것은 수개월만이 아니라 수년 동안 가능할지도 모른다. 이런 시나리오에 따르면, 온라인 숙의가 전국적 협의의 비용을 90%까지 줄이는 비용절감 효과는 가질지 모르지만, 면대면 프로젝트에 비해 그 결과에서는 미미할 수 있다고 결론내리는 것은 성급한 것으로 보인다. 테크놀로지 발달이 대표성 있는 지적 버전의 숙의민주주의가 더 자주 더 폭넓게 실현되는 것을 용이하게 할 수 있을 것이다. 우리의 가상공간 숙의 프로젝트들은, 이러한 종류의 접근을 온라인 환경에 적용시키려는 배아기 노력의 시작점에 불과하다.[16]

## 전 유럽을 망라한 공공영역의 문제

유럽연합(European Union)의 민주적 협의 문제는 지금까지 다루어 온 모든 도전들에 더하여 몇 가지 새로운 과제를 안고 있다. 우선 정책엘리트들이 공중(the public)이 바라는 것들로부터 고립되어 있다고 생각되는 널리 인식되는 '민주주의 결손(democratic deficit)'의 문제가 있다. 하지만 여기서 공중은 누구인가? 유럽연합에는 27개국의 회원국이 있으며, 각국은 그 자체의 정치시스템과 자체의 공적 토의 과정이 있다. 하지만 동시에, 정책에 미치는 영향은 약하지만 단일 의회가 있고, 국제관계와 배아기 연방(federal union) 사이의 회색지대를 점하는 일종의 국가연합(confederation)이 작동하고 있다. 따라서 협의의 대상이 되는 공중 또는 공중들을 정의하는 것이 첫 번째 어려움이다. 유럽 전체를 망라하는 한 번의 협의만 있으면 되는가, 아니면 각 회원국 내에서 개별적 협의의 노력들이 필요한가? 한 번의 협의는 상이한 가치, 이익, 관점들에 대한 경합하는 논변들과 그에 대한 응답을 단일포럼에서 다룰 수 있다는 장점이 있다. 각국의 협의는 자국과 관련되는 문제를 각국이 스스로 결정하고자 하는 권력의 현실에 보다 가깝다. EU가 개별 주권국가들 사이에 맺어진 조약들의 산물이라는 사실도, 개별협의가 더 정당한 것으로 보이게 해준다. 그러나 공유된 공공영역(shared public sphere)을 갖고자 하는 야심을 가진 배아기의 연방이 존재하는 만큼, 단일협의가 더 바람직해 보이기도 한다.

다른 문제를 생각해보자. 민주주의이론과 관련하여 유럽연합의 발전은 근본적이고 반복적인 딜레마에 빠져 있는 것으로 보인다. 그것은 후보자 선정과 정책 선택에서 반복되어 나타나는 딜레마의 초국가적 버전이다. 지식 수준이 낮은 인민과 직접 협의하는 것은 약한(thin) 국민투표제적 형태의 정치로 이끈다. 그러나 엘리트만 협의하는 것은 비민주적이고 인민의 관심사와 괴리될 수 있다. 우리는 그리스 숙의조사를 통해 한 전국정당이 후보자 선정 과정에서 이 문제에 직면하는 것을 보았다. 그 숙의조사는 후보자가 정당 지도자들에 의해 선정되어야 하는지, 아니면 대중프라이머리를 통해 선정되어야 하는지의 딜레마를 벗어나는 길을 제시해 주었다.[17] EU의 경우 결정이 유럽의회에 맡겨진다면, 인민이 자신들의 동의를 표시할 기회를 갖지 못하게 된다. 그러나 2005년 유럽헌법안을 프랑스와 네덜란드 국민투표에 부친 경우나 2008년 리스본조약에 대해 아일랜드가 국민투표를 실시한 경우처럼 이슈를 직접 인민들에게 가져 갈 경우, 그때는 일반대중이 별로 관심이 없고 잘 알지도 못하는 EU의 실질적 관심사로부터 멀리 떨어진 곳에서 결정이 내려지게 되는 것이다.

기본적으로 이 문제는 미국의 건국의 아버지들이 미국헌법 비준과 관련하여 직면했던 것과 같은 문제이다. 물론 그들은 (로드 아일랜드의 항의를 제외하고) 주민투표라는 방법을 회피하였었다. 그 결과 그들은 반페더럴리스트들로부터 결정을 특권층의 손에 맡긴다는 비판을 받았던 것이다. 로드 아일랜드가 미국헌법을 부결시켰던 것처럼, 아일랜드는 리스본조약을 부결시켰다. 두 경우 모두 주나 국가들이 미국연합규약이나 EU조약레짐이라는 다자 간 관계에 얽혀 있었다는 점에서는 유사하지만, 미국의 경우 무력사용의 위협에 의해 이 문제가 해결되었고, EU의 경우 이런 무력사용의 위협은 전혀 불가능하다는 점에서 차이가 있다.

이런 맥락 속에서, 인민의 사려깊은 목소리를 정책과정에 도입할 수 있는 다른 대안이 있을 수 있다. 고대아테네에서 추첨으로 뽑힌 소우주와 기본 개념에서 크게 다르지 않은[18] 과학적 표본에 의한 숙의적 소우주는, 한편으로 대중의 국민투표제 협의와 다른 한편으로 엘리트 결정 사이의 중간지대 내지 제3의 길을 제시할 수 있다. 또한 정치적으로 평등하지만 비숙의적인 대중과 정치적으로 불평등하지만 보다 숙의적인 엘리트 사이의 제3의 길을 제시할 수 있다.

EU가, 간혹 국민투표제 방식이 시도되기도 하지만, 대체로 엘리트에 의해 주도되어(elite-driven) 왔기 때문에, 소우주 숙의가 이 중간지대를 채울 전략적 기회가 있는 셈이다. 그러나 여기에는 다른 도전들이 앞에 놓여 있다. 일부는 EU에 한정되는 난제들이고, 일부는 EU와 상관없이 다른 국가들에서도 직면해 왔던 난제들의 반복이다.

우리가 지금까지 논의해온 지방적, 지역적, 국가적 숙의노력에서 중요한 배경조건 한 가지가 있는 바, 그것은 여론이 형성되는 무대이자 여론이 집단적 의지형성(collective will formation)에 기여하는 공유된 공적 공간을 의미하는 '공공영역(public sphere)'의 존재이다. 공공영역에는 두 개의 기본적인 질문이 제기된다. 하나는 공공영역에서 형성되는 여론이 얼마나 신뢰할 만한(credible)가이고, 다른 하나는 그 여론이 얼마나 중요한(consequential)가이다. 신뢰성은 앞에서 우리가 다루었던 방식으로 측정될 수 있다. 그것은 사려깊은가? 제대로 된 지식에 기반을 두었는가? 불평등과 분극화의 왜곡을 피했는가? 그러나 중요성과 관련된 질문은 민주주주의 결손 문제와 직결된다. EU정책엘리트들은 고립되어 있고 대중여론에 무반응적인 것으로 인식되고 있다.

EU여론이라고 불릴 만한 것이라고는 매우 약한 버전만 가능할 뿐이다. 국민국가 영역 내에 EU문제에 관한 의견이 존재하기는 하지만, 토의를 위한 공공영역은 개별국가의 경계에 의해, 언어장벽에 의해, 개별적 미디어시장에 의해 분절되어(segmented) 있다. 가상공간은 국경을 넘을 수도 있지만, 언어가 장벽이 되고 있다. 대체로 프랑스인들은 프랑스인들에게, 독일인들은 독일인들에게, 불가리아인들은 불가리아인들에게 말을 건다. 공유된 토의와 집단적 결정 모두에서 EU는 대체로 국민국가에 의해 분절되어 있다. 비록 유럽의회, 집행위원회, 유럽사법재판소, 유럽중앙은행, 각료회의 등과 같은 초국가적 제도들이 존재하긴 하지만, 아직 그 힘은 실제적이기보다는 상징적이다. 각 개별국가 내에서도, 전 유럽적 이슈는 현저성이 낮으며 일반대중으로부터 그다지 주목을 받지 못하고 있다. 유럽의회 선거는 대체로 '2등급선거(second order elections)'로 간주되고,[19] 각국에서 그다지 논의되지도 않으며, 각국 국내정치의 부산물로 결정되곤 한다. 효과적인 공공영역에 대한 두 가지 테스트가 여론의 신뢰성과 중요성이라면,[20] 초국가 수준이나 EU수준에서는 이 두 가지 테스트를 통과하지 못하는 것이 자명하다. 대부분 EU 국가들의 분절된 국민국가 수준에서마저 성공적으로 테스트를 통과하는 것으로 보이지 않는다.[21]

EU에서의 민주주의가 직면하는 첫 번째 도전은, 공공영역이 매우 약한 버전의 것이라는 점이며 그것과 연결되는 민주주의 결손이다. 두 번째 도전은 우리가 앞에서 본 바와 같은 민족적, 종족적 분열을 EU가 망라하고 있다는 것이다. 즉, 대부분의 동유럽 국가들에서 발견되는 다수 국민과 집시 사이의 분열, 북아일랜드의 프로테스탄트 교도들과 가톨릭 교도들의 분열, 벨기에의 불어사용자들과 플레미시 사용자들의 분열, 키프러스의 그리스계와 터키계 사이의 분열 등이 그것이다. 이들 공동체들이 함께 숙의할 수 있을까?[22] 그들이 공유된 미래를 논할 수 있을까? 이들의 지방적 토의가 가지는 제로썸적 성격이 적용되지 않을 정도로, 더 넓은 범위의 대화에 이들을 아우르면 숙의하는 것이 더 쉬울까?

세 번째 도전은 의사소통 가능성 또는 상호이해 가능성과 관계된다. EU에는 23개의 공식언어가 존재한다. 우리가 본 것처럼 언어는 공유된 공공영역에 대한 큰 장벽이다. 유럽을 망라한 공공영역의 소우주 버전이 진정으로 인민을 대표하더라도, 언어분열의 장벽을 극복하기 위해서는 테크놀로지를 사용해야 한다. 이런 점에서 전 유럽적 의사소통 노력은 어느 정도 가상공간의 숙의 프로젝트와 유사한 점이 있다. 헤드셋을 가진 동시통역 장치와 같은 대화를 가능하게 만들 테크놀로지가 필요하다.

네 번째 도전은 초국가적 기구로서 EU가 가진 독특한 성격에서 나온다. EU는 다양한 조약관계와 화폐정책이나 공동국경 분야에서 상이한 정도의 조정을 가짐으로써, 일부 연방국가 면모와 일부 개별국가 연합으로서의 면모를 모두 가진 독특한 성격을 지녔다. 만일 공적 협의가 집단적 의지형성에 기여하고자 한다면, 그 결과를 고려할 관련된 공중은 누구이며, 관련된 제도는 무엇인가? 누가 협의의 주체이며 누가 객체인가? 그 결과를 받아들 사람은 누구인가? EU이슈에 대한 공적협의를 진행할 한 가지 전략은, 공적협의를 정해진 수의 인구가 있고, 정부관리와 제도가 있는 국민국가 수준에서 진행하는 것이 될 수 있다. 이미 국민국가 수준에서 여러 차례 국민투표가 진행되었고, 많은 수의 여론조사도 진행된 바 있다. 영국과 덴마크의 경우처럼 EU 관련 이슈에 대해 국민국가 수준에서 진행된 숙의조사도 있었다. 그러나 이런 노력들은 전 유럽적인(European-wide) 집단적 의지형성에는 기여하는 바가 별로 없다. 전 유럽적 이슈나 EU제도들과 관련되는 이슈들은 회원국가의 제한된 영역 내에서는 적절하게 다루어질 수 없다.

물론 어느 관점에서는, 지적 수준이 낮은 공중의 협의가 위험하거나 무책임할 수 있으므로,[23] 공중이 아니라 엘리트들에게 맡겨둘 경우 EU는 더 잘 발전할 수 있다. 그러나 개별 국민국가들 내에서 보다 직접적이고 보다 참여적인 것을 민주주의적인 것으로 여기는 민주주의 규범이 점차 폭넓게 수용되고 있다는 사실은, 엘리트만에 의한 의사결정을 비민주적이고 무반응적인 것으로 보이게끔 할 것이다. 따라서 엘리트가 주도하는 것이 아닌 전 EU적인 공적협의에 대한 열망이 제기되는 것이다. 만일 그런 공적협의가 개별 국가에 의해 분절된다면, 전 유럽연합적 협의로 보기 어려워진다. 신회원국들의 관심사는 구회원국들의 관심사와 일치하기 어려울 것이다. 고도로 발전된 복지체제를 갖춘 북유럽의 관심사는 연금제도와 사회복지제도가 덜 발달된 남유럽의 관심사와 일치하기 어려울 것이다. 다른 나라에 대한 오정보나 편견으로 가득찬 일련의 '고립된 숙의'가 판을 칠지도 모른다.

공공영역은 숙의적인 의사소통시스템이다. 그러나 그것이 꼭 필요한가? 우리가 다루었던 일부 민주주의이론에서는 필요하지 않다. 집단적 의지형성을 향한 열망은 모든 민주주의모델이 바라는 바는 아니다. 슘페터적 민주주의나 단순히 경쟁적인 민주주의는 민주주의가 인민의 의지에 의해 작동된다고 믿지 않는다. 이런 견해에 의하면, 민주주의란 단순히 인민의 표를 얻기 위한 경쟁에 불과하며, 민주주의의 유용한 목적은 어떤 엘리트팀이 당분간 권력을 행사할 것인지를 평화적으로 해결하는 데 있다. 이런 최소주의적 민주주의론은 헌법주의와 사법적 결정으로 사람들이 보유한 권리를 보호하고자 한다. 이런 이유로 앞에서 우리는 최소주의적 민주주의를 경쟁적 선거과정을 통해 정치적 평등을 강조하고, 권리보호를 통해 다수의 폭정을 회피하려는 민주주의로 분류한 바 있다. 권리를 보호하고 권력변동을 위한 평화적 방법을 고안했다는 것은 중요한 업적이다. 경쟁적 민주주의 관점에서는, 경쟁하는 엘리트팀이 개별국가에서 경쟁하든 단합하여 경쟁하든 문제삼지 않는다. 인민의 표를 얻기 위한 경쟁적 투쟁이 존재하고 권리가 보호된다면, 이 이론은 만족한다. 민주주의에 대해 더 이상을 요구하는 것은 환상에 불과하다.

그러나 공적의지형성이 갖는 의미로움을 부인함으로써, 경쟁적민주주의 모델은 민주주의 메카니즘을 영혼이 없는 것으로 만들었다. 민주주의 과정을 활기차게 만들 것으로 기대되는 의사결정 능력은, 제한받지 않는 적대적 과정에서 어떤 방법을 통해서 이기든 상관없는 경쟁적 노력의 결과일 뿐이다. 따라서 조작이나 사기를 통해 이기든, 무관심한 대중을 이용해서 이기든, 그것은 정치가 실행되는 방식일 뿐이다.

우리의 민주주의 모델 가운데 다른 두 가지도 공중에 의한 숙의를 중시하지 않는다. 참여와 정치적 평등의 결합인 참여민주주의는, 인민이 참여하는가에 관심을 가지며 이들의 표가 동등하게 계산되는지에 주목한다. 인민의 숙의에 우선순위를 부여하지 않는다. 투표하기 전에 인민이 사고하고 더 많은 것을 알게 되는 것은 좋은 일이긴 하겠지만, 더욱 중요한 것은 인민이 참여하는지 여부이다.

또 다른 모델인 엘리트숙의 모델에서 공적의지는 대표들에 의해 간접적으로만 표출된다. 엘리트들은 자신들이 생각하기에 공중이 성찰할 경우에 원하게 될 바에, 또는 자신들이 성찰을 통해 원하는 바에, 목소리를 제공한다. 엘리트들은 공중의 견해를 시민들의 선출된 대표를 통해 통과시킴으로써 '정제하고 확대한다.' 일반대중의 숙의는 기대되지 않으며 오히려 위험할 수 있다. 따라서 시민숙의를 향한 열망은 이들 견해에 따르면, 유토피아적이거나 오도된 것이거나 무책임한 것이다.

시민숙의를 향한 열망은 특히 전 유럽적 맥락에서 도전을 받는다. 일부 연구자들은 EU에서 기대할 수 있는 최선의 것은 국민국가 차원에서 분절된 보다 발전된 공공영역이라고 보고 있다.[24] 그러나 낸시 프레이저(Nancy Fraser)가 지적해온 것처럼, 그런 전략은 집단적 의지형성에 있어 필수적인 공공영역의 적용을 점차 한물간 것으로 간주되고 있는 '베스트팔렌체제(Westphalian system)'에 국한시킬 수 있다. 베스트팔렌체제는 근대 국민국가들로 구성된 체제로서, 오늘날 국민국가의 경계는 정치적으로나 경제적으로 더 이상 정책결정과 그 효과에 있어, 또한 점차 모바일화되어가는 세계에서 노동자, 상품, 의사소통과정의 이동을 반영하는 데 있어, 효과적인 경계로 작동하지 못하고 있다. 민주주의가 의미있는 것이 되기 위해서 유럽에는 초국가적 공공영역이 필요한 것이다.

이런 점을 염두에 두고 낸시 프레이저는 기존 국민국가적 공공영역이 초국가적 맥락에서 수정을 거칠 필요가 있는 6개 분야를 설정하고 있다. 원래 하버마스의 공공영역 개념은, 여론이 공적의지형성을 위해 걸러지는 영역으로서, 주어진 국민국가 내에 적용되는 개념이다. 하버마스 자신은 공공영역 개념을 초국가적 맥락에 적용하는 데 있어서의 어려움을 시인하였지만, 이런 어려움은 오히려 제도적 실험의 긴급성을 강화하고 있다. 점차 회원국들에게 미치는 EU의 영향력이 커지고 있는 현실은, 그러한 권력이 민주적 정당성 없이 행사되고 있다는 점에서 민주주의 결손을 증대시키고 있기 때문이다. 만일 EU가 헌법이 없는 상태로 계속 남아 있을 경우, 이러한 민주주의의 결손은 "경제적 사회적 동학이 기존의 제도적 틀 내에서마저 각국의 권한을 계속해서 잠식함으로써 매일매일 확대되는 것"을 초래할 위험이 있다. 새로운 초국가적 형태의 정당화가 필요하지만 아직 미발달된 전 유럽적 공공영역의 어려움에 직면해 있고, 공적 의식의 분절은 우리에게 "과거의 환상을 가진 미래를 안겨주고 있는 바, 이 민주적 환상에 따르면 각 개별사회들이 정치적 의지와 의식을 통해 여전히 자신의 운명을 결정할 수 있다."[25]

낸시 프레이저는 EU 차원에서 국민국가를 넘어서는 민주적 의지형성이 직면하고 있는 도전들을 훌륭하게 상술하고 있다. 그녀에 따르면,

오늘날 전통적 공공영역에 대한 다음과 같은 6가지 가정이 침해되고 있다: (1)국민국가의 영토적 경계 내에는 주권(sovereign power)이 행사된다는 관념. 조약과 관료적 권한행사를 통해 EU의 권력이 확대됨에 따라, 의사결정이 개별 국민국가가 아니라 브뤼셀에서 내려지고 있다.; (2)경제가 국민국가 내에서 영토에 기반을 두고 작동한다는 관념. 지구화된 세계에서 이 가정은 허약하듯이, EU의 많은 핵심적 경제결정이 국민국가 차원에서 이루어지지 않고 전 유럽적이거나 그것을 넘어서는 차원에서 이루어지고 있다.; (3)민주적 대화가 국민국가 영토 내에서 자국 시민들(national citizenry) 사이에서 이루어진다는 관념. EU 국가들 내에서 이주의 자유가 권리로 인식되고 아직 EU 차원의 시민권 개념이 정착하지 않은 상황에서, 전통적 국민국가의 경계를 자유롭게 넘나들고 있다.; (4)개별 국민국가가 모국어를 보유한다는 관념. 공식언어가 23개에 달하는 상황에서 동시에 같은 언어로 상호이해하는 토대가 없다. 복수의 공용어를 가진 국가들이 있고, 스위스의 경우처럼 언어적 다양성을 정체성의 핵심으로 간주하는 국가도 있다. 그러나 3개 언어를 가진 스위스와 20여개 이상의 언어를 가진 EU를 동일시할 수는 없다.; (5)개별 국민국가가 국민적 문학, 문화, 정체성을 보유한다는 관념. 분명히 많은 국민문학들이 있으며, 공유된 문화와 정체성에 대해서는 아직 약한 인식만 존재한다.; (6)공통의 대화를 허용하는 의사소통의 공유된 하부구조가 있다는 관념. 언어적 차이와 방송매체에 대한 국가적 규제가 아직은 이 가능성을 분절시키고 있다.

프레이저는 이런 요소들이 점차 국민국가 내에서도 침해되고 있다고 본다. 물론 27개국으로 구성된 EU 차원에서는 이 도전이 더욱 선명하게 드러난다. EU가 직면하고 있는 민주주의 결손은 대체적으로, 숙의하거나 하지 않는 엘리트와 EU가 직면하고 있는 이슈나 도전에 대해 제대로 알지 못하는 일반대중 사이의 갭이다. 자신들의 결정을 지지해주고 자신들의 결정에 투입을 제공할 공공영역을 결여하는 숙의적 엘리트는, 매디슨적 엘리트숙의 모델을 불구로 만든다. 그렇게 많은 공중이 서로에 대해 잘 알지 못하고, 일반대중 차원에서 공중이 상이한 국가의 상이한 언어로 상이한 관심을 가진 엘리트들이 제시하는 관점에 대해 어떻게 접근할 것인지 조그마한 힌트도 제공되지 않는 상황에서, 어떻게 대표들이 공중의 견해를 정제하고 확대할 수 있겠는가? 엘리트가 비록 성실하게 숙의를 진행한다 해도, 그들은 다른 행성에서 온 사람들일 뿐이며, 그들이 대표하는 여러 공중들의 관심사와 연결이 끊어진 사람들일 뿐이라는 인식을 증대시킨다.

전 유럽적 공공영역이 부재한 상황에서 참여민주주의는 집단적 의지형성의 토대를 결여한다. 참여민주주의를 제외할 경우 우리에게는 3가지 선택이 남는다. 그것은 경쟁적민주주의 모델을 만족시키는 것으로서 대체로 숙의하지 않는 경쟁하는 엘리트들, 엘리트숙의 모델을 만족시키는 엘리트들의 신중한 판단, 유럽 전체에 적용되는 소우주전략(microcosmic strategy)으로서 공중을 숙의민주주의에 관여시키는 것이다. 만일 전 유럽적 공공영역의 가능성을 믿는다면, 소우주전략은 그러한 공공영역을 대표하는 장점을 가질 수 있다. 그것은 민족과 언어의 경계를 넘어서 대표성을 갖는 대화를 시도함으로써 전 유럽적 공동체라는 상상에 생명을 불어넣을 수 있다. 이것은 국민국가 내에서 대화를 심화시키려는 노력에 비해 훨씬 멀리 나아갈 수 있다. 각 개별국가 내에서는 일반대중을 관여시키더라도, 숙의는 각 국가가 지정하는 고립지에서 이루어진다. 그러나 이와 달리 한 장소에 모인 전 유럽적 소우주에서는, 일반대중이 가지고 있는 여러 다양한 관점들이 실질적인 방식으로 제기되고 한 관점이 제기하는 논변에 다른 관점이 응답함으로써 제대로 수행되는 대화를 가질 수 있다.

우리가 앞에서 보았듯이, J. S. 밀의 '국민여론회의(Congress of Opinions)'는 공유된 공중의 견해가 단일장소에서 비교적 소규모 기구에 의한 숙의에 연결될 수 있다는 사실에 대해 구체적 이미지를 제공하고 있다. 소규모 기구에서 발견되는 의견의 분포가 전체 사회의 의견 분포와 같다면, 사회를 구성하는 각자는 자신의 입장이 자기 스스로 하는 것만큼이나 또는 그보다 더 잘 옹호되는 것을 보게 되고, 또한 다른 관점을 지닌 사람들에 의해 응답을 받는 것을 보게 된다. 응답자들도 자신들이 응답하는 것만큼이나 또는 그보다 더 잘 응답이 이루어지는 것을 보게 된다. 그리고 이 논변들은 다시 돌아가며 응답을 받게 된다. 그리고 해당 문제에 대해 내려지는 결정은 단순히 '의지에 의한 행동'이기보다 '더 나은 논거에 의해' 내려지는 결정이다. 이 기구의 대표들은 사회의 모든 관점들이 목소리를 얻었다는 사실을 보장한다. 대표들을 한 장소에 모은 것은 그들이 평행선상에서 달리기만 한 것이 아니라 서로 관여한다는 점을 보장한다.

그런 모델이 소우주적 수준에서나마 유럽적 공공영역을 창출할 수 있을까? 밀의 모델은 더 넓은 사회의 공유된 토의를 위한 공공영역이 이미 존재하는 것으로 상정되는 입법부를 위해 제안된 것이었다. 민족, 언어, 정치문화가 다양하고 엄청난 인구와 상이한 역사를 가진 유럽연합과 같은 곳에서 과연 숙의민주주의가 시범적 버전(pilot version)으로나마 작동할 수 있을까?

이 도전을 요약하자면, 유럽연합에는 27개국이 있으며 일반대중은 23

개 언어를 사용하고 있고 의사소통체제는 주로 국민국가의 경계에 따라 분절되어 있다. 물론 인터넷이나 인공위성 및 케이블과 같은 새로운 테크놀로지가, 시청자의 관심도에 따라 그리고 시장의 인센티브에 따라 복잡한 규제 조치와 함께 이 국가경계를 넘나들고 있긴 하다. 그러나 특히 유럽적 이슈와 관련해서 볼 때, 아직은 앞에서 말한 기준에 훨씬 미치지 못하는 분절된 공공영역만 기능하는 것 같다. 공적의지형성의 능력도 제한되어 있다. 유럽적 이슈들은 대체로 현저성이 낮고 오정보와 불균형적 토의가 상당한 수준에 이르며, 집단적 의지형성을 위한 의사소통 구조와 대중적 기초를 결여한 상태에 있다. 각 개별국과 언어공동체는 유럽에 대해 말하더라도 내부적 대화만을 수행하고 있다. 제대로 된 대화를 나눈다 해도, 균형 잡힌 토의와 정보 및 진지함은 여전히 낮은 수준에 머물고 있다.

## 유럽을 방 하나에 모으기

2007년 10월 어느 주말 브뤼셀의 유럽의회빌딩에 전체 유럽연합의 과학적 무작위표본이 소집되었다. 유럽의회는 선출된 대표들에 의한 엘리트숙의가 진행되는 본거지이다. 유럽인민의 과학적 소우주가 소집된 것은 이번이 처음으로, 이들은 유럽의회 건물에서 EU의 미래와 관련된 공적 문제들을 다루기로 한 것이다.[26] 362명의 표본은 원래의 3,500명 응답자들 가운데서 추출한 것인데, 이 3,500명은 TNS-Sofres가 27개국 모두에서 인터뷰를 수행한 사람들이었다. 다른 숙의조사에서처럼 응답자들은, 참여자와 비참여자를 태도와 인구학적 측면에서 비교할 수 있도록 포괄적인 1차 설문조사를 진행한 이후 숙의에 초대되었다.

프로젝트가 시작되기 전 우리는 개념적 문제를 마주했는데, 이 표본이 27개 인구의 대표인지 아니면 한 인구의 대표인지, 다시 말해 27개국의 표본인지 유럽 전체의 표본인지 하는 것이었다. 만일 이 표본이 27개국의 27개 인구의 표본이라면, 각 개별 국가 별로 대표를 뽑아야 하므로 유러바로미터(Eurobarometer)처럼 상당수의 표본이 되어야 할 것이었다. 유러바로미터는 (아주 작은 국가인 몰타를 제외하고) 대체로 개별 국가 당 1,000명을 응답자로 하였다. 그러나 만일 유럽 전체의 표본이라면, 3,500명은 소우주를 추출할 원래 집단으로서는 상당히 큰 편이었다. 우리는 두 가지 가운데 후자 즉, 유럽 전체를 대표하는 것으로 간주하였다. 이 프로젝트는 전 유럽을 망라하는 단일 공공영역의 가능성을 탐색하는 데 기여하려는 의도를 가진 것이었다. 그런 것은 존재할 수 없다는 추측도 많이 제기되어 왔었다.[27] 우리의 목표는 최소한 주말 동안이나마 소우주 형태로 단일 공공영역에 생명을 불어넣는 것이었다.

일단 표본이 소집되자, 두 번째 어려움이 등장했다. 23개의 공식언어를 가진 집단에서 서로 어떻게 의사소통할 것인가? 의회빌딩에서 엘리트숙의자들이 의사소통하는 방식처럼 이들도 동시통역과 헤드폰을 이용하여 소통하였다. 하지만 대부분 영어나 불어 같은 공용어를 사용할 줄 아는 엘리트숙의자들과 달리, 보통시민들은 자국 언어로만 동시통역이 가능했다. 23개 공식언어 가운데 아일랜드와 몰타 응답자들이 영어를 선호했기 때문에 우리는 21개 언어를 사용하였다.

모든 27개 국가가 대체로 EU 전체인구에서 자국 인구가 차지하는 비율에 맞추어, 그리고 유럽의회에서 자국이 대표되는 비율과 비슷한 수준으로, 대표되었다. 참가자들은 비참가자들에 비해 좀 더 교육받은 사람들이었으나, 태도에 있어서는 차이가 별로 없었다. 59개의 정책 관련

질문이 있었는데, 이 모두를 통틀어 참가자와 비참가자들 사이의 차이는 4%에 불과한 것이었다. 터키나 다른 국가를 새 회원국으로 가입시키는 문제와 같이 중대한 문제와 관련하여 그 차이는 더욱 작았다.[28]

언어 문제는 이 숙의적 소우주가 다른 숙의조사를 위해 모인 소우주들에 비해 더욱 반사실적(counterfactual)이라는 점을 극적으로 보여주었다. 비록 보통시민들이 자기들 일상에서 유럽 이슈를 진지하게 토의해 보았더라도, 그것은 주로 자국민들과의 대화에서였다. 전체회의에서는 21개 언어가 모두 사용되었다. 소그룹 토의에서도 동시통역이 필요하였으니, 그리스인, 프랑스인, 스페인인이 참가한 소우주나, 폴란드인, 영국인, 루마니아인이 참가한 소우주, 불가리아인과 독일인이 참가한 소우주들 모두 자국어로 면대면 토의를 진행하여 유럽 공통의 문제를 논의하였다.

숙의는 크게 두 가지 주제를 중심으로 진행되었다. 하나는 사회정책으로, 주로 연금과 퇴직 문제를 다루었고, 다른 하나는 세계에서의 EU의 역할에 관한 것으로서, 주로 이웃국가에 영향을 미치는 주요한 방법으로서 EU의 잠재적 확장이 다루어졌다.

사회정책에서 참가자들은 연금을 지키기 위해 더 많은 것을 희생할 용의를 보였다. 그들은 현재의 정부지원연금제도가 노령인구 증가로 인해 어려움에 처하게 되었다는 사실을 깨닫게 되었다. 점점 더 적은 수의 노동자들이 은퇴자를 지원하게 되어 있었다. '투모로우즈 유럽(Tomorrow's Europe)'의 브리핑자료에 따르면 현재부터 2050년 사이에, 은퇴자 한 명당 지원하는 노동자 수가 유럽 전체를 통해 네 명에서 두 명으로 줄어들 것으로 예상되었다.[29] "은퇴규정을 현재대로 유지할 경우 연금제도를 파산으로 이끌 것"이라는 데 동의하는 숙의자 비율이 50%로부터 59%로 올랐다. 그러나 숙의자들은 연금고갈 문제 해결책으로 정부지원연금제를 사유화하는 것에는 동의하지 않았다. 사유화 방향에 동의하는 비율은 43%에서 27%로 줄었다. 대신 이들의 초점은 현재의 연금제도를 유지하기 위해, 은퇴 연령을 올리고 더 오래 일하는 것에 두어졌다. 은퇴 연령을 올리는 안을 지지하는 비율은 26%로부터 40%로 올랐고, 더 오래 일하는 것에 대한 지지는 57%로부터 70%로 올랐다.

더 오래 일하는 것은 은퇴를 기다려온 대부분의 사람들에게 상당한 희생이다. 사실 대부분의 선진국에서는 은퇴 연령을 올려야 한다는 주장을 뒷받침하는 강력한 경제적 근거가 있지만, 정치적 이유로 수용되지 않았던 것이다.[30] 정부운용 연금제도의 유지를 위해 그런 큰 희생에 동의했다는 사실은, 참가자들이 어려운 선택의 찬반 문제에 대해 진지하게 씨름했다는 사실을 보여주는 지표라고 할 수 있다.

두 번째 주요 토의주제인 유럽연합 확대에 대한 지지는 줄어들었다. "회원국이 되기 위한 정치적 및 경제적 조건을 모두 만족시키는 추가 국가들이 EU에 가입하여야 한다."는 데 동의하는 비율은 65%에서 60%로 낮아졌다. 모든 가입조건을 충족시킬 경우 터키의 회원국 가입을 지지하는 비율은 55%로부터 45%로 떨어졌고, 우크라이나의 가입을 지지하는 비율은 69%로부터 55%로 더 많이 떨어졌다. 숙의가 끝났을 때 터키 관련 지지 비율은 찬반이 거의 비슷해져 45% 찬성에 46% 반대였으며, 찬성도 반대도 않는 비율은 9%였다.

확대에 대한 지지는 줄었지만, 이슬람 국가를 받아들이는 문제에 대해서는 유사한 태도변화가 발견되지 않았다. "무슬림 국가를 EU에 가입시키면 EU를 지나치게 다양화시킬 것"이라고 보는 비율은 숙의 이전 43%에서 숙의 이후 41%로 거의 변화가 없었다. "무슬림 국가를 EU에 가입시키면 EU와 이슬람세계와의 관계개선에 기여할 것"이라는 데 동의하는 비율도 비슷했다(숙의 이전 49%, 숙의 이후 47%로). 하지만 EU의 정책결정에 어려움을 초래할 수 있다는 우려는 커졌다. "새로운 국가를 가입시킬 경우 EU정책결정을 더 어렵게 할 수 있다."고 보는 비율은 52%에서 62%로 올랐다.

숙의과정 전체를 통하여 신구 회원국들 사이에 극적인 차이가 발견되었다. 신회원국들은 대개 2004년 이후에 가입한 12개 국가들로서 대부분 동유럽 국가들이다. 체코공화국, 에스토니아, 키프러스, 라트비아, 리투아니아, 헝가리, 몰타, 폴란드, 슬로바키아, 슬로베니아, 루마니아, 불가리아가 그들이다. 15개 국가는 그 이전에 가입한 국가들로서 프랑스, 독일, 이태리, 벨기에, 네덜란드, 룩셈부르크, 덴마크, 아일랜드, 영국, 그리스, 스페인, 포르투갈, 오스트리아, 핀란드, 스웨덴 등이다. 연금 이슈와 관련하여 신구 회원국의 참가자들은 같은 방향으로 움직였지만, 신회원 참가자들의 지지율 변동이 더 심했다. 예를 들어, 신회원국의 참가자들은 연금사유화에 대해 처음에 다수로 지지했으나(52%), 숙의를 거친 후 이 비율은 20%나 떨어져 32%를 기록했다. 구회원국의 참가자들은 보다 회의적으로 출발하여(39%), 숙의 이후 14% 떨어진 25%를 기록하였다. 일반적으로 표본의 1/3을 차지한 신회원국의 참가자들은 변화의 불균형을 설명하는 변수이다. 거의 대부분의 이슈에서 그들은 훨씬 큰 변화폭을 보여주었다.

EU확대와 관련해서, 신회원국의 참가자들은 확대에 대해 훨씬 우호적으로 출발하였다. 그러나 숙의 이후 구회원국의 참가자들에 비해 훨씬 큰 폭으로 반대하였다. 일반적인 확대 문제와 관련하여, 신회원국의 참가자들은 확대지지가 78%로부터 63%로 15%의 변화를 보였으나, 구회원국의 참가자들은 60.6%로부터 58.5%로 거의 변화를 보이지 않았다. 터키의 가입과 관련하여, 신회원국의 참가자들 지지율은 57%로부터 42%로 15% 하락을 보여 주었으나, 구회원국의 참가자들은 54%로부터 47%로만 떨어졌다. 우크라이나와 관련하여 지지율 하락은 더욱 극적이었다. 가입 찬성 지지율이 신회원국 참가자들의 경우 78%에서 50%까지 떨어졌으나, 구회원국의 참가자들 경우 66%에서 58%로 낮아졌다.

무슬림국가를 가입시킬 경우 EU와 이슬람세계와의 관계를 개선시킬 것으로 보는지에 대해서는 구회원국이나 신회원국의 참가자들 사이에 거의 변화가 없었으나, 구회원국의 참가자들이 좀 더 우호적이었다. 그러나 "무슬림 국가를 EU에 가입시키면 EU를 지나치게 다양화시킬 것"이라고 보는 비율은 신회원국의 참가자들 사이에서 숙의 이전 52%에서 숙의 이후 32%로 크게 떨어졌다. 이 그룹은 원칙적으로 무슬림국가 가입이 가져올 다양성에 대해서는 우호적이었으나, 터키 가입에 대한 지지는 크게 줄였다. 이와 달리 구회원국의 참가자들은 무슬림 국가 가입이 EU 다양성을 지나치게 다양화할 것이라는 데 대해 40%에서 46%로 반대방향의 태도를 보였다.[31]

다중회귀(multiple regression)가 몇 가지 변화의 이유를 설명해 주는 것 같다. 예를 들어, 무슬림 국가의 가입이 EU와 무슬림세계와의 관계를 개선시킬 것이라고 믿게 된 사람들은 터키 가입에 대한 지지를 증대시켰다. 그러나 신회원국의 참가자 가운데 자신의 경제적 안정을 우려하는 경우, EU 확대비용과 그것이 초래할 자국에 대한 EU 지원금 감소가 주요 요인이었음을 보여주면서, 확대에 반대하였다. 더 많은 국가를 가입시킬 경우 EU의 의사결정을 어렵게 만들 수도 있다는 우려는 구회원국의 참가자들에게 있어서 주요 요소였다.[32]

사실문제에 대한 지식을 측정하는 9개 질문에 대한 답을 토대로 볼 때, 참가자들은 많은 것을 새로 알게 되었다. 신회원국의 참가자들은 숙의 이전에 지식문제에 대해 평균 37% 맞는 대답을 하였고, 숙의 이후에는 이 비율이 53%로 올라 16%의 지식획득을 보였다. 구회원국의 참가자들은 숙의 이전에 평균 40% 맞는 대답을 하였고, 숙의 이후에는 이 비율이 56%로 올라, 역시 같은 16%의 지식획득을 보였다. 지식문제들의 주제는 EU예산 (지식획득 22%), 유럽의회 의원 선출방법 (지식획득 23%), 실업자수당에서의 EU보조금 (지식획득 17%), EU 해외원조와 미국 해외원조의 비교 (지식획득 22%) 등이었다.[33]

우리는 전 유럽 프로젝트에서 소그룹 토의도 분석하였다. 다른 프로젝트에서처럼 정책태도를 지수별로 분류하였다. 자국의 EU 회원국 지위 지지, 사유화에 대한 태도, 연금 지급 방법, 이민에 대한 태도, 군사력 사용, 터키 가입 문제, EU 확대 문제, EU 의사결정, EU 의사결정에서의 비토 등 12가지 지수를 사용함으로써, 우리는 앞에서 다룬 숙의의 질과 관련된 두 가지 지표인 분극화의 회피와 특권층의 지배 회피도 살펴볼 수 있었다.

분극화와 관련한 이슈는, 집단이 중간지점으로부터 멀어진다는 썬스타인의 가설이 유지되는가 하는 문제라는 점을 기억하자. 그가 주장한 핵심은, 토의를 통해 집단은 불가피하게 극단으로 치닫게 된다는 것이다. 중간지점의 어느 한 편에서 시작 될 경우 그 방향으로 중간지점으로부터 더 멀어지면서 극단으로 가게 된다는 것이다. 우리의 EU 프로젝트에서 이런 현상은 발생하지 않았다. 12가지 이슈지수와 18개의 소그룹으로 216가지 소그룹/이슈 조합이 가능하다. 이들 가운데 중간지점으로부터 더 멀어지는 경우는 36%였다. 극단화가 아니라 오히려 중간 방향으로의 움직임이 관찰되었고, 이는 정확히 썬스타인의 법칙과는 반대방향이었다.

소그룹 토의가 특권층에 의해 좌우되는 지배의 문제와 관련해서는, 소그룹/이슈 조합에서 50%가 남성의 원래 입장 방향으로 움직였는데, 이는 정확히 나머지 절반이 남성의 원래 입장과 반대 방향으로 움직인 것을 의미한다. 또한 더 많이 교육받은 사람들의 원래 입장 방향으로 움직인 비율은 60%였다. 이 정도 미미한 영향은 더 많이 교육받은 사람들이 원래부터 EU에 대해 더 많이 알고 있었던 점을 반영하는 것으로 보인다. 어쨌든 이런 정도의 작은 변화로는, 특권층이 소그룹 토의를 지배할 것이라는 주장을 전혀 뒷받침하기 어렵다.[34]

숙의 이후 더 많은 참가자들은 자신을 자국시민으로만 간주하기보다 유럽인으로 간주하게 되었다. 자신을 유럽인으로 보는 비율은 77%로부터 85%로 증가하였는데, 특히 신회원국의 참가자들 경우 69%에서 87%로 올랐다. 하지만 유럽인으로서의 자기정체성 상향은 의사결정이 EU 차원에서 결정될 필요가 있다는 생각을 전혀 동반하지 않았다. 과세, 사회정책, 외교정책, 국방 등의 정책 분야에서 EU 차원의 의사결정을 지지한 비율은 겨우 25-40% 사이의 범위에 속한 아주 낮은 비율에 불과했다. 유럽인으로서의 정체성 향상은 유럽 차원에서의 의사결정이 개별 회원국에 대해 구속력을 갖는 것에 대한 지지로도 연결되지 못했다. 유럽인으로서의 자기정체성 상향은 유럽판 합중국(United States of Europe)에 대한 지지향상을 의미하지 않았던 것이다.

'투모로우즈 유럽' 프로젝트는, 27개 회원국을 보유하고 민족과 언어로 나뉘어 있는 유럽연합에서 전 유럽적 공공영역의 존재가 가능하고 공중의 목소리를 얻는 것이 가능하다는 사실을 보여주었다. 인민의 집인 유럽의회 빌딩에 모인 대표성을 지닌 소우주는 함께 숙의할 수 있었고, 더 많은 것을 알게 되었으며, 공유할 미래를 위한 우선순위에 관하여 신중한 판단에 도달할 수 있었다. 소우주는 불평등과 분극화의 왜곡을 피했고, 연금제도와 EU 확대라는 어려운 주제의 장단점을 측정하였다. 투모로우즈 유럽 프로젝트에 이어 2009년 5월 브뤼셀에서 유로폴리스(EuroPolis)라는 이름을 가진 제2차 전 유럽 숙의조사가 진행될 계획이다. 유럽의 첫 번째 숙의조사는, 단일한 유럽 규모의 공공영역이 가능하다는 사실을 보여주었다. 유럽의 두 번째 숙의조사는, 목표청중인 유권자 자신들에게 공중의 신중한 판단을 제공하면서, 이 공공영역이 전 유럽적 선거와 어떻게 연계되는지를 시범적으로 보여줄 것이다.[35]

## 민주적 이상의 실행

지금까지 우리는 숙의적 소우주를 매우 상이한 조건들에 적용해 보았다. 일부는 미국, 이태리, 덴마크, 호주, 영국처럼 민주주의가 정착된 국가들의 '정상정치'에 적용된 사례들이다. 중국의 사례처럼 일부는 정당 간 경쟁을 결여하는 체제에서 이루어졌다. 우리는 또한 북아일랜드 사례처럼 종족적, 민족적 분열과 같은 특수한 도전도 살펴보았고, 불가리아의 집시 문제와 같은 소수집단 문제도 고찰하였다. 우리는 이어 가상공간에서의 숙의와 유럽 공공영역이라는 초국가적 도전도 다루어 보았다.

이 모든 사례들에서 우리의 초점은 두 가지 핵심 원칙인 정치적 평등과 숙의를 실행하는 데 두어졌다. 그러나 세 번째 원칙인 대중참여는 우리의 노력에서 직접적으로 다루지는 않는 열망으로 남아 있었다. 3중딜레마로부터 벗어나기 어려운 한, 우리는 민주주의의 어떤 핵심원칙을 어떤 목적으로 수행할 것인지 선택에 직면하게 될 것이다.

민주적 이상은 복수로 취급해야 한다. '보다 많은 민주주의'는 한 가지만을 의미하지 않는다. '보다 많은 민주주의'는 국민투표, 프라이머리, 또는 다른 형태의 직접 협의를 통해 대중참여의 기회를 증대시키는 것을 의미할 수 있다. '보다 많은 민주주의'는 선거구를 조정하거나 투표 기법을 개혁하여, 모두의 선호가 보다 동등하게 고려되는 정도를 개선하는 것을 의미할 수도 있다. '보다 많은 민주주의'는 유권자의 지식과 숙의를 증진시키는 것을 의미할 수도 있다. 다시 말해, 더 많은 참여, 더 많은 정치적 평등, 더 많은 숙의를 의미할 수 있는 것이다. 그러나 지나치게 야심적으로 추구할 경우, 3중딜레마로 인해 이 가치들이 충돌하게 된다는 것을 볼 수 있었다.

3중딜레마가 적용되는 만큼, 우리의 민주적 이상들과 이것을 실행할 실천적 조치들 사이의 관계는 더욱 복잡해진다. 이상적 이론과 실천적 조치의 관계를 유지하는 한 가지 전략은 민주주의에 대한 열망을 계속 유지하는 것이다. 우리는 정책이 지향해야 하는 단일한 비전을 가질 수 있고, 우리가 달성하고자 하는 이상들을 통합한 그림을 가질 수 있으며, 가능한 한 이 그림을 실천하기 위해 다가갈 수 있다. 우리는 가능한 한 그 이상에 다가가기 위해 애써야 하는 것이다. 이 그림을 실현하기 위해 어느 것이 더 가깝고 어느 것이 더 먼지 다룰 일은 아니다. 그러나 상황에 따라서는, 최선책(first-best solution)에 근접하기(approximate)보다 차선책(second-best solution)에 만족하는 것이 더 나은 전략이 될 수도 있다.

왜 이상에 근접하는 일이, 그 이상을 실현하기 위해 가능한 한 다가가는 일이, 어려운 것일까? 한 가지 어려움은 인과적인 것이고, 다른 한 가지는 이상에 대한 정의 자체와 관계된다. 인과적인 문제는 경제학의 차선이론(theory of the second best)에서 다루는 것으로, 한 가지 요소가 완벽하게 실현되지 않을 경우 다른 요소들의 가치를 극대화하더라도 최적(optimal)이 되기 어렵다는 것이다. 만일 A를 극대화할 수 없다면, B와 C를 극대화하더라도 최적을 얻을 수 없다는 사실은, 일견 직관에 반하는(counterintuitive) 것으로 보인다. 그러나 만일 A가 완벽한 가치 이하라면, B와 C를 모두 충족하더라도 그 결과는 최선책이 되기 어렵다. 예를 들어, 경제를 보다 경쟁적으로 만들고자 할 때 일부 산업에서 경쟁을 증진시킨다고 하더라도 다른 산업 분야가 비경쟁적으로 남아 있다면, 최적이 아닌 경우가 생기는 법이다.[36] 이것이 인과적인 문제이다. 주어진 조건에서 최선의 결과를 낳는 최선책에 관한 것으로서, 여기서 최선의 결과는 효용(utility)이다. 나머지는 부수적이다. 개인의 선호 순서를 따지는 근대후생경제학의 틀 내에서는 효용을 극대화하는 것이 목적이다.[37]

'이상적 이론'에 대해 '차선책'이 어떻게 관계되는가의 이슈는 존 롤스(John Rawls)의 정의론에 잘 나타나 있다. 그는 빈곤의 정도가 덜하고 정의 원칙이 엄격히 준수되는 유리한 조건을 상정하고, 한 걸음 한 걸음 접근할 이상으로서 자신의 유명한 일반적 정의관을 제시하고 있다. 만일 조건이 너무나 열악하여 굶어죽는 사람이 생기거나(극단적 빈곤), 부정의의 유산이 있거나, 사람들이 그가 제시하는 원칙들을 준수하지 않을 경우, 그가 제시하는 원칙들은 해결책으로 보기 어려운 법이다. 합리적으로 유리한 조건의 범위 내에서, 가능한 한 그가 제시하는 원칙을 적용할 필요가 있는 것이다.

민주주의이론의 보다 제한적 영역에서 우리 논변이 갖는 부담은, 민주주의의 근본 원칙들이 한 걸음 한 걸음 접근할 단일하고 일관된 이상이 아니라는 점이다. 단일이상이기보다는, 우리가 처한 상황을 '이상 없는 이상들(ideals without an ideal)'이라고 보는 것이 더 적절할 것이다. 어느 한 가지를 강조하다보면, 공공정책이 다른 방향으로 가게 된다. 정치적 평등과 참여를 달성하면, 숙의가 손상되는 약하고 국민투표제적인 민주주의로 이끌게 된다. 정치적 평등과 숙의를 달성하면, 대중참여를 배제하게 된다. 숙의와 참여를 달성하면, 정치적 평등이 침해될 수 있다. 3중딜레마의 제약 하에서 세 가지 원칙 모두를 동시에 고도로 달성한다는 것은 거의 불가능하다. 우리는 어려운 선택지들의 장단점을 평가하고 어떤 개혁이 필요한지 결론을 내릴 수는 있을 것이다. 그러나 이마저도 우리를 이상에 더 가까이 다가가게 할지 이상으로부터 더 멀어지게 할지 두고 볼 일이다.

## 결론적 성찰: 민주주의, 정의, 그리고 여타 3중딜레마

우리가 민주주의와 관련하여 직면하는 갈등의 패턴은 민주주의이론이 아직 불안정하다는 것을 의미하는가? 정의론과 같은 정치이론의 다른 분야와 상이한 방식으로 논쟁이 전개되는가? 사실 나는 분배정의에도 같은 상황이 적용된다고 주장해왔다.[38] 예를 들어, 분배정의론의 핵심 요소인 기회평등의 문제에도 유사한 3중딜레마가 적용된다. 사람들이 사회구조에서 어떤 위치에 배정될 것인가를 규정하는 원칙 즉, 어떤 기회를 갖게 될 것인가에 대한 원칙이 없이는 정의론은 성립할 수 없다.[39]

간혹 분배문제는 전체적으로 분배가 어떤 모습을 취하는지에 주목한다. 동등한가 아닌가, 재화의 총량이나 평균이 얼마나 큰가 등에 주목한다. 사회구조에서 어떤 자리에 배정되는가는 인생에서의 성공가능성에서 아주 중요한 문제이다. 예를 들어, 두 사회의 소득분배 구조가 같다고 추정해 보자. 최소소득, 평균소득, 전체소득이 동일하다고 생각해보자. 하지만 한 사회는 아파르트헤이트(Apartheid) 정책을 실시하여 열등한 인종집단을 가진 사회이고, 다른 사회는 계층이동이 자유로운 사회라고 상정해보자. 추상적 분배구조로 볼 경우 두 사회는 유사하다. 그러나 개인들의 인생에서의 성공가능성이라는 관점에서 볼 때, 누군가는 첫출발부터 힘겨운 반면, 누군가는 특혜를 누린다. 사회구조 내에서 사람들이 어떻게 지위를 차지하고 유지할 것인지에 대한 이론이 없이는 즉, 기회평등의 이론이 없이는, 이 두 사회는 분배정의 면에서 유사한 사회로 평가받을 것이다. 당연히 적합한 정의론은 이런 사례들을 구분할 기준을 제시할 것이다.

나는 다른 책에서 기회평등의 문제가 세 가지 기본적 원칙 사이의 3중딜레마에 봉착한다는 사실을 지적한 바 있다. 그 세 가지는 공적(merit), 동등한 인생성공(life chances) 가능성, 그리고 가족의 자율성(autonomy of the family)이다. 공적은 업무 관련 역량이 공정하게 평가되어야 한다는 아이디어이다. 동등한 인생성공 가능성은 사회에서 어떤 위치에 앉게 될 것인지가 자신이 태어난 위치를 기준으로 정해져서는 안 된다는 것을 의미한다. 부모의 계급 배경을 기초로 하여 신생아의 인생성공 가능성을 예측할 수 있어서는 안 된다는 것이다. 만일 그런 예측이 가능하다면, 그 사회는 어떤 형태로든 부정의가 발견되는 사회이다. 마지막으로, 가족의 자율성은 대충 말하자면, 부모가 자유롭게 자녀에게 도움을 줄 수 있어야 한다는 생각을 말한다. 가족의 자율성은 부모가 자녀에게 도움을 준다는 점에서 성공 가능성 평등과 갈등관계에 있을 수 있다.

오늘날의 산업사회에서 불평등한 배경조건이 작동하는 것을 놓고 볼 때 어려운 점은, 가족의 자율성이 성인사회의 불평등을 아동들 사이에 그대로 재현될 수 있게 한다는 점에 있다. 부모는 자녀에게 다가오는 실적주의(meritocratic) 경쟁에 대비하여 가능한 모든 준비를 제공함으로써 도움을 주게 된다. 따라서 부모세대의 불평등이 인생성공 가능성에서의 불평등으로 재현될 수 있는 것이다. 우리의 민주주의이론의 3중딜레마처럼 세 가지 원칙 가운데 두 가지를 택할 수 있지만, 불평등의 배경조건이 존재한다면 세 가지 모두를 달성하기는 어려운 것이다. 세 가지 가운데 어느 것 하나를 또는 동시에 두 가지를 달성하고자 할 경우, 공공정책은 방향을 달리하게 된다. 여기서도 우리는 '이상 없는 이상들'의 상황과 만나게 되는 것이다. 단일하고 일관된 이상의 실현으로 우리를 이끌어 줄 방법은 없는 것이다.

왜 이렇게 민주주의이론과 정의론 사이에 평행상태가 발생하는 것일까? 아마 자유민주주의이론의 핵심이 자유와 평등의 경쟁적 역할에 대한 지속적인 대화로 간주하기 때문일 것이다. 평등의 요소는 모두의 이익이나 주장에 동등한 고려를 해야 한다는 것으로, 그것이 취업 시장에서의 실적주의 선발에서든, 사법체계에서의 개인의 권리보호에서든, 의료시스템에서의 서비스에서든, 정치체제에서의 표나 견해의 계산에서든 어디서나 적용된다. 그러나 동등한 고려에서 말하는 평등은 차이를 만들고자 하는 자유(liberty to create differences)와 충돌하게 된다. 이 차이는 사람들이 동등한 고려의 과정 속으로 가지고 오고자 하는 차이이며, 이 과정에서 활용하고자 하는 차이이다.[40]

사법체계를 살펴보자. 자유민주주의의 과정의 평등은 법 앞에서의 평등을 요구한다. 하지만 사람들은 동시에 자신의 법적 대리인을 선택하고 고용할 자유를 누린다. 배경조건의 불평등은 자신의 경제적 능력에 따라 완전히 다른 법적 대리인을 선택하도록 만든다. 무료법률 상담이나 국선변호인이 이러한 차이를 줄여줄 수 있지만, 부자들이 더 유리한 혜택을 누릴 수 있는 점은 피하기 어렵다. 따라서 법 앞에서의 형식적 평등, 법적 대리인을 선정할 자유, 결과의 평등 사이의 3중딜레마가 발생하게 된다. 이 3중딜레마는 기회의 평등에 적용되는 딜레마와 유사하다. 두 사례 모두 (법적 대리인을 선정하거나 자녀에게 도움을 줄 부모의) 자유에 대한 요구가 있고, 두 가지 평등에 대한 요구 즉, 동등한 고려라는 형식적 평등과 유사한 사례에서는 유사한 결과를 가진다는 실질적 내용에서의 평등에 대한 요구가 있다.

우리의 민주주의이론과 관련하여, 형식적 평등은 유권자의 표나 견해에 대한 동등한 고려를 요구하는 정치적 평등이다. 자유에 대한 요구는, 여론을 형성할 자유나 참여할 자유와 관련된다. 우리가 계속 보아온 것처럼, 세 가지 가운데 두 가지만을 현실적으로 달성할 수 있을 뿐이다. 우리에게는 상충하는 이상들이 있으며, 단일한 이상이 있는 것이 아니다. 또한 명약관화한 하나의 개혁 방향이 있는 것이 아니다.

물론 우리는 세 가지 모두를 실현하는 방안을 머릿속에 그려볼 수는 있다. 우리는 그럴듯한 시나리오로서 숙의의 날과 같은 변혁적 노력을 상상해 볼 수 있는 바, 숙의의 날은 비록 총선 일주일 전 제한된 시간에 국한되지만 동시에 세 가지 원칙을 어느 정도는 실현할 수 있게 해준다. 그러나 우리는 현재로서는 여전히 '이상 없는 이상들'의 상황에 있다.[41] 우리가 이 세 가지에서 동시에 진전을 이룰 정치적 의지를 끌어 모으지 않는 한, 주어진 변화가 (어느 것에서 개선이 이루어져도 다른 것에서 결핍이 일어나는 3중딜레마의 속성상) 우리의 이상으로 다가갈 수 있게 할지 이상으로부터 더 멀어지게 할지 분명하지 않다.

하지만 최선책이 아니라 차선책 달성을 목표로 하는 것이 하나의 방법이 될 수 있다. 이상에 다가가기(approximate)보다 차선책으로서 이상을 대리하는(proxy) 것이 그것이다. 대표성을 갖는 소우주를 통해 숙의민주주의의 두 가지 핵심 원칙인 숙의와 정치적 평등을 실현하는 것은, 모두가 좋은 조건에서라면 사고할 바에 대한 그림을 제공한다. 이론상 모두가 숙의한다면 내리는 결론은 그다지 다르지 않을 것이다. 따라서 소우주는 마찬가지로 유사한 조건에서 모두가 그 이슈에 대해 토의하고 경합하는 논변을 평가할 때 일어날 바에 대한, 보다 야심적인 시나리오의 대용물(proxy)을 제공한다.

고품격(high-quality) 숙의는 전체사회보다 관리가능할 정도로 소규모의 대표성을 가진 소우주에서 실현될 가능성이 더 크다는 사실을 두고 볼 때, 우리는 좋은 조건에서 인민의 신중한 판단을 도출하고 여기서 내린 결론을 (또한 결론을 내린 근거를) 정책대화와 정책과정에 투입할 수 있다. 이처럼 대용물은 이상을 유용하게 대체할 수 있고, 특히 그 이상이 도달하기 너무 어려운 것일 경우 대체 가능하다.

'이상 없는 이상들'에 구현되어 있는[42] 궁극적인 원칙들의 복수성(pluralism)은 숙의적 공적 협의에 더욱 정당성을 제공해 준다. 상황이 이와 다르다고 가정해보자. 즉, 우리가 3중딜레마에 봉착하지 않는다고 가정해 보자. 민주주의와 정의의 문제에, 변화의 방향에 대한 불확정성 없이 한 걸음 한 걸음 다가갈 수 있는, 반론의 여지가 없는 단일한 이상적 해결책이 있다고 가정해보자. 다시 말해, 이리저리 분산된 것이 아니라 확실한 노정(clear path)이 있다고 생각해보자. 그럴 경우, 우리는 민주적 선택과정이 자동조종장치(autopilot)에 놓이는 것으로 간주할 수 있을 것이다. 가야할 길이 분명하고, 거기에 도달할 방법에 관한 도구적 질문은 전문가나 관료들에게 맡김으로써, 지속적인 공적 협의의 필요가 없을 것이다.

그러나 근본적 원칙들의 장단점이 민주적 개선과 그것이 관련된 정책 이슈에 적용될 때, 현명한 공적 투입을 모색하는 것은 의미가 있다. 공중의 신중한 판단을 협의하는 것은 공중의 집단적으로 인지된 동의를 구하는 것이다. 부담을 지고 비용을 납부해야 하는 것도 인민이며, 바라건대, 이득을 누려야 하는 것도 인민이다. 만일 '피치자의 동의(consent of the governed)'가 즉흥적인 여론에 의해 이루어진다면, 인민은 자신들이 동의하는 바에 대해 잘 알지도 이해하지도 못할 것이다. 실험이 실시되기 전에 패널이 동의를 구할 때나, 의사가 수술 전에 환자의 동의를 구할 때, 그들이 구하는 것은 자신들이 감내해야 할 바에 대한 '인지된 동의(informed consent)'이다. 그런 일이 개인이 아니라 집단에 일어날 때, 왜 같은 일을 하지 않겠는가? 분배해야할 이득과 부담도 이 정도만큼 중대한 것으로 볼 수 있다.

이 책에서 우리는 정치적 평등, 숙의, 대중참여, 비폭정과 같은 여러 가지 민주적 이상들을 다루었다. 우리는 또한 이 이상들을 실행할 실천적 노력들에 대해서도 살펴보았다. 숙의민주주의의 경우 우리의 초점은, 숙의를 위한 좋은 조건하에 인민의 통계적으로 대표성 있는 소우주를 소집하려는 노력에 두어졌었다. 우리는 또한 이 민주주의 원칙들을 실현할 다른 노력들에 대해서도 토의한 바, 숙의가 핵심적 이상이었던 고대아테네 사례로부터 미국건국의 아버지들에 이르기까지, 초점이 참여와 정치적 평등으로 옮겨진 진보주의자들로부터 현대의 개혁론자들에 이르기까지, 넓은 범위에 걸친 것들이었다.

민주주의이론은 활발한 논의의 대상인 주제로서, 하나의 지배적인 모델이 없고 여러 비전들 사이에 경쟁이 이루어지고 있다. 상이한 비전들이 공통으로 가진 점은 무엇이며 어떤 점에서 다른지 파악하기 위해, 우리는 토의를 핵심적 원칙들과의 관계를 중심으로 진행하였었다. 그 결과로 얻은 것은 아직은 초보적인 민주주의문법(grammar of democracy)이다. 각 이론은 네 가지 원칙 가운데 두 가지에 가치를 부여하는 것으로 해석되었다. 즉, 경쟁적민주주의 모델은 정치적 평등과 비폭정에 가치를 부여하고, 참여민주주의 모델은 대중참여와 정치적 평등에 가치를 부여하며, 엘리트숙의 모델은 숙의와 비폭정에 가치를 부여하고, 숙의민주주의 모델은 정치적 평등과 숙의의 결합에 가치를 부여한다.

이 네 가지 가운데 숙의민주주의 모델은, 우리에게 들을 만한 가치가 있는 조건하에서 인민의 목소리(voice of the people)를 들려준다. 1776년에 미국인들이 선언한 것처럼, "정부가 피치자의 동의로부터 정당한 권력을 획득한다."면 피치자들의 보다 사려깊고 의미있는 동의는 계속해서 공중의 해야 할 일 가운데 중요한 자리를 차지할 것이다. 아테네의 이상을 부활시키는 일은 (현대의 최선의 테크놀로지 활용과 함께) 숙의민주주의에 생명을 불어넣어 줄 실천적 방법을 제공한다.

— 부록 —
## 왜 4가지 민주주의 모델만을 다루는가

　제2장에서 우리는 네 가지 민주주의 원칙을 살펴본 바, 이 원칙들의 결합이 네 가지 규범적인 민주주의이론의 결합으로 나타났다. 즉, 슘페터가 개요를 설명하고 최근 포스너와 샤피로 및 다른 학자들이 뒷받침하고 있는 경쟁적민주주의 모델, 매디슨과 밀이 대표적으로 보여주는 엘리트숙의 모델, 진보주의자들이 대변하고 있고 캐롤 페이트만 같은 현대 이론가들이 지지하는 참여민주주의 모델, 그리고 숙의민주주의가 그것이다. 각 경우에 우리는 주어진 입장의 이념형(ideal type)을 규정하였다. 각 입장이 나머지 두 가지 원칙들에 대해 취하는 자세에 대해서는 불가지론적으로 다루었다. 이론가에 따라 자신이 초점을 두지 않는 원칙에 대해 침묵을 지킨 경우도 있다. 우리는 경쟁적민주주의 모델의 경우 대표적 주창자가 제외한 정치적 평등 요소를 도입하기도 하였는데, 이는 그 이론의 입장을 강화하기 위해서였다. 우리는 각 입장의 최선의 버전을 다루고자 한 것이다. 만일 정치적 경쟁을 강조하는 입장이 유권자가 던진 표를 동등하게 계산하지 않을 경우, 경쟁 자체에 결함이 있는 것으로 보는 반대에 직면할 수 있다는 점을 고려하여, 우리는 비록 슘페터 자신이 정치적 평등을 주창하지 않았지만, 슘페터적 입장이 정치적

평등을 찬성하는 것으로 다루었다. 물론 이런 조치는 약간 도식적인 것이다. 하지만 우리는 민주적 가능성들을 체크하고 토의에 초점을 맞추는 데 있어서 도움을 줄 수 있다고 보았다.

〈도표 III〉 네 가지 민주주의이론 (제3장에서 가져옴)

|  | 경쟁적민주주의 | 엘리트숙의 | 참여민주주의 | 숙의민주주의 |
| --- | --- | --- | --- | --- |
| 정치적 평등 | + | ? | + | + |
| 참여 | ? | ? | + | ? |
| 숙의 | ? | + | ? | + |
| 비폭정 | + | + | ? | ? |

만일 이들이 네 가지 핵심적인 원칙이라면, 왜 16가지가 아니라 4가지 가능성만을 다루는지 질문이 제기될 수 있다. 논리적으로 보면, 아래 〈도표 VII〉에서 보는 것과 같은 16개의 조합이 가능하다.

이들 가운데 네 가지는 우리가 제안한 네 가지 모델의 비불가지론적 버전이다. 이들은 내 견해에 따른 두 가지 원칙을 수용하지만, 나머지 두 가지에 대해 〈도표 III〉에서 의문부호를 붙인 것처럼 불가지론적 태도를 취하는 것이 아니라 단호하게 배격한다. 〈도표 VII〉의 입장2는 우리의 참여민주주의 모델이고, 입장3은 엘리트숙의 모델이며, 입장5는 경쟁적민주주의 모델이고, 입장10은 숙의민주주의 모델이다.

나머지 12가지는 무엇인가? 나의 설명으로는 (1)3중딜레마에 의해 배제되거나, (2)우리의 네 가지 모델 가운데 하나의 변종이거나, (3)민주주의의 규범적 이론으로 제안될 때 명백한 반대에 직면할 것으로 보이는 것들이다.

〈도표 VII〉 16가지 가능한 입장들

| | 1 | 2 | 3 | 4 | 5 | 6 | 7 | 8 | 9 | 10 | 11 | 12 | 13 | 14 | 15 | 16 |
|---|---|---|---|---|---|---|---|---|---|---|---|---|---|---|---|---|
| 참여 | + | + | - | + | - | - | + | - | + | - | - | + | - | - | + | + |
| 정치적 평등 | + | + | - | - | + | - | - | - | + | + | + | + | - | + | - | - |
| 숙의 | + | - | + | + | - | - | - | + | + | + | - | + | - | + | - | + |
| 비폭정 | + | - | + | - | + | - | + | + | - | + | - | - | - | - | + | + |

이들을 하나하나 살펴보기로 하자. 먼저 입장1은 유토피아적이다. 이 입장은 원칙들이 제기할 장단점을 무시한 채 우리의 네 가지 원칙 모두를 실현시키는 것을 목표로 한다. 따라서 그것을 달성할 경우 최선이겠지만, 민주주의론에 그다지 크게 기여할 것으로 보이지 않는다. 3중딜레마를 염두에 두고 볼 때, 제도적 설계와 관계되는 세 가지 원칙 모두를 동시에 달성하고자 하는 이 입장은, 세 가지 가운데 두 가지를 달성하더라도 나머지 세 번째 원칙을 손상시키게 된다는 문제를 무시하고 있다.

입장3은 엘리트숙의 모델로서 이미 다룬 바 있다. 입장4는 참여와 숙의를 요구하지만, 정치적 평등과 비폭정을 거부한다. 이 입장에 대해 두 가지 반대가 제기될 수 있는 바, 하나는 정치적 평등을 거부한다는 점에 대해, 다른 하나는 비폭정을 거부하는 점에 대해서다. 정치적 평등이 부재한 대중참여도 가능하다. 그러나 정의상 대중의 숙의적 견해에 목소리를 제공하지 않는다. 지적 의견에 대해 왜곡된 그림을 주게 된다. 이 입장은 보다 특권을 가진 사람들 사이에 시민교육 전략으로서는 유용할 수 있을 것이다. 하지만 인민이 동등하게 대표되는 것을 요구하지 않는다는 점에서 숙의민주주의에 대한 기여로도 결함을 가졌다. 또한 비폭정 원칙을 거부함으로써, 사람들이 나쁜 일을 할 때 반대를 제기할 가능성을 차단한다.

입장5는 우리의 경쟁적민주주의 모델이다. 경쟁적 선거를 강조하고, 법적 보장을 통해 다수의 횡포로부터 권리를 보호하는 것에 중요성을 부여한다.

입장6은 우리의 네 가지 원칙 모두를 거부하므로, 민주주의의 규범적 이론으로 부적합하다.

입장7은 참여는 수용하지만, 나머지 세 가지 모두를 거부한다. 다른 원칙들이 장점을 가진다고 보면, 이 입장은 부적합하다. 참여를 다른 원칙과 결합하는 것이 가능한데, 왜 결합을 포기하는가? 우리는 이 입장을 결점을 지닌 참여민주주의 입장으로 볼 수 있을 것이다. 대중참여를 주창하되 동등한 계산을 하지 않는다.

입장8은 입장7과 유사하게 비폭정이라는 한 가지 원칙만을 강조하고 다른 것을 거부한다. 숙의도 다른 원칙과 결합이 가능한데, 왜 여기서 멈추는가? 이 입장은 결점을 지닌 경쟁적민주주의 모델이라고 볼 수 있다. 과도한 민주주의로부터의 보호를 염두에 두고 있지만 동등한 계산은 중시하지 않는다. 이 입장은 아마 실제 슘페터적 입장에 가까울 것 같다.

입장9는 참여와 비폭정을 결합하지만, 정치적 평등과 숙의를 거부한다. 정치적 평등 없는 참여는 인민의 선호를 동등하게 계산하지 않는다. 이 입장은 아마 결점을 지닌 참여민주주의 버전으로 볼 수 있을 것이다.

입장10은 정치적 평등과 숙의를 결합하는 숙의민주주의 모델이다. 따라서 제기되는 인민의 견해에 대해 숙의할 수 있는 조건에서 인민의 견해를 동등하게 고려한다.

입장11은 숙의민주주의에 더하여 비폭정을 포함한다. 만일 매디슨과 밀이 상정한 정치심리학이 맞다면 즉, 인민이 숙의할 때 공익을 수용하고 '차분한 이성'이 다수의 횡포를 피할 수 있게 한다면, 숙의민주주의의 불가지론적 버전의 확장에 해당되는 이 입장은 실현가능할 것이다. 입장11은 입장10에 비해 보다 야심적이며, 둘 다 숙의민주주의의 한 종류에 해당된다.

입장12는 입장1과 같은 반대에 부딪힌다. 이 입장은 민주적 설계와 관계된 정치적 평등, 참여, 숙의 세 가지 모두를 상정한다. 입장1과의 차이는 비폭정을 포함하지 않는다는 점이다. 그러나 이 입장은 민주주의 이론으로서 그다지 유용성이 크지 않은데, 3중딜레마의 영향을 받을 수밖에 없기 때문이다.

입장13은 정치적 평등만 수용하고 나머지 세 원칙은 모두 거부한다. 정치적 평등이 얼마든지 다른 원칙과 결합될 수 있는데, 왜 결합을 포기하는가? 이 입장은 결점을 지닌 경쟁적민주주의 모델이거나 결점을 지닌 숙의민주주의일 수 있다.

입장14는 숙의만 수용하고 나머지 세 원칙은 거부하는 것이다. 숙의가 얼마든지 다른 원칙과 결합될 수 있는데, 왜 결합을 포기하는가? 이 입장은 결점을 지닌 숙의민주주의일 수 있는데, 특히 정치적 평등에 대한 관심을 결여하고 있다.

입장15는 숙의를 제외한 나머지 세 원칙 모두를 수용한다. 이 입장은 경쟁적민주주의 모델의 한 종류로서 대중참여에 관심을 가진 것으로 볼 수 있다. 앞에서 보았듯이, 슘페터나 포스너 같은 경쟁적민주주의 모델 주창자들은 대중참여를 우려하였다. 하지만 경쟁적민주주의 모델의 한 종류인 이 입장은 경쟁적 선거에 관심을 가진 사람에게는 합리적 대안이 될 수 있다.

입장16은 정치적 평등을 거부하고 나머지 세 가지를 모두 수용하는 입장이다. 이미 본 것처럼, 정치적 평등이 없는 참여는 왜곡된 표 계산으로 이끌 수 있다. 또한 정치적 평등 없는 숙의는, 신중하지만 왜곡된 공중의 목소리로 이끌 수 있다. 비폭정을 요구한 것은, 사법적 보호를 통해 권리 보호를 달성할 수 있기에 매력적인 것으로 볼 수 있다. 그러나 민주주의의 규범적 이론으로서 이 입장은 분명한 반대에 직면할 것으로 보인다.

# 미주

## 제1장

1. 새로운 기술들이 시위를 동원하기 위해 이용된다는 사실에 대해서는 이제는 고전적 설명이 된 다음의 책을 볼 것. Howard Reingold (2002), *Smart Mobs: The Next Social Revolution*, New York: Basic Books.

2. Lawrence R. Jacobs and Robert Y. Shapiro (2000), *Politicians Don't Pander: Political Manipulation and the Loss of Democratic Responsiveness*, Chicago: University of Chicago Press.의 논변을 보라.

3. Joseph A. Schumpeter (1942), *Capitalism, Socialism and Democracy*, New York: Harper & Row.가 주창한 이 입장은 최근에 재유행하고 있다. 특히 Richard A. Posner (2003), *Law, Pragmatism and Democracy*, Cambridge, MA: Harvard University Press.와 Ian Shapiro (2002), *The Moral Foundations of Politics*, New Haven, CT: Yale University Press.를 보라.

4. 이 용어는 다운즈가 만들었다. Anthony Downs (1957), *An Economic Theory of Democracy*, New York: Harper & Row. 세부사항에 대해서는 Russell Hardin (2002), "The Street Level Epistemology of Democratic Participation" in *Journal of Political Philosophy*, 10/2, pp.212-29을 보라. 일반대중 사이의 낮은 지식수준이 갖는 함의에 대해서는 Michael delli Carpini and Scott Keeter (1996), *What Americans Know About Politics and Why It Matters*, New Haven, CT: Yale University Press.와 Scott Althaus (2003), *Collective Preferences in Democratic Politics: Opinion Surveys and the Will of the people*. New York: Cambridge University Press.

5. George F. Bishop (2005), *The Illusion of Public Opinion: Fact and Artifact in American Public Opinion*, Lanham, MD: Rowman & Littlefield, pp.27-30.

6. 대인간 의견 불일치와 미디어를 통한 의견 불일치에 대해서는 Diana C. Mutz

and Paul S. Martin (2001), "Facilitating Communication across Lines of Political Difference: The Role of Mass Media" in *American Political Science Review*, 95/1 (March).

7   머츠는 숙의가 정치참여를 더욱 억압할 것이라고 주장하고 있다. 그러나 그녀는 숙의를 다른 관점을 가진 사람에 노출되는 것만을 의미하고 있다. 안전한 공적 공간을 창출하려는 노력이 부재할 경우, 당파성이 강한 분위기에 노출되면 참여를 억압할 수도 있을 것이다. Diana C. Mutz (2002), *Hearing the Other Side: Deliberative Versus Participatory Democracy*, Cambridge: Cambridge University Press. 단순히 노출되는 것은 숙의와 상관없다고 볼 수 있으며, 진정한 숙의는 아래에서 보겠지만 미래의 정치참여를 증진시킬 것이다.

8   John Stuart Mill (1869), *On Liberty*, London: Longman. 밀의 '개별성'이 '자율성'에 해당된다고 보는 견해에 대해서는 John Gray (1982), *Mill On Liberty: A Defence*, London: Routledge. '유사한 사고'를 하는 사람들끼리의 결사의 자유에 대해서는 Bill Bishop (2008), The Big Sort: Why the Clustering of Like-Minded America is Tearing us Apart, New York: Houghton Mifflin.

9   이 이슈는 논쟁적이다. 이와 상반되는 견해에 대해서는 *Boston Review*: "Is the Internet Bad for Democracy?" 〈http://www.bostonreview.net/BR26.3/contents.html〉. 폭스뉴스를 중심으로 당파적 선별성을 다룬 글로는 Shanto Iyengar and Kyu S. Hahn "Red Media, Blue Media: Evidence of Ideological Selectivity in Media Use" in *Journal of Communication* (forthcoming). Available at 〈http://pcl.stanford.edu/research/2008/iyengar-redmedia.pdf〉.

10  광고캠페인에 대해서는 Fred Pearce (2008), "Time to Bury the 'Clean Coal' Myth" in *The Guardian*, October 30, 〈http://www.guardian.co.uk/environment/2008/oct/30/fossilfuels-carbonemissions〉. 우리는 5장에서 에너지 선택과 관련한 숙의조사를 다룰 때, 이 주제를 다시 다루게 될 것이다.

11  Shanto Iyengar and Donald Kinder (1987), *News That Matters*, Chicago: University of Chicago Press; John Zaller and Stanley Feldman (1992), "A Simple Theory of the Survey Response" in *American Journal of Political Science*, 36, pp.579-616.

12   캠페인 맥락에서 조작을 사용하는 것에 대한 훌륭한 설명으로는 Kathleen Hall Jamieson (1993), *Dirty Politics: Deception, Distraction and Democracy*, New York: Oxford University Press.

13   2008년 대통령후보였던 존 에드워즈는 핵심참모가 운영하던 527그룹의 지원을 받았다. 〈http://www.politico.com/blogs/bensmith/1207/A_527_twofer.html〉. 총선에서는 친 매케인 527그룹들이 캠페인광고를 운영하였다. Mark Silva "McCain Advisors on '527' Attacking Obama", 〈 http://www.swamppolitics.com/news/politics/blog/2008/05/mccain_advisers_on_527_attacki.html〉.

14   〈http://campaignsilo.firedoglake.com/2008/11/04/dirty-tricks-text-messages-tell-obama-voters-to-vote-wednesday/〉.

15   〈http://www.politico.com/news/stories/0108/8109.html〉, "Email Smear Taxes Obama Campaign."

16   조작은 훨씬 더 널리 사용되고 있지만, 여기서는 부정적 측면에 초점을 맞추어 다루기로 한다.

17   '선별적 인센티브'라는 용어는 Mancur Olson (1965), *The Logic of Collective Action*, Cambridge, MA: Harvard University Press.의 고전적 논의에서 가져온 것이다.

18   우리는 학교를 배경으로 숙의조사를 모델로 한 시민교육을 실험한 경험이 있으며, 좋은 결과를 산출한 바 있다. Robert C. Luskin, James S. Fishkin, Neil Malhotra, and Alice Siu (2007), "Deliberation in the Schools: A Way of Enhancing Civic Engagement?" Paper presented at the biennial General Conference of the European Consortium for Political Research, Pisa, Italy, September 6-9. Available at 〈http://cdd.stanford.edu/research/papers/2007/civic-education.pdf〉.

19   Russell Hardin (2003), "The Street Level Epistemology of Political Participation" in James S. Fishkin and Peter Laslett, eds., *Debating Deliberative Democray: Philosophy, Politics and Society*, vol. 7, Oxford: Basil Blackwell.

20   Arthur R. Lupia (1994), "Shortcuts Versus Encyclopedias: Information and Voting Behavior in California Insurance Election Reforms" in *American Political Science Review*, 88/1 (March), pp. 63-76. 유사한 입장을 유지하는 영향력 있는 책으로는 Samuel Popkin (1991), *The Reasoning Voter: Communication and Persuasion in Presidential Campaigns*, Chicago: University of Chicago Press.

21   호주 국민투표에 대해서는 Robert C. Luskin, James S. Fishkin, Ian McAllister, John Higley, and Pamela Ryan (2000), "Deliberation and Referendum Voting." Paper presented at the meetings of the American Political Science Association, Washington, DC. Available at 〈http://cdd.stanford.edu/research/papers/2005/referendum-voting.pdf〉. 영국 국민투표에 대해서는 Robert C. Luskin James S. Fishkin, Roger Jowell, and Alison Park (1999), "Learning and Voting in Britain: Insights from the Deliberative Poll." Paper presented at the meetings of the American Political Science Association Atlanta, GA. Available at 〈http://cdd.stanford.edu/research/papers/2000/general_election_paper.pdf〉.

22   Robert A. Dahl (1956), *A Preface to Democratic Theory*, Chicago: University of Chicago Press. Chapter 5를 볼 것.

23   '이슈공중'이 민주적 책임성의 문제를 해결할 것이라고 보는 견해에 대해서는 Vincent L. Hutchings (2003), *Public Opinion and Democratic Accountability: How Citizens Learn about Politics*, Princeton, NJ: Princeton University Press. 이슈공중이 항상 더 많은 것을 아는 것은 아니며, 대표성을 결여한다.

24   숙의조사 트레이드마크는 제임스 S. 피시킨에 속한다. 상표와 관련한 사용료는 스탠포드대학교 숙의민주주의연구소의 연구를 지원하는 데 사용된다.

25   이 프로젝트는 아테네대학교 경제경영학 교수인 존 파나레토스가 주도하였고, 에브도키아 세칼라키와 로버트 러스킨 및 내가 도움을 주었다. 우리는 조오지 파판드레우의 비전과 지원에 경의를 표한다.

26   Geroge A. Papandreou (2006), "Picking Candidates by the Numbers" in *International Herald Tribune*, June 7. Available at 〈http://cdd.stanford.

edu/press/2006/iht-picking.pdf〉.

27 John Lloyd (2006), "The Periclean Primary" in *La Repubblica*, October 6. 〈http://cdd.stanford.edu/press/2006/mar-pericle-eng.pdf〉.

28 James S. Fishkin, Robet C. Luskin, John Panaretos, Alice Siu, and Evdokia Xekalaki (2008), "Returning Deliberative Democracy to Athens: Deliberative Polling for Candidate Selection." Paper presented at the annual meeting of the American Political Science Association, August. Available at 〈http://cdd.stanford.edu〉.

29 프라이머리에서의 후보자 선택은 간혹 후보자의 개인적 특성에 대한 반응에 기인한다. 그러나 정책에 대한 숙의가 후보자 선택에서 중요하게 작용할 수 있다. Shanto Iyengar, Robert C. Luskin, and James S. Fishkin, "Deliberative Preferences in the Presidential Nomination Campaign: Evidence from an Online Deliberative Poll." Available at 〈http://cdd.stanford.edu/research/papers/2005/presidential-nomination.pdf〉, and Robert C. Luskin, Kyu S. Hahn, James S. Fishkin, and Shanto Iyengar (2006), "The Deliberative Voter." WorkingPaper, Center for Deliberative Democracy. Available at 〈http://cdd.stanford.edu/research/papers/2006/deliberative-voter.pdf〉. The first concerns a Deliberative Poll during the primary season and the second a DP during the general election.

30 "Papandreou hails procedure for naming PASOK candidate" Athens News Agency (June 6, 2006). Available at 〈http://www.hri.org/news/greek/ana/2006/06-06-05.ana.html〉.

31 아테네 제도들의 작동과 구조에 대한 자세한 설명으로는 Mogens Herman Hansen (1991), *The Athenian Democracy in the Age of Demosthenes*, Oxford: Blackwell, Josiah Ober (1991), Mass and Elite in Democratic Athens, Princeton, NJ: Princeton University Press.

32 아테네민주주의의 사이즈에 대한 논의로는 Robert A. Dahl (1989), *Democracy and Its Critics*, New Haven and London: Yale University Press, pp. 16-19. 제임스 매디슨은 『페더럴리스트』10번에서 '순수한' 민주주의 또는 직접민주주의는 모두가 면대면으로 사안을 다룰 수 있을 정도로 소규모여야 한다고 가정

하였다. James Madison, Alexander Hamilton, and John Jay (1987), *The Federalist Papers*, New York: Penguin, p. 126.

33 B.C. 5세기경 아테네의 성인남성 시민의 수를 6만 명으로 보는 견해는 Hansen, p.53.

34 B.C. 5세기로부터 4세기에 시민이 약 3만 명으로 줄어든 것에 대해서는 Josiah Ober (2008), *Democracy and Knowledge: Learning and Innovation in Classical Athens*, Princeton, NJ: Princeton University Press, p. 74, figure 2.5.

35 I.F. Stone (1989), *The Trial of Socrates*, New York: Anchor Books.

36 전반적 개관에 대해서는 Bernard Manin (1996), *The Principles of Representative Government*, Cambridge: Cambridge University Press.

37 숙의민주주의에 대한 만개한 관심은 놀랍다. 숙의민주주의에 대한 대화의 폭이 넓어진 점에 대해서는 James Bohman and William Rehg, eds. (1997), *Deliberative Democracy*, Cambridge, MA: MIT Press; Jon Elster, ed. (1998), *Deliberative Democracy*, Cambridge: Cambridge University Press; James Fishkin and Peter Laslett, eds. *Debating Deliberative Democracy: Philosophy, Politics and Society*, vol. 7.

38 대중민주주의와 숙의적 제도 사이의 대조적 면에 대해서는 James Fishkin (1991), *Democracy and Deliberation: New Directions for Democratic Reform*, New Haven and London: Yale University Press.

39 George Gallup (1938), "Public Opinion in a Democracy," Princeton, NJ: The Stafford Little Lectures.

40 James Madison (1987), *Notes of Debates in the Federal Convention of 1787*. Reported by James Madison with an Introduction by Adrienne Koch, New York: Norton, p. 40.

41 보다 상세한 논의에 대해서는 제2장의 '숙의' 절을 참고.

42 Jack N. Rakove (1997), "The Mirror of Representation" in *Original*

*Meanings: Politics and Ideas in the Marking of the Constitution*, New York: Vintage Books, p. 203.

43 Herbert Storing, ed. (1981), *The Complete Anti-Federalist*, Chicago: University of Chicago Press, vol. II, p. 265.

44 로드아일랜드 주 의회는 컨벤션소집을 거부하고 헌법을 직접 인민에게 가져갔다. Bernard Bailyn, ed. (1993), *The Debate on the Constitution* Part II, New York: The Library of America, p. 271.

45 "The Freemen of Providence Submit Eight Reasons for Calling a Convention" in Bailyn, ed., *The Debate*, p. 280.

46 "Is this the Man of the Century?" in *The Guardian*, October 30, 1997, p. 1.

47 ⟨http://vmajorityrights.com.index.php/weblog/comments/ron_paul_demolishes_other_republicans_in_online_polls/⟩ (accessed January 2, 2007).

48 그는 페이스북의 자가선발 여론조사에서 41%를 얻었고, 허커비는 25%를, 존 매케인은 14% 지지를 얻었다. ⟨http://www.facebook.com/politics/debate.php?id=7067904614⟩ (accessed January 5, 2008).

49 "Lycurgus" in *Plutarch on Sparta*, New York: Penguin, 1988, p. 38.

50 이런 활동과 비전에 대한 좋은 설명으로는 David Mathews (1994), *Politics for People*, Chicago: University of Illinois Press.

51 우리는 제2장의 '숙의'를 다루는 절에서 이 문제를 다시 다룬다.

52 후자에 대해서는 Roger Jowell et al. (1993), "The 1992 British General Election: The Failure of the Polls" in *Public Opinion Quarterly*, 57, pp. 238-63.

53 이런 적은 수는 통계적 평가를 어렵게 한다. 게다가 이들 연구 설계는 참여에 동의한 사람과 동의하지 않은 사람을 비교평가하는 것을 허용하지 않는다.

54  Geroge Gallup (1938), "Public Opinion in a Democracy," Princeton, NJ: The Stafford Little Lectures, p. 15.

55  실제 타운미팅은 우리의 수용과 숙의 기준에 비해 불완전하였다. 하나의 타운에 초점을 둔 기념비적인 연구로는 Jane J. Mansbridge (1980), *Beyond Adversary Democracy*, New York: Basic Books. 많은 수의 타운을 다룬 연구로는 Fank M. Bryan (2004), *Real Democracy: The New England Town Meeting and How It Works*, Chicago: University of Chicago Press.

56  개관에 대해서는 James S. Fishkin (1997), *The Voice of the People: Public Opinion and Democracy*, New Haven and London: Yale University Press. 또한 Robert C. Luskin, James Fishkin, and Roger Jowell (2002), "Considered Opinions: Deliberative Polling in Britain" in *British Journal of Political Science*, 32, pp. 455-87.

57  롤스의 원초적 상황은, 자신의 이익에 맞게 원칙을 만들 수 없도록 자신과 자신의 사회에 대하여 특수한 지식을 가지고 있지 않다는 무지의 베일 뒤에서 정의로운 사회의 원칙에 대해 선택하는 유명한 아이디어이다. 실제 생활에서 사람들은 이런 조건에서 어떤 선택을 내릴지 상상할 수 있고 다른 사람과의 관계에서 어떤 도덕적 관련성을 갖는지 알 수 있다. 그러나 숙의조사는 사고의 실험(thought experiment)이 아니며, 진짜 실험이다. 좋은 조건에서라면 무엇을 생각할 것인지를 보여준다는 점에서는 유사한 점도 있다. 하지만 도덕적 선택에 관한 것이 아니라 민주적 아이디어의 구현이라는 점에서 다르다. 물론 롤스의 정의론이나 숙의조사 둘 다 규범적인 면을 갖는다는 점에서 공통된 점이 있다. 핵심적인 차이점은 숙의조사의 최종결정에서 참가자들은 자신들의 선호나 생활로부터 추상화하지 않는다는 점이다. 이런 점에서 숙의조사의 의사결정 절차는 초기 롤스의 사상과 유사한 바, 롤스의 초기사상은 훨씬 온건하고 현실주의적인 절차를 내세웠었다. Rawls (1951), "Outline of a Decision Procedure for Ethics" in *Philosophical Review*, 60/2 (April), pp. 177-97.

58  Donald Campbell and Julian Stanley (1963), *Experimental and Quasi-Experimental Designs for Research*, Chicago: Rand-McNally.

59  이 제안에 대한 상세한 설명과 실천적으로 수행될 방법에 대해서는 Bruce Ackerman and James S. Fishkin (2004), *Deliberation Day*, New Haven and London: Yale University Press.

60 Bruce Ackerman (1991), *We the People, vol. I: Foundations*, Cambridge, MA: Harvard University Press, and (1998), *We the People, vol. II: Transformations*, Cambridge, MA: Harvard University Press.

# 제2장

1 J. S. 밀은 비밀투표보다 공개투표가 유권자들로 하여금 투표에 대해 사고하도록 장려할 것이라고 주장하였다. J.S. Mill (1991), *Considerations on Representative Goverrnment*, New York: Prometheus Books. 이 책의 원래 출판은 1862년이었다. 오늘날 이와 유사한 입장을 견지하고 있는 견해로는 Geoffrey Brennan and Philip Pettit (1990), "Unveiling the Vote" in *British Journal of Political Science*, 20/3 (July), pp. 311-33.

2 한 선거구가 한 명의 대표를 선출하는 데 반해 다른 선거구는 12명을 선출하는 사례에 대해서는 ⟨http://blogs.britannica.com/blog/main/2007/11/theiowa-caucuses-are-like-the-electoral-college-at-least-for-democrats/⟩ (accessed on January 2, 2008).

3 현대의 '위임' 관련 다양성에 대해서는 Robert A. Dahl, "The Pseudo-democratization of the American Presidency" The Tanner Lectures on Human Values. Available at ⟨http://www.tannerlectures.utha.edu/lectures/documents/dahl89.pdf⟩.

4 Luskin, Fishkin, and Jowell "Considered Opinions."

5 예를 들어, Anne Philips (1995), The Politics of Presence: The Political Representation of Gender, Ethnicity and Race, Oxford: Oxford University Press; and Jane Mansbridge (1999), "Should Blacks Represent Blacks and Women Represent Women?" in Journal of Politics, pp. 628-57.

6 이런 이유로 하여 숙의적 소우주는 태도의 측면에서나 인구통계적 면에서 대표성을 가져야 한다는 주장에 무게가 실린다. 그런데 이상하게도 대부분의 숙의적 포럼들에서는, 대표들이 과연 전체 모집단의 관점에 대해 대표성을 가지는가를 측정

하기 어려운 설계로 진행되고 있다. 태도적 대표성을 평가하는 것의 필요성에 대해 잘 알지 못하는 대표적 사례를 아천 펑의 주장에서 찾을 수 있는 바, 그는 대표성에 있어서 숙의조사가 '아메리카 스피크스(America Speaks)'와 같은 자가선발 포럼과 마찬가지라고 주장하고 있다. Archon Fung (2003), "Recipes for Public Spheres: Eight Institutional Design Choices and Their Consequences" in Journal of Political Philosophy, 11/3, pp. 338-67. 펑과 유사한 입장의 한계에 대해서는 아래에서 살펴볼 SLOP에 대한 논의를 참조하라.

7  나는 '청중민주주의'라는 용어를 버나드 마넹에게서 빌려왔는데, 그는 국민투표제적 민주주의에서의 일반대중의 조건을 가리키면서 이 용어를 사용하였다. Bernard Manin (1997) *Principles of Representative Government*, pp. 218-35.

8  Australia Deliberates: Reconciliation-Where From Here? Final Report Tabled in the Federal Parliament of Australia, September 25, 2001, pp. 47-9. Report available at ⟨http://ida.org.au/UserFiles/File/Australia%20Deliberates_Reconciliation_FINAL%20REPORT.pdf⟩.

9  Briefing Material: National Deliberative Poll: Policies Toward the Roma in Bulgaria, p. 5. Available at ⟨http://cdd.stanford.edu/docs/2007/bulgaria-roma-2007.pdf⟩.

10  이 문구는 하버마스가 이상적 발화상황과 자신의 숙의 개념에 적용한 것이다. 본질적으로 J. S. 밀이 '국민여론회의'에 적용한 문구와 같은 것으로 볼 수 있다. Jürgen Habermas (1999), "Introduction" in *Ratio Juris*, 12/4, pp. 329-35, especially p. 332 and Habermas (1996), *Between Facts and Norms: Contributions to a Discourse Theory of Law and Democracy*, Cambridge, MA:MIT Press, chapter 7.

11  이 질문과 관련된 유용한 실험을 해 볼 의의가 있을 것이다.

12  우리의 영국 협력자인 로저 조웰이 이 데이터를 수집하였다. 영국의 선거와 관련한 프로젝트에 대해서는 Robert C. Luskin, James S. Fishkin, Roger Jowell, and Alison Park (1999), "Learning and Voting in Britain: Insights from the Deliberative Poll." Paper presented at the meetings of the American Political Science Association, Atlanta, Ga. Available at ⟨http://cdd.

stanford.edu/research/papers/2000/general_election_paper.pdf〉.

13 이 책 제1장의 '아테네에서 아테네로' 절을 참고하라. 무작위추출은 자신들의 이름을 명단에 올린 사람들 사이의 추첨에 의해 이루어졌다.

14 예를 들어, L. S. Shapley and M. Shubik (1954), "A Method for Evaluating the Distribution of Power in a Committee System" in *American Political Science Review*, 48, pp. 787-92. John H. Banzhaff III (1965), "Weighted Voting Doesn't Work: A Mathematical Analysis" in *Rutgers Law Review*, 19/2, pp. 317-43.

15 *Democracy and Deliberation,* New Haven: Yale University Press, 1991. 에서 나는 여기서 다루는 몇 가지 사례를 다루었다. 나는 이런 방식이 아래에서 살펴볼 3중딜레마를 분명히 하는 전략으로서 의미가 있다고 본다.

16 Sidney Verba, Kay Lehman Schlozman, and Henry Brady (1995), *Voice and Equality: Civic Voluntarism in American Politics,* Cambridge, MA: Harvard University Press, pp. 38-40. 이들은 또한 정부관리나 정부정책에 영향을 미치는 것을 목표로 하지 않을 경우 미디어 소비나 토의를 정치참여에서 제외하는 것으로 규정하고 있다.

17 3중딜레마에 대한 나의 초기 입장에 대해서는 Bruce Ackerman and James S. Fishkin (2004), *Deliberation Day,* New Haven and London: Yale University Press, pp. 201-4. 다른 영역에서의 3중딜레마에 대해서는 James S. Fishkin (1984), *Justice, Equal Opportunity and the Family,* New Haven and London: Yale University Press. 자유주의적인 '과정의 평등'에 대해서는 이 책의 제6장의 결론 부분을 참고하라. 3중딜레마에 대한 다른 논의로는 Anthony McGann (2006), *The Logic of Democracy: Reconciling Equality, Deliberation and Minority Protection,* Cambridge: Cambridge University Press, pp. 126-9.

18 숙의의 날을 광범위한 개혁제안에 포함시킨 앞의 논의를 보라.

19 *Deliberation Day* 제6장을 보라.

20 이 개념에 대해서는 Ackerman, *We the People* 제1권(1991)을, 역사적 증거에 대해서는 제2권(1998)을 보라.

21　개관에 대해서는 Alexander Keyssar (2000), *The Right to Vote: The Contested History of Democracy in the United States*, New York: Basic Books.

22　고전적 논의는 Mancur Olson (1965), *The Logic of Collective Action*, Cambridge, MA: Harvard University Press; Russell Hardin (1982), *Collective Action*, Washington, DC: RFF Press.

23　Verba, Schlozman, and Brady, p. 15.

24　David Glass, Peveril Squire, and Raymond Wolfinger (1984), "Voter Turnout: An International Comparison" in *Public Opinion*, December-January, pp. 49-55. 2008년에 2억 7백만 명의 자격유권자 가운데 약 1억 5천만 명이 등록유권자였으며, 자격유권자 중 약 72%에 달했던 것이다. 2008년에 실제 투표에 참가한 사람의 비율은 자격유권자 대비 62%였고(2억 7백 명 중 1억 2천 9백 명), 등록유권자 대비 86%(1억 5천만 명 중 1억 2천 9백 명)였다. 국제적으로 비교할 때 등록유권자를 중심으로 하는지, 자격유권자를 중심으로 하는지 큰 차이가 난다. 등록의 부담을 전적으로 유권자 본인에게 돌리는 미국식은 다른 대부분의 국가와 상이한 것이다.

25　Sidney Verba, Kay Lehman Schlozman, and Henry Brady (1995), *Voice and Equality: Civic Voluntarism in American Politics*, Cambridge, MA: Harvard University Press, p. 11.

26　Morris P. Fiorina (1999), "Extreme Voices: The Dark Side of Civic Engage-ment" in Theda Skocpol and Morris P. Fiorina, eds., *Civic Engagement in American Democracy*, Washington, DC: Brookings Institution Press, and New York: Russell Sage Foundation, pp. 395-425.

27　Verba, Schlozman and Brady, pp. 178-82.

28　E.J. Dionne (2004), *Why Americans Hate Politics*, New York: Simon & Schuster. 정치적으로 이질적인 사회적 네트워크에 고착된 사람들은 자신들의 사회관계를 위험에 처하게 만들지 않기 위해 정치활동으로부터 멀어진다. D. Mutz (2004), *Hearing the Other Side: Deliberative versus Participatory Democracy*, Cambridge: Cambridge University Press, p. 123.

29 Raymond Wolfinger and Steven Rosenstone (1980), *Who Votes?* New Haven and London: Yale University Press.

30 연구써클은 최근 그 이름을 '매일의 민주주의(Everyday Democracy)'로 바꾸었다. 전국이슈포럼의 개관에 대해서는 David Mathews (1994), *Politics for People: Finding a Responsible Public Voice*, Urbana, IL: University of Illinois Press.

31 Cass R. Sunstein (2007), *Republic.com 2.0*, Princeton, NJ: Princeton University Press, pp. 77-80.

32 John Gastil (2008), *Political Communciation and Deliberation*, Thousand Oaks, CA: Sage Publications. John Gastil (2004), "Adult Civic Education Through the National Issues Forums" in *Adult Education Quarterly*, 54/4 (August), pp. 308-28.

33 J.S. Mill, *Considerations on Representative Government*, p. 116.

34 Anna Coote and Jo Lenaghan (1997), *Citizens Juries: Theory into Practice*, London: Institute for Public Policy Research.

35 클린턴 의료계획과 관련하여 제퍼슨센터가 수행한 잘 알려진 시민배심원의 활동에 대해서는 Julie Rovner (1994), "President Clinton's Health Care Plan on Trial Last Year," NPR, September 30.

36 가장 큰 한계는 참가자의 태도에 관한 데이터가 첫 접촉에서가 아니라 참가자들이 도착해서야 수집된다는 점이다. 따라서 참가자들이 관점에 있어서 대표성을 갖는지 확인하기가 어렵다. 통제집단을 가질 경우 설계는 좀 더 강화될 수 있는 바, 이를 통해 어떤 변화가 숙의에 의한 변화인지 경험에 의한 변화인지 구분할 수 있다. D.T. Campbell and J.C. Stanley (1966), *Experimental and Quasi-Experimental Designs for Research*, New York: Rand MacNally. 이 접근법의 약점은 일정 정도의 수를 채우기 위해 상당한 기간이 필요한 점이다.

37 Christa Daryl Slaton (1992), *Televote*, New York: Praeger.

38 Peter Neijens (1987), *The Choice Questionnaire. Design and Evaluation of an Instrument for Collecting Informed Opinions of a Population*,

Amsterdam: Free University Press.

39 미국에서 최초의 숙의조사를 텔레비전으로 시청한 것에 대한 흥미로운 실험에 대해서는 Kenneth A. Rasinski, Norman M. Bradburn, and Douglas Lauen (1999), "Effects of NIC Media Coverage Among the Public" in Max McCombs and Amy Reynolds, eds., *The Poll with a Human Face: The National Issues Convention Experiment in Political Communication*. Mahwah, NJ: Lawrence Erlbaum Associates.

40 Joseph A. Schumpeter (1942), *Capitalism, Socialism and Democracy*, New York: Harper & Row, p. 242.

41 이 부분은 로버트 달의 매디슨과 폭정의 문제에 관한 논의로부터 많은 영향을 받았다. Robert Dahl (1956), *A Preface to Democratic Theory*, Chicago: University of Chicago Press. 내 주장의 나머지 부분은 '계몽된 이해'를 달성하는 문제에 관한 달의 논의로부터 큰 도움을 받았다. Robert Dahl (1989), *Democracy and Its Critics*, New Haven, CT: Yale University Press.

42 James S. Fishkin (1979), *Tyranny and Legitimacy: A Critique of Political Theories*, Baltimore, MD: Johns Hopkins University Press.

43 의사결정자들이 어떤 선택을 하더라도 일부의 사람에게는 어려운 상황에 처할 수밖에 없도록 만드는 막다른 골목에 직면해 있다고 할 경우, '폭정'과 같은 가혹한 용어를 사용하는 것은 적절하지 않을 수 있다. 그럴 경우 '폭정'이라는 용어보다 '비극적 선택(tragic choice)'을 내려야 하는 상황이라고 표현하는 것이 더 나을 것 같다.

# 제3장

1 Richard Posner, *Law, Pragmatism and Democracy*, and Ian Shapiro, *The Moral Foundations of Politics*.

2 수용과 관련하여 슘페터의 견해를 비판하는 데 대해서는 Robert A. Dahl,

*Democracy and its Critics*, pp. 121-2.

3   미국헌법의 민주주의적 한계에 대해서는 Robert A. Dahl (2003), *How Democratic is the American Constitution?* New Haven and London: Yale University Press, and Sanford Levinson (2006), *Our Undemocratic Constitution*, New York: Oxford University Press.

4   정당들이 차이의 외양을 강조한다해도 큰 이슈에 관해서는 별 차이가 없다는 주장에 대해서는 Charles E. Lindblom (1977), *Politics and Markets*, New York: Basic Books.

5   슘페터적인 경쟁적 민주주의에 대한 하나의 대안이 아니라 우리는 15가지의 대안을 다룰 것이며, 이들을 다시 4개로 압축하는 것이 유용하다고 주장할 것이다. 이 책의 제3장과 부록을 참고하라.

6   Richard A. Posner, *Law, Pragmatism and Demcracy*, p. 163.

7   다른 사례로는 선택지설문이나 배심원제도에 관한 많은 문헌처럼 서베이연구에 실험을 도입하는 것을 포함한다.

8   우리의 3중딜레마를 받아들인다면, 두 가지 모두를 받아들이는 것은 비현실적이다.

9   우리는 매디슨을 경쟁적민주주의가 아니라 엘리트숙의의 주창자로 간주할 것이다. 이 두 가지 입장은 다수의 횡포를 피하는 것과 대중참여를 피하는 것에 대한 관심을 공유한다.

10  Donald Green and Ian Shapiro (1996), *Pathologies of Rational Choice Theory*, New Haven and London: Yale University Press, 특히 chapter 4.

11  William Riker and Peter Ordeshook (1968), "A Theory of the Calculus of Voting," in *American Political Science Review*, 62/1, pp. 25-42; Donald Green and Ian Shapiro, *Pathologies of Rational Choice Theory*.

12  이들 이슈에 대한 나의 설명으로는 James S. Fishkin (1982), *Limits of Obligation*, New Haven and London: Yale University Press.

13  이런 해석은 중요한 저술인 Joseph Bessette (1994), *The Mild Voice of Reason*, Chicago: University of Chicago Press.와 공통점이 많다. 건국의 아버지들은 "자신들의 시스템을 단순히 시민숙의를 현명하고 덕성을 가진 사람들의 숙의로 대체하는 것으로 생각하지는 않았다....매디슨에 의하면, 대표들은 자신들의 계몽된 판단이 아니라 '공적 목소리'를 대변하는 것이다."(p. 45)는 그의 주장을 보라. 흥미롭게도 베셋은 의회에서의 숙의를 연구하면서 '공공정책의 장점에 대한 추론'으로만 규정하고, 공중의 견해를 정제하는 문제나 의원들이 선거구민의 더 나은 판단에 대한 관심을 갖는 문제에 대해서는 전혀 고려하지 않고 있다.

14  Edmund S. Morgan (1986), "Safety in Numbers: Madison, Hume and the Tenth Federalist" in *Huntington Library Quarterly*, pp. 95-112. 이 전제도 정치가들을 뇌물을 받는 사람이 아니라 주는 사람으로 상정하는 것 같다. 매디슨 시대에는 텔레비전의 사용이나 그것이 초래하는 엄청난 선거비용에 대해 관심을 가진 사람이 거의 없었고, 따라서 재선을 위해 선거비용이 필요한 정치가들이 파벌이나 이익집단의 뇌물에 취약해진다는 사실을 알지 못했다.

15  뉴햄프셔의 프라이머리를 소매정치로부터 도매정치로 바꾸는 문제에 대해서는 Gary R. Orren and Nelson W. Polsby (1987), *Media and Momentum: The New Hampshire Primary and Nomination Politics*, Chatham, NJ: Chatham House.

16  이 딜레마에 대한 고전적 설명으로는 Hanna Pitkin (1967), *The Concept of Representation*, Berkeley, CA: University of California Press, chapter 7. 피트킨은 이 책에서 다루는 절충점을 고려하지 않고 있으며, 내 생각으로는 매디슨의 필터를 부당하게 배제하고 있다 (pp. 194-5). 흥미롭게도 그녀는 나중에 로크에 대한 재고를 주장하며 시민들이 좀 더 현명해질 경우 동의할 수도 있는 가설적 동의를 언급하고 있다. Pitkin (1974), "Obligation and Consent" in Peter Laslett, W.G. Runciman, and Quentin Skinner, eds., *Philosophy, Politics and Society*, Fourth Series, Oxford: Basil Blackwell.

17  1998년 12월 8일 하원 법사위원회에서의 사무엘 H. 비어의 증언.

18  예를 들어, 당시 하원의원 린제이 그래엄은 탄핵에 대한 공중의 견해를 논하면서: "그들은 엄청나게 많은 말들을 듣고 어떤 인상을 갖게 되었다. 그리고 다섯 중 한 명은 이 이슈에 관심을 기울이고 있다고 말했다. 이제 당신이 물어야 할 질문은, 미국인 모두가 내가 한 일을 해야 한다면 달라질 것인가?" 입니다. CNN, 1999년 1

월 16일.

19 이런 식으로 주장한 유명한 경우는 Robert Paul Wolff (1968), *In Defence of Anarchism*, New York: Harper & Row.

20 Stephen Ansolabehere and Shanto Iyengar (1995), *Going Negative: How Political Advertisements Shrink and Polarize the Electorate*, New York: Free Press.

21 Spencer Overton (2006), S*tealing Democracy: the New Politics of Voter Suppression*, New York: Norton.

22 이런 식으로 약간 유토피아적인 제안으로는 John Burnheim (1985), *Is Democracy Possible?* Berkeley, CA: University of California Press.

23 Carole Pateman (1970), *Participation and Democratic Theory*, Cambridge: Cambridge University Press, chapters 4 and 5. 노동자 민주주의의 영향력 있는 현대의 예로는 Jaques Kaswan and Ruth Kaswan (1989), "The Mondragon Cooperatives-in Spain" in *Whole Earth Review*, Spring. Available at 〈http://findarticles.com/p/articles/mi_m1510/is_n62/ai_7422455〉. 참여민주주의에 대한 다른 주요 저술로는 Benjamin R. Barber (1984), *Strong Democracy: Participatory Politics for a New Age*, Berkeley, CA: University of California Press, and Loic Blondiaux (2008), *Le Nouvel Esprit de la Democratie*, Paris: Editions du Seuil.

24 Bruce Ackerman and James S. Fishkin, *Deliberation Day*, New Haven: Yale University Press.

25 유권자안내서의 효과에 대해서는 David Magleby (1984), *Direct Legislation: Voting on Ballot Propositions*, Baltimore, MD: Johns Hopkins University Press, pp. 137-9. Shanto Iyengar and Simon Jackman, "Can Information Technology Energize Voters? Experimental Evidence from the 2000 and 2002 Campaigns." Available at 〈http://pcl.stanford.edu/common/docs/research/iyengar/2003/energize.pdf〉.

26 거의 서커스 분위기에서 일어난 캘리포니아 주지사 소환선거는 소환제도를 설계한 히람 존슨과 진보주의 개혁자들의 기대와는 전혀 다른 모습을 연출하였다.

27 한 가지 희망적인 싸인은 주민투표에서 약간의 교육적 효과가 나타나기도 한다는 점이다. 하지만 이 정도는 참여민주주의 이론의 열망에 한참 미치지 못한다. 루소나 밀이 그리던 모습과는 전혀 다르다. 흥미로운 사례는 유럽문제에 관하여 일곱 번의 국민투표가 있었던 덴마크 사례이다. 덴마크인들은 유럽문제에 대한 지식에서 항상 선두에 있었고, 이것에는 국민투표가 일정 정도 기여한 것으로 보인다. 하지만 같은 주제로 여러 차례에 걸쳐 국민투표를 실시하려는 정치체는 없을 것 같다. 미국 사례에 대해서는 Daniel A. Smith and Caroline Tolbert (2004), *Educated by Initiative: The Effects of Direct Democracy on Citizens and Political Organizations in the American States*, Ann Arbor, MI: University of Michigan Press.

28 타운의 크기에 따라 참여 수준이 달라지는 타운미팅에 대한 평가에 대해서는 Frank Bryan (2003), *Real Democracy: The New England Town Meeting and How it Works*, Chicago: University of Chicago Press.

29 우리는 무작위 표본으로 몇 차례 온라인 숙의조사를 실행하였다(컴퓨터를 소유하지 못한 사람들에게 컴퓨터를 제공하기도 하였다). 우리는 또한 기술을 활용하여 대규모 온라인 패널로부터 표본을 추출하고, 이를 처치집단과 통제집단으로 분배하여 온라인 숙의조사를 실시하였다. 여기서 요점은 숙의를 진행한 소우주와 그렇지 않은 소우주를 비교하는 것이다. 이 책의 제6장 '가상공간 민주주의' 절을 참고.

30 아리스토파네스의 풍자극 '벌'에 나오는 법원에서는 배심원들이 대표성이 없고 무책임하다. Jeffrey Henderson, ed. (1998), *Aristophanes: Clouds, Wasps and Peace*, translated by Jeffrey Henderson, Cambridge, MA: Harvard University Press.

31 더 많은 여행은 인센티브가 됨으로써 국내적 국제적 숙의조사에 더 좋은 표본이 참석하도록 하는 경향이 있다.

32 이 책의 제5장을 보라.

33 John Rawls (1971), *A Theory of Justice*, Cambridge, MA: Harvard University Press, p. 48. 롤스와의 유사성을 언급해 준 사람은 댄 브록(Dan Brock)이었다.

34 Henry E. Brady, James S. Fishkin, and Robert C. Luskin (2003), "Informed public opinion about foreign policy" in *The Brookings Revies*,

21/3 (Summer); ABI/INFORM Global p. 16. Available at ⟨http://cdd.stanford.edu/research/papers/2003/informed.pdf⟩. Robert C. Luskin, James Fishkin, and Shanto Iyengar, (2006), "Considered Opinions on U.S. Foreign Policy: Evidence from Online and Face-to-Face Deliberative Polling." Available at ⟨http://cdd.stanford.edu/research/papers/2006/foreign-policy.pdf⟩.

35 Iris Marion Young (2002), *Inclusion and Democracy*, Oxford: Oxford University Press. and Lynn M. Sanders (1997), "Against Deliberation," in *Political Theory*, 25/3, pp. 347-76.

36 이와 대조적으로, 이 견해에 따르면 합의를 위한 특권적 입장은 없다.

37 이 입장의 옹호에 대해서는 Posner, *Law Pragmatism and Democracy*, and Shapiro, *Moral Foundations*. 그러나 이 구분을 받아들이는 사람은 선호집합적/경쟁적 이론가만이 아니라 숙의이론가들 중에도 발견된다. Iris Marion Young, "Two Models of Democracy" (section Ⅰ.1) in *Inclusion and Democracy*. 여기서 아이리스 영은 페미니스트 관점에서 의문을 제기하지만 숙의모델을 지지하고 있다.

38 James S. Fishkin (1991), *Democracy and Deliberation: New Directions for Democratic Reform*, New Haven and London: Yale University Press, and Fishkin (1995), *The Voice of the People: Public Opinion and Democracy*, New Haven and London: Yale University Press.

39 예를 들어, Joshua Cohen (1997), "Procedure and Substance in Deliberative Democracy," in James Bohman and William Rehg, eds., *Deliberative Democracy: Essays on Reason and Politics*, Cambridge, MA: MIT Press, and Amy Gutmann and Dennis Thompson (1996), *Democracy and Disagreement*, Cambridge, MA: Harvard University Press.

40 Douglas W. Rae, "The Limits of Consensual Decision."

41 위의 코헨, 구트만, 톰슨에 대한 주를 볼 것.

42 숙의의 질에 관한 기준은 제2장의 '숙의' 절에서 다루고 있다. Bruce Ackerman and James S. Fishkin (2004), *Deliberation Day*, New Haven and London:

Yale University Press, pp. 180-4.

43  이론상 이런 지적은 카테고리 III과 IV에 적용될 것이다. 왜냐하면 두 가지 모두 선호가 형성되는 방법에는 관심을 두지 않고 비정제 선호를 채택하기 때문이다. 하지만 이 접근이 합의의 정당성을 중시하지만 세뇌가 그 정당성을 손상시키게 된다는 점에서, 특히 IV에 해당된다고 지적할 수 있다.

44  대안적 이론들에 대한 논의로는 이 책의 제3장과 부록을 참고.

45  이 도표는 숙의의 날에서도 사용된 바 있다. 물론 다른 주장을 위해 사용된 것이다.

46  숙의적이든 않든 대중참여가 어느 정도 동의의 대용물이 된다는 점에 대해서는 Bernard Manin, *The Principles of Representative Government*, chapter two and Ian Budge (1996), *The New Challenge of Direct Democracy*, Cambridge: Polity Press, chapter one.

47  개인이 혼자 고립되어 있을 때에도 '내적 숙의(deliberation within)'가 가능하다는 로버트 구딘의 지적에 따라, 우리는 각 개인이 토의 없이도 숙의할 수 있다고 생각할 수 있다. 이런 시나리오에 의하면 소그룹도 필요로 하지 않으며, 비용과 실천적 요소에 따른 문제이지만 사이즈가 아주 작을 수도 있는 것이다. 하지만 개인들이 상호작용을 하지 않는다면, 이 과정은 밀봉하거나 포장이 가능해진다. 물론 기술을 활용하여 숙의하는 개인에게 다른 사람의 논변을 제시하고 알리는 것이 가능하겠지만, 이 경우 숙의과정에 제대로 된 기술을 활용하는 것이 중요한 과제가 될 것이다. 그럼에도 불구하고, 고립된 내적 숙의는 헌정적 순간처럼 드문 경우에만 가능할 뿐 대규모 숙의를 지속적이게 만들기 어려울 것이다. Robert E. Goodin, "Deliberation Within," in Fishkin and Laslett, *Debating Deliberate Democracy*.

48  Ackerman, *We the People*, vols. I and II.

49  포스너는 선발된 소수의 견해를 인민의 목소리로 둔갑시킨다는 점에서 숙의민주주의를 엘리트주의로 비판해왔다. 하지만 이 주장이 맞으려면 이들 소수가 어떻게 선발되는지 그 과정을 들여다 보아야 한다. 인민의 무작위 표본은 엘리트주의라는 비판에 대해 상원의원들보다 스스로를 더 잘 방어할 수 있을 것이다. Posner, *Law, Pragmatism and Democracy*, section entitled "Democracy and Condescension," pp. 155-8.

50 　정치행위자들이 어떻게 사전에 결정된 정책목표를 지지하도록 여론을 반죽하는지에 대해서는 Jacobs and Shapiro, *Politicans Don't Pander*. 특히 그것의 합리화에 대해서는 pp. 45-56.

51 　그가 제퍼슨과 함께 창당한 민주공화당은 오늘날의 민주당의 전신에 해당된다.

# 제4장

1 　이 연대표는 숙의조사의 다양성을 한 눈에 볼 수 있게 해준다. 대부분 프로젝트에 대한 보다 상세한 자료는 숙의민주주의연구소 웹사이트(http://cdd.stanford.edu)에서 찾을 수 있다. 이 연대표를 작성한 누리 킴에게 고마움을 전한다. 이 연대표에는 다른 기관과 함께 수행한 두 가지 숙의조사는 포함되지 않았다. 하나는 카네기멜론의 로버트 캐벌리어가 주도한 남서펜실베니아 숙의민주주의 프로그램이고, 다른 하나는 팸 라이언이 주도한 호주이슈숙의로서 이 책에서 다루는 호주의 전국적 숙의조사 이외에 지방 차원에서 실시한 숙의조사들이다. 연대표에 나와 있는 ASSCU 프로젝트는 2년에 걸쳐 수행된 미국민주주의프로젝트의 일부분으로서 훈련과정을 포함한 바, 이 훈련은 이후 미국 전역의 대학 캠퍼스에서 진행된 숙의조사들로 연결되었다. 이 연대표가 완벽한 것은 아니지만, 그동안 우리가 직접 수행한 숙의조사들을 포함하고 있다.

2 　이 책 제5장의 '공공정책에서의 변화' 절을 볼 것.

3 　선발과정에 포함된다고 하여 모든 과정에 포함되는 것은 아니다. 무작위 표본에 포함되더라도 토의 과정에서 의도적으로 무시될 수 있다. 대화와 선발과정 모두를 보다 수용적으로 만드는 것에 대해서는, 이 책의 제4장 '왜곡 피하기: 지배의 문제' 절과 제5장의 '지배의 문제가 발생하는가?' 절을 참고할 것.

4 　한 가지 차이는 지리적 요인에서 나온다. 사람들이 숙의를 위해 자신의 지역공동체에 모이면, 그들의 토의는 전국적 기준에서 볼 때 지리적 다양성을 결여한 것이 된다. 『숙의의 날』에서 우리는 이 한계를 극복할 방안으로 인터넷에 기반한 보편적 숙의를 내비친 적이 있다. 하지만 온라인상의 숙의와 면대면 숙의의 비교에 대해서는 Luskin, Fishkin, and Iyengar, "Considered Opinions on US Foreign Policy"를 참고.

⁵ Fiorina, "Extreme Voices: The Dark Side of Civic Engagement."

⁶ Nancy Fraser (1993), "Rethinking the Public Sphere: A Contribution to the Critique of Actually Existing Democracy" in Bruce Robbins, ed., *The Phantom Public Sphere*, Minneapolis, MN: University of Minnesota Press, pp. 1-32, 특히 pp. 10-11.

⁷ 서베이의 타당성을 위해 무응답자를 어떻게 처리할 것인지에 대해서는 존 브렘을 보라. 그의 책이 발간된 이후 몇 가지 어려움이 새로 추가되었는데, 핸드폰의 보급 확대, 유선전화의 사용량 감소, 응답율의 하락 등이다. John Brehm (1993), *The Phantom Respondents: Opinion Surveys and Political Representation*, Ann Arbor, MI: University of Michigan Press.

⁸ Iris Marion Young, *Inclusion and Democracy*, pp. 52-7.

⁹ 예를 들어, Cass R. Sunstein (2003), "The Law of Group Polarization" in James S. Fishkin and Peter Laslett, eds., *Debating Deliberative Democracy*, Oxford: Blackwell, pp. 80-101. 썬스타인은 간혹 숙의조사를 예외로 삼기도 하였지만, 최근 다시 숙의조사도 포함시킨 것으로 보인다. 분극화의 논의에 대해서는 이 책 제4장의 '왜곡 피하기: 분극화와 집단심리' 절과 제5장의 '분극화가 일어나는가?' 절을 볼 것.

¹⁰ Irving L. Janis (1972), *Victims of Groupthink*, Boston, MA: Houghton Mifflin.

¹¹ 숙의조사가 중시하는 목표는 정책 관련 태도에서의 변화이다. 의견의 변화와 관련하여 다른 것들을 다룰 수도 있다. 먼저, 가치를 들 수 있다. 물론 우리는 숙의가 근본적인 가치를 변화시킬 것이라고 기대하기는 어렵다. 하지만 가치와 관련된 질문은 의견 변화를 설명하는 데 있어서 유용하기에, 대부분의 숙의조사는 이들을 포함시킨다. 또한 경험적 전제도 중요하다. 각 개인의 신념과 가치가 그 또는 그녀의 정책 관련 태도와 어떤 연관성을 갖는지 여러 가지 설명들이 존재한다. 과세율 인하는 장기적으로 세입을 증가시킬 것인가 감소시킬 것인가? 재소율 증가는 범죄율을 떨어뜨릴 것인가? 이 경우 비용은? 정책 관련 태도의 변화를 이해하고 설명하는 데 있어서, 이들 변화가 경험적 전제들과 어떻게 연결되는지를 이해하는 것은 아주 핵심적이다. 하지만 나는 이것을 리스트에 포함시키지는 않았는데, 우리에게는 설명변수가 중요하다고 보았기 때문이다. 그렇기에 정책태도나 투표의도에서의

변화를 설명하는 요소로서, 우리는 근본적 가치에 의미를 부여하는 것이다.

12  이 용어는 Duncan Black (1963), *The Theory of Committees and Elections*, Cambridge: Cambridge University Press.에서 가져옴.

# 제5장

1   영향력있는 예로서, 로버트 달은 선진민주국가의 한 부분으로 숙의적 소우주를 주창하였다. Robert A. Dahl (1989), *Democracy and Its Critics*, New Haven and London: Yale University Press, chapter 23.

2   James S. Fishkin, Baogang He, and Alice Siu (2006), "Public Consultation Through Deliberation in China: The First Chinese Deliberative Poll" in Ethan Lieb and Baogang He, eds., *The Search for Deliberative Democracy in China*, New York: Palgrave Macmillan, pp. 229-44.

3   James S. Fishkin, Baogang He, Robert C. Luskin, and Alice Siu (2006), "Deliberative Democracy in an Unlikely Place" in *British Journal of Political Science* (forthcoming). Available at ⟨http://cdd.stanford.edu/research/papers/2006/china-unlikely.pdf⟩.

4   지식을 중시하는 모델로 Luskin, Fishkin, Jowell, "Considered opinions"을 볼 것. 또한 이를 중국에 적용한 것에 대해서는 "Deliberative Democracy in an Unlikely Place"를 볼 것.

5   "Deliberative Democracy in an Unlikely Place"를 볼 것. 이 비율은 정책지수의 비율로서 첫 번째 설문조사 때의 입장으로부터 멀어졌는지 가까워졌는지를 보여준다. 경제적으로 유리한 사람들은 직업 분류에서 사업가에 해당되는 사람들인데, 설문조사가 직접적으로 소득을 묻지 않았기 때문에 이렇게 분류하였다.

6   보다 상세한 설명에 대해서는 "Deliberative Democracy in an Unlikely Place"를 볼 것.

7   일부 프로젝트의 경우 사업비가 많이 소요되지 않은 관계로 원래 계획한 10개 사업이 아니라 12개 사업이 가능했다.

8   Joel McCormick (2006), "It's Their Call" in *Stanford Magazine* January/February. Available at ⟨http://cdd.stanford.edu/press/2006/stanfordmag-call.pdf⟩.

9   Howard W. French (2005), "China's New Frontiers: Tests of Democracy and Dissent" in *The New York Times*, June 19.

10  '참여적 예산'이라는 용어는 브라질의 포르토 알레그레를 통해 유명해진 용어이다. 하지만 브라질의 이 사례는 과학적 표본이 없이 진행되었다. 포르토 알레그레의 첫 숙의조사는 2009년에 시행될 예정이다.

11  Amy Gutmann and Dennis Thompson (1996), *Democracy and Disagreement*, Cambridge, MA: Harvard University Press, pp. 143-4 and Amy Gutmann and Dennis Thompson (2004), *Why Deliberative Democracy?* Princeton, NJ: Princeton University Press, pp. 17-19. 샤피로는, 자가선발이 대표성을 갖지 못하게 만들었고 영향을 받는 핵심적인 사람들을 제외하였다는 이유로, 이 사례를 비판하고 있다. 여기에 더해 "마지막 우선순위와 숙의과정의 결과가 어떤 관계에 있는지 알기 어렵다."고 지적하고 있다. 숙의민주주의 과정의 중요한 규정 요소로서 결과가 구속력을 가져야 한다고 구트만과 톰슨이 주장한 것에 비추어 보면, 샤피로의 지적은 날카로운 비판이다. Ian Shapiro (1999), "Enough of Deliberation" in Stephen Macedo, ed., *Deliberative Politics: Essays on Democracy and Disagreement*, Oxford: Oxford University Press, pp. 28-38; quotation from p. 33.

12  Gutmann and Thompson, *Why Deliberative Democracy?* p. 11.

13  Gutmann and Thompson, *Why Deliberative Democracy?* p. 5. 이들은 "숙의민주주의의 특징을 일정 기간 구속력을 갖는 결정을 산출하는 것을 목표로 하는 과정"이라고 보고 있다. 같은 절에서 이들은 내려진 결정들이 미래에 어떻게 수정될 것인지 그리고 토의가 결정에 어떻게 영향을 미칠 것인지에 대한 단서를 달고 있다.

14  본질적으로 동일한 방법론이 더 큰 규모로 '캘리포니아가 말한다(California Speaks)'라는 의료 관련 숙의에 적용된 바, 첫 접촉자가 12만 명에 달했다. 이 가

운데 최종 참가자는 3500명에 달했는데, 60%는 이런 방식으로 선발되었고 나머지 40%는 간접적으로 (친구나 가족이 참여한 경우가 21%였고, 이익집단과 풀뿌리조직에 의해 충원된 사람들이 19%였음) 충원되었다. Archon Fung and Taiku Lee (2008), "The Difference Deliberation Makes: A Report on the CaliforniaSpeaks Statewide Conversations on Healthcare Reform,". 평과리에 의하면, 캘리포니아 공공정책연구소에 의한 다른 서베이와 비교하여, 참가자들은 정치적으로 상이했고(스스로를 보수주의자로 자처한 사람들이 18%로서, 반면 공공정책연구소의 조사에서는 37%였음), 인구통계학적으로도 상이했으며(라티노가 13%로서, 공공정책연구소의 조사에서는 36%였음), 정치에 관심이 많았다 (정치에 아주 관심이 많은 사람들이 61%로서, 반면 공공정책연구소의 조사에서는 21%였음).

[15] Technical Report, pp. 35ff. Available at 〈http://www.citizensassembly.by.ca/resources/TechReport(full).pdf〉.

[16] 경험적 및 이론적으로 풍부한 설명에 대해서는 Mark E. Warren and Hilary Pearse, eds. (2008), *Designing Deliberative Democracy: The British Columbia Citizens Assembly*, Cambridge: Cambridge University Press. 이 책의 기고자들은 이 방법을 '무작위추출법'과 마찬가지인 것으로 간주하였고, 따라서 태도에 있어서 대표성 문제를 제대로 다루지 못했다.

[17] 이 책의 제7장 가운데 '유럽을 방 하나에 모으기' 절을 참고.

[18] 예를 들어, Dieter Rucht (2008), "Deliberative Democracy in Global Justice Movements." Paper presented at International Workshop-Conference: Democratic Innovations-Theoretical and Practical Challenges of Evaluation, WZB, Berlin, February 7-9.

[19] Luskin, Fishkin, and Jowell, "Considered Opinions."

[20] 러스킨과 피시킨이 전국이슈컨벤션에서의 발표문에서 밝히고 있듯이: "통계적으로는 중요하지만, 대부분의 차이들은 상대적으로 미미한 것이다. 나이에서 약간의 차이가 있었다. 참가자들은 불참자들에 비해 평균적으로 6.5세 정도 나이가 적었다. 1부터 8의 척도로 교육수준을 정했을 때 약 0.7점 정도가 높았다. 참가자들은 1부터 4등급으로 척도를 매겼을 때 정치적 관심에서는 1/6점이, 토의와 캠페인 활동에서는 1/2점이 높았고, 정치가 복잡한 현상이어서 이해하기가 어

렵다고 동의한 경우는 1/4점이 높았으며, 1부터 7의 척도로 자유주의적/보수주의적 등급을 매겼을 때 1/4점 정도 더 자유적이었다." Robert C. Luskin and James S. Fishkin, "Deliberative Polling, Public Opinion and Democracy." Available at 〈http://cdd.stanford.edu〉.

21 John R. Hibbing and Elizabeth Thiess-Morse (2002), *Stealth Democracy: Americans' Beliefs about How Government Should Work*, Cambridge: Cambridge University Press.

22 이 같은 결론은, 숙의조사 시기에 대규모 공적 토의가 발생하는 이슈들을 예외로 하고 대체로 유지되는 것 같다. 그처럼 현저성이 두드러진 이슈의 경우 준비기간에도 큰 태도변화가 일어날 수 있다. 숙의조사에 포함된 실험의 한 예로는 Cynthia Farrar, James Fishkin, Don Green, Christian List, Robert C. Luskin, and Elizabeth Levy Paluck (2006), "Disaggregating Deliberations' Effects: An Experiment Within a Deliberative Poll" in *British Journal of Political Science* (forth-coming). Available at 〈http://cdd.stanford.edu/research/papers/2006/nh-disaggregating.pdf〉.

23 Robert C. Luskin, James S. Fishkin, and Kyu Hahn (2007), "Deliberation and Net Attitude Change." Paper presented at the ECPR General Conference, Pisa, Italy, September 6-8. Available at 〈http://cdd.stanford.edu/research/papers/2007/deliberation-net-change.pdf〉.

24 "Considered Opinions," p. 475.

25 James Fishkin, Tony Gallagher, Robert Luskin, Jennifer McGrady, Ian O'Flynn, and David Russell (2007), "A Deliberative Poll on Education: What Provision Do Informed Parents in Northern Ireland Want?" Final Report. Available at 〈http://cdd.stanford.edu/polls/nireland/2007/omagh-report.pdf〉, p.32.

26 이런 노력을 다른 곳에서 시도한 경우로는 (알란 톰킨스와) 네브라스카에서의, (피란젤로 이세르니아와 함께) 토리노에서의, (자유전략연구소와 함께) 불가리아에서의 예를 들 수 있다.

27 Cynthia Farrar, James S. Fishkin, Donald P. Green, Christian List, Robert C. Luskin, and Elizabeth Levy Paluck, "Disaggregating Deliberation's

Effects.

28  다른 사람들과 함께 토의에 참가한다는 사실을 알게 되면, 이는 참가자들로 하여금 더 많은 지식을 습득하도록 자극하게 된다. Steven H. Chaffee (1972), "The Interpersonal Context of Mass Communication" in G. Gerald Kline and Philip J. Tichenor, eds., *Current Perspectives in Mass Communication Research*, Beverly Hills, CA: Sage, pp. 95-120.

29  이들 프로젝트는 전직 텍사스 공공사업위원회 위원장이었던 데니스 토마스, 나의 텍사스 동료 로버트 러스킨, 텍사스의 서베이 담당 회사인 길드그룹의 윌 길드와의 협업으로 진행되었다.

30  "Installed Wind Capacity" on the site of State Energy Conservation Office ⟨http://www.seco.cpa.state.tx.us/re_wind.htm⟩.

31  2000년 8월에 진행된 덴마크 숙의조사는 캐스퍼 핸슨과 비베케 안데르센이 이끄는 덴마크 정치학자들로 구성된 팀과 협업으로 이루어졌으며, 덴마크방송사와 몬데이모닝이라는 신문사의 협찬을 받았다.

32  예를 들어, James S. Fishkin (1997), *The Voice of the People: Public Opinion and Democracy*, New Haven and London: Yale University Press, 2nd edition, appendix E, p. 221. 또한 Robert C. Luskin and James S. Fishkin (2005), "Deliberative Polling, Public Opinion, and Democracy: The Case of the National Issues Convention." Available at ⟨http://cdd.stanford.edu/research/papers/2005/issues-convention.pdf⟩.

33  Shanto Iyengar, Robert C. Luskin, and James S. Fishkin (2004), "Deliberative Preferences in the Presidential Nomination Campaign: Evidence from an Online Deliberative Poll." Paper presented at the annual meeting of the American Political Science Association, Chicago. Available at ⟨http://cdd.stanford.edu/research/papers/2005/presidential-nomination.pdf⟩. 또한 Robert C. Luskin, Kyu S. Hahn, James S. Fishkin, and Shanto Iyengar (2006), "The Deliberative Voter." Paper presented at the annual meeting of the American Political Science Association Philadelphia. Available at ⟨http://cdd.stanford.edu/research/papers/2006/deliberative-voter.pdf⟩.

34 Alice Siu (2008), "Look Who's Talking: Examining Social Influence, Opinion Change and Argument Quality in Deliberation." Ph.D. dissertation, Department of Communication, Stanford University, December.

35 정책엘리트들에게는 타산적 인센티브가 작용한다는 점에서 숙의가 어려운 점이 있지만, 선출된 대표자들 사이에도 질 높은 숙의가 종종 발견되곤 한다. 4개국의 의회 의원들에게 '담론의 질 지수(discourse quality index)'를 적용한 혁신적 연구로는 Jürg Steiner, André Bächtiger, Markus Spörndli, and Marco R. Steenbergen (2005), *Deliberative Politics in Action: Analyzing Parliamentary Discourse*, Cambridge: Cambridge University Press.

36 Alice Siu, "Look Who's Talking," chapter 2.

37 앨리스 슈는 소그룹들이 남성의 원래 입장 쪽으로 움직인 경우는 51%였고, 보다 많이 교육받은 사람들의 원래 입장 쪽으로 움직인 경우는 54%였으며, 보다 고소득의 사람들의 원래 입장 쪽으로 움직인 경우는 52%였고, 백인 참가자들의 원래 입장 쪽으로 움직인 경우는 48%였다는 것을 발견하였다. 특권을 가진 사람들의 지배 문제를 분석할 필요를 제기한 사람은 로버트 러스킨이었다.

38 썬스타인은 자신의 법칙에서 숙의조사를 예외로 처리하기도 하였으나, 곧 이어 자신의 법칙이 일반법칙으로서 어디에나 적용된다고 보고 있다. Cass R. Sunstein (2006), *Infotopia: How Many Minds Produce Knowledge*, Oxford: Oxford University Press, especially chapter two, and David Schkade, Cass R. Sunstein, and Reid Hastie (2007), "What Happened on Deliberation Day?" in *California Law Review*, 95/3, pp. 915-40. 후자의 논문은 겨우 15분짜리 숙의를 다루고 있다. 이런 실험을 이용하여 하루 종일에 걸친 숙의를 진행하는 숙의의 날을 평가한다거나 조정된 토의, 합의에 대한 요청이 없는 점, 하루에 걸친 숙의 등의 특징을 가진 숙의조사를 평가한다는 것은 무리가 있다고 보인다.

39 Robert C. Luskin, James S. Fishkin, and Kyu Hahn (2007), "Consensus and Polarization in Small Group Deliberations." Paper Presented at meetings of the American Political Science Association, Chicago. Available at ⟨http://cdd.stanford.edu/research/papers/2007/consensus-polarization.pdf⟩.

⁴⁰ Luskin, Fishkin, and Hahn, "Consensus and Polarization."

⁴¹ Luskin, et al.에 의하면 0-1 범위에서 지수를 표준화시킬 경우 평균변화치는 0.096이다. Luskin, Fishkin, and Hahn, "Net Attitude Change."

⁴² 9개의 숙의조사에서 첫 번째 평균지식점수와 평균변화치 사이의 상관계수는 –0.583이다. Luskin, Fishkin, and Hahn, "Net Attitude Change."

⁴³ Popkin, "The Reasoning Voter," and Lupia, "Shortcuts Versus Encyclopedias."

⁴⁴ 당시 연구소 이름은 사회기획연구소였으며, 소장은 로저 조웰로서 이 프로젝트만이 아니라 영국에서 수행된 모든 프로젝트에서 중심적인 협력자였다. 우리는 채널 4의 뉴스와 공공업무 부편집장이었던 데이비드 로이드에게 이 프로젝트를 가능하게 해 준 점에 대해 사의를 표한다.

⁴⁵ 이런 계획은 우리의 협력자 로저 조웰이 고안한 것으로, 전문가 토의에 집중하고 균형잡힌 논변이 제기될 수 있는 분위기를 만들자는 목적을 달성할 수 있었다.

⁴⁶ Robert C. Luskin, James S. Fishkin, Roger Jowell, and Alison Park (1999), "Learning and Voting in Britain: Insights from the Deliberative Poll." Paper presented at the meetings of the American Political Science Association, Atlanta. Available at 〈http://cdd.stanford.edu/research/papers/2000/general_election_paper.pdf〉.

⁴⁷ 이 프로젝트 팀은 우리의 덴마크 협력자 캐스퍼 핸슨과 비베케 안데르센이 이끌었고, 몬데이모닝이라는 신문사의 협찬을 받았으며, 여러 시민단체의 협조를 얻었다.

⁴⁸ Kasper M. Hansen (2004), *Deliberative Democracy and Opinion Formation*, Odense: University Press of Southern Denmark, p. 144.

⁴⁹ Hansen, p. 135.

⁵⁰ Robert C. Luskin (2001), "True Versus Measured Information Gain." Working Paper. Available at 〈http://cdd.stanford.edu/research/papers/2001/true-infogain.pdf〉.

51　Luskin and Fishkin, "Deliberative Polling, Public Opinion and Democracy."

52　예를 들어, Luskin et al., "Considered Opinions;" Fishkin et al., "Deliberative Democracy in an Unlikely Place;" Farrar et al., "Disaggregating Deliberation's Effects."

53　Robert C. Luskin and James S. Fishkin, "Deliberation and Better Citizens." Available at ⟨http://cdd.stanford.edu/research/papers/2002/bettercitizens.pdf⟩.

54　J.S. Mill, *Considerations on Representative Government*, p. 79.

55　우리는 이 경험적 질문을 아래에서 다루기 시작했다. 이 이슈의 역사는 길다. Jane J. Mansbridge (1999), "On the Idea that Participation Makes Better Citizens" in Stephen L. Elkin and Karol Soltan, eds., *Citizen Competence and Democratic Institutions*, University Park, PA: Pennsylvania State University Press, pp. 291-328. 맨스브리지는 일반적 참여에 대한 프레임을 구상하고 있지만, 그녀의 사례들은 주로 담론적 참여에 관한 것이다. J. S. 밀은 토크빌로부터 큰 영향을 받았으며, 그가 『미국의 민주주의』에 관하여 쓴 두 편의 논문은 자신의 『대의정부론』에서 다루는 내용의 선행물이 되었다. 두 편의 글 모두 이후 재발간된 토크빌의 책 서문에 포함되어 있다. Alexis de Tocqueville, (1961), *Democracy in America*, vols. I and II, New York: Schocken Books. 중국에서의 공공정신에 대해서는 Fishkin, He, Luskin, and Siu, "Deliberative Democracy in an Unlikely Place."

56　Farrar et al., "Disaggregating Deliberation's Effects."

57　Luskin and Fishkin, "Deliberative Polling, Public Opinion and Democracy," and Luskin and Fishkin, "Deliberation and Better Citizens."

58　Luskin and Fishkin, "Deliberation and Better Citizens."

59　예를 들어, Posner *Law, Pragmatism and Democracy*, pp. 190-1.

60　Luskin, Fishkin, Malhotra, and Siu, "Deliberation in the Schools." NIFs의 정당화에 대해서는 David Mathews, *Politics for People*.

61 사이클이 극히 드문 현상이며, 이를 다룬 문헌에서도 잘 일어나는 것이 아니라는 주장에 대해서는 Gerry Mackie (2003), *Democracy Defended*, Cambridge: Cambridge University Press.

62 Christian List, Robert C. Luskin, James S. Fishkin, and Iain McLean, "Deliberation, Single-Peakedness, and the Possibility of Meaningful Democracy: Evidence from Deliberative Polls." Available at 〈http://cdd.stanford.edu/research/papers/2007/meaningful-democracy.pdf〉. 단일피크나 선호구조화의 정도를 측정할 수 있다는 아이디어의 초기 작업에 대해서는 R.G. Niemi (1969), "Majority Decision-Making with Partial Unidimensionality" in *American Political Science Review*, 63 (June 2), pp. 488-97.

63 토의가 단일피크 근접성을 증대시킬 것이라는 가설에 대해서는 David Miller (2003), "Deliberative Democracy and Social Choice," in James S. Fishkin and Peter Laslett, eds., *Debating Deliberative Democracy*, pp. 182-99.

64 List et al., "Deliberation, Single Peakedness," and also Farrar et al., "Disaggregating Deliberation's Effects."

65 Michael Tackett (1996), "Conference Elicits Anxiety Over Economy: Citizens Air Common Concerns in Texas" in *Chicago Tribune*, January 21, p. 1.

66 "Powerful Reasons Help Explain Unease of Workers Over Lost Jobs Amid Prosperity" in *Buffalo News*, October 5, 1996, p. 2C.

67 로즌의 그룹과 그에 대한 고찰에 대해서는 Jay Rosen (1999), *What Are Journalists for?*, New Haven and London: Yale University Press, pp. 9-16.

68 "Textbook Example of How to Lose the Argument: Lessons For Britain" in *The Independent*, September 30, 2000. Available at 〈http://www.independent.co.uk/news/uk/politics/textbook-example-of-how-to-lose-the-argument-698994.html〉.

69 Mike Steketee (1999), "Yes Surges, But No Still Ahead" in *The Australian*,

November 9. "국민투표 캠페인의 마지막 주에 공화국안에 대한 지지는 다시 높아졌으나 아직은 충분하지 않다."

70 숙의조사는 레지오네 라지오주의 예산재무과에 의해 시행되었다. 잡지 『리셋』이 제안하고, 레나토 만하이머가 소장으로 있던 여론조사연구소가 이를 지지하였다. 서베이와 최종 이벤트는 덱시아은행과 레가 코옵 및 이폴리스 신문의 협찬을 받았다. 이후 이태리에서의 숙의조사를 증진시키기 위해 ADI(Associazione per la Democrazia Informata)가 설립되었다.

71 한 가지 예외는 표본이 약간 좌파로 기울었다는 점이다. 그러나 우리가 이념으로 그 결과를 측정했을 때 결과의 주요 내용에 아무런 변화가 없었다. ⟨http://cdd.stanford.edu/polls/italy/2007/lazio-pressrelease.pdf⟩. 예상보다 투표율이 낮았던 이유 가운데 하나는 주정부가 참가에 대한 인센티브로 현금을 제공하는 것을 주저한 것을 들 수 있다.

72 Mauro Buonocore (2007), "The First Time in Italy" in Reset, 101, May-June (English translation provided by the author). Available at ⟨http://cdd.stanford.edu/press/2007/reset-firstitaly-eng.pdf⟩.

73 1995년 11월 텍사스에는 상업적으로 생존가능한 풍력 프로젝트가 전혀 없었다. Testimony of Mike Sloan, Managing Consultant, The Wind Coalition, before the House Select Committee on Energy Independence and Global Warming, Hearing on "Renewable Electricity Standards: Lighting the Way", September 20, 2007. Available at ⟨http://globalwarming.house.gov/tools/assets/files/0038.doc⟩.

74 일련의 프로젝트 가운데 최초의 것은 1996년 5월 텍사스의 코푸스 크리스티의 중앙전력사에 의한 것이었으며, 이어서 애빌린의 WTU, 루이지애나의 슈리브포트의 SWEPCO, 엘파소의 엘파소 일렉트릭, 휴스턴의 HLP, 보몬트의 엔터지, 아마릴로의 SPS, 그리고 댈러스의 텍사스 유틸리티이다.

75 위의 주 73번 마이크 슬로운의 증언.

76 Russel Smith (2001), "That's Right, I Said A Texas Wind Boom" in *Whole Earth*, Summer, p. 1. Available at ⟨http://findarticles.com/p/articles/mi_m0GER/is_/ai_76896168⟩.

77 Rebecca Smith (2004), "States Lead Renewable-Energy Push; As Federal Efforts Stall, Debate Over Foreign Oil Has Intensified Locally" in *Wall Street Journal*, Eastern Edition, New York, September 22, p. A.8. Available at 〈http://cdd.stanford.edu/press/2004/wsjenergy/index.html〉.

78 Nebraska Public Power District Customer Meeting on Energy Alternatives Summary of Results August 19, 2003, prepared by The Public Decision Partnership: Will Guild, Ron Lehr, and Dennis Thomas. Available at 〈http://cdd.stanford.edu/polls/energy/2003/nppdresults.pdf〉.

79 "NPPD Board Approves State's Largest Wind Farm." Available at 〈http://www.nppd.com/Newsroom/NewsRelease.asp?NewsReleaseID=159〉.

80 Nova Scotia Power Customer Energy Forum: Summary of Results November 19-20, 2004. Available at 〈http://cdd.stanford.edu/polls/energy/2004/ns-results-summary.pdf〉.

81 전력회사의 보고서에 대해서는 〈http://www.canelect.ca/en/pdf_Review_05/RA05_NScotia_P_eng.pdf〉.

82 버몬트주 에너지 미래에 관한 숙의조사 결과에 대해서는 Center for Deliberative Opinion Research University of Texas at Austin. Report prepared by Robert C. Luskin, David B. Crow, James S. Fishkin, Will Guild, and Dennis Thomas. Available at 〈http://cdd.stanford.edu/polls/energy/2008/vermont-results.pdf〉.

83 〈http://publicservice.vermont.gov/planning/CEP%20%20WEB%20DRAFT%20FINAL%206-4-08.pdf〉.

84 동일한 과정이 2009년 2월에 반복되었다. 지방인민대표대회가 유사한 포용력을 보여 주었고, 타운과 지방인민대표대회가 매년 이 패턴을 지속하기로 공약하였다.

85 〈http://www.tekno.dk/subpage.php3?article=468&toppic=kategori12&language=uk〉.

# 제6장

1   나는 '정상정치(normal politics)'라는 용어를 애커만의 *We the People* 제1권에서 가져왔다. 애커만은 이 용어를 헌법개정으로 이끌 수도 있는 국가적 위기가 아니라, 정당 간 경쟁이 이루어지는 표준적인 조건의 정치에 적용하고 있다.

2   팸 라이언 박사가 이 프로젝트를 기획하고 주도하였다. 호주의 뛰어난 두 명의 정치지도자 이언 싱클레어와 배리 존스가 세션의 사회를 맡았다. 전체 이니셔티브의 자세한 설명에 대해서는 Reconciliations, Final Report 〈http://ida.org.au/UserFiles/File/Australia%20Deliberates_Reconciliation_FINAL%20REPORT.pdf〉.

3   자문단을 구성한 사람들로는 전 수상 Minister Bob Hawke; 전 하원의장 Ian Sinclair; 전 의원 Barry Jones; Democrat Senator Aden Ridgeway; the Chair of the Aboriginal and Torres Strait Islander Commission, Geoff Clark; Liberal Members of Parliament Sharman Stone (also Member of the Council for Aboriginal Reconciliation) and Warren Entsch; Liberal Senator Jeannie Ferris; Labor Shadow Minister Bob McMullan; former Chair of the Council for Aboriginal ReconciliationEvelyn Scott; former High Court Judge and author of a major study of the "stolen generation" *Bringing Them Home*, Sir Ronald Wilson; former Liberal Minister Fred Chaney; and independent film maker Rachel Perkins. For more details, including the involvement of government ministers, see Reconciliation, Final Report 〈http://ida.org.au/UserFiles/File/Australia%20Deliberates_Reconciliation_FINAL%20REPORT.pdf〉.

4   이후에 다루는 '사전 사후' 결과들은 무작위표본을 중심으로 한 것이며, 호주원주민들의 과다표본의 견해는 포함되지 않았다.

5   동 프로젝트의 브리핑자료 7쪽을 볼 것. 집시의 수는 70만 명으로 추계되지만, 센서스에서 스스로를 집시로 밝힌 숫자는 30만 명에 불과했다. 〈http://cdd.stanford.edu/docs/2007/bulgaria-roma-2007.pdf〉.

6   Executive Summary: National Deliberative Poll-Policies Toward the Roma in Bulgaria. Available at 〈http://cdd.stanford.edu/polls/

bulgaria/2007/bulgaria-results.pdf⟩.

7   참가자들의 76%가 여성이었다. 남성과 여성 응답자들은 39가지 정책이슈 가운데 37가지에서 동일한 방식으로 변화를 보여주었다. "Northern Ireland's First 'Deliberative Poll' Shows Views of Informed Parents." Available at ⟨http://cdd.stanford.edu/polls/nireland/2007/omagh-results.pdf⟩.

8   James S. Fishkin, Robert C. Luskin, Ian O'Flynn, and David Russell, "Deliberating Across Deep Divides." Working Paper, Center for Deliberative Democracy. Available at ⟨http://cdd.stanford.edu⟩. See appendix.

9   BBC 프로그램에 대해서는 ⟨http://cdd.stanford.edu/polls/nireland/2007/omagh-video.html⟩.

10  분열된 사회에 '합의제민주주의'를 적용하는 것에 대한 찬성과 반대 입장에 대해서는 Ian O'Flynn and David Russell, eds. (2005), *Power Sharing: New Challenges for Divided Societies*, London: Pluto Press.

11  대표성을 지닌 표본의 균형 잡힌 토의라는 조건에서 진행되는 숙의조사가 썬스타인의 분극화법칙을 확인하지 않는다고 하여, 그의 이론이 갖는 의의를 무효화시키는 것은 아니다. 분열된 사회에서의 숙의에 대한 다른 관점의 연구들로는 Ian O'Flynn (2007), "Divided Societies and Deliberative Democracy" in *British Journal of Political Science*, 37/4, pp. 731-51 and John S. Dryzek (2005), "Deliberative Democracy in Divided Societies: Alternatives to Agonism and Analgesia" in *Political Theory*, 33, pp. 218-42.

12  Robert C. Luskin, James S. Fishkin, and Shanto Iyengar "Considered Opinions on U.S. Foreign Policy: Evidencefrom Online and Face-to-Face Deliberative Polling." Available at ⟨http://cdd.stanford.edu/research/papers/2006/foreign-policy.pdf⟩.

13  Luskin et al., "The Deliberative Voter."

14  표본은 유가브/폴리메트릭스(YouGov/Polimetrix)에 의해 100만 이상의 기존 패널로부터 사회인구적 요소에 맞추어 충원되었다.

15 이런 변화는 사전/사후 통제집단과의 비교에서도 유지되었다.

16 예를 들어, Joseph Cappella, Vincent Price, and Lilach Nir (2002), "Argument Quality as a Reliable and Valid Measure of Opinion Quality: Electronic Dialogue During Campaign 2000" in *Political Communication*, 19, pp. 71-93.

17 Papandreou, "Picking Candidates by the Numbers."

18 핵심적인 차이는 물론 전체 인구에서 차지하는 시민의 수가 제한된다는 점과 시민이 참여를 위해 추첨 대상이 되기 위해서는 리스트에 자신의 이름을 올려야 한다는 사실이었다. Hansen, *The Athenian Democracy*, p. 181.

19 Hermann Schmitt (2005), "The European Parliament Elections of June 2004: Still Second Order?" in West European Politics, 28/3, pp. 650-79. 2등급선거론은 신회원국의 경우보다 주로 구회원국에 적용된다.

20 이 두 가지 테스트에 대해서는 Fraser, "Rethinking the Public Sphere."

21 대부분의 EU 국가에서 EU 이슈와 관련된 지식수준은 아주 낮은 것으로 악명 높다. 거의 유일한 예외가 덴마크로서, EU 이슈와 관련하여 일곱 차례의 국민투표를 실시한 바 있다.

22 전 유럽적 숙의조사에서의 대화에서도 일부 갈등이 표면화되었다. '유럽을 방 하나에 모으기' 전체회의에서 키프러스 내 그리스계와 터키계 사이의 갈등이 플로어에서 제기된 토의의 주제였으며, 북아일랜드에서의 갈등은 패널리스트의 토의 주제였다.

23 EU 이슈에 관한 포스너적인 입장에 대해서는 Andrew Moravscik "Another Angle." Avialable at ⟨http://www.princeton.edu/~amoravcs/library/E!Sharp.pdf⟩.

24 예를 들어, Andrew Moravcsik, "What Can We Learn from the Collapse of the European Constitutional Project?" Available at ⟨http://www.princeton.edu/~amoravcs/library/PVS04.pdf⟩.

25 Jurgen Habermans (1995), "Remarks on Dieter Grimm's 'Does Europe

Need a Constitution?'" in *European Law Journal*, 1/3 (November), pp. 303-7, especially p. 305.

26 이 프로젝트명은 '투모로우즈유럽(Tomorrow's Europe)'이었으며, 스티븐 바우처와 헨리 몽소가 주도하였고 22개에 달하는 파트너 조직이 자문단을 구성하였다. 세부사항에 대해서는 ⟨http://cdd.stanford.edu/polls/eu/ and also at: http://www.tomorrowseurope.eu/⟩.

27 Philip Schlesinger and Deirdre Kevin, "Can the European Union become a sphere of Publics?" and Erik Oddvar Eriksen and John Erik Fossum (2000), "Conclusion: Legitimation through Deliberation" in Erik Oddvar Eriksen and John Erik Fossum, eds., *Democracy in the European Union: Integration through Deliberation?* London: Routeledge. 또한 Samantha Besson (2006), "Deliberative Democracy in the European Union: Towards the Deterritorialization of Democracy" in Samantha Besson and Jose Luis Marti, eds., *Deliberative Democracy and its Discontents*, London: Ashgate, pp. 181-214.

28 하지만 우크라이나의 가입에 대해 우호적으로 출발하였으나, 숙의 이후 입장이 변화하였다. Robert C. Luskin, James S. Fishkin, Stephen Boucher, and Henri Monceau, (2008), "Considered Opinions on Further EU Enlargement: Evidence from an EU-Wide Deliberative Poll." Working Paper Center for Deliberative Democracy, presented at the annual meeting of the International Society of Political Psychology, Paris, France, July 9-12. Available at ⟨http://cdd.stanford.edu/research/papers/2008/EU-enlargement.pdf⟩. See also "Opinion Changes: Before and After Deliberation." Available at ⟨http://cdd.stanford.edu/polls/eu/2007/eu-dpoll-allopinionchange.pdf⟩.

29 ⟨http://cdd.stanford.edu/docs/2007/eu/eu-dpoll-ENG.pdf⟩, p. 14.

30 은퇴 연령을 올리는 데 찬성하는 인구통계적 논변과 그것에 반대하는 정치적 어려움에 대한 좋은 요약에 대해서는 Healther Jerbi (2006), "Where Policy Meets Politics" in *Contingencies: American Academy of Actuaries*, March/April. Available at ⟨http://www.contingencies.org/marapr06/policy_briefing_0306.asp⟩.

31 "New Member States vs. Old Member States." Available at ⟨http://cdd.stanford.edu/polls/eu/2007/eu-dpoll-new-old.pdf⟩.

32 Luskin, Fishkin, Boucher, and Monceau, "Considered Opinions on Further EU Enlargement."

33 "Knowledge Gains: Before and After Deliberation." Available at ⟨http://cdd.stanford.edu/polls/eu/2007/eu-dpoll-knowledge.pdf⟩.

34 Luskin, Fishkin, Boucher, and Monceau, "Considered Opinions on Further EU Enlargement."

35 유로폴리스의 결과는 숙의민주주의연구소 웹사이트에서 확인가능할 것이다. http://cdd.stanford.edu.

36 R.G. Lipsey and Kelvin Lancaster (1956/7), "The General Theory of Second Best" in *The Review of Economic Studies*, 24/1, PP. 11-32.

37 파레토적인 틀이 적용될 경우, 최소한 항상 더 나은 또는 파레토우위의 대안이란 없다.

38 나는 이 문제가 정치이론이나 사회적 선택에만 국한되지는 않는다고 믿는다. 개인 도덕에도 적용된다. 우리의 일반적 의무 개념과 개인적 자유 사이의 갈등에 대해서는 James S. Fishkin (1982), *The Limits of Obligation*, New Haven and London: Yale University Press.

39 James S. Fishkin (1984), *Justice, Equal Opportunity and the Family*, New Haven and London: Yale University Press.

40 James S. Fishkin (1992), *Dialogue of Justice*, New Haven and London: Yale University Press, pp. 180-6.

41 Fishkin, *Justice, Equal Opportunity*, chapter 1.

42 이와 관련된 입장은 다음과 같은 자료에서도 발견된다. Isaiah Berlin (1969), *Four Essays on Liberty*, Oxford: Oxford University Press, pp. 170-1 and William A. Galston (2005), *The Practice of Liberal Pluralism*,

Cambridge: Cambridge University Press, part Ⅰ.

**지은이** James S. Fishkin

- 1948년 미국 출생, 예일(Yale)대학교 정치학 학사 및 박사, 영국 캠브리지(Cambridge)대 정치학 박사, 현재 미국 스탠포드(Stanford)대학교 커뮤니케이션학과 교수 및 숙의민주주의연구소 소장
- 주요 저서: *Democracy and Deliberation* (1991), *Debating Deliberative Democracy* (2003), *When the People Speak* (2009), *Democracy When the People Are Thinking* (2018)

**옮긴이** 박정원

- 경남 진주에서 출생, 서울대학교 외교학과 졸업 (정치학 학사), 서울대학교 대학원 외교학과 졸업 (정치학 석사), 서울대학교 대학원 외교학과 박사과정 수료, 헝가리과학원 정치학 박사, 현재 한국교원대학교 교수
- 주요 저역서 및 논문: 『인권과 국제정치』(2002), 『평화교육』(2011), 『분단-통일에서 분리-통합으로』(공저, 2013), "동유럽민주이행의 특성", "민주화 이후 중유럽의 '적대와 인정의 정치'"

## 숙의민주주의

**1판 1쇄 발행**　2020년 12월　15일
**1판 2쇄 발행**　2021년　7월 28일

**원　　제** | When the People Speak: Deliberative Democracy and Public Consultation
**지 은 이** | James S. Fishkin
**옮 긴 이** | 박정원
**펴 낸 이** | 김진수
**펴 낸 곳** | 한국문화사
**등　　록** | 제1994-9호
**주　　소** | 서울시 성동구 아차산로49, 404호(성수동1가, 서울숲코오롱디지털타워3차)
**전　　화** | 02-464-7708
**팩　　스** | 02-499-0846
**이 메 일** | hkm7708@hanmail.net
**홈페이지** | http://hph.co.kr

**ISBN**　978-89-6817-939-6　03300

· 이 책의 내용은 저작권법에 따라 보호받고 있습니다.
· 잘못된 책은 구매처에서 바꾸어 드립니다.
· 책값은 뒤표지에 있습니다.